新世纪研究生教学用书·会计系列

省级研究生优质课程教材

含

MPAcc、MAud

及MBA、EMBA财会方向

会计实证研究方法与SPSS的应用

Accounting Positive Research Methods and SPSS Applications

黎毅 编著

东北财经大学出版社 大连

Dongbei University of Finance & Economics Press

图书在版编目（CIP）数据

会计实证研究方法与SPSS的应用 / 黎毅编著. —大连：东北财经大学出版社，2021.7

（新世纪研究生教学用书·会计系列）

ISBN 978-7-5654-4174-5

Ⅰ.会… Ⅱ.黎… Ⅲ.会计-统计分析-软件包-研究生-教材 Ⅳ.F232

中国版本图书馆CIP数据核字（2021）第059548号

东北财经大学出版社出版

(大连市黑石礁尖山街217号 邮政编码 116025)

网 址：http：//www.dufep.cn

读者信箱：dufep@dufe.edu.cn

大连图腾彩色印刷有限公司印刷 东北财经大学出版社发行

幅面尺寸：170mm×240mm 字数：436千字 印张：20.75

2021年7月第1版 2021年7月第1次印刷

责任编辑：王 莹 周 慧 责任校对：徐 群

封面设计：张智波 版式设计：钟福建

定价：45.00元

教学支持 售后服务 联系电话：（0411）84710309

如有印装质量问题，请联系营销部：（0411）84710711

前　言

为了揭示会计领域中现象背后的规律，实证研究是必不可少的一种方法。通过对会计实践中收集到的大量数据进行分析，探索会计的运行规律，为会计理论的形成和会计实务的优化提供指导。

按照档案式会计实证研究的基本框架，本书内容主要包括研究问题分析、提出假设、研究设计、数据描述性分析和处理、实证分析与结果解释等。此外，本书还对会计实证研究的其他方法、学位论文写作及伦理等进行了简要的叙述。具体来看，实证分析与结果解释部分，结合SPSS软件和会计应用实例，分别介绍了假设检验、方差分析、相关分析和回归分析、因子分析和分类分析、虚拟变量的应用、中介效应及调节效应分析等会计实证研究中常用的数量分析方法和手段。

本书的特点如下：

1.内容完整。除了最常见的档案式会计实证研究方法，还包括案例研究、实地研究、实验研究等方法。

2.层次清晰。按照常见的档案式会计实证研究范式展开教材内容，逻辑性强，便于阅读者对照实证研究范文学习研究方法。

3.适用面广。对于具有一定统计学和SPSS软件使用基础的读者，可以侧重于研究问题分析、提出假设、研究设计等实证研究的核心方面学习；对于不具备这些基础的，可以通过教材中对统计方法原理的介绍和SPSS的详细操作说明，先行看懂各类分析方法的结果，再把握会计实证研究的核心方面。

本书可作为高等院校会计学硕士（学术型硕士）以及会计硕士（专业学位硕士）研究生教材，也适用于会计学、财务管理等本科专业高年级学生学习参考。

本书的内容基于2014年江西省研究生优质课程“会计研究方法”。本书的编写与出版得到了江西省学位办、华东交通大学研究生院、华东交通大学经管学院的大力帮助，在此表示感谢。在教材编写过程中，华东交通大学经管学院统计系韩胜娟老师提出了宝贵的意见，也在此表示感谢。

本书由华东交通大学黎毅教授编著，书中的大部分案例是多年教学和科研工作的积累，有部分案例为体现其典型性引用他人著作，还参考了相关文献，均在参考文献中列示。

由于编者水平有限，书中难免有不足之处，恳请读者批评指正。

编著者

2021年3月

目　录

第一章 会计研究方法概述

第一节　会计研究方法的定义及种类

一、会计研究方法的定义

“研究”是指“钻研、探究”，是探求事物的真相、性质、规律等的一种活动。因此，研究可以被理解为“系统地考察以给出问题的解决之道”。“方法”一词，最早见于墨子《天志》：“中吾矩者，谓之方；不中吾矩者，谓之不方。是以方与不方，皆可得而知之。此其故何？则方法明也。”《现代汉语词典》中将“方法”定义为解决思想、说话、行为等问题的门路、程序等。由此可见，方法是指人们在实际活动中，为完成某项工作、达到某种要求而采取的手段、工具、方式、程序、途径、措施等的总称。人们在实际活动，特别是研究中总要采用某种方法，而采用这种方法是为了实现自己的某种愿望。

会计研究方法是指人们为了探寻会计学科的规律，解决会计领域中存在的问题，在搜集和整理会计实践经验数据，并开展理性思维的过程中所采用的一切途径、手段、工具和方式。

会计研究方法是会计理论和实践体系的重要组成部分，是进行会计理论和实践研究的前提。此外，会计研究方法的运用要与研究的问题本身以及外在环境相适应，正确地运用会计研究方法是提高会计理论和实践研究水平的保证。

二、会计研究方法的种类

按照研究的范式分类，当前会计研究方法主要包括规范研究方法和实证研究方法两大类。

（一）会计规范研究方法

会计规范研究方法是一套研究会计“应该是什么”的系统方法体系，它一般采用归纳法和演绎法，归纳法形成描述性会计理论，演绎法形成指导性会计理论。描述性会计理论和指导性会计理论统称传统会计理论，主要用于指导会计原则或准则的制定，旨在通过一系列会计准则和基本会计原则的规范要求，从逻辑高度上概括或指明最优化会计实务应该是什么，进而指导会计实务，最终实现会计实务的规范化。

1.归纳法

从历史层面考察，采用归纳法形成的描述性会计理论可谓源远流长，其中某些会计概念可上溯至古希腊和罗马时代。不过，由于当时会计概念之间缺乏系统性和逻辑性，尚未形成严格意义上的会计理论。卢卡·巴其阿勒1494年在威尼斯出版了《算术、几何、比及比例概要》一书，对会计学科来讲，具有里程碑的性质。会计学术界一般认为，复式簿记理论是描述性理论体系化的标志。

归纳法的特点是通过对大量现象进行观察，然后加以分类，从中概括出有关概念的内在联系，再把它们组织或表述为理论。或者说，这是一种从大量特殊事项的观察、计量、分类中概括出一般性关系或结论的研究方法。例如，在长期的生产活动记录中，人们普遍观察到对每一项经济交易，都可以应用两个或两个以上账户进行相互联系的记录，然后分别过入有关账户，定期加以汇总，就可以得出发生额、余额和借贷双方合计数的平衡，可以有机地反映整个经营过程。人们通过对这种大量记账现象的观察、归纳得出了复式记账原理。又如，从大量会计实务处理中发现，任何一项资产入账都是以其取得时的交易价格或其可验证的价格作为根据的。一旦入账，除非耗用、转让或毁损，否则在资产的持有过程中，不论其价格有无变动，会计上均不作任何记录。当这种做法被证明是会计人员和管理层普遍接受的惯例时，人们又把它加以理论化，概括为历史成本原则。

归纳法的基本步骤为：①观察与记录全部的观察结果；②分析与分类记录结果；③从观察到的关系中推导出会计的一般概念或原则；④验证推导出的结论。归纳法的基本程序为：观察→分类→概括→验证。

归纳法的优点是不受预定的模式约束，把理论概念或结论建立在大量现象的基础上。但是，归纳法也有一定的缺陷，即由于个别人的观察对象与范围有限，每家企业或经济组织的情况不同，有关的内在联系或数据关系也可能不同，从而使归纳概括的结论难免以偏概全。另外，由于归纳方式缺少严谨的推理过程，导致说服力不够强。例如，虽然销售毛利率是衡量企业经营成果的较好指标，但由于在不同行业、不同企业或不同期间，这一比例不可能完全一致，因此不能认为销售毛利率就是预测企业未来经营成果的良好“指示器”。

2.演绎法

与归纳法相比，演绎法的历史相对较短，大约产生于20世纪20—30年代。1929年美国股市崩溃，随之而来的是20世纪30年代的经济大萧条。在这一背景下，为了规范上市公司的会计信息披露，避免利润操纵，从而保护投资者利益，美国在1934年成立了证券交易委员会（SEC）。证券交易委员会的成立，加强了对统一会计原则的需求，并由此激发了会计研究人员对会计理论研究的积极性。以佩顿和利特尔顿的《公司会计准则导论》等会计著作的问世为标志，收益决定模型被提出，此后利润表取代资产负债表成了第一财务报表。收益决定模型体现了所有权导向，并确立了权责发生制原则、配比原则、持续经营原则以及收益实现原则等多项会计原则，为此后30多年的会计规范研究奠定了坚实的基础和稳固的思维框架，为推动会计理论的发展做出了巨大贡献。此后，会计研究人员一直致力于对“真实收益”的探求。到20世纪60年代，传统财务会计理论研究进入了黄金时期。在这个时期内，如实反映企业管理者受托责任的履行情况被认为是财务报告的主要目标，即受托责任观。因此，这一时期的会计研究大都与探求最佳会计原则和会计实务有关，即会计原则和会计实务应该是什么样的。

构建会计理论的演绎法，也就是从一定的基本概念出发，推导出研究对象的逻辑性结构。或者说，演绎法以有关财务报告目标、假设或其他概念为前提，推导出能指导会计实务的原则、准则及相应的会计方法程序。例如，在财务会计中根据“持续经营”假设，可以推导出生产企业获取或持有固定资产，是为了今后的生产耗用而不是为了销售变现，因此可以不考虑其市价变动；还可以推导出，正是因为企业持续经营，其债权债务关系才可以按原始交易价格存在，而不必考虑清算变现情况，这样就能进一步推导出历史成本计量原则；根据交易性金融资产的持有目的，采用公允价值计量原则，以及在此基础上证明是合理的一系列资产、负债的计价技术和程序。

1961年和1962年，美国注册会计师协会（AICPA）所属会计研究部发表的第1号会计研究文集《会计的基本假设》（ARS No.1）和第3号会计研究文集《试论广泛适用的企业会计原则》（ARS No.3）所采用的方法是以基本假设为起点，逐步推导出会计原则、会计准则和程序。在20世纪70—80年代，美国财务会计准则委员会（FASB）对财务会计概念框架的研究以财务会计（财务报告）目标为前提，进而推导出一系列财务会计的基本概念。可见，演绎法的运用可以有两种不同的逻辑推演思路：

第一种：会计假设→会计原则→会计准则→具体程序

第二种：目标→信息质量特征→要素→确认、计量与报告的标准

上述两种演绎法逻辑推演思路的区别是：前者把来自外部客观环境的会计假设作为前提条件，强调客观环境对财务会计或会计准则的制约作用；后者则把财务报告目标（即使用者对信息的主观需要）作为制定会计原则和会计准则的最高层次概念，强调会计信息对决策的有用性。20世纪70年代以前，第一种演绎法逻辑推演思路较为流行，而到了70年代之后，由于新技术革命、决策理论、行为科学、信息论等新兴学科向会计领域渗透，第二种演绎法逻辑推演思路得到了更快的发展。

演绎法的基本步骤可概括为：①确定财务会计的基本假设或目标；②说明基本假设或目标对财务会计的指导作用；③根据既定的假设或目标，推导相关的基本原则或概念；④以基本原则或概念来指导必要的会计准则；⑤进一步规定具体的会计处理程序。其推导程序可以总结为：前提命题→推导结论→验证→具体问题。

演绎法的优点是可以保持相关概念之间的内在联系，使理论构建具有逻辑严密性。但是，它的推导结构取决于前提命题，如果前提命题错误，则整个理论结构都

将是错误的。

（二）会计实证研究方法

“实证（Positive）”一词来源于拉丁文“Positivus”，意为明确的、直接的、无疑的、确定的。所谓“实证法”，是指通过收集被观察事物或现象的经验数据来验证一些理论假说或命题，借以建立相应的理论体系。会计实证研究方法是一套研究会计“是什么”的系统方法体系，由此形成的实证会计理论，旨在揭示出会计现象层面的规律，从而为解释现行会计实务和预测未来会计实务提供理论依据。

会计实证研究方法的产生与发展主要受以下因素的影响：第一，自20世纪30年代以来，实证经济学已成为西方经济学的主流，实证思想正从经济研究领域向会计研究领域强力渗透。受财务理论实证研究以及初步的实证会计理论研究的影响，人们逐渐认识到规范会计理论中的许多假定（Assumption）不切实际。受经济学中公共选择理论的影响，许多会计学者越发清醒地认识到，规范会计理论的价值判断标准往往受以利己为动机的政府和既得利益集团所操纵，并非真正合理的规范，由此引发会计学术界排斥价值判断的思潮，两者合流，促成实证会计理论的兴起。第二，受20世纪60—70年代全球性通货膨胀的影响，一些大公司纷纷变更其会计政策。这一会计现象使会计界逐渐认识到，在现实世界中最佳会计原则和会计实务是不可能存在的。在这种情况下，决策有用观应运而生。1966年，美国会计学会（AAA）在其《基本会计理论报告》（A Statement of Basic Accounting Theory）中首次提出了决策有用观。该观点认为，假如不能提供理论上正确的财务报表，至少应该使历史成本报表更加有用。这从客观上推动了实证会计理论的发展。第三，西方发达国家率先进入信息时代，计算机日趋小型化和多功能化，在社会中得以广泛运用，为实证研究提供了先进的技术条件。

1968年美国会计学家Ray Ball和Philip Brown发表了《会计收益数据的经验评价》（An Empirical Evaluation of Accounting Income Numbers），标志着会计实证研究的诞生。1973年，美国注册会计师协会（AICPA）任命的特鲁伯拉德研究组发布了题为“财务报表的目标”的报告，使决策有用观得到进一步加强。决策有用观使得会计研究从对“真实收益”的探求转向了会计政策对利益相关者影响的检验上来，从而促进了这一领域的经验研究，特别是推动了会计实证研究的发展。20世纪70年代以来，以罗切斯特学派的Jensen、Watts和Zimmerman为代表的会计学者进行了大量富有开拓性的、卓有成效的会计实证研究，从而使得会计实证研究逐步得到了认可、普及和发展。到了20世纪80年代，特别是以《实证会计理论》（Watts和Zimmerman，1986）的问世为标志，会计实证研究成为财务会计研究的主流。时至今日，会计实证研究仍然是方兴未艾，产生了大量研究成果，为推动会计理论的发展做出了重要贡献。

如前所述，会计实证研究只关心“是什么”的问题，而不涉及价值判断，主要用于解释和预测公司管理者对会计政策的选择。会计实证研究可分为机会主义观和有效契约观，大多数会计实证研究都是围绕瓦茨和齐默尔曼提出的分红计划假设、债务契约假设和政治成本假设三大假设而展开的。现在，实证研究方法以其令人炫目的数学公式、符号，以及设计精致的研究规范吸引着大批学者聚集在它的旗帜之下，它已被视为构建会计理论的基本方法之一。

与西方会计界相比，我国会计理论研究起步较晚，且多受干扰。党的十一届三中全会以后，会计理论研究的气氛开始活跃，突出地表现为对会计基本理论中会计本质、会计职能、会计对象、会计目标等问题的研究，会计研究方法问题也随之引起会计学界的注意。

20世纪80年代初期，杨时展教授运用控制论研究会计的本质，提出了会计控制论的观点；1987年，孙宝厚运用系统论研究会计的本质，完成了其博士论文《会计系统论》；1988年，裘宗舜教授运用信息论研究会计的本质，并和吴茂合著了《会计信息论》一书。由此可见，1988年以前，我国会计理论的研究基本上采用传统的规范研究方法。

20世纪80年代末、90年代初，会计实证研究被引入我国，会计规范研究一统天下的局面被打破。裘宗舜、王平（1988）在《会计改革的若干问题——一张有意义的社会问卷调查表》一文中首次引入实证研究方法，但此后直到沈艺峰（1996）发表《会计信息披露和我国股票市场半强式有效性的实证分析》一文，在会计研究中运用实证研究的文章还很少。为了更广泛地在我国推广会计实证研究，《会计研究》在1997年第7期刊登了若干篇介绍和评述会计实证研究的论文，同时发表“编者按”指出：“研究方法是会计学术研究中一个值得重视的领域，方法是否适当、科学，直接影响科研的成败和质量。会计实证研究是近年来在国际会计界比较流行的，相对于规范研究的一种研究方法，引起了我国会计界的关注和尝试。本期集中刊登了几篇会计实证研究基础、分析和应用的文章，希望能加深我国会计界对这个方法的理解，并能促使我国在发展规范会计研究的同时在适当领域应用实证研究。科学的研究方法来源于实践，也需要通过实践检验、丰富、提高和完善，在发展我国会计理论研究中，期望在研究方法方面也有所发展和创新。”这是我国会计研究具有标志性的时点。此后，会计实证研究论文才更加频繁地出现于《会计研究》，其他相关的会计杂志也开始刊登实证研究方面的论文。为了进一步促进我国实证会计领域的交流与合作，推动我国会计实证研究的国际化进程，不断提升我国会计实证研究的学术质量和影响力，2002年我国部分综合性院校发起举办了实证会计国际研讨会。由北京大学、清华大学、北京国家会计学院等发起，多所综合性院校联合主办的《中国会计评论》，采用国际规范的实证研究方法，研究中国本土经济现象，为中国会计理论学科的发展铺路搭桥。

会计实证研究的领域非常广泛。例如，企业会计准则、企业财务会计、财务管理与管理会计、内部控制、政府与非营利组织会计、注册会计师与审计、会计信息化、环境会计等研究方向中都有实证研究方面的论文。会计实证研究是一个非常严谨的过程，进行会计实证研究的人员需要熟悉和掌握会计实证研究方法，研究方法是完成研究任务的必要手段。

不可否认，会计实证研究方法有诸多优点，但任何事物都不是十全十美的，应该客观、辩证地认识实证研究方法，以科学、谨慎的态度对待它的局限性。

1.可证实性问题

在实证研究中，有的命题具有科学性但却不容易被证实。这主要是由于解释推导理论不成熟，不能详细揭示出命题中的有关变量，使研究者难以找到变量与经验值之间的内在联系，从而限制了会计实证研究的领域。例如，会计的基本概念、基本假设、基本原则等往往都是难以用经验数据来证实的，而且会计对象、会计基本方法、会计目标等也很难用具体事例来说明。所以，现在的研究命题主要集中在研究信息变更与资本市场的关系、会计政策的选择等有限方面。

2.进步性问题

会计实证理论不明确会计应该如何的问题，而只限于解释和预测会计实务，因此其提出的概念、理论和具体程序与方法必然会拘泥于现行会计实务水平。而且迄今为止，探索性会计实证研究的进展甚微，大多数会计实证研究的结论是可能的而不是确定的陈述，这就造成许多复杂的研究到最后得出的结论仅仅是常识的重复而已，会计实证研究的大量增加并不会带来会计理论的相应充实。此外，会计实证理论这种“存在的便是合理的”理念可能导致会计实务重返自由放任状态，因而不能促进会计理论的真正进步。

3.理论基础的局限性问题

会计实证开展会计信息与资本市场关系的研究，选择的前提理论是“有效市场假说”和“资本资产定价模型”。但上述两种理论都是建立在大量的假设前提基础之上的，如证券交易无须交易成本、市场参与者可以无代价地取得可公开的信息、投资者对可获得的信息具有相同理解或一致性预期等，这与现实经济环境相比是具有较大背离性的，近年来的不少实证研究结果已对“有效市场假说”和“资本资产定价模型”的有效性提出挑战。因而，以此理论为前提条件所开展的会计实证研究，其研究结果的正确性值得怀疑。

4.线性模型的有效性问题

实证研究过程中，研究者必须站在高度抽象的角度，确定主要变量及彼此之间的因果关系，剔除或合并相关度较低的变量，建立起可供检验的线性回归模型。然而，实际情况是，某些问题的内含变量之间是否存在线性关系仍是未知数，通过线性模型建立的依据也并不十分明确。例如，多数研究者对政治与契约成本进行明确定义和数量化，其建立的模型是否合理尚无定论。此外，由于理论研究对象及其所处社会环境的复杂性，任何一种会计现象的产生都是多种因素共同影响的结果，这种复杂的因果关系难以为研究者所准确把握，使得建立的线性模型往往存在主观臆断的成分。

5.变量影响的确定性问题

变量影响的确定存在两个方面的困难：一是广泛使用替代变量；二是变量共线性问题。在现行的实证研究中利用替代变量来开展研究，主要是因为有些变量还难以直接量化，所以在行为选择研究中都广泛使用替代变量，如用分红计划、负债权益比率代表契约成本的高低，用企业规模代表政治成本等。但是，替代变量在多大程度上代表了相关的变量以及两者的关系如何，仍是值得我们商讨的问题，而以此为基础所进行的会计研究也就更值得斟酌了。

此外，变量共线性问题也是一个难题。在实证研究过程中，由于变量之间基本关系的复杂性，可能衍生出变量共线性问题，即某些变量作为一组变量具有显著相关性，但若试图分解出某一变量进行独立检验时，有可能难以分解，也有可能它不再具有相关性。例如，凯利在实证研究中便发现经由债务变量的财富转移不是独立进行的，负债权益比率、可支配基金余额、现金流量方差等几个债务变量往往存在共线性问题，使得人们在解释检验结果时很难辨别出其对单个变量的影响。

6.“价值中立性”问题

会计实证研究非常强调“价值中立”，期望以不偏不倚的态度来研究会计问题，反对任何带有个人偏好或价值倾向的会计理论研究。但事实上，要做到完全的“价值中立”基本上是不可能的，因为研究者在对研究课题、样本、方法的选择及研究假设的确立过程中，都不可避免地会涉及研究者的价值判断，而且会计信息具有经济后果，作为“经济人”的会计研究者在进行会计实证研究的过程中，也不可能完全避免个人喜恶所带来的先入为主的干扰，因而绝对的“价值中立”是难以实现的。

此外，正是由于研究者的价值倾向各异，在研究中各自选取的数据样本总体和证明模型出现不同，有的甚至相互对立，缺乏可比性和严谨性，从而导致同一问题结论的多样化，不仅没有解决问题，反而使问题复杂化。

7.时间滞后性问题

会计实证研究试图通过大量可重复性的验证材料来支持说明某一会计理论。因为与会计规范研究相比，在对具体会计问题的研究上，实证会计研究一定要有足够的样本数据，建立数据模型进行经验分析后才能得以验证，所以存在时间上的滞后性。

会计实证研究方法根据范式不同，具体又可分为档案式研究、案例研究、实地研究、实验研究等，其中以档案式实证研究最为常见。档案式研究的数据来源于档案资料，如企业相关的会计数据通常来自上市公司年报或者其他公开披露信息，或者数据库，或者通过网络爬取。由于绝大多数会计实证研究属于档案式研究，因此西方会计学者通常把实证研究等同于档案式研究。档案式实证研究通常需要运用许多数理统计模型知识，要求研究人员具备较好的数理统计知识。

第二节　会计实证研究与规范研究的区别和结合

20世纪70年代之前，会计规范理论和研究方法在西方会计理论界居于统治地位。之后，随着会计研究中实证性倾向的出现，这一格局被打破，会计实证理论和研究方法异军突起，对会计规范理论和研究方法提出了挑战，由此掀起了一场理论和方法论之争。

一、会计实证研究与规范研究的区别

会计实证研究是在会计规范研究遭受非议之时出现的，其在产生之初便是作为会计规范研究的对立物而存在的，两者在对价值判断的认识、方法论上存在根本性的区别。

1.对价值判断的认识不同

会计规范研究形成会计规范理论，它是一套关于会计“应该是什么”的系统知识体系。会计规范理论的研究者主张，在理论研究过程中应坚持特定的价值判断标准，力图立足于对现有会计环境（包括经济、法律、道德等诸多方面的因素）、会计惯例及报表使用者的分析，从中抽象出一套科学合理的评价标准，以之作为构建会计理论的前提，提出达到既定目标的若干原则，并作为制定会计准则的依据和分析处理会计问题的标准。在这一思想指导下所形成的会计规范理论，不仅能从抽象分析的角度出发解释和预测会计实务，而且能够用于指导现行会计实务的优化和未来会计实务的发展。其占主流地位的理论基本思想如下：会计理论的性质是规范性的理论，会计理论的内涵是阐述会计应当“是什么”；会计理论科学性的判断标准不是可证伪性。

会计实证研究形成会计实证理论，它是一套关于会计“是什么”的系统知识体系，保持中立（Neutral）而不包括任何价值判断（Value-Free）。会计实证理论的研究者认为，在理论研究过程中，事实与价值、手段与目的是分离的，“理论只是提供一种限定所必需的两个因素中的一个：特定行为对各种变量的影响；使用者提供了另一个要素：目标以及反映变量对目标影响的函数”。他们坚持客观的经验调查，排斥非理性的、功利性的价值判断，主张像自然科学那样，以仔细、客观地观察一个实验或一定期间所发生的事实而获取的感性经验为依据，构建具备真正科学性的会计理论。在这一思想指导下所形成的会计实证理论往往只揭示会计现象及其外部联系，它能从现实的角度出发来解释和预测会计实务，但不具备对实务的规范指导作用。其占主流地位的理论基本思想如下：会计理论的性质是实证性的理论；会计理论的内涵是阐述会计现在与将来“是什么”和“为什么”；会计理论科学性的判断标准是可证伪性。

2.方法论的不同

会计规范理论与会计实证理论的哲学基础不同，其科学世界观和理性思维模式存有差异，由此导致了理论研究过程中所运用的规范方法与实证方法各具特色。

会计规范研究既可采用归纳法，亦可采用演绎法，而以演绎法最具代表性。演绎法是从一般的概念和原理推导出个别结论的思维方法。演绎主义方法论思想来源于17世纪法国伟大的数学家和哲学家笛卡尔。笛卡尔主张使用演绎逻辑推理的方法和数学的方法，通过演绎逻辑推理达到对客观事物的认识。演绎主义方法论的基本观点是：第一，通过演绎逻辑推理从现有知识推断出新知识，认为逻辑推理是获取知识的唯一途径，并且在通过逻辑推理达到对事物的认知之前应排除一切思想偏见。第二，推理的逻辑起点是少数确凿无疑的基本事实，整个知识体系都是在这些基本事实之上通过演绎逻辑推理而得出的。在演绎推理过程中，为了达到对复杂事物的认识，必须充分运用分析与综合的方法。第三，要求推理逻辑必须是严密的，不能存在逻辑上的间断和跳跃。由此可见，演绎主义方法论特别强调理性思维在认知客观事物过程中的能动作用。只要前提正确，通过严密的演绎逻辑推理而得出的结论也必然是正确的。

然而，逻辑之真并不等于事实之真。由于过分夸大了理性思维的作用，认为思维规律就是客观存在的规律，因此在缺乏大量经验资料支撑的情况下，容易造成理论与客观事实相脱节。演绎主义方法论对西方经济学的发展产生了重要影响，特别是20世纪30年代以后，新古典经济学将演绎主义方法论发挥到了极致，通过经济人假设演绎出了一整套完备的经济学理论体系，时至今日仍然是无可替代的主流范式。受经济学的影响和启发，演绎主义方法论被引入当时刚刚起步的会计研究领域，并在随后的几十年里迅速发展并统治了整个会计研究领域。在当代西方会计理论研究中，研究者多以会计假设、目标等基本概念为出发点进行演绎推理，推导出能指导会计实务的原则、准则及相应的会计方法程序。他们认为，在会计理论研究过程中，逻辑演绎推理的主导地位可确保所得出的会计理论层次分明、首尾一贯、具备逻辑严密性，从而有助于理论的优化与发展。

会计实证研究则采用颇具特色的实证主义，即确认假设，以事实、实际的情报、由观察数据所产生的相关关系等为对象，经过实验而求得相对或近似正确性的一种研究方法。实证主义方法论的基本观点是：第一，科学研究要具体化。科学理论只能针对现实对象的有限问题提出并加以解决，而不会涉及无限问题。第二，科学研究要经验化。经验是科学研究的逻辑起点、逻辑展开和逻辑归宿。第三，科学研究要精确化。科学研究的结论要具体化、定量化，一般要用公式、数据和图形精确表示。第四，科学研究要坚持可检验性。科学结论不能是笼统的普遍性规范结论，而应该是具体的有经验内容的命题，这些命题在可控条件下能够重复出现，并接受经验检验。

严格地说，实证法较接近于归纳法，两者都必须着重于对现实事物或现象的观察，以及进行总括性的概括和推断。但是，这两种方法又存在显著性区别。归纳法侧重于从大量的现象中总结概括出带有规律性的概念，实证法则更强调以经验材料或证据来辅证既定概念或命题假说的现实存在或有效性。此外，实证法可以通过多种形式或者从多种渠道收集关于被观察事物或现象的经验性材料，包括查阅历史性数据、实验室记录资料、调查问卷、实地面谈与观察等。

二、会计实证研究和规范研究的结合

从会计实证研究诞生的那一天起，会计实证研究与传统的规范研究便争论不休。会计实证研究者批判传统的规范研究涉及太多的价值判断，只关注规范性命题，致力于探求会计“应该是什么”的问题，缺乏解释力和预测力，是“不科学的”。而由于会计实证研究标榜只关注“是什么”的问题，不涉及价值判断，也同样遭到规范研究者的猛烈抨击，他们认为会计研究过程不可能完全排除价值判断。瓦茨和齐默尔曼也承认，研究人员在建立会计理论的过程中必然带有主观随意性，研究内容的选择与理论模式的建立都会受到会计研究人员自身价值观的影响。

如前所述，会计规范研究主要采用的是演绎主义方法论，其主要缺陷在于往往与会计实践活动相脱节，不能更好地指导会计实践活动；而会计实证研究强调会计研究必须从会计实践活动出发，使得会计研究植根于大量的经过严格检验的经验数据之中，并且具有定量化、精确化的特点，因而可以为规范研究提供大量的经验资料，缩短规范研究与会计实践之间的差距，使得会计规范研究与丰富多彩的会计实践活动相联系，架起逻辑与事实之间的桥梁，从根本上克服其弊端。

反过来讲，虽然会计实证研究建立在对经验资料的严格检验基础之上，但却存在从个别到一般的逻辑障碍，根据个别样本得到的结论往往无法保证其一般适用性。况且假设的提出、样本的选择往往还受研究人员价值观、思想、意识、目的性等多方面主观因素的制约，有时甚至为了支持假设命题而操纵样本数据，乃至达到了“削足适履”的地步，这些都势必会使其解释能力和预测能力大打折扣，况且有些问题是根本无法进行实证研究的。

会计规范研究强调了理性思维在认识会计活动规律中的能动作用，在会计实证研究提供大量经验资料的基础上借助规范研究，可以充分发挥理性思维强大的演绎逻辑推理功能，在分析与综合的基础之上去伪存真、去粗取精，形成一般性结论，从而更好地指导会计准则的制定和会计实践活动。再者，会计实证研究本身也需要会计理论的指导，否则可能会造成“谬误相关”，因为原本风马牛不相及的两种现象或事物之间往往也可能会披着显著相关的外衣。会计实证研究在选题与构建理论模型时必须以现有经济学、财务管理学、会计学及其他相关科学理论为指导，毕竟理论是实证研究的“神”，检验过程是实证研究的“形”。因此，会计实证研究和规范研究之间必然是“共生”的关系，只有两者和谐共处、实现优势互补才能催生科学的会计理论。

第三节 档案式会计实证研究的基本步骤

经过多年的发展和完善，当前档案式会计实证研究形成了一个具有很强逻辑关系的范式或者研究框架，按照这个基本框架，档案式会计实证研究的基本步骤为：

一、确定研究问题

分析研究问题是对现实中的会计现象进行分析、归纳、综合，形成研究问题，进而进行关系构建的过程。对会计研究问题的确定可以来自现有文献，也可以来自对现实的直接观察和思考。确定要研究的问题是研究过程的第一步，也是最重要的一步，是其他研究工作的基础。通过分析研究问题，可以明确研究的预期目的，然后根据研究目的进行后续研究工作，如研究对象的选取、数据的收集等；还可以明确研究需要的基础和条件，如研究的成本、研究的时间分配、研究对象的素质，以及研究者在相关研究领域的知识基础等方面的内容。

在确定要研究的问题时，要明确所研究的问题是否具有理论意义或实用价值，具体可以从两个方面入手：

1.研究背景

研究背景的功能是点出问题，交代与所研究问题相关的背景、现实存在的困惑，从而自然地引出论文要写的题目。

2.文献综述

文献综述的功能是介绍所研究问题的研究现状及简要的历史脉络，并指出在前行者研究的基础上有待继续开展研究的方向，接下来就顺理成章地提出论文的主题。

可以这么说，研究背景铺陈出论文的实践价值，而文献综述则凸显了论文的学术价值。

二、提出论点，选择变量

在实证研究中，论文的论点往往是以假设的形式提出的。对某种现象的感性认识要上升到理论高度，还需要经过实践反复地检验，予以证实。感性认识在没有被证实之前，还不是正确的理论，只能被称为假设。假设是对事物规律性的猜想，假设的提出要有理论基础。在实证研究中，论点以理论假说的形式提出，然后演绎出可检验的假设。

假设提出后，需要用便于假设检验的变量来代表所研究的相关因素，这就是变量选择。有时一些变量无法准确地计量或没有相应的数据，这时可以采用替代变量，如以企业的广告费支出代表企业的知名度。要测量的变量与替代变量之间应具有很强的相关性。替代变量的选择一定要慎重，因为它也许关系到整个研究的成败。不用替代变量可能导致研究无法进行，但选择了不适当的替代变量又会影响结果的可信性。

三、建立检验模型

根据假设中反映的相关变量之间的关系，选择和建立恰当的检验模型，如多元线性回归模型、曲线模型等，为验证假设做好准备。

四、资料收集

提出假设后还需要通过各种方法来收集资料，从而找出能够有助于理解并回答研究问题的依据。通常，会计实证研究所需资料的来源有两个：一手资料和二手资料。一手资料是专门为回答所研究的问题而收集的原始资料，其方法一般包括问卷调查、实地研究、实验研究和案例研究。二手资料是别人曾为某种目的而收集的资料，包括各种档案资料。一手资料与二手资料各有优势。收集一手资料时，研究者可以专门针对自己的需要收集，可以自己定义资料的范围，也可以排除某些不相关因素的影响等。二手资料的优势是收集速度快、成本相对低。但是，二手资料未必能够满足研究需要，因为资料是别人为其自身目的而收集的，其资料定义、测度指标、收集的时间等与我们的研究需要未必十分吻合。研究定位和研究目的不同，资料收集的方式也就不同，因此研究者应根据不同的研究需要选择适当的方法来收集资料。

在资料收集过程中，要注意以下两个问题：

1.选择资料来源的原则

会计实证研究可以从不同途径取得检验假设所需的资料。通常，选择资料来源的原则是资料的可信性、可得性和成本效益原则。一般来说，如果可以借用其他研究者收集的资料，自己就不需要再作重复的资料收集工作了；如果能用比较容易的方法取得资料，就不需要考虑复杂困难的途径了。

2.资料来源的详细说明

从事会计实证研究的学者必须对自己所采用资料的来源及筛选方法做详细说明，这既有利于其他学者验证与评价自己的工作，也为别人在自己的研究基础上发展和延伸提供必要的依据。有些期刊常常由于篇幅的限制要求作者压缩或在编辑时强行删去对资料来源的详细说明，许多学者对国外实证研究中说明大篇幅的资料来源也常常表示不理解。其实，如果没有科学严谨的资料收集与筛选过程，实证研究的质量是很难保证的，更谈不上研究的可继承性。

五、运用适当的统计方法和统计软件进行资料处理

为了使结论更有说服力，通常采用多种统计检验方法对假设进行多角度的检验。如果多角度的检验取得了一致的结论，那将会具有更强的说服力。资料处理包括编辑资料、分析资料、展示资料三部分。在资料的处理过程中，要区分资料的类型。因为获取资料的类型不同，处理资料的方法也必然随之不同。

在会计实证研究中，这些常用的统计方法可用专门的统计软件进行处理。目前，统计软件有很多，如SAS、SPSS、Excel、S-plus、Minitab、Stata、Eviews等。SAS是目前国际上最为流行的一种大型统计分析系统，堪称统计分析的标准软件，但需要经过一定的训练才可以使用，因此该统计软件主要适合于统计工作者和科研工作者使用。SPSS作为仅次于SAS的统计软件工具包，由于其具有容易操作、输出漂亮、功能齐全、价格合理等特点，已被迅速地应用于自然科学、技术科学、社会科学的各个领域，世界上许多有影响的报刊纷纷就SPSS的自动统计绘图、资料的深入分析、使用方便等方面给予了高度的评价与称赞，是世界上应用最广泛的专业统计软件之一。在国际学术界有条不成文的规定，即在国际学术交流中，凡是用SPSS完成的计算和统计分析，可以不必说明算法，由此可见其影响之大和声誉之高。因此，对于非统计工作者，SPSS是很好的选择。在后面章节的资料处理将结合SPSS进行。

六、分析和解释检验结果，指出存在的局限性

会计实证研究中，通常以统计表格和图像的形式来展示资料整理方法、资料描述和推断的结果，配以文字说明，得出统计结论。检验结果应该是“中性”的，即从资料出发，按选定模型和方法能够计算和推导出来的客观结果。

由于实证研究最终解释的是假设检验的结果，一般来说，假设检验的结果只有两种可能，即前面提出的研究假设得到或者没有得到证据的支撑。当研究假设得到证据支撑时，对研究结果还需要进行谨慎性的解释。如果研究假设得不到统计上显著的证据支撑，就需要进行较大篇幅的解释，说明之所以不一致的原因。如果不能给予合理的解释，那么这个检验结果可能就不具有普遍意义，也许只不过是一个偶然现象而已，因而研究成果就不会被普遍接受。

七、稳健性检验

许多实证研究在检验主要假设之后还进行稳健性检验，又称敏感性检验。稳健性检验通常是对可能影响结论的某些因素所做的补充性检验。稳健性检验相对简单，有时出于篇幅的考虑，研究者可以不报告稳健性检验的数据，只说明检验的考虑过程和结果；有时由于对样本再分组后样本容量太小，稳健性检验可以只采用一般描述性统计方法。当然也有些稳健性检验做得很正规。

稳健性检验主要运用在以下方面：

（1）说明某些因素对结论不会产生影响。例如，对某些因素的分析可以选用不同的指标作为代表，在稳健性研究中，研究者可以换用其他指标做检验，说明结论对指标的变换不敏感。

（2）对假设检验做一些补充研究。例如，假设检验是对全体样本进行的，稳健性检验则对样本中不同行业再做一次分组测试，观测一下行业因素对结果是否敏感，即有无不同的表现。

（3）进一步支持结论，作为研究的补充。

八、得出研究结论，提出建议，撰写研究报告

撰写研究报告是研究过程的最后一步，也是最难的一步。研究报告是反映研究过程和结果的书面材料，一份标准的研究报告应包含以下三方面的内容：做了什么；发现了什么；从发现中得到了哪些结论。在研究报告中，需要列示附录和参考文献。附录是指正文部分不便直接收进而需要给予支撑、说明的内容，附录内容以满足读者验证为前提。参考文献是指预先引证过的所有文献和在写作过程中参阅的所有文献。

研究最后还应该根据所研究问题的意义，由统计结论引出研究结论，再根据研究结论对会计实践提出建设性的建议，在结论和建议中可以融入作者的价值判断。

论文最后还应该指出研究的局限性。几乎所有的检验都有一定的局限性，指出这些局限性可以让人更客观地看待研究成果，也便于更适当地应用研究成果。承认研究中存在的局限和不足，并不会降低论文的说服力，相反只会增加可信性，还可以为以后本人或他人继续开展此方面的研究指明切入点。

当然，并不是每一项会计实证研究都必须经过上述全部过程，某些研究可能只实施一部分步骤。例如，以数学模型对现有会计理论的表述、解释、论证和推广可能会局限于数学模型的建立与推演。

还应指出的是，在重视使用数学方法的同时，也应注意数学方法的局限性，不

能把数学方法绝对化。由于数学方法的高度抽象化，在运用其对某一具体事物进行研究时，其计算结果可能并不能反映所有因素的影响。特别是在会计实证研究中，有必要结合定性分析的方法，结合实际的客观环境，对所研究问题做出深入系统的分析。

综上所述，一篇档案式会计实证研究论文的基本内容如下：

（1）前言。陈述选题的研究背景和研究意义。

（2）文献综述及假设。在文献综述的基础上提出研究假设（观点）。

（3）研究设计。研究设计包括确定和选择变量、建立检验模型、收集样本。

（4）实证结果分析。实证结果分析一般包括变量描述性统计、相关分析、回归分析。

（5）进一步分析及稳健性检验。

（6）研究结论及政策建议。

推荐阅读，了解档案式会计实证研究的起源：

1.BALL R，BROWN P.An Empirical Evaluation of Accounting Income Numbers［J］. Journal of Accounting Research，1968，6（2）：159-178.

2.瓦茨，齐默尔曼. 实证会计理论［M］. 陈少华，黄世忠，陈光，等译. 大连：东北财经大学出版社，1999.

3.裘宗舜，王平. 会计改革的若干问题——一张有意义的社会问卷调查表［J］. 会计研究，1988（6）：17-21.

4.沈艺峰. 会计信息披露和我国股票市场半强式有效性的实证分析［J］. 会计研究，1996（1）：14-17.

第二章

研究问题分析

第一节　确定研究问题

爱因斯坦曾经说过："提出一个问题往往比解决一个问题更重要，因为解决问题也许仅是一个数学上或实验上的技能而已。而提出新的问题、新的可能性，从新的角度去看旧问题，却需要有创造性的想象力，而且标志着科学的真正进步。"事实上，选择适当的研究问题是会计实证研究中最困难的一步，研究问题确定得恰当与否，是决定研究成败的关键因素之一，其影响贯穿于研究过程的始末，是整个研究的起点。一旦找到合适的研究问题，研究工作就向前迈进了一大步。一般来说，确定研究问题包括大方向的确定和具体问题的确定。

一、确定研究问题的原则

在确定要研究的问题时一般要考虑两个方面：是否值得研究；是否能够研究。

1.研究问题的价值

研究问题的价值包括理论价值、方法价值、决策价值和实践价值，也就是研究问题的必要性。其中，理论价值是指该研究能否对他人的理论做出改进，或者提出以往没有研究过的新理论；方法价值是指该研究是否在方法上有所突破和创新；决策价值是指研究是否能给企业决策提供依据；实践价值则是指该研究是否有助于解决实践中存在的某一问题。有研究价值的选题，不仅指对这个问题本身的研究有一定的意义，而且指进行该问题的研究，能在前人研究的基础上有一点突破和创新。

2.研究问题的可行性

研究问题的可行性，从时间上说，是在有限的时间内有望取得阶段性成果；从范围上说，是在一篇论文的篇幅内可以说清楚。对会计实证研究而言，还需要方法上的可行性，即可以找到适当的变量和样本，进而运用统计方法对假设进行检验。具体来说，好的会计实证研究问题应具备以下条件：①易于理解，不易混淆；②概念足够明确，便于确定数据收集对象；③是可回答的，可看出回答所需的数据及数据的获得方式。不能满足上述一个或多个条件的研究问题便是不好的研究问题。通常的情形是研究问题太大或太小，或者不够清晰和明确，难以实证化。如果不能逐个确定研究问题需要收集哪些数据，那么研究就无法进行下去。

二、确定研究问题的途径

实证会计的研究问题可以源自任何地方，但主要来源于以下方面：

1.各种媒体报道的社会热点问题中与会计相关的议题

很多社会的热点问题都与会计相关，需要会计的改革与发展来解决。例如，在2008年金融危机爆发的大背景下，很多会计界的专家学者针对金融危机与会计改革、金融危机与财务管理、金融危机与管理会计、金融危机与审计等问题进行研究。例如，20世纪90年代提出的国有企业混合所有制改革，对企业财务方面有什么影响？这是一个值得研究的大方向。2020年9月，中共中央提出加快形成以国内大循环为主体、国内国际双循环相互促进的新发展格局，对企业会计方面的影响，也是值得研究的热点问题。2020年波及全球的新冠肺炎疫情，引起全球资本市场的动荡，也成为当时研究的一个热点。

2.在查阅文献的过程中进行问题分析

通过阅读以往的文献来发现会计领域近期的研究热点，或挖掘值得研究的题目，是一条有效的路径。这里的问题分析主要有两部分：一是前人或他人尚未涉足的空白区；二是对前人或他人的理论、观点产生怀疑或有不同的见解，可以就此展开争鸣、讨论，从而推动理论进一步发展与完善。在阅读文献时得到启示并发现值得研究的问题有几个好处：首先是研究风险相对较小，这里的研究风险指的是所研究的问题是否被同行认可以及论文被发表的可能性；其次是能为研究找到比较扎实的理论基础以及研究工具，而不需要一切从头做起。当然，在阅读文献的基础上形成自己的研究问题也存在一些不足之处：一是研究题目新意不浓；二是当该题目“过时”的时候，就得另起炉灶，重新寻找新的题目。

3.围绕各级研究管理机构提供的课题指南考虑

每年政府部门或者社会组织，如财政部、全国哲学社会科学工作办公室、国家自然科学基金委员会（管理科学部）、中国会计学会及其下属的专业委员会等，都会根据国家发展需要解决的问题发布课题指南，在全国进行招标。此外，部分权威期刊也会根据刊登要求进行征文。这些招标课题以及征文都是非常好的研究题目，既有理论价值，更有实践意义。

4.与他人交流

题目的选取是一个十分艰难的过程。如果自己一个人来选择要研究的问题，可能所选择的问题要么范围过小，要么范围过大，或者在目前的时间框架内是几乎不可能完成的事，因此可以针对自己感兴趣的问题与导师、同学进行探讨。因为经验丰富的导师通常拥有更多且更为成熟的想法。另外，可以将自己在研究中发现的问题和同学讨论，让他们提供建议，开阔自己的视野，或求证自己的观点。

三、会计实证问题的研究目标

确定一个会计领域的研究问题，并采用实证的方法进行研究，主要的目标有以下方面：

1.验证理论

验证依据规范研究方法得到的理论结论，是早期实证研究的出发点，至今仍是实证研究的重要目标。由于规范研究是在对经济运行环境做了许多简化的假定后，根据逻辑推理得出的结论，为了验证其在实践中的正确性，需要进行实证研究。现代会计是伴随着资本市场发展起来的，因此会计实证研究首先进入的领域是会计信息与资本市场的关系问题研究。大量的会计实证研究借助于资本资产定价模型（Capital Assets Pricing Model，CAPM）分析公司财务报告及审计意见，以及与公司市场价值的关系，并验证有效市场假说。自20世纪80年代以来，会计实证研究者试图借助企业理论和政府管制理论解释会计选择行为。常见实证研究选择对契约理论、代理理论、政治成本理论等进行验证。可以看到，许多实证研究目标是从对规范研究结论是否符合实际的思考中确立的。

2.解释理论与实践不相符的原因

人们在对规范研究得到的理论结论进行验证时，并不总是可以得到支持的证据，有时实证研究的结果是对预期假设的否定和拒绝。例如，资本市场理论是从微观经济学的古典模型中移植过来的，它建立在完善市场假定的基础之上，即假定能自由取得可用信息、无交易成本、无税收和垄断控制等。显然，这些假定与现实世界并不十分吻合。因此，实证研究考虑经济活动更复杂的影响因素，寻求更广泛的理论来解释现实现象。从这个意义上说，实证研究就是在前人工作的基础上继续向前推进，它不仅验证规范研究推导的理论，而且在实践证据的支持下完善与发展理论。

3.解释规范研究中相互冲突的理论结论

由于规范研究是根据一定的理论前提，经过逻辑推理论证得出新的理论结论的，其中不同研究者的价值判断可能有很大的不同，从而得出相互冲突的认识。这为实证研究提供了施展的机会，如用证据解释哪些因素对事物变化有更强的影响力。

4.弥补前人研究方法的不足

研究者常常可以从阅读前人的成果中找到自己的研究目标，除了上文提到的发现理论不一致或实践资料与理论分析不一致之外，人们还经常可以发现用新方法研究老问题的机会，这并非无意义的重复。对同一个问题用不同方法去研究，不仅可能使原有的观点得到更充分的证据支持，而且可能有新的发现。实证研究是后人在前人工作的基础上不断进步的，每个研究者只要能向前走一点，整个学科的研究事业就有望不断发展，而不会原地踏步，更不会倒退。

5.将从观察分析中得到的印象上升为统计结论

有些学者观察到一些现象，希望判断这些现象是否具有普遍性。实证研究可以对他们的假设进行统计检验，以判别真伪。这些研究的目标是将从观察分析中得到的印象上升为统计结论。

第二节　文献综述

前面提到了确定研究问题的四条途径，实际上，无论通过什么途径获取到研究问题，接下来需要进行的都是文献综述，这是确定研究选题和正式开始研究之间的桥梁。“知己知彼，百战不殆”，文献综述是了解研究问题现状的必选项。

一、文献综述的概念和作用

当研究问题的大方向确定后，就需要围绕研究问题的大方向，收集相关的文献资料进行文献综述，以便确定具体研究选题。“综”是指对资料进行综合分析、归纳整理，使资料更精练明确、更有逻辑层次；“述”则要求对综合整理后的资料进行全面、深入、系统的评述。因此，文献综述是指在收集某一学科、专业或专题的大量文献的基础上，经过归纳整理、分析鉴别和综合提炼而形成的高度浓缩的产品，是一个连续的动态过程。

文献综述的工作是较为艰苦的，需要花费大量的时间和精力。但是，对于作者，文献综述和参考书目是一种思想形成过程的记录；对于读者，它们则是一种特定专题研究线路的标识。尤其是学位论文中的文献综述，它既不是用来出示作者读书成绩的证明，也不是展现其博学强记的工具，而是扎扎实实从事学术论著写作的开端。

文献综述的作用有以下方面：

1. 文献综述是以研究选题为核心在该研究领域的系统学习

在选题确定后，要收集与选题有关的研究领域的大量文献资料，对这些文献资料进行广泛、系统、深入的阅读，既可以全面了解与选题相关的理论、各种学术观点与方法，使研究问题更加聚焦，又可以较好地继承前人已有的研究成果，推陈出新，明确自己的研究价值。

2. 文献综述的目的是确定研究的起点

在选题确定后，要了解研究选题在该研究领域中的历史发展和新水平、新动态、新技术、新发现，以及国内外学术界在该领域的主要研究成果、已达到的研究水平、存在的问题以及研究动态和发展趋势，从中确定研究的起点，避免研究的低水平重复，确定研究的地位，明确研究的任务。要特别注意文献的时效性，避免论文提交时发现已经有相似的研究成果，自己的论文内容很可能完全或在很大程度上重复别人已经做过的工作。

3. 通过文献综述报告的写作提高归纳、分析、综合能力

这有利于独立工作能力和科研能力的提高。在对文献进行阅读的基础上，既要“综”，对其内容进行综合分析和归纳整理，使其逻辑严密、条理清晰；又要“述”，根据自己的理解和认识，进行全面、深入、系统的论述和相应的评价。文献综述报告是对该研究领域的历史发展和最新进展进行综合评述而撰写的一种学术论文。

一般来说，文献综述包括文献检索、文献阅读和整理、文献综述报告的写作三个步骤。

二、文献检索

在信息化时代，资料浩如烟海，需要通过文献检索科学地查找和阅读文献。文献检索是指依据一定的方法，从存储的文献中查找并获取所需要文献的过程。

（一）文献的分类

文献按出版的形式分类，主要有书籍、期刊、报纸和其他文献。

1.书籍

书籍可分为工具书、教科书和政府出版物。书籍内容非常系统全面，但时效性稍弱。

2.期刊

期刊按其性质可分为专业性期刊和综合性期刊。期刊时效性强，特别是一些权威性期刊，观点新颖，格式规范，而且可以长期跟踪阅读。

3.报纸

报纸按其性质可分为专业性报纸和综合性报纸。报纸上的文献时效性强，由于是针对某些专题论述的，因此在全面性、系统性上有些欠缺。

4.其他文献

除了书籍、期刊和报纸外，还有一些其他文献，如未正式发表的一般研究论文、学术会议论文、学位论文（博士论文、硕士论文和学士论文）、其他论文，以及未正式发表的课题研究成果和调查报告等，这些都是可以充分利用的文献。

（二）文献检索的步骤和要求

1.文献检索的步骤

（1）以选题为中心，对广义领域的研究状况进行材料搜寻，然后缩小到选题本身较小的研究领域，这对于把握自己准备论证的题目在较大范围内的地位和意义是非常必要的。

（2）了解各学派的基本情况。多数选题在学科的历史发展过程中都存在不同的观点，甚至形成了不同的学派，检索时要进行较为全面的了解和客观的分析，在比较中确定自己的基本观点或倾向。这个步骤对于形成作者自己的观点具有相当重要的启示意义。

（3）面对已有的材料，分析研究空白和不够深入的地方。这时要考虑两个问题：一是在选题范围内，有哪些研究题目尚没有被涉及；二是虽然研究题目有所涉及，但是并不深入。这两种情况都可以成为论文的主攻方向。例如，在看一篇文献的研究方法时，要注意该文献采用了哪些研究方法，有什么成功的经验，存在哪些问题；或者没有采用哪些方法，没有被采用的方法对于选题是否能够产生新的结论等。

（4）在前面分析的基础上考虑需要研究的新问题、新情况。对于前人没有涉及而现实中亟待解决的问题，如果进行深入系统的研究，较容易取得成果，但是这时要对自己的把握能力再估量一下，因为对新问题、新情况的阐释需要一定的学科知识功底。

(5) 进一步有目的性地查找本学科的材料。选题的主攻方向有了，就会产生深入查找材料的动机，文献检索的目的性更强了。这时找寻的材料大多可能直接与将来要写作的论文相关，因而，这时查找材料与做笔记要一同进行。

(6) 扩大搜寻范围，查找相关学科的理论和方法方面的材料。除了本学科的知识外，相关学科也能够为所选择的问题提供理论和方法。一般来说，采用一些其他学科的理论和方法会给论文增添较多的学术性，不同学科的交叉研究常常能带出研究的新视角。

以上步骤只是大体上规定如何进行材料的准备工作，实际上对每个人来说，文献检索的执行过程不会都是一个模式。

2.文献检索的要求

(1) 充分性。在文献检索时，要按照已确定的研究方向及研究项目检索文献，还要搜集与研究项目有联系的其他方面的文献，避免漏掉重要文献。需要检索的文献包括：① “对立面”和“关系户”的文献，即可以用来映照、比较的文献；②背景文献，即一切能够影响研究对象的生存和发展变化的社会历史条件或精神因素、物质因素；③理论和方法，除了必要的专业理论和方法外，还要通晓其他有关的理论和方法，如会计实证研究中需要用到的经济学、管理学理论和统计学、计量经济学方法。要充分吸收别人已有的经验，或是了解别人疑难的焦点所在，对不同的观点进行比较研究，少走弯路，也便于发现问题，寻找研究的突破口。

(2) 审慎性。在文献选取过程中，研究者应当注意分清原创的与模仿的、充足的与残缺的、深刻的与浅薄的、历史资料与现实数据的不同，要尽量通过不同资料的互相印证来进行甄别。对前人通过调查获得的实证数据，研究者要注意其获取数据的手段是否科学，其获取数据的社会背景与本选题的社会背景之间是否存在较大差异。在对资料进行甄别的同时，研究者还应注意判断哪些资料可以作为研究的主要依据，哪些资料需要进行更细致的阅读，哪些资料需要重新验证等。研究者要对由于资料选取不当造成的研究结论不科学负责，不能把所有责任都归咎于资料失实。为了提高自身甄别和选取资料的水平，研究者平时就应当注意在学习和研究过程中培养自己的学术眼光。

(3) 不断补充和及时甄选资料。研究者应及时地发现和补充资料，尽量防止对先行假设的偏好，避免先入为主的假设对研究工作的消极影响，保证研究过程及结论的客观性和科学性。在研究过程中，研究者还有可能遇到新问题，有时也需要收集补充新的资料。随着研究工作的深入，研究者还应根据掌握的新情况对资料的真伪和优劣进行重新甄别和筛选。研究者在确定选题和整个研究过程中都应当重视资料的发现、补充和甄选工作，以确保选题的学术价值和社会价值，保证研究过程与结论科学可靠。

（三）文献检索的途径和方法

1.文献检索的途径

(1) 图书馆和资料室。图书馆和资料室都是文献的集中场所，为会计研究提供大量直接的、现时的资料。

（2）会计学术会议。各种会计学术会议的论文能突出地表明当代会计学术研究的方向和水平。

（3）互联网。直接利用互联网搜索所需要的文献资料，可能比以往任何一种方式都来得直接、快捷、方便。除此之外，互联网上还有一些没有公开发表的文献信息，以及一些网友自己的观点、见解和非常宝贵的实践经验。但是，任何一种现象都会存在两面性，网上的信息量很大，如果没有掌握一些文献资料查询技巧，要获取所需要的文献资料也并不是一件很容易的事情。

（4）其他。档案馆、博物馆和部分个人资料，也是文献检索的若干途径。

2.文献检索的方法

（1）文献篇名查询法。如果已知准确的文献篇名，可以输入文献的篇名或者文献篇名中大部分的文字。文字输入越多，准确度越高。

（2）作者查询法。如果已知某个知名作者的主要研究领域，可以查询这个作者的文献。使用作者查询法还可以引出很多其他作者在这个领域内的研究文献。

（3）关键词查询法。若不知文献的准确篇名和作者，就需要用到必然会出现在文献中的关键词，可以同时使用多个不同的关键词。考虑到不同作者的用词习惯，可以多使用一些行业中可能出现的同义词和近义词。例如，查询“业绩评价”方面的文献，要同时考虑“绩效评价”“业绩评估”等词。

（4）参考文献查询法，也就是从某篇文献的参考文献中获取其他文献。因为参考文献的研究领域均与这篇文献有很大的关联，还可以由此了解一些相关的研究人员信息。

（5）刊名查询法。直接查找某种特定期刊或某期期刊中的文献，可以用刊物名称或期号、卷号来查询。例如，《会计研究》《中国会计评论》等期刊，都刊登了有关会计实证研究方面的论文。

（6）混合查询法，即同时使用已知的准确信息，如作者和篇名，刊物和作者，学科、出版年限和一个关键词等。在具体使用时可以根据掌握的信息灵活运用。

三、文献阅读和整理

（一）文献阅读

经过文献检索获取原始文献后需要对文献进行阅读，充分了解主要信息，找到启发自己思想或对研究有用的文献，否则很可能会对有用的信息听而不闻，对急需的文献视而不见。形象地说，搜寻文献如同研究者在寻找前人的足迹，以便从他们驻足的地方起步。不过，只有精品文献才有可能使后人“踩着巨人的肩膀”攀登。发现精品文献的前提是把握此类文献的创新特征，而对精品文献的识别能力正是在大量阅读中培养起来的。

文献阅读是一个包含去粗取精、去伪存真、融会贯通、为我所用诸环节在内的研究阶段。一个研究者在搜集到与研究专题相关的文献后，首先是浏览标题、摘要、目录、导言和结论，然后决定是否精读全篇或者某个章节。对筛选出来的文献特别是精品文献，阅读时最好在要点处做上记号，或者将自己的归纳、评论、感想和相关页码写在附有不干胶的纸条上，粘在读物上充当活动书签，以便做笔记或进行文献综述的时候用。

专业文献阅读更多地不是为了享受，而是服务于提取精华和推进研究的目的。因此，读书笔记可以说是一种有效的工具。做笔记没有一定之规，可以根据自己研究的内容和个人习惯采用一种或多种形式。针对某篇文献，读者既可写出三言两语的纪要，也能根据个人偏好构建提纲，还可以写成书评等。如果文献对自己用处微小，就对那微小的收获加以简短的记录；如果文献令自己茅塞顿开，就把其中曾经启发个人心智的“钥匙”绘制出来。无论何种形式的读书笔记，都可作为专题文献综述的构件。针对特定领域的多种读物，还可以写作以专题文献研究为特征的读书笔记。

这里特别强调一个技术性问题，即笔记或资料整理的每条都要将作者（编者、译者）、论著（或资料）名称、出版情况和出版时间记下来。如果是外国作者，除了译名外，还必须记下外文原名。千万不要忽略这件事情，如果临近答辩才重视引证的规范，回过头来查找出处是很困难的。

（二）文献整理

针对通过各种途径获取的文献资料要进行归纳整理，以便进一步研究。文献整理包括文献分类、文献筛选、文献保管三个方面。

1.文献分类

文献分类是指将阅读所得到的方方面面的内容进行分类、排列、组合，从中寻找问题、发现问题。文献的归类没有固定的格式，可按年代归类，可按某一类问题归类，也可按同一问题不同观点归类。文献的归类要和文献综述报告的写作结合起来。

2.文献筛选

文献筛选是指对各类文献要去粗取精，筛掉一些不需要的资料。首先要将自己的研究内容与文献分别加以比较，找出哪些研究内容在文献中没有或部分没有，哪些研究内容虽然资料已有但自己对此有不同看法，哪些研究内容和文献是基本一致的，哪些研究内容是在文献基础上的深化和发挥等。经过几番深思熟虑的思考过程，就容易萌生自己的想法。

3.文献保管

文献保管是指将经过筛选并分类后的文献保管起来，以便在撰写文献综述报告和进行论文写作时取用。

四、文献综述报告的写作

（一）文献综述报告的概念

文献综述报告是在对一定研究领域的文献进行广泛阅读和理解的基础上，为确定研究的起点而对该研究领域的历史发展和最新进展进行综合评述的论文。文献综述报告与“读书报告”“文献复习”“研究进展”等有相似的地方，它们都是从某一方面的专题研究论文或报告中归纳出来的。但是，文献综述报告既不像“读书报告”“文献复习”那样，单纯把一级文献客观地归纳报告，也不像“研究进展”那样只讲科学进程，其特点是“综”和“述”，是作者对某一方面问题的历史背景、前人工作、争论焦点、研究现状和发展前景等内容进行评论的科学性论文。

文献综述报告按其范围可以划分为综合性和专题性两类。综合性文献综述报告是以一个学科或其分支学科为对象的，是较为宏观的，涉及的范围是整个学科领域或其分支学科领域，或者某一大的研究方向。专题性文献综述报告是以专题为对象的，是较为微观的，涉及的范围是一个专题或某个小的研究方向。专题性文献综述有两种形式：一种是独立成篇的形式，即撰写成一篇论文式的文献综述，研究生在撰写毕业论文（学位论文）之前一般都要撰写独立成篇的专题性文献综述报告；另一种是组合的形式，即论文组成部分的文献综述，是一般论文的第一部分的综述，介绍该具体研究题目内容的发展过程、已达到的水平、存在的问题、需要研究的方向，从而形成该研究题目的起点，推出自己的研究思路并展开论述，是以述带论，在论述中创造性地发展理论与方法。

（二）文献综述报告的写作步骤

文献综述报告的写作看似简单，其实是一项高难度的工作。其具体步骤为：

（1）通过学习已经收集到手的文献，形成自己的专题分析框架。在这一阶段，应形成一个粗略的提纲，或者制定出路线图，明确自己的研究从哪里来到哪里去。

（2）沿着提纲的脉络进一步搜寻和阅读文献，用新增的信息修正、填补或细化已有的思路，反思乃至调整论文题目和所要研究的问题。这一步主要是把学习过的文献分门别类，按照提炼出的问题附加小标题，选择和串联阅读笔记，分别填入不同的标题之下。

（3）针对所要研究的问题或领域，说明别人已经完成哪些工作，留下哪些问题。或者说，从现有文献中引申出自己的研究领域，提出即将研究的问题，叙述处理的方法，这就顺理成章地形成专题文献综述的初稿。当注意到别人不曾涉及而自己的研究却不能回避的问题时，那就表明创新的机遇正在来临。

（4）在后续研究过程中阅读补充文献，随时将有用的内容添加在文献综述中。在完成论文其他部分的写作后，重新审视和修订综述，仅保留那些真正帮助过自己观点形成的材料。如此这般，才有可能借助文献综述展现整个专题研究的分析框架。

事实上，搜寻、鉴别和阅读精品文献都不难，难的是深入思考，汲取文献的营养，将所学知识应用于自己的专题研究中。为了克服其中的困难，可以借助团队的智慧。例如，写出提纲式文献简介后，向导师、同学报告对文献学习的心得，在交流中升华自己的思想。

（三）文献综述报告的格式

文献综述报告的格式与一般研究性论文的格式有所不同。这是因为研究性的论文注重研究的方法和结果，而文献综述报告要求向读者介绍与主题有关的详细资料、动态、进展、展望以及对以上方面的评述。因此，文献综述报告的格式相对多样，但总的来说，一般都包含综述题目、作者、作者单位、摘要、关键词、前言、主体、总结、参考文献等部分。下面着重介绍前言、主体、总结及参考文献部分，撰写文献综述报告时可按这四个部分拟写提纲，再根据提纲展开撰写工作。

1.前言部分

前言部分要写清四个方面的内容：

（1）写作的目的。

（2）有关概念的界定。

（3）规定综述的范围，综述范围切忌过宽、过杂，而且要声明引用文献起止的年份。

（4）扼要说明有关问题的现状或争论焦点，引出所写综述的核心主题，使读者对全文要叙述的问题有一个初步的轮廓。

2.主体部分

主体部分的写法多样，没有固定的格式，可按年代顺序进行综述，也可按不同的问题进行综述，还可按不同的观点进行比较综述。不管用哪一种格式综述，都要将所搜集到的文献资料归纳、整理及分析比较，阐明有关主体的历史背景、现状、发展方向以及对这些问题的评述。其中，撰写主体部分时应注意以下几点：

（1）收集文献应尽量全。掌握全面、大量的文献资料是写好综述的前提，否则随便收集一点资料就动手撰写是不可能写出好的综述的，甚至写出的根本不能称为综述。

（2）注意引用文献的代表性、可靠性、科学性和时效性。有的文献的观点可能与其他文献雷同，有的文献在可靠性及科学性方面存在差异，因此在引用文献时应注意选用代表性、可靠性和科学性较好的文献，而且要注意文献的时效性，要有近几年的文献。

（3）引用文献要忠实于文献内容。由于文献综述有作者自己的评论分析，因此在撰写时应分清作者的观点和文献的内容，不能篡改文献的内容。

3.总结部分

总结部分与研究性论文的小结有些类似，是对全文主题进行的扼要总结，对所综述的主题有研究的作者最好能提出自己的见解。

4.参考文献部分

虽然参考文献放在文末，但却是文献综述的重要组成部分。这是因为它不仅表示对被引用文献作者的尊重及作为引用文献的依据，而且为读者深入探讨有关问题提供了文献的查找线索。参考文献的编排应条目清楚，查找方便，内容准确无误。所列示的参考文献应是文中引用过的、能反映主题全貌的，并且是作者直接阅读过的文献资料。

总之，一篇好的文献综述报告，应有较完整的文献资料，有评论分析，并能准确地反映主题内容。

（四）文献综述报告在论文写作结构中的位置

一般来说，文献综述应置于研究问题的后面。也就是说，它是在作者提出研究问题后，针对这一问题，分析和探讨经过以前的专家、学者研究得出的结论、提出的解决方法、研究的途径、存在的不足等。不过，不同的研究人员处理文献综述的位置有所不同。比如，有的论文把文献综述单独列为它的一个部分，也有的论文把它和研究问题合并在一起组成一个部分。在两种写作方式中，大多数论文倾向于采用前者。

推荐阅读，了解论文选题背景及文献阅读：

1. 盛明泉. 我国上市公司股权激励对公司业绩的影响——基于2006—2008年度的面板数据［J］. 经济管理，2011，489（9）：100-106.

2. 卢锐. 上市公司市盈率影响因素的实证分析［J］. 管理科学，2005，18（4）：86-92.

3. 刘运国，刘云. 我国上市公司的高管任期与R&D支出［J］. 管理世界，2007（1）：128-136.

第三章

提出假设

按照档案式会计实证研究的基本范式，确定了研究问题和进行了必要的文献综述以后，需要提出研究假设，即预期对此问题的研究应达到怎样的结果，因此提出假设就是对所研究问题预期研究结果的具体化，也就是研究目标的具体化。

● 第一节　假设的概念和作用

一、假设的概念

首先需要明确的是，实际上，无论进行哪种类型的研究，即会计规范研究或者会计实证研究，研究者首先都要对所研究的问题有一个基本的想法。一般来说，研究者在确定研究问题的过程中，就逐渐建立了关于这个问题的某种想法，确定了解决这个问题的可能答案。这些想法、猜测或“答案”，都是研究者从相关的理论和经验出发，对问题和解答做出的一种假设，这可以作为解决问题的出发点。把这些猜测或设定的答案用明确的语言表达出来，就构成了一个研究假设。但是，会计实证研究中的假设（Hypothesis），与会计规范研究中的假定（Assumption）是明显不同的概念。

会计规范研究中的假定，是对所研究问题设定的基础条件，是在规范研究开始之前，根据人们的某种共识或前人的权威论断，研究者对问题存在的主客观环境做出的一些限制性约定，如经济行为遵循的规则，价值判断的依据，特定的历史、经济、政治、文化环境以及行为主体的基本特质等，如会计理论中的四个会计假定。做出这些约定，是为了使规范研究的问题的环境得以简化，逻辑推理有公认的起点与规则。因此，规范研究中所说的假定在该研究过程中是不可能改变的。不同的规范研究者对同一个问题可以建立不同的假定，这样就可能推导出不同的结论。规范研究的理论发展，通常是通过对以前研究的前提假定，做出修改或扩展而实现的。

会计实证研究中的假设，是对所研究问题结果的预期，需要通过假设检验，用证据判断其真伪。也就是说，经过实证研究，开始时提出的假设，最终可能因得到实际资料的支持而被证实，也可能由于实际资料不支持而被证伪。一个假设可以用统计方法加以检验，就是可检验的，也就是“可证伪的”，但并非一定会被证伪。研究者在选定研究问题后，根据事实和已有资料对研究问题设想出一种或几种可能的结论，是对研究结果的预测，是对研究问题涉及的主要变量之间的相互关系的设想。通常来说，实证研究中的假设需要具备以下特点：

（1）假设要有科学性。在会计实证研究中，尽管假设是一种有待验证的猜测，但这并不意味着可以随意进行。也就是说，假设要有一定的科学依据，要建立在明确的概念、已有的科学理论和科学事实的基础上，并且得到了一定的科学论证，而不是毫无事实根据的推测和主观臆断。这些科学依据可以来自权威的理论基础，或者科学的观察结果。

（2）假设应当表明两个或多个变量之间的关系。假设中涉及的变量分为解释变量（又称自变量）和被解释变量（又称因变量）两种：解释变量就是在假设中引起某个现象变化的变量，也是实验中被实验者操纵的变量；被解释变量就是在假设中被预测的变量，或者研究者认为会随着解释变量变化而变化的变量。在会计研究问题中，变量之间的关系是十分复杂的，但作为一项研究，必须明确地表述所研究问题中的某些变量之间的关系。

（3）假设要用明确的语言表述出来。表述假设的语言应当清楚明白，不能含混不清、模棱两可。这一方面表明研究者对这个问题的认识是明确清楚的，另一方面也使别人清楚地知道所研究问题的内容和性质。

（4）假设所表明的内容应该是可以检验的。提出假设是研究问题的开始，研究的最终目的是要按照这种假设收集资料，最后验证假设是否成立。因此，假设表明的内容应该是可以检验的。

二、假设的作用

众所周知，研究问题必须有科学理论的指导，而科学理论在未经检验之前只具有科学假设的性质。会计实证研究是探求会计现象之间的因果关系及其发展的规律，一旦有了假设，研究者就能根据确定目的的要求，在限定的范围内有计划地设计和进行一系列的档案研究、实验研究等；而假设得到支持，就会发展成为建立会计理论的基础。因此，假设是会计理论探索的必经阶段，是建立和发展会计理论、正确认识客观规律的正确途径和有效手段。

具体而言，假设的作用有以下三个方面：

1.假设是研究的核心

在有假设的研究中，整个研究过程实际上就是围绕着验证假设展开的。当然，在验证的结果中，假设并非总是被证实，也有被证伪的可能性。但是，不管最终结果如何，假设就像大海中的航标，为研究指明方向，使研究不偏离航向。

2.假设能明确地规定研究的内容

有假设的研究，内容更具体，方向更明确，目标更集中，既便于研究者把握研究的主攻方向，又便于别人理解研究内容。假设可以帮助研究者确定研究的重点，提示收集资料的方向和范围，并能提供研究结论的框架。

3.假设是通向理论的桥梁

提出假设不是认识的最终目的，而是为过渡到理论做准备的，假设只是为解决问题提供暂时性的答案。从性质和意义上说，假设和理论无很大的区别，只不过假设是有待验证的理论，理论则是已经被证实了的假设。假设具有理论的某些特征，是对有关现象的概括。当假设的基本观念或预言被证实或者被证伪时，这个假设就有可能上升为理论。

● 第二节　假设构建的理论基础

前面说过，假设必须建立在科学理论的基础上。在《现代汉语词典》中，“理论”一词的定义是“人们由实践概括出来的关于自然界和社会的、知识的、有系统的结论”。经济学、财务学和组织行为学中的重要理论是会计实证研究中使用的可验证理论的源泉。

一、经济学理论

经济学对会计实证研究的基础作用体现在两个方面，即方法和思想。

在方法上，经济学家纷纷用数学方法研究经济问题，数量模型研究成为当代经济研究的主流学派。Friedman（1953）建立了实证主义研究的经济方法，即理论的目标能使我们做出可验证的预测结果。同时，他还指出，尽管有些理论所做出的假设不合实际，但只要能够得出可验证的预测结果，就无关紧要。这种观点对于以Watts和Zimmerman为代表的、将实证方法应用于会计学的人们来说是一种鼓舞。

在思想上，经济学理论对会计实证研究起着理论支撑作用。特别是在1978年以后，会计实证研究进入发展的第二阶段，以会计政策选择研究为主，这主要是建立在分红计划、债务契约和政治成本三大假设基础之上的，这些都是以经济学理论，尤其是企业理论为基础的。对会计实证研究有着重大影响的经济学理论有以下几种：

1.企业理论

Coase在1937年发表的著作《企业的性质》（The Nature of the Firm）奠定了现代企业理论的基础。该书指出，市场运行是有成本的，通过形成一个组织并允许某个权威来支配资源，就能节约某些市场运行成本。企业是价格机制的替代物。企业存在的根本原因在于节约交易费用。Coase提出交易费用这一概念，不仅为企业理论奠定了基础，而且对会计实证研究也有深远的影响。

2.代理理论

代理理论认为，委托人和代理人都是效用最大化者，代理人不会总以委托人的最大利益而行动，这就产生了代理成本。代理成本是委托人的监督成本、代理人的保证支出和剩余损失的总和，这时经理会借助自我约束和监督契约的签订来降低代理成本。在早期的会计实证研究中，往往借助于代理理论中委托人和代理人都是经济理性人的假设，假设经理有机会主义倾向，其选择会计政策是为了使其预期效用最大化。因此，通常使用债务契约、报酬契约、政治过程来解释和预测会计选择。

代理理论主要是对代理关系进行研究。代理关系是通过各种明示或暗示的契约，将一方主体与另一方主体联系起来，其中一方主体处于委托人、雇佣者、被服务人的地位，另一方主体作为受托人，具有一定的决策权利。同时，受托人在这一契约关系中获得报酬的依据主要是所提供服务的数量和质量情况。在所有权和经营权相分离的现代企业管理制度之下，出于专业化的考虑，所有者倾向于雇佣具备优秀管理才能的经理人代其执行相关决定，但所有者和经理人的利益不完全相同，双方可能存在利益分歧，这就会产生所有者和经理人之间的代理关系。而且，所有者希望通过专业的第三方监督经理人的行为，使公司的经济情况更加透明准确，就产生了委托方和审计师之间的代理关系。审计师根据委托方的需求，进行相关审计活动，对经理人的经济活动起到监督作用。

3.契约理论

在契约理论中，企业可以看作是契约的联结，包括与雇员、供应商、资本提供者等的契约。契约成本产生于市场交易、企业内部交易、政治过程交易，它包括交易成本、代理成本、信息成本、协商成本和破产成本。企业中的契约大都与会计变量有关，会计是各种正式和非正式契约的组成部分，大量的契约订立和监督建立在各契约方所接受的会计数据的基础上。

在会计实证研究中，研究者认为管理层进行会计政策选择是为了减少契约成本，从而将契约理论与会计政策选择联系起来。

4.公共选择理论

公共选择理论以传统经济学假设（即所有人都追求自身利益最大化）为前提，依据自由市场交换能使双方都获利的经济学原理，分析政策决策行为、民众公共选择行为及两者之间的关系。公共选择理论中一个重要的概念是公共物品。所谓公共物品，是指那些能够同时供许多人享用的物品，并且供给它的成本与享用它的效果并不随享用它的人数的变化而变化，这会导致“搭便车”现象的出现。按照公共选择理论，会计信息是一种公共物品，存在搭便车现象，因而企业不愿过多披露信息，政府必须对会计信息披露进行必要的规范。将会计信息当作一种公共物品，就可以对其需求和供给进行分析。在会计实证研究中，会计政策选择是公共选择的结果，应以促进社会福利最大化为原则。

5.管制理论

早期的管制理论认为：①管理层会独占信息而不向外部使用者披露；②投资者是幼稚的，缺乏对会计数据的理解；③投资者不能分辨会计盈余的变动是否由于会计方法的改变，即功能锁定现象；④会计数据是不同计量属性混合计算的结果，缺乏意义；⑤可供选择的会计方法过多，使会计数据含义不清；⑥会计数据计算过程中包括会计方法的选择及估计的使用，使会计数据缺乏客观性。

在接受了有效市场假说后，由于会计信息的外部性、信息不对称性和投机性，一些人提出了市场失灵，以解释会计管制；而另一些人认为，如考虑契约成本，则外部性、信息不对称性和投机性可能不会导致市场失灵，管制只是政治家和官员尽可能扩大其自身利益目标的过程。他们认为，管制的价值是一个经验性问题，运用非零值信息成本假设，对会计政策选择、会计准则制定中的政治活动等问题进行了广泛的经验性检验，从而促进了会计实证研究的发展。

除了上面所介绍的五种理论外，有限理性理论、经理人理论、组织经济学理论、劳动过程理论等都对会计实证研究有着广泛的影响，尤其是对决策过程（决策者的动机是什么以及如何使用会计信息等方面）的研究影响更大。这与财务会计中占主导地位的决策有用性的观点是一致的，尤其是在20世纪70年代以后，这种观点在寻求会计的概念框架的过程中促进了实证会计理论的发展。

二、财务学理论

财务学理论包括传统财务学理论以及行为财务理论，传统财务学理论是建立在理性人和有效市场假设基础之上的。行为财务理论则通常将人的心理活动行为结合到财务理论的研究中，并从财务行为发生、变化的内在心理机制以及心理活动的特点和规律入手，探索财务行为与其他经济现象之间存在的必然联系，揭示财务现象的本质。

1.有效市场理论

有效市场包括弱式、半强式、强式有效三种，一般采用半强式有效。所谓半强式有效，是指一旦新的信息可公开获得，市场价格将依据新信息迅速做出调整，投资者不论采用何种方法，都可分析公开信息以获取超额收益。

有效市场理论认为，会计盈余并非毫无用处，它导致出现了一大批关于会计盈余与股票价格的关系、会计方法变化与股票价格的关系的经验性研究。在有效市场中，如果会计信息是具有信息含量的，股票价格将在信息公布时迅速做出调整，为此，只要检验特定信息发布前后的超额收益即可。

2.信息不对称理论

信息不对称理论是指在市场经济活动中，各类人员对有关信息的了解是有差异的；掌握信息比较充分的人员，往往处于比较有利的地位，而信息贫乏的人员，则处于比较不利的地位。该理论认为：市场中卖方比买方更了解有关商品的各种信息；掌握更多信息的一方可以通过向信息贫乏的一方传递可靠信息而在市场中获益；买卖双方中拥有信息较少的一方会努力从另一方获取信息；市场信号显示在一定程度上可以弥补信息不对称的问题。

3.信号传递理论

在信息不对称下，公司向外界传递内部信息的常见信号有三种：利润宣告、股利宣告、融资宣告。与利润的会计处理可操纵性相比，股利宣告是一种比较可信的信号模式。

信号传递理论是信息经济学的关键组成部分，该理论的核心是决策者会根据公司的行为来判断公司当前甚至未来的经济形势，当社会公众对公司进行评估时，会根据获取的相关信息进行判断，在此基础上形成对公司的评估。公司的行为向社会公众传递的信号是多方面的，因此公司在进行决策时不能只考虑盈利性，还要综合考虑该决策向社会公众传递的信号。在并购活动中，是否存在并购商誉以及并购商誉的大小、选择现金或股份或相结合的支付方式、业绩承诺情况等都在传递不同的信号，行业、产权性质同样影响信息的传递。由于信号传递理论的存在，并购商誉给上市公司和其他利益相关者带来的影响不同。

4.利益相关者理论

利益相关者包括企业的股东、债权人、雇员、消费者、供应商等交易伙伴，也包括政府部门、本地居民、本地社区、媒体、环保主义等压力集团，甚至包括自然环境、人类后代等受到企业经营活动直接或间接影响的客体。这些利益相关者与企业的生存和发展密切相关，他们有的分担了企业的经营风险，有的为企业的经营活动付出了代价，有的对企业进行监督和制约，企业的经营决策必须要考虑他们的利益或接受他们的约束。从这个意义上讲，企业是一种智力和管理专业化投资的制度安排，企业的生存和发展依赖于企业对各利益相关者利益要求的回应的质量，而不仅仅取决于股东。这一企业管理思想从理论上阐述了企业绩效评价和管理的中心，为其后的绩效评价理论奠定了基础。

5.内部控制理论

内部控制指的是通过企业的董事会、监事会、高级管理层以及企业全体员工一起实施的以实现预期目标为目的，所采取一系列控制措施的过程。构建一套规范、统一、完善的内部控制体系并且采取强有力的措施促使其实施到位，是企业内部整体管控和经营风险防控的基础和前提，同时也可以促使企业参与到国际竞争的浪潮当中，并且占据一席之地。

通常情况下，我国企业内部控制体系是由两个部分组成的，即基本规范和配套指引。其中，基本规范在内部控制体系当中处于级别最高的层次，一般是统领企业内部控制的纲要，在基本规范当中，确立了企业的组织架构，明确内部控制的目标，以及内部控制遵循的基本原则和包含的要素等，这些内容则是制定相应的配套指引的根据。配套指引包括应用指引、评价指引以及审计指引三个部分。

6.行为财务理论

行为财务理论是将行为科学、心理学和认知科学上的成果运用到财务和金融市场中产生的理论体系，是传统经济学、传统财务学、心理学研究以及决策科学的综合体。其主要研究方法是基于心理学实验结果，提出投资者决策时的心理特征假设，研究投资者的实际投资决策行为，以及投资者在做出判断时是怎样出错的，或者说是研究投资者在决策或判断时的系统性偏差。它试图解释实证研究结果与传统财务理论不一致的异常之处。

概括起来，行为财务理论是在不断放宽甚至放弃传统财务理论的理性人假设和有效市场假说的基础上，以人们决策过程中的实际心理特征为变量，研究金融市场异象、资产定价和投资组合等问题的一种理论体系。其主要特征包括以下方面：第一，行为财务理论是将心理学、行为经济学和财务学相结合的一种边缘性、交叉性理论体系。它不仅是在行为经济学理论基础上延伸发展起来的，是行为经济学的一个分支，而且在决策过程中，还考虑人们的认知、感情、态度等心理特征，兼顾了行为人的信念、偏好及与决策相关的认知心理学和社会心理学的研究成果。第二，行为财务理论突破了传统财务理论关于人是完全理性的经济人的假定，以及只注重投资决策模型对投资者实际决策行为的影响，更多地强调投资者的非理性或者有限理性。第三，行为财务理论以人们实际决策心理为出发点，研究金融市场与传统财务理论相违背的异常现象和资产定价等问题。

三、组织行为学理论

组织行为学理论研究了三个不同的行为主体对组织行为学的不同兴趣水平，这三个行为主体分别是个体、团体和组织系统。其中，个体水平的模型十分容易受到个人心理因素的影响；团体和组织系统水平的模型更容易受到社会学和社会心理学的影响，所有这些都给会计实证研究带来了深远的影响。

1.个体理论

个体理论注重个体的学识、动机、个性、洞察力、训练水平、工作满意度、行为以及它们与成长经历特征的关系等方面对知识的贡献。

在会计实证研究中运用较多的有归因理论、社会学习理论、认知失调理论、自我知觉理论和激励理论。

（1）归因理论（Kelley，1972）解释了如何根据个人的不同行为来推断不同的个体，这与管理会计中经理人员会根据下属的顺从程度对其进行评价颇为相似（如Mia，1989）。

（2）社会学习理论（Bandura，1977）指出，人类不但可以从观察中学习，也可以从直接的经验中学习，因此个人的见识会受到他人以及媒体的影响。这对于发展和保持会计传统以及相关人员进入会计领域都有着重要意义（Friedman和Lyne，2001；Smith和Briggs，1999）。

（3）认知失调理论（Festinger，1957）解释了态度和行为之间的关系，以及个人与组织之间冲突的潜在影响力。这一理论与包括冲突理论在内的会计学研究是相关的，同时当信息和使用人的需要不一致时，这一理论也有一定的指导作用（Smith，1998；Smith和Teffler，1995）。

（4）自我知觉理论（Bern，1972）认为，态度会使事后的行为选择更加理性化。这一结果在基于访谈式的会计研究中，对事情的后见性偏误方面的影响是很明显的。

（5）激励理论，即研究如何调动人的积极性的理论，是指通过特定的方法与管理体系，将员工对组织及工作的承诺最大化的过程。早期的激励理论（Herzberg，1966；McClelland，1967；Maslow，1954）识别出了用于激励行为的内在的和外在的报酬。最近的期望理论（Lawler，1973）认为，人们的行为依赖于能够得到有吸引力的报酬。Ronen和Livingstone（1974）将这一理论用到了会计学领域，并指出只有当认识到他们的行为会得到内在的和外在的认可时，属下的工作人员才会付出努力，这一理论最终提出了与薪酬的激励效应相关的主要行为变量（Ferris，1977；Rockness，1977）。

激励理论分为内容激励理论、过程激励理论和行为后果理论。内容激励理论，是指针对激励的原因与起激励作用的因素的具体内容进行研究的理论。这种理论着眼于满足人们需要的内容，即人们需要什么就满足什么，从而激起人们的动机。过程激励理论重点研究从动机的产生到采取行动的心理过程。行为后果激励理论是以行为后果为对象，研究如何对行为进行后续激励。

2.团体理论

团体理论注重它的动态性以及进程、交流、规范、地位、权力、冲突，还有行为和态度的转变对知识贡献的影响。

在会计实证研究中运用较多的是权变理论。Argyris（1952）以及Becker和Green（1962）利用权变理论提出了团体的动态性对预算过程的影响。Barrow（1977）提出了领导层中的权变理论，试图解释成功的领导以及相应的组织行为是特定的领导方式和环境的结合。Vroom和Yetton（1973）提出了领导者参与模型（Leader-Participation Model），一个应用广泛的权变变量将领导行为和参与决策联系起来，同时强调任务结构（Task-Structure）的重要性。很明显，该理论对会计研究中的预算编制领域具有很深的影响。

Hambrick和Mason（1984）提出"高层梯队理论"，认为由于内外环境的复杂性，管理者不可能对其所有方面进行全面认识。即使在管理者视野范围内的现象，管理者也只能进行选择性观察。这样，管理者既有认知结构和价值观决定了其对相关信息的解释力。换句话说，管理者特质影响着他们的战略选择，并进而影响企业的行为。因此，高层管理团队的认知能力、感知能力和价值观等心理结构决定了战略决策过程和对应的绩效结果。不过，高层管理团队的心理结构难以度量，而高层管理团队可客观度量的人口背景特征（如年龄、任期、职业、受教育程度等）与管理者认知能力和价值观密切相关。因此，通过观察人口特征变量就可以客观地研究高层管理团队与企业绩效之间的关系。国内外学术界已经开展有关管理者背景特征与公司治理和投资决策方面的研究，但主要集中在三个方面：一是管理者背景特征与公司治理和经营绩效的关系；二是管理者过度自信与公司治理和经营绩效的关系；三是管理者异质性与公司治理和经营绩效的关系。

3.组织系统理论

Barnard（1938）认为，社会的各级组织，包括军事的、宗教的、学术的、企业的等多种类型的组织都是一个协作的系统，这些协作组织是正式组织，都包含三个要素：协作的意愿、共同的目标和信息联系。所有的正式组织中都存在非正式组织，两者是在协作中相互作用、相互依存的两个方面。一个协作系统是由相互协作的许多人组成的。对于个人目标和组织目标的不一致，巴纳德提出了"有效性"和"能率"两条原则。当一个组织系统协作得很成功，能够实现组织目标时，这个系统就具有"有效性"，它是系统存在的必要条件。系统的"能率"是指系统成员个人目标的满足程度，协作能率是个人能率综合作用的结果。这样就把正式组织的要求同个人的需要结合起来了。

组织系统理论注重组织文化及其变动、结构和等级层次、冲突和权力结构，以及与人力资源政策和工作设计的关系对知识贡献的影响。

在会计实证研究中运用较多的是将环境（如技术、不确定性）、组织（如结构、任务的复杂程度、分散化、监管模式、工作紧张度）和会计变量（如业绩评价、预算参与）这些因素包括在内，其目的是产生一个权变理论，以识别会计系统的不同方面。这里的会计系统是与确定的环境相联系的，它们之间存在恰当的匹配关系。这一研究结果使会计实务和环境与组织因素之间建立了联系，并且提供了已经被认可的知识体系（Otley，1984）。

● 第三节　假设的表述方式和种类

假设提出一般需要经过下列步骤：首先，在搜集一定数量的事实、资料的基础上，提炼出研究问题。其次，寻求理论支持，形成初步假设。为了回答问题，要充分运用各种有关的科学知识，并且灵活地展开归纳和演绎、分析和综合、类比和想象等各种思维活动，形成解答问题的基本观点，而这种观点常常表述为新的科学概念，并以此构成假设的核心。最后，要推演出各相关现象的理论性陈述，使假设发展成比较系统的形态，具有严谨的系统和稳定的结构。为了使提出的假设能够被验证，需要合理地把它表述出来。

一、假设的表述方式

假设的表述方式可以分为语言表述和模型表述两种，采用何种表述方式，不仅与研究者的研究风格和习惯有关，也与研究问题的特点及采用的检验方法有一定的关系。

1.文字表述

用文字表述的方式提出假设，要用可以检验的形式把预计的研究结果表述出来。许多会计实证研究的论文在提出假设时，会另起一行并采用醒目的标识符号“H”加上所提出假设的序号，作为假设描述的开始。描述假设内容的段落也常用明显不同于上下文的字体表现，以引起读者的重视。例如：研究高管任期与R&D支出的问题时，提出假设1：R&D支出与高管任期正相关；假设2：离任前一年，高管会减少R&D支出。不过，也有研究不用标识符号引出假设，只用诸如“本文预期……”“因此预测……”，甚至“这样……”之类叙述性的文字引出假设。

2.模型表述

用模型表述的方式提出假设，是指在提出假设时对将被检验的关系用数学符号描述。这使得将被检验的关系不会被误解，也有利于检验的进行，因为这实际上已把后一阶段要做的变量选择和模型构建的部分工作提前完成了。研究中使用模型表述假设，通常是因为将被检验的关系较易符号化，也就是说，可能有现成的指标可以被用来代表希望研究的因素和关系。

有些实证研究只建立一个假设，另一些则可能建立很多假设，假设的数目完全取决于作者研究的问题和个人的偏好，并无特定规律可循。不过一般来看，在一个研究中如果需要检验许多假设，通常发生在每一个假设的检验都比较简单的情况下，而且这些假设的检验结果共同说明一个问题的不同方面。有些研究者认为考虑到问题的全面性需要提出很多假设，但假设越多，解释变量就越多。随着解释变量的增多，这些变量之间的关系就变得越来越复杂，最后也越来越难对被解释变量的变化做出合理的预测，从而失去了理论上和实践上的重要性。毋庸置疑，实际中影响被解释变量的因素一定远远多于在假设中涉及的解释变量。可是，好的假设不是要穷尽所有的因素，而是要分离出主要的因素。如果试图把太多的影响被解释变量的因素都包括进去，研究就会失去重点。

一般来说，一个研究假设反映了两个或者三个独立变量之间的关系。在某个变量可以分成很多维度的情况下，假设可以“一个主假设，多个子假设”的形式提出，或者直接以该变量的多个维度形式提出。例如，研究IT投资与企业绩效之间的关系，由于IT投资可以分为IT硬件投资、IT软件投资和IT总投资，因此可以提出如下假设：

假设1：IT投资与企业绩效之间存在正向相关关系。

假设1a：IT硬件投资与企业绩效之间存在正向相关关系。

假设1b：IT软件投资与企业绩效之间存在正向相关关系。

假设1c：IT总投资与企业绩效之间存在正向相关关系。

再如，研究公司治理与会计信息质量的关系，公司治理可以从股权结构、董事会特征等方面去描述，具体到股权结构可以使用国家股比例、法人股比例、股权集中度等方面。具体到董事会特征可以使用公司董事长与总经理是同一人、董事会规模等方面。相应地，就可以从具体研究的维度去提出假设。

此外，对于变量之间的假设关系，如果根据已有的不同理论推导出不一样的结论，则可以竞争性假设的方式提出。例如，研究企业中高管集权对内部控制与会计信息质量关系的影响，根据现有理论，可提出竞争性假设：

假设2a：高管集权会降低内部控制对会计信息质量的提升作用。

假设2b：高管集权会提高内部控制对会计信息质量的提升作用。

二、假设的种类

在提出假设时，通常的做法是：建立两个相互排斥的“原假设”和“备择假设”。原假设（Null Hypothesis），又译作零假设、无效假设等，用H_0表示。原假设通常表述为变量之间关系没有改变，没有效果，不起作用，不相关等。例如，某总体均值为零或两个总体的均值相等，某两个变量之间相关系数为零，各组数据方差相等，数据服从正态分布等。

备择假设是与原假设的内容完全对立的假设，用H_a表示。设置一般为不等于、小于（$<$）、大于（$>$）。

但是，在会计领域研究的绝大部分问题，研究者对结果的期望，常常是某因素有较大影响，两个变量之间存在相关性，两个变量间存在线性关系等，很少期望研究结论是两个变量无关、某因素无影响等。因此，从直观的角度，通常会将期望的结论作为假设提出来，实际上，以这种方式提出的假设并不是原假设，而是备择假设。需要注意的是，尽管提出的是备择假设，但在后续统计检验时，依然是以原假设成立为条件，而不是以备择假设成立为条件。

总之，在会计实证研究中需要明确的是，许多研究都不提原假设与备择假设，只提实际问题的预期假设，研究者只要知道选用什么统计量检验、如何判断检验通过就行。

推荐阅读，了解论文假设提出的方式：

1. 杨蕾. 独立董事与高管薪酬——基于中国证券市场的经验证据［J］. 当代财经，2009，294（5）：110-115.

2. 黎毅. 制度创新与公司效率的实证分析［J］. 财经理论与实践，2009，160（7）：81-85.

第四章

研究设计

为了对会计研究的预期目标进行验证，检验会计研究假设的真伪，需要进行研究设计，也就是确定一套详细的研究方案。通常来说，研究方案具体包括：选择变量、构建检验模型、收集数据等方面。

第一节　选择变量

会计实证研究是根据与特定问题相联系的随机变量的观察值，即实际数据资料，验证或探索某些会计现象或会计行为存在的统计规律。研究的核心技术是对假设的统计检验，假设检验处理的是一对甚至更多相互有关的随机变量，依据一定范围内的样本观察值分析判断总体的统计规律，进而得到对假设的支持或否定的证据。为了进行假设检验，研究者必须把实际问题中存在的相关因素转换成能够取得样本观察值的随机变量，或者说用便于假设检验的定量指标来代表所研究的相关因素，这就是选择变量。若选择的变量不能直接从实际样本中得到观察值，而需要经过一定形式的变量转换才能取得实际观察值，这类变量选择有时也被称为变量模型选择或变量构造。假设检验的成败与变量选择关系密切。

一、变量的分类

根据分类标准的不同，变量可分为不同类型。

（一）按变量的取值形式

1.计量型变量

计量型变量，又称连续型变量，其观察值是连续的，特点是可取某一区间内的任一实数。比如，资产负债率、销售利润率等财务比率就是计量型变量。再如，企业的销售收入、利润、现金流量等以货币形式计量的指标，虽然通常只计量到以元为单位的两位小数，但也可以近似地看作计量型变量。

2.计数型变量

计数型变量，又称离散型变量，其观察值是离散的，特点是取整数值，如股票交易数量、盈利企业与亏损企业的个数等。计数型变量值的大小与所采用的计量单位有关，如股票交易量报告可选“股”或“千股”等为单位。

在SPSS软件中，计量型变量和计数型变量又被称为定距型变量（Scale）。

3.定序型变量

定序型变量，又称有序分类变量，表示一种顺序的前后或高低。它可以是字符型，也可以是数值型，其数据通常取整数值。例如，企业信誉的高低，可以用字符分为高、中、低三等，也可以用数值分为1、2、3三等，研究者可以用1表示最好的等级，也可以用3表示最好的等级，完全取决于人们的事先约定。但是一旦约定了该定序型变量的含义，其值的大小便有了可比的意义。

4.定类型变量

定类型变量，又称无序分类变量，当定类型变量的观察值只有两个（通常取0或1）时，又称其为二分变量。该变量不存在变量值之间的大小、顺序的前后等。定类型变量可以是字符型，也可以是数值型。例如，研究四个行业类型（如工业、商业、建筑业、公用事业）对企业资本结构的影响时，可以将行业分为四类，即工业、商业、建筑业、公用事业，也可以用1、2、3、4来分别代表这四类行业。

上述四类数据中，前两种称为定量数据，后两种称为定性数据。在会计实证研究中根据研究的变量观察值的不同数据类型，研究者需要考虑采用不同的统计检验方法。

（二）按变量的作用

1.因变量和自变量

在一个数学模型中，自变量又称解释变量，是实验者能够掌握的、能够引起因变量发生变化的因素或条件。因变量又称被解释变量，是因为自变量的变化而产生的现象变化或结果。因此，自变量和因变量是相互依存的，没有自变量就没有因变量，没有因变量也就没有自变量，自变量是“原因”，因变量是“结果”。自变量和因变量有时是相互的（内生性），因此在实际问题中应注意谁的变化引起了谁的变化问题。

2.控制变量

控制变量是指除了自变量以外的所有影响因变量的变量，这些变量不是特定实验所要研究的变量，所以又称其为无关变量、无关因子、非实验因素或非实验因子。但这类变量如果不加控制，也会造成因变量的变化，即自变量和一些未加控制的因素共同造成了因变量的变化，这被称为自变量的混淆。因此，只有将自变量以外一切能引起因变量变化的变量控制好，才能真正弄清实验中的因果关系。

3.中介变量

中介变量是自变量对因变量发生影响的中介，是自变量对因变量产生影响的实质性的、内在的原因，是自变量影响因变量的路径。中介效应强调对事物作用机制的分析，回答“为什么”或者“如何”的问题。

4.调节变量

调节变量是指能对自变量和因变量之间关系产生影响的变量。或者表述为：如果变量Y与变量X的关系是变量M的函数，则称M为调节变量。也就是说，Y

与X的关系受到第三个变量M的影响。调节效应是为了检验因果关系在不同情境下的适用性。调节变量可以是定性的（如行业、区域等），也可以是定量的（如企业规模、国有控股比例等），它影响因变量和自变量之间关系的方向（正或负）和强弱。

（三）按变量是否可以直接观察到

1.显变量

显变量是指可以直接观察和测量到的变量，如企业绩效、会计信息质量等。

2.潜变量

潜变量是实际工作中无法直接观察和测量到的变量，包括比较抽象的概念和由于种种原因不能准确测量的变量，如企业智力资本。

一个潜变量往往对应着多个显变量，可以看作其对应显变量的抽象和概括，显变量则可视为特定潜变量的反映指标。

（四）按变量是否反映对象实际特征

1.实际变量

实际变量是指反映对象的一个或者多个确定属性的变量。例如，高管性别变量，取值为“男”或者“女”；高管民族变量，取值可以为56个民族之一。

2.虚拟变量

虚拟变量，又称虚设变量、名义变量或哑变量，它与实际变量反映对象多个确定属性不同，虚拟变量仅能反映对象的一个确定属性，通常取值为0或1。根据研究的需要，可以把任意类型的实际变量设置为虚拟变量。例如，企业高管性别变量，共有2个取值（男、女），是一个无序分类变量，可以将该变量设置为一个虚拟变量，女性取值为0，男性取值为1；企业高管民族变量，是一个无序分类变量，共有56个取值，具体研究时需要设置55个虚拟变量，每个虚拟变量的取值为0或者1；企业信用等级变量，共有3个取值（高、中、低），是一个有序分类变量，需要设置2个虚拟变量；高管年龄变量，是一个连续型变量，可以设置虚拟变量，取值0代表45岁及以下，取值1代表45岁以上。

二、变量的选择

在选择变量时要考虑以下原则：①变量的科学性。变量的选择要有理论依据。②变量的全面性。选择的变量要能反映研究对象的全貌。③变量的可比性。选取变量时，应注意变量口径范围和计算方法的纵向可比和横向可比，即在对同一事物不同时期的评价中应注意纵向可比，而对同一时期不同事物的评价中应注意横向可比。④变量的可操作性。选取的变量不仅应符合研究目的，更应有数据支持，所以各变量应能够根据现有公开的相关信息直接获得或间接计算，且获得成本低廉，不需要耗费大量的人力和财力。⑤变量的敏感性。指标应与研究对象的变化密切相关，具有高度的敏感性。

在会计研究问题中，有些研究问题涉及的因素比较容易在实践中观察，或者说有现成的指标来反映，此时变量选择就比较容易。比如，研究企业的应收账款水平，可以直接使用资产负债表中的应收账款来衡量；研究企业的财务绩效，可以直接使用净资产收益率来衡量。但在有些情况下，研究问题涉及的因素没有现成的指标反映，这时就需要仔细选择适当的变量作为研究对象。变量选择一般有两种基本方法：一是理论分析和文献检索；二是变量的替代与构造。实践中这两种方法也可以结合使用。

（一）理论分析和文献检索

通过理论分析和文献检索选取变量时，研究者通常会借鉴以往类似问题的研究，采用别人成功使用过的代表性变量，也可在别人使用的指标基础上进行修正和补充。这是确保风险与成本较小的一种做法，不仅为我国学者所常用，在国外学者的成果中也很常见。理论分析和文献检索通常有以下方式：

1.直接引用

某些变量经过许多研究者的使用，已经成为一种约定俗成的变量，这时研究者只要说明变量的来源便可以直接使用。例如，在衡量股票价格和投资支出相互关联的问题时，许多学者运用James Tobin提出的托宾Q值。

2.说明和评价

有些问题的影响因素在其他学者的研究成果中已经经过检验，后来的研究者可以作为参考依据，但通常需要加以说明和评价。

3.比较和修正

当某个问题在以前的研究中采用过不同的变量时，后续者往往需要对以前研究使用过的变量做出比较和修正，以决定自己的变量构成。

通常，即使存在现成的指标（即变量）可用于检验模型，研究者仍需要说明选择这些指标对于研究的意义或理由。

（二）变量的替代与构造

1.变量的替代

如果所研究问题涉及的影响因素是比较抽象的概念，没有直接与之相对应的指标，就需要寻找替代变量。这时选择变量的难度就比较大，它需要研究者有开阔的思路和丰富的经验，并运用创造性的思维。例如，研究会计信息质量时，使用修正的琼斯模型进行盈余管理程度计算的结果来替代；研究信息不对称对会计选择的影响时，其难点在于信息不对称的程度不可直接观察，因此必须找到信息不对称变量的替代指标。

另外，通过对文献的观察，常常可以发现同一个因素在不同文献中用不同变量指标来反映，这使得后来的研究者可能用更广阔的思路考虑变量选择问题。例如，企业规模是许多研究涉及的因素，它的变量表现形式可以是企业的总资产、销售额、股东权益的市场价值、职工人数等指标。至于其他一些指标是用会计账面价值还是用公允价值，是用相对指标还是用绝对指标，同样是见仁见智。因此，在研究中应该对变量的选择进行仔细的思考，并解释为什么放弃了另一些可能的被选变量，这反映了研究者在选择变量时的理性思考。

2.变量的构造

当有很多因素对所研究问题有影响而检验模型不能全部容纳时，就需要对选择的变量进行统计验证，从中选出最合适的变量构成模型。也就是说，检验中使用的变量不是直接运用会计实务或现实经济生活中已有的变量，而是对某些指标进行一系列的运算处理后得到的一个新变量。

实证研究中在不同地方提到的“模型”有不同的含义。例如，检验方法通常称为检验模型（如回归模型等），而针对研究涉及的影响因素（即变量）所设计的计算公式则被称为变量模型。

（1）简单变量模型构造。有的变量模型构造比较简单，主要考虑检验的需要。例如，在许多涉及企业规模的研究中，并不直接引用资产总额（或销售总额）作为企业规模的代表，而是采用资产总额的对数值（或销售总额的对数值）代表企业规模。这是由于回归模型中的其他变量通常采用相对指标，运用对数模型可使回归分析时的各个变量系数的量级大体相当，或者符合正态分布的假设。

（2）复杂变量模型构造。有的变量模型构造比较复杂，如在论证企业资本结构对企业价值的影响时，反映企业价值的变量很多，这时就可以用主成分分析等方法把它们构造成一个新的变量；在研究内部控制问题时，使用构造的内部控制指数来衡量内部控制水平；在研究企业高管集权问题时，使用管理层兼职状况、CEO任期、董事会规模、内部董事比例、金字塔控制链条的长度五个分指标进行主成分合成计算获得管理层权力的综合指标；在研究企业绩效时，使用企业盈利能力、资产运营水平、偿债能力和后续发展能力等方面指标，构造一个综合指标来进行衡量。

三、变量的筛选

如果初选的变量太多，将存在一定的局限性：一是工作量太大，不符合研究中的成本效益原则；二是变量之间的权数会很分散，不容易抓住重点；三是变量之间的信息重复较多，容易给分析结果带来偏差。因此，需要对初选变量进行筛选。从文献来看，变量筛选的方法有主观筛选法和客观筛选法两大类。

（一）主观筛选法

主观筛选法主要有专家调研法和层次分析法两种。

1.专家调研法

专家调研法，又称德尔菲（Delphi）法，是以专家作为索取信息的对象，依靠专家的知识和经验，由专家通过调查研究对问题做出判断、评估和预测的一种方法。专家调研法在筛选变量时，首先选择若干该研究领域的理论知识或者实践经验相当丰富的专家；然后把变量设置为问卷调查表，请专家根据自己的知识和经验进行判断和选择；最后以回收的有效问卷为基础，对评价变量进行隶属度分析。隶属度这个概念来自模糊数学，模糊数学认为，社会经济生活中存在大量模糊现象，其概念的外延不是很清楚，无法用经典集合论来描述。某个变量对某个集合（概念）来说，不能说是否属于，只能说在多大程度上属于，变量属于某个集合的程度称为隶属度。因此，可以把所有变量视为一个模糊集合，对每个变量进行隶属度分析。

某个变量隶属度的值越大，表明该变量在很大程度上属于模糊集合，即该变量在变量集合中很重要，有必要保留它；反之，该变量则有必要予以删除。筛选变量时可设置一个隶属度的临界值，小于临界值的变量被删除，否则被保留。

2.层次分析法

层次分析法（Analytic Hierarchy Process）的整个分析过程是，将人们的思维过程结构化、层次化、系统化的过程。这个过程主要是通过将与决策有关的元素分解成目标、准则、方案等层次，相同层次的相关因素间两两横向相互比较，再通过不同层次间的纵向比较，最终确定方案的优劣。层次分析法在筛选变量时，通常遵循以下步骤：

第一步：建立递阶层次结构，即通过对研究对象的深刻认识，提出变量体系，并将变量体系层次化，形成递阶层次结构图。

第二步：构建判断矩阵。将同一层次的变量与上一层次变量进行两两比较，构造判断矩阵。一般都采用T.L.Saaty提出的1~9标度法表示。

第三步：检验判断矩阵的一致性。

第四步：进行层次单排序。根据判断矩阵，确定本层次各变量以上一层的某一个元素为标准的重要次序的权重，即计算判断矩阵的最大特征值以及对应的特征向量，特征向量归一化处理后形成本层次各变量的权数。

第五步：计算各层次变量对系统目标的合成权重，进行总排序，以确定递阶层次结构图中最底层单项变量的重要程度。

（二）客观筛选法

1.基于变量相关性的筛选方法

各个变量之间通常存在一定的相关性，这种相关性会导致被评价对象信息的重复使用，从而降低评价的科学性和合理性。相关分析是通过对各个评价变量间的相关分析，删除一些相关系数较大的评价变量，消除评价变量所反映的信息重复对评价结果的影响。

（1）条件广义方差极小法。其基本思想如下：假定要从N个变量中选取一个来评价某事物，则应选取其中最具有代表性的变量，但一个变量绝不可能把N个变量的评价信息全部反映出来，反映不完全的部分就是这个变量作为代表而产生的误差。选取的变量越具有代表性，这个误差就越小。重复这一过程，就可以选出若干代表性变量，并使误差控制在最小范围内。

（2）极大不相关法。极大不相关法，也称复相关分析法，能够反映各个变量的综合影响。几个变量与某一个变量之间的复相关程度，用复相关系数来测定。复相关系数越大，说明这个变量越容易被其他变量通过有限的线性组合所代替，就要被删除，这样就确保剩下的变量的相关性较低。

（3）逐步筛选法与向后剔除法。逐步筛选法的统计思想是：先从N个变量中选取一个与其他变量最不相关的变量x_1（表明该变量不能由其他变量代替），然后在剩余的N-1个变量中，再选出一个与x_1最不相关的变量x_2，将（x_1，x_2）联合起来，从剩余的N-2个变量中选取与（x_1，x_2）最不相关的变量……如此下去，直至剩余的N-m个变量均与选取的m个变量密切相关为止，说明剩余的N-m个变量可以由选取的m个变量所“代替”。也可以采取向后剔除法，即从N个变量中依次将一些可以由其他变量代替的变量剔除掉，剩下的彼此不能相互代替的一组变量则为筛选后的变量。

2.基于变量鉴别力的筛选方法

所谓变量鉴别力，是指变量区分分析对象特征差异的能力。下面两种方法是通过变量鉴别力来筛选变量的。

（1）最小均方差法。其统计思想是：如果n个样本关于某个变量的取值都差不多，那么尽管这个变量是非常重要的，但对于这n个样本来说，这个变量对不同样本特征之间的差异并不起什么作用，因此为了减少该变量与其他变量之间的相关性就可以排除这个变量。这种方法是通过计算样本均方差来进行的。

（2）变异系数法。在实际应用中，人们通常用变异系数V_i来描述评价变量的鉴别力。变异系数越大，该变量的鉴别力越强；反之，鉴别力则越差。研究者可以根据实际需要删除变异系数相对较小（即鉴别力较差）的变量，也可以根据实际情况确定一个临界值，删除变异系数小于临界值的变量，保留变异系数大于临界值的变量。

3.基于变量代表性的筛选方法

基于变量代表性的筛选方法主要有主成分分析法和聚类分析法。

（1）主成分分析法。主成分分析法可以采用以下三种方法来筛选变量：

①用变量权重筛选变量。假设共有n个变量待选，通过主成分分析，计算出相关矩阵R的特征根、特征向量、贡献率、累积贡献率。若出现有k个特征根为0，那么与之对应的贡献率和累积贡献率均为0，则说明原n个变量中有k个变量与另外n-k个变量的相关性很大，用n-k个变量的信息完全可以反映n个变量的原始信息，即可从n个变量中剔除k个变量。接下来，确定原n个变量在反映综合信息中的权重，通过选择权重大的n-k个变量完成选择主要变量工作。其中，某个变量在反映综合信息中的权重是通过特征向量的转置与该变量的特征向量相乘得到的。

②用主分量分析筛选变量。其统计思想和做法是：由主分量分析可以得到原变量的若干分量，这些分量包含原变量的信息量是顺次降低的，最后一个分量的信息量很少，由此可把该分量线性式中权重较大的变量剔除。因为该变量在该分量中起主要作用，而该分量对全部信息的贡献很少，说明该变量对全部信息的贡献也很少，所以剔除这个变量对综合评价没有大的影响。对剩余变量再重复主分量分析和变量剔除过程，最后就可以得到几个代表性变量。

③从变量共同度的角度来筛选变量。这种方法是从变量共同度的角度来筛选变量，通过主成分分析，计算出各个变量的共同度，即所有公共因子对某个原变量解释的方差，然后确定一个取舍标准，如0.6，那么剔除变量共同度小于0.6的变量，否则保留。

（2）聚类分析法。聚类分析法可以采用以下两种方法来筛选变量：

①选择典型变量法。先对备选变量作聚类分析，然后在聚合的每类变量中各选出一个代表性变量作为这类变量的典型变量。每一类变量中典型变量的选取办法是，计算每一个变量与其同类变量的决定系数r^2（即相关系数的平方）的均值，挑选值最大的变量x_i作为该类变量的典型变量。每一类变量都进行这一过程，就可以挑选出有关被评价事物的代表性变量。

②选择典型变量法的改进。先对备选变量作聚类分析，然后在聚合的每类变量中各选出一个代表性变量作为这类变量的典型变量。每一类变量中典型变量的选取办法是复相关分析法（也称极大不相关法）。对变量进行的系统聚类可保证筛选结果具有全面性，而复相关分析法则保证了筛选结果的独立性。

以上从主观和客观两个方面介绍了变量筛选的方法。需要说明的是，主观或客观并不是绝对的。比如，主观筛选法里面的专家调研法和层次分析法虽然在一开始有主观因素，但是后面却是进行客观的数量分析。又如，客观筛选法中的变异系数法需要确定一个临界值，也有主观因素在里面。

● 第二节 构建检验模型

构建检验模型是指确定了研究对象中应包括的变量以后，进一步根据已有理论或经验数据所显示出来的变量之间的联系，建立描述这些变量之间关系的数学表达式，以便进行验证。建立模型是进行实证分析的前提，只有构建了科学合理的模型才能够进行实证检验。检验模型的建立既是一门科学，又是一门艺术。模型的好坏直接影响整个研究的全过程及最终结果，建立一个好的模型需要强有力的理论分析以及非常丰富的经验总结。构建检验模型的基本步骤如下：

一、选择模型中应包含的变量

根据所研究问题中各因素的相互关系，分清影响系统的主要与次要因素，把主要因素抽象为变量（即解释变量、被解释变量），把非主要因素及不确定性因素归为随机变量。

二、确定模型的数学形式

选择恰当的数学表达式，如线性形式、非线性形式，以描述变量之间的内在联系，可以通过如下途径来选择模型的形式：

（1）根据已有的理论总结所建立的模型。

（2）根据以往的经验总结所建立的模型。

（3）根据散点图所显示的变量之间关系。

（4）采取不同的数学形式进行多次模拟以选择较好的数学形式。

三、构建检验模型

1.多元线性回归模型的构建

在会计实证研究中，构建的最常见的是多元回归模型。多元线性回归模型是指含有多个解释变量的线性回归模型，用于揭示被解释变量与多个解释变量之间的线性关系。表述如下：

$$y=\beta_0+\beta_1x_1+\beta_2x_2+\cdots+\beta_px_p+\varepsilon \tag{4.1}$$

式（4.1）是一个多元线性回归模型，其中有p个解释变量。

如果因变量是二分变量，通常构建二元Logistics模型，表述如下：

$$\mathrm{Ln}\left(\frac{Y}{1-Y}\right)=\beta_0+\beta_1X_1+\beta_2X_2+\beta_3X_3+\beta_4X_4+\varepsilon \tag{4.2}$$

式（4.2）是一个二元Logistics模型。

2.调节效应回归模型的构建

如果需要研究在不同情境下变量之间的关系，则需要构建调节效应回归模型，以进行调节效应分析。基本模型如图4-1所示。

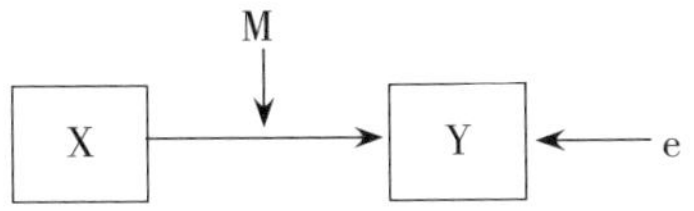

Y=f（X，M）+e

图4-1　调节效应模型

调节效应分析方法根据自变量和调节变量的测量级别而定。变量可分为两类：一类是类别变量，包括定类和定序变量；另一类是连续变量，包括定距和定比变量。定序变量的取值比较多且间隔比较均匀时，也可以近似作为连续变量处理。表4-1列出了显变量的调节效应分析方法。

表4-1　**显变量的调节效应分析方法**

调节变量（M）	自变量（X）	
	类别	连续
类别	两因素有交互效应的方差分析，交互效应就是调节效应	分组回归：按M的取值分组，做Y对X的回归，若回归系数的差异显著，则调节效应显著
连续	自变量使用虚拟变量，将自变量和调节变量中心化，做Y=aX+bM+cXM+e的层次回归分析： 1.做Y对X和M的回归，得测定系数R_1^2； 2.做Y对X、M和XM的回归，得测定系数R_2^2。若R_2^2显著高于R_1^2，则调节效应显著。或者，做XM的回归系数检验，若显著，则调节效应显著 注：变量中心化是用变量值减去变量的平均值。由于调节效应要将调节变量和自变量的乘积项放入回归方程，会出现共线性的问题，因此要进行变量中心化	将自变量和调节变量中心化，做Y=aX+bM+cXM+e的层次回归分析： 1.做Y对X和M的回归，得测定系数R_1^2； 2.做Y对X、M和XM的回归，得测定系数R_2^2。若R_2^2显著高于R_1^2，则调节效应显著。或者，做XM的回归系数检验，若显著，则调节效应显著 注：除了考虑交互效应XM外，还可以考虑高阶交互效应项（如XM^2，表示非线性调节效应；MX^2，表示曲线回归的调节）

3.中介效应回归模型的构建

中介效应是间接效应，无论变量是否涉及潜变量，都可以用结构方程模型分析中介效应。如果所有变量都是显变量，可以依次构建图4-2中的三个回归模型，进行中介效应检验。

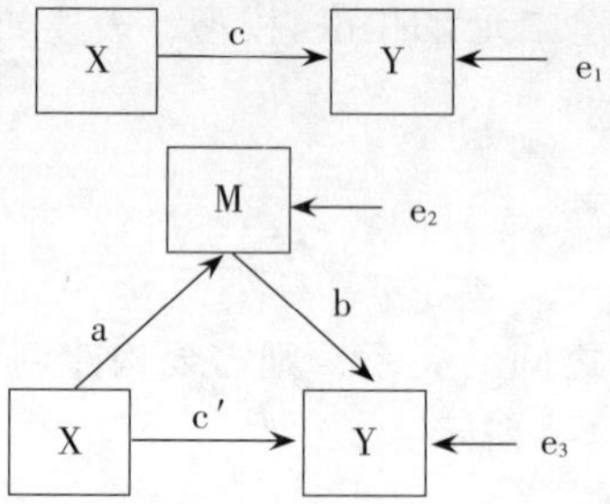

$Y=cX+e_1$

$M=aX+e_2$

$Y=c'X+bM+e_3$

图4-2 中介效应模型

在图4-2中，c是X对Y的总效应，ab是通过中介变量M的中介效应，c′是直接效应。

检验中介效应必须同时满足以下三个条件：一是X对Y具有显著的解释力。二是X对M具有显著的解释力。三是当X和M同时进入时，如果原来存在显著关系的X与Y之间关系不再显著，此时M为X与Y之间的完全中介变量；如果原来存在显著关系的X与Y之间关系的显著性下降，此时M为X与Y之间的部分中介变量。

第三节 收集数据

在会计实证研究中，数据收集是必不可少的环节。按照数据收集方法的不同，数据收集可分为档案数据收集、问卷调查数据收集、案例数据收集、实地数据收集和实验数据收集。只有了解各种数据收集方法的特点，才能正确地选择和应用，以满足研究的要求。

一、档案数据收集

（一）档案数据概述

档案数据又称间接数据，指的是现有的各种归档数据。由于档案数据相对容易取得，所以大部分实证方法研究会计问题时都采用档案数据。运用档案数据要注意以下问题：

1.广泛性

资料的收集必须周详，要通过各种信息渠道、采取各种方式大量收集对所研究问题有价值的资料。

2.针对性

要着重收集与研究主题紧密相关的资料，善于对一般性资料进行摘录、整理、传递和选择，以得到有参考价值的信息。

3.时效性

要考虑所收集资料的时间是否能保证研究的需要，一般来说，反映最新情况的资料才是价值最高的资料。

4.连续性

要注意所收集的资料在时间上是否连续。只有连续的资料才便于动态比较，便于掌握事物发展变化的特点和规律。

（二）档案数据的来源

档案数据主要来自以下几个方面：

1.各种经济信息中心、专业信息咨询机构、各行业协会和联合会提供的信息和有关行业情报以及数据库

这些机构的信息系统资料齐全、信息灵敏度高，为了满足各类用户的需要，它们通常还提供资料的代购、咨询、检索和定向服务，是获取资料的重要来源。目前，会计实证研究中运用比较多的数据库有：

（1）深圳国泰安信息技术有限公司研发的国泰安CSMAR系列研究数据库，内容包括中国股票市场研究系列、中国上市公司研究系列、中国基金市场研究系列、中国债券市场研究系列、中国衍生产品研究系列、中国高频研究系列、中国经济研究系列、中国行业研究系列、中国货币市场研究系列、海外研究系列和专题研究系列等。

（2）北京色诺芬信息服务公司开发的专门针对经济和金融领域学术研究的高标准数据库产品CCER中国经济金融数据库，包括资本市场、货币市场和全国及地区的宏观经济资料，涵盖了主流经济学和金融学实证研究涉及的绝大部分资料需求。此外，针对研究者的特殊数据需求，CCER数据库还提供专门的数据搜寻和定制服务。

（3）上海万得信息技术股份有限公司研发的Wind资讯数据服务（WDS），数据内容涵盖股票、基金、债券、外汇、保险、期货、金融衍生品、现货交易、宏观经济、财经新闻等领域，新的信息内容在第一时间进行更新以满足机构投资者的需求，不间断地为金融机构、政府组织、企业、媒体等提供高质量、低延迟、运行稳定、接口便捷的金融数据服务，可以提供历史参考数据、实时行情数据、历史高频行情数据等。

（4）北京聚源锐思数据科技有限公司推出的RESSET金融研究数据库（RESSET/DB），包括股票、固定收益、基金、宏观、行业、港股、外汇、期货、黄金等数据库。

（5）南开大学公司治理研究中心公司治理评价课题组独立开发的中国公司治理指数（简称南开治理指数，CCGINK）数据库，包括股东权益、董事会、监事会、经理层、信息披露和利益相关者6个维度，构建了由80个数据点支撑的，包括6个一级指标、19个二级指标的综合评价体系。CCGINK作为上市公司治理水平的显示信号，有利于上市公司进行自我评价，不断地发现问题，完善公司治理机制；有利

于投资者选择投资对象、优化资本市场配置资源的有效性；有利于监管部门强化对上市公司治理的监管。CCGINK是服务于科研与管理的学术性、专业性数据库，力求方便、快捷、动态地将CCGINK展现给研究者。

（6）央企社会责任数据库。2020年5月11日，国务院国有资产监督管理委员会网站（http：//www.sasac.gov.cn）“央企社会责任数据库”专题正式上线，可以查询中央企业的社会责任履行情况。

2.各企业公开披露的报告

（1）定期报告。目前，上市公司主要通过上海证券交易所（http：//www.sse.com.cn）、深圳证券交易所（http：//www.szse.cn），以及巨潮资讯网（http：//www.cninfo.com.cn）、中证网、中国证券网、证券时报网、中国资本证券网5家网站公开披露定期报告，主要有：

①上市公司年度报告。上市公司年度报告是上市公司一年一度对其报告期内的生产经营概况、财务状况等信息进行披露的报告，是上市公司信息披露制度的核心。除金融业等特殊行业的上市公司在年报披露时要按有别于其他上市公司的专门财务披露外，一般而言，上市公司年报披露应包含的基本内容相同，其基本格式也有统一的规定。上市公司年报的主要内容包括公司简介、会计数据和业务数据摘要、股东变动及股东情况、股东大会简介、董事会报告、监事会报告、重大事项、财务报告、公司的其他有关资料。年报披露的内容是投资者等利益相关者完整了解公司时所必要的、有用的信息，通过对年报披露的信息进行认真的阅读和分析，有利于捕捉年报所包含的重大线索与信息。

②上市公司社会责任报告。上市公司社会责任报告主要披露上市公司对国家和社会的全面发展、自然环境和资源，以及股东、债权人、职工、客户、消费者、供应商、社区等利益相关者所应承担的责任，要求上市公司在追求经济效益、保护股东利益的同时，积极保护债权人和职工的合法权益，诚信对待供应商、客户和消费者，积极从事环境保护、社区建设等公益事业，从而促进公司本身与全社会的协调、和谐发展。

③上市公司内部控制报告。上市公司内部控制报告主要披露内部环境、目标设定、事项识别、风险评估、风险对策、控制活动、信息与沟通、检查监督等方面的信息，要求上市公司董事会、监事会、高级管理人员及其他有关人员为实现下列目标而提供合理保证：遵守国家法律、法规、规章及其他相关规定；提高公司经营的效益及效率；保障公司资产的安全；确保公司信息披露的真实、准确、完整和公平。

④上市公司环境信息报告。上市公司环境信息报告包括年度环境报告和临时环境报告。年度环境报告应当披露的信息包括重大环境问题的发生情况、环境影响评价和“三同时”制度执行情况、污染物达标排放情况、一般工业固体废物和危险废物依法处理处置情况、总量减排任务完成情况、依法缴纳排污费的情况、清洁生产实施情况、环境风险管理体系建立和运行情况。同时，鼓励上市公司在年度环境报

告中披露以下环境信息：经营者的环保理念、上市公司的环境管理组织结构和环保目标、环境管理情况、环境绩效情况、其他环境信息。另外，上市公司发生突发环境事件的，应在事件发生后1天内发布临时环境报告。要求上市公司准确、及时、完整地向公众披露环境信息，不得有虚假记载、误导性陈述或者重大遗漏。重污染行业上市公司应当定期披露环境信息，发布年度环境报告；发生突发环境事件或受到重大环保处罚的，应发布临时环境报告。鼓励其他行业的上市公司披露环境信息。

定期报告书制度的缺陷是信息公开滞后，不能及时满足公司信息公开的最新性与迅速性需要。尤其在公司发生对证券投资判断有影响的特别事项时，定期报告书难以适应证券市场变动，不利于投资判断。临时报告书制度，以利于临时发生重大事件的信息迅速传递给投资人。

（2）临时报告。《中华人民共和国证券法》规定，发生可能对上市公司股票交易价格产生较大影响的重大事件，投资者未得知时，上市公司应当立即将有关该重大事件的情况向国务院证券监督管理机构和证券交易所报送临时报告，并予公告，说明事件的起因、状态和可能产生的法律后果。

下列情况为所称的重大事件：公司的经营方针和经营范围的重大变化；公司的重大投资行为和重大的购置财产的决定；公司订立重要合同，可能对公司的资产、负债、权益和经营成果产生重要影响；公司发生重大债务和未能清偿到期重大债务的违约情况；公司发生重大亏损或者重大损失；公司生产经营的外部条件发生重大变化；公司的董事、1/3以上监事或者经理发生变动；持有公司5%以上股份的股东或实际控制人，其持有股份或者控制公司的情况发生重大变化；公司减资、合并、分立、解散及申请破产决定；涉及公司的重大诉讼，股东大会、董事会决议被依法撤销或者宣告无效；公司涉嫌犯罪被司法机关立案调查，公司董事、监事、高级管理人员涉嫌犯罪被司法机关采取强制措施；国务院证券监督管理机构规定的其他事项。

3.统计部门以及各级政府主管部门公布的有关资料

国家统计局（http：//www.stats.gov.cn/）和各地方统计局都定期发布统计公报等信息，并定期出版各类统计年鉴。例如，《中国统计年鉴》系统收录了全国各省、自治区、直辖市经济、社会各方面的统计数据，是一部全面反映我国经济和社会发展情况的资料性年刊；《中国第三产业统计年鉴》收录了全国各省、自治区、直辖市第三产业方面的统计数据，是一部反映我国第三产业发展情况的资料性年刊；《中国房地产统计年鉴》以客观数字真实地反映与记载中国房地产市场发展状况，是房地产业权威的综合性资料年刊；《中国环境统计年鉴》是国家统计局和生态环境部编写的一部反映我国环境各领域基本情况的综合性环境统计资料性年刊；《中国科技统计年鉴》是国家统计局和科学技术部编写的一部反映我国科技活动情况的统计资料性年刊，这些均是很有权威和价值的信息。此外，国家发展和改革委员会、财政部、商务部、国家税务总局、银保监会等部委及各地方财政、市场监管、税务等主管部门和职能部门也都设有各种调查机构，定期或不定期地公布有关政策、法规、价格和市场供求等信息，这些信息都具有综合性强、辐射面广的特点。

（三）档案数据中样本的选取

考虑到研究的时间限制、具体目标和成本效益原则，一般采取从档案数据中选取一定的样本进行研究。因此，研究者需要详细说明样本选择的做法及理由，包括样本期间选择、对照样本选择及样本数据来源等。

1.样本期间选择

选择样本期间，即考虑在什么时间段中选取数据来做检验。样本期间选择可以考虑以下几个方面：

（1）根据以前研究者提供的样本期间。出于资料收集成本的考虑，在研究中选取的部分变量采用其他研究者提供的资料。这种方法相对简单，但缺点是研究的其他变量被局限于同一样本期间。

（2）根据事件发生的时间。如果某种现象在一段时间内表现得很集中，就可以将这段时间作为样本期间。

（3）根据事件发生的期间长度。如果某个事件发生的时间长度与所观察的现象发生的规律有关，也可以将事件发生的期间长度作为样本期间。

（4）根据样本容量的要求。实证研究的假设检验有效性依赖于一定的样本容量，若样本数目太少，可以把几个期间的样本合在一起构成满足检验容量要求的较大样本群。

2.对照样本的选取原则

在研究某些现象或行为出现的特征和规律时，有时采用观察样本和对照样本相比较的方法，此时，对照样本的选取原则也应该做详细的说明。对照样本最基本的选取原则是尽可能与观察样本的企业特征相一致，但是不同研究考虑的企业特征是不同的，因此说明对照样本的选取原则实际上是要说明研究者考虑了哪些企业特征。通常选择对照样本需要考虑与观察样本保持一致的企业特征有：

（1）行业。中国证监会2012年修订的《上市公司行业分类指引》规定了上市公司分类的原则、编码方法、框架及运行与维护制度。该指引将上市公司的经济活动分为门类、大类两级，中类作为支持性分类参考。由于上市公司集中于制造业，该指引在制造业的门类和大类之间增设辅助性类别（次类）。与此对应，总体编码采用了层次编码法；类别编码采取顺序编码法，门类为单字母升序编码；制造业下次类为单字母加一位数字编码；大类为单字母加两位数字编码；中类为单字母加四位数字编码。在对照样本与观察样本的行业匹配时可以通过中国证监会标准行业代码选择，位数越多，行业分类越细。如果对照样本与观察样本能按4位数字编码进行匹配，说明它们的主营业务非常相近。如果按4位数字编码进行匹配的企业个数不够，再考虑按3位数字编码甚至2位数字编码进行匹配。

（2）规模。公司规模上的差别也会影响分析的进行。为了避免拿几家对照公司与一家观察公司相配来分析规模的影响，以降低数据收集的成本，许多研究通过直接选择规模相当的对照公司逐个与观察公司相配来控制规模对分析结果的影响。

（3）对照组的样本个数。根据研究方法的不同，观察样本与对照样本的个数选择的要求是不同的。若采用观察值差异均值为零的检验方法，观察样本与对照样本不仅个数要完全一致，且要求样本公司的特性指标一对一严格匹配；若采用多因素完全分组的方差分析，则要求观察样本与对照样本按照多因素分组的样本个数完全一致；但是在采用其他一些检验方法时，有时根据实际样本条件，可以允许观察样本与对照样本的个数不完全一致。

二、问卷调查数据收集

（一）问卷调查的定义和特点

问卷调查是获取研究数据的常用和重要方式，是指根据研究所需要的数据要求，把希望获取的数据，在问卷调查表中以问题的方式发给被调查者，请他们如实填写，然后回收、整理。

问卷调查具有以下优点：①信息的产生和处理比较简单。问卷设计经过标准化处理，大多数问卷中的问题被设计成有限的几个选择，因此不必做描述性回答，容易被人们理解和接受，便于回答，而且问卷统计分析利用简单的软件工具就可以完成，数据易于处理。②容易获得真实的信息。采用问卷调查，调查者一般不同被调查者直接见面，由被调查者自由填写答案，排除其他干扰，能客观地反映被调查者的认识。同时，通过恰当的问题设计，可以鉴别包含虚假信息的问卷，从而将其剔除。③存留时间长，可以反复核对和从容分析。④调查成本比较低。调查者可以在较短时间内，在较大范围内收集信息，如一次调查几十人乃至几百人。

但问卷调查的局限性也十分明显：①问卷设计比较复杂。如果把问卷设计成开放式，被调查者往往怕麻烦而干脆不予回答；如果为便于被调查者回答，把问卷设计成封闭式，又受设计者知识限制而可能忽略重要因素，或者显得生硬，无生动内容。②问卷是由被调查者完全自愿填答的，有的感兴趣，有的不感兴趣，因此有的敷衍了事，有的甚至乱写。回收率、有效率难以保证。③无法双向沟通，调查较难深入。

通过问卷调查的方法获取数据包括：问卷调查前的准备、问卷调查表的设计、问卷调查的实施和结果审查三个步骤。

（二）问卷调查前的准备

问卷调查是一个严谨而科学的过程，为了使调查工作进行得更有序、有效，在问卷调查前，要确定问卷所针对的选题，分析选题中所包含的问题，并根据问题设置问卷调查的项目，选择问卷调查的对象，这些都是决定问卷调查能否顺利进行的关键。

1.明确选题，分解成问题，理清问卷调查的项目

问卷调查的目的是解决问题，所以在调查前必须对选题进行进一步的界定，然后分析选题内所包含的问题，再理清需要调查的项目，明确需要采集的数据及其作用。

2.确定问卷调查的对象

被调查者应对所调查的问题比较熟悉，而且有兴趣讨论有关问题，在被调查者数量较多的情况下，应采取抽样调查的办法确定被调查者。

3.根据预期结果确定数据的处理方法

在准备阶段还需要对问卷调查的结果进行预测，从而确定对收集的数据进行统计与处理的方法。

（三）问卷调查表的设计

问卷调查所获得数据的价值，在很大程度上取决于问卷设计本身的科学性、全面性。要提高问卷的价值，首先要科学地设计问卷。

1.问卷设计的步骤

（1）确定问卷提纲。根据研究项目和调查目的，确定调查内容和调查对象，并根据问卷提纲向有关人员做试探性调查了解。

（2）设计问卷初稿。根据问卷提纲和试探性调查情况，可以设计初稿，其主要内容是设计问题及其答案。

（3）修改问卷。将设计好的问卷初稿请一部分被调查者进行试调查，要求填写者对问卷的总体设计提出自己的意见和建议。例如，问卷的排版是否科学，语言是否存在歧义，所陈述的问题是否简洁、通俗易懂等，并将问卷中有疑问的地方用记号标出。在此基础上修改问卷后，形成问卷调查表的最终稿。

2.问卷调查表的基本结构

问卷调查表包括前言、指导语、问题与答案、结束语四个部分。

（1）前言。前言是写在问卷开头的，主要包括以下内容：调查者身份，调查的目的与意义，调查的内容和回答问题的要求，调查结果的保密措施，回收问卷的时间、方式及其他事项。

（2）指导语。指导语旨在告诉被调查者如何填写问卷，包括对某种定义、标题的限定以及示范举例等内容。其主要说明：问题或答案的内容、答案数目的选择、选出的答案如何做记号、填写答案的要求、答案适用被调查者的范围及其他内容。

（3）问题与答案。问题与答案是问卷的主体，在设计问题与答案时，要求问卷中所提的问题应围绕研究目的来编制，力求简单、明了，含义准确；问题不要超过被调查者的知识、能力范围；问题排列要有一定的逻辑次序，层次分明；问卷的目的、内容、数据、卷面安排的标准答案等都要认真地推敲和设计；问题数量要适度。

（4）结束语。结束语是问卷调查结束后的说明。其包括对被调查者的合作表示感谢；请求被调查者最后检查一遍问题答案；请被调查者回答对本次调查的感受和建议。

3.问题设计

问题设计包括以下四个方面：

（1）问题的形式。问题从形式上一般有开放式和封闭式两种，开放式问题就是调查者不提供任何可供选择的答案，由被调查者自由答题；封闭式问题的后面同时提供调查者设计的几种不同的答案，这些答案既可能相互排斥，也可能彼此共存，让被调查者根据自己的实际情况在答案中选择。

（2）问题的性质。问题从性质上可以分为基本事实问题、评价问题和被调查者基本情况问题三种。基本事实问题是指有关调查的基本情况；评价问题是指有关调查者对基本事实的认识、态度和建议；被调查者基本情况问题是指有关被调查者个人的基本情况。

（3）问题的提出。在问卷中提出的问题要符合科学性和合理性。科学性主要表现在：①提出的问题是单一的，一个问题只反映一个客观存在的事实，不反映双重性事实；②提出的问题是中性的，不带倾向性；③提出的问题是明确的，语言简单、陈述简短、问题肯定、概念清晰、词义明确。合理性是指提出的问题是研究项目必须了解的问题，是与被调查者普遍相关的问题。

（4）问题的排列。问题的排列要有一定的逻辑次序，层次分明，便于被调查者思考和回答。问题排列时一般可采用分类排列、先易后难、先主后次、先一般后个别、先封闭后开放等方式进行。

4.答案设计

答案设计的内容包括：

（1）答案要求。答案要求包括两点：一是设计的答案要有穷尽性，即包括了全部答案；二是答案之间相互排斥、不重叠、不包含。

（2）答案编码。为便于计算机处理，要将所有问题的每一个答案都编上号码。可以答案的序号为编码，也可以答案的数字为编码，对无回答的采用特殊编码。

（3）回答方式。问题的回答方式与问题的形式相对应，有封闭式和开放式两种。封闭式是指在提出问题的同时，就提出若干备选答案，供被调查者从中选择答案；开放式则是指只提出问题，没有备选答案，由被调查者自拟答案。

（四）问卷调查的实施和结果审查

问卷调查的实施就是问卷调查表的填写，按照填写方式分为自填问卷和代填问卷两种。自填问卷是指被调查者按照调查内容和要求自己填答问卷。自填问卷按照问卷传递方式不同可分为：①对有关群体集中发放，当场填答。其好处是可以现场指导，回收率高。但应选择恰当时间和地点，一般可利用工间休息时间调查，若在下班后组织调查，人们往往希望快些回家而草草应付，实践证明效果不好。②委托部门负责人发放和回收。其前提是部门负责人愿意配合，否则回收率很低。③邮寄、散发。例如，对顾客在商场进行调查，对乘客在车站进行调查，这种方式的回收率、有效率都比较低。④通过问卷星网站（https：//www.wjx.cn/）发放和回收。

代填问卷是调查者根据被调查者按照调查内容要求口头回答的内容填写的问卷。代填问卷按照与被调查者交谈方式不同可分为：①电话问答，一问一答。其优点是回收率高，但由于被调查者不能同时看到选择项，容易产生先听优先选择的弊端。②随访填答，一问一答。其优点是回收率高，但成本较高。为提高回收率，可采取某些奖励措施，如对有效问卷赠送纪念品等。

问卷结果的审查和分析就是对收回的问卷应判定问题回答的有效性，以及对被调查者进行样本统计，以反映调查价值。对于事先设定的具有相互印证问题的问卷，若出现相互矛盾的回答，则应视作不认真，问卷被判无效。有些问题，如“是否”判断题，若两者都选，则此问题回答无效。

调查是为了研究，实施了问卷调查之后，就进入了结果的统计与分析阶段，希望从这些统计与分析中发现问题或得出结论。问卷调查表中封闭式的问题较为客观，所提供的大量数据可转化成图表，这样更直观，更有利于对数据做定量的分析；问卷调查表中开放式的问题提供了大量叙述式的信息，可以用来做定性的分析，但这种分析比较主观，对这类信息进行概括分析有一定的难度，在分析时应注意层次和条理性。

推荐阅读，了解实证论文的变量选择、模型构建、数据收集：

1.张敏.公允价值应用：现状-问题-前景——一项基于问卷调查的研究［J］.会计研究，2011（4）：23-27.

2.邱昱芳.财务负责人的专业能力影响公司的会计信息质量吗?——基于中国上市公司财务负责人专项调查的实证研究［J］. 会计研究，2011（4）：61-67.

3.纳鹏杰，纳超洪.企业集团财务管控与上市公司现金持有水平研究［J］. 会计研究，2012（5）：29-38.

4.何威风，刘巍.企业管理者能力与审计收费［J］. 会计研究，2015（1）：82-89.

第五章

数据描述性分析和处理

在得到一批数据以后，首先要对数据的特征进行认识，以便根据数据特征选择合适的数据分析方法，对数据特征的认识通过描述性分析来完成。此外，还需要对数据进行预处理，使它能够符合数据分析的要求，数据预处理可以通过探索性分析来完成。

第一节　描述性分析

一、基本描述性统计量

1.频数、百分比

频数是指在某个变量值上取值的个数，百分比是指占总个数的比例。

2.集中趋势

集中趋势是对频数分布资料的集中状况和平均水平的综合测度。

（1）算术平均数，是平均指标中最重要的一种，一般不特别说明时，所称的“均值（Mean）”就是指算术平均数。寻找一个变量所有取值的“中心”往往是研究关注的问题，均值就是这样一种“中心”，它表示了某变量所有取值的集中趋势或平均水平。但均值容易受到极端值的影响。

（2）众数（Mode），在统计分布上具有明显的集中趋势点的数值，代表数据的一般水平，是一组数据中出现次数最多的数值，众数可以不存在或多于一个。

（3）中位数（Median），将数据排序后，位置在最中间的数值。中位数将数据分成两部分，一部分大于该数值，一部分小于该数值。当样本数为奇数时，则处于中间位置的数值就是中位数；当样本数为偶数时，则处于中间位置的两个数值的算术平均数就是中位数。

3.离散程度

离散程度是对频数分布的差异程度的度量，用来衡量集中趋势数值的代表性，或者反映变量值的稳定性和均衡性。

（1）方差（Variance）和标准差（Standard Deviation，Std.Dev.）。

方差是表示变量取值离散程度的统计量，公式如下所示：

$$\sigma^2=\frac{\sum_{i=1}^{N}(X_i-\bar{X})^2}{N} \tag{5.1}$$

标准差刻画了数据关于所有均值的平均离散程度。标准差值越大，说明变量值之间的差异越大，距均值这个“中心”的离散趋势越大。在正态分布中，68%的个案在均值的1倍标准差范围内，95%的个案在均值的2倍标准差范围内。

标准差是方差的正平方根，公式如下所示：

$$\sigma=\sqrt{\frac{\sum_{i=1}^{N}(X_i-\bar{X})^2}{N}} \tag{5.2}$$

（2）离散系数（Coefficient of Variation）。离散系数用来对两组数据的差异程度进行比较，剔除均值大小不等的影响，公式如下所示：

$$V_\sigma=\frac{\sigma}{\bar{X}} \tag{5.3}$$

（3）最小值（Minimum）、最大值（Maximum）、总和（Sum）。运用这三个统计量可以了解变量的取值范围。

（4）全距（Range）。全距是指数据的最大值与最小值之间的绝对差，是刻画某变量所有取值离散程度的统计量。

（5）均值标准误（Standard Error of Mean，S.E.of Mean）。样本数据是来自总体的，样本的描述性统计量可以反映总体数据的特征。但由于抽样等原因，使得样本数据不一定能够完全准确地反映总体，样本均值作为抽样样本的平均数会与总体均值之间存在差异。进行若干次抽样，会得到若干个不同的样本均值，它们与总体均值之间存在或多或少的差异。均值标准误就是描述这些样本均值与总体均值之间平均差异程度的统计量。类似的还有峰度标准误（S.E.of Kurtosis）、偏度标准误（S.E. of Skewness）。

总之，标准差是指一次抽样中个体分数之间的离散程度，反映了个体分数对样本均值的代表性，用于描述性统计；均值标准误是指多次抽样中样本均值间的离散程度，反映了样本均值对总体均值的代表性，用于推断统计。

实际上，在不能做很多次抽样实验的情况下，根据一次抽样实验的结果，均值标准误的估算公式如下：

$$SEM=\frac{\sigma}{\sqrt{n}} \tag{5.4}$$

当样本的正态分布假设不满足或者样本量太小，直接使用标准误公式来计算会存在较大的偏差和不稳定性，这时可以采用Bootstrap（重抽样法）来模拟出一个真正意义上的抽样分布。具体来说，对于一个样本量为N的样本，重复进行多次（一般1 000~5 000次）有放回随机抽样，每次抽样时，样本量也均为N，并且每次都计算出关注的统计量（如均值），从而可以真正获得一个关于这个统计量的抽样分布。基于这个真实的分布，就能通过其标准差（实际上是样本均值或回归系数等统计量的离散程度，而非个体分数的标准差）直接获得标准误。通过其2.5%和97.5%的百分位数直接获得95%置信区间。这个过程不同于公式计算法，因为Bootstrap是使用样本统计量的标准差直接“拿到”了标准误、使用百分位数直接“拿到”了置信区间。当然，正因为Bootstrap的模拟过程是随机化的，所以每一次运算都会得到有点差异的结果；而标准误计算公式只可能得到唯一的结果。

（6）分位值（Percentile Value）。分位值是一种常用的反映变量取值分布状况的统计量，分位值给出了频数统计变量在个案的不同百分位点上的取值，从另一个侧面清楚刻画了频数统计变量的取值分布状态。分位值能够表明数据的离散程度，不同分位值之间的差距越大，表示个案在此比例分布段上的离散程度越大。

分位点在0~100之间。一般使用比较多的是四分位点（Quartiles），它将100%平均分为4份，各分位点是25%、50%、75%。此外，研究者还可以自行指定分位点，有两种定义分位点的方式：一种是研究者直接指定分位点数（Percentiles），如指定30为一个分位点；另一种是研究者指定将100%等分为N份（Cut Points for Equal Groups，分割点），如果给出5，则表示要将100%等分为5份。

4.分布

分布是说明数据的分布与标准正态分布的吻合程度。

（1）峰度（Kurtosis）。峰度是描述某变量所有取值形态陡缓程度的统计量。与正态分布相比，峰度为零表示其数据与正态分布的陡缓程度相同；峰度大于零表示比正态分布的高峰要更陡峭，为尖顶峰；峰度小于零表示比正态分布的高峰要平坦，为平顶峰。

（2）偏度（Skewness）。偏度是描述某变量所有取值分布形态的对称性的统计量。与正态分布相比，偏度为零表示其数据分布形态与正态分布偏度相同；偏度大于零表示正偏差数据较大，为正偏或称右偏，有一条长尾拖在右边；偏度小于零表示负偏差数据较大，为负偏或称左偏，有一条长尾拖在左边。偏度的绝对值越大表示数据的分布形态的偏斜程度越大。

5.统计图形

统计图形是一种最为直接的数据刻画方式，它无疑能够非常清晰直观地展示变量的取值状况。常用的图形有条形图（Bar Chart）、直方图（Histogram）等。一般来说，条形图适合表示离散型变量，直方图适合表示连续型变量，而不能表示字符型变量。如果给直方图加上正态分布曲线，则非常便于与正态分布形态进行比较。

二、描述性分析概述

描述性分析通常是为了说明样本选择的适当性，因此常常称之为有效性测试。有效性测试通常包括检验样本数据的代表性、对照数据的匹配性以及样本数据结构与理论推测的一致性。在某些研究中，借助于描述性分析对预期结果做一些辅助性观察，作为对预期假设支持或否定的部分证据。有时描述性分析也为调整样本数据分布提供依据。当然，描述性分析只对统计数据的结构和总体情况进行描述，并不能深入了解统计数据的内部规律。

1.样本数据的代表性描述

样本数据的代表性描述通常包括样本结构描述、总体结构描述、样本与总体结构的比较、样本结构偏移的后果分析等内容。样本数据的代表性测试是为了说明样本代表总体的程度，通常是检查样本的一些特征性指标是否与总体一致。例如，样本企业的行业结构、规模结构或财务特征是否与整个经济或所研究的地区及产业的实际情况基本相符。通常样本的行业结构、规模结构或财务特征等会影响假设检验的结果及推广价值。因此，如果样本与总体结构不完全符合，还需要进一步说明这种偏差产生的原因以及对检验结果可能产生的影响。

2.对照数据的匹配性测试

进行对照数据的匹配性测试，是因为选择对照样本时，只可能考虑有限因素，如规模、行业等指标与控制样本大体一致，但影响所研究问题的因素有很多，有一些重要因素的状况需要在匹配性测试中观察，才能知道企业的各项财务指标或运行状况是否大体一致。对照数据的匹配性对假设检验的结果及其可信度影响极大，在对照性研究中不可忽视。

3.样本数据的理论符合性

有时还需要通过样本描述性分析反映样本符合理论推测的性质。

4.对预期结果的辅助性观察

对样本数据的描述性分析可以在一定程度上反映待检验假设的真伪，作为研究者对预期结果观察的一部分。

SPSS 的许多模块均可完成描述性分析，但专门为该目的而设计的几个模块则集中在描述性统计（Descriptive Statistics）菜单中，最常用的是四个过程：频率（Frequencies）过程的特色是产生频数表；描述（Descriptives）过程则进行一般性的统计描述；探索（Explore）过程用于对数据概况不清时的探索性分析；交叉表（Crosstabs）过程则完成计数资料和等级资料的统计描述和一般的统计检验，常用的X^2检验也在其中完成，还有比率分析、概率图分析等。

三、频率分析

（一）频数表概述

了解变量的取值分布状况对整体把握数据的特征是非常有用的，变量的频数统计正是实现这种分析的最好手段，它可以使人们非常清楚地了解变量取值的分布状况。

频数表是描述性统计中最常用的方法之一，频率过程就是专门为产生频数表而设计的。它不仅可以产生详细的频数表，还可以按要求给出某百分位点的数值，以及常用的条形图、圆柱图等统计图。对于频率报告和条形图，可以用升序或降序排列不同的值，也可以按其频率对类别进行排序。当变量具有许多不相同的值时，可提取频率报告。

（二）频率表分析过程在SPSS中的实现

在数据分析之前，先要在SPSS数据编辑器窗口打开数据文件。数据文件的格式可以是SPSS的.sav，也可以是Excel数据或者文本数据等。打开数据文件的方式有很多，可以通过菜单栏的“文件”→“打开”→“数据”功能，选择并打开一个事先建立好的数据文件；也可以直接将选中的数据文件拖到数据编辑器窗口打开，如图5-1所示。

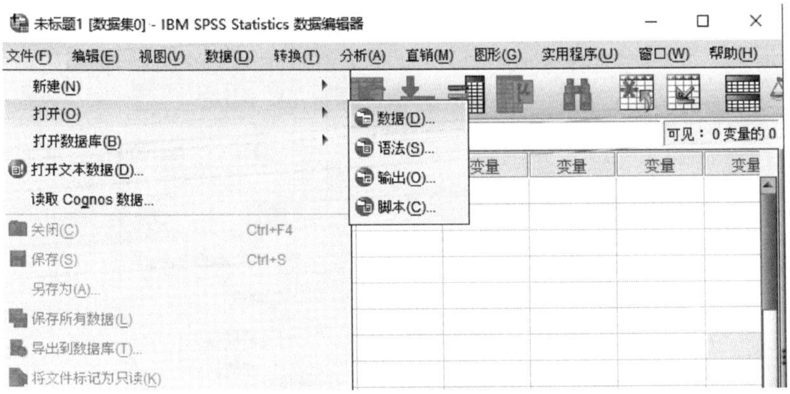

图5-1 打开数据文件

（1）打开数据文件后，按“分析（Analyze）→描述性统计（Descriptive Statistics）→频率（Frequencies）”的顺序，打开如图5-2所示的频率对话框。

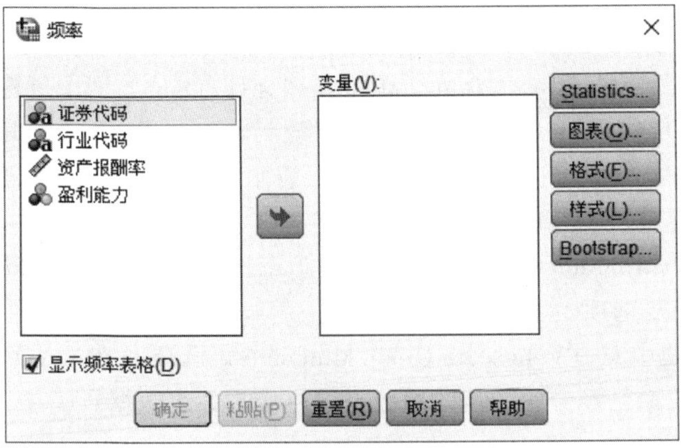

图5-2 频率对话框

（2）在左边的源变量框中选择一个或多个变量，将其送入变量（Variable(s)）框中。

（3）选中“显示频率表格（Display Frequency Tables）”项，要求输出频数表。

（4）设置统计（Statistics）对话框内容，如图5-3所示。

①百分位值（Percentile Values）栏，指定百分位数。

a.四分位数（Quartiles）复选项，输出四分位数，显示第25、50、75百分位值。

b.分割点（Cut Points for Equal Groups）复选项，输出等分点的百分位数。在参数框所设置的数值必须为2~100的整数。

c.百分位数（Percentile（s））复选项，自定义百分位数。

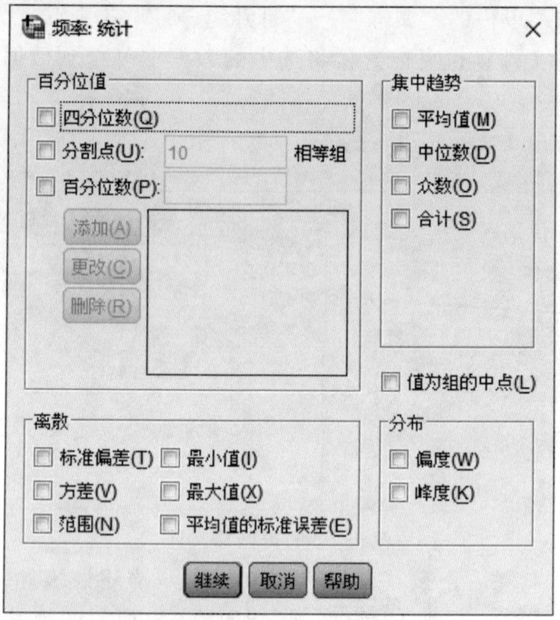

图5-3 统计对话框

②集中趋势（Central Tendency）栏，指定集中趋势统计量，包括平均值（Mean）、中位数（Median）、众数（Mode）和合计（Sum）四个复选项。

③离散（Dispersion）栏，即离散程度统计量栏，包括标准偏差（Std.Deviation）、方差（Variance）、范围（Range）、最小值（Minimum）、最大值（Maximum）和均值标准误（S.E.of Mean）六个复选项。

④分布（Distribution）栏，检查数据的正态性，包括偏度（Skewness）和峰度（Kurtosis）两个复选项。

⑤值为组的中点（Values are Group Midpoints）选项，在接受百分位数值和中位数时，假设数据已经分组，用各组的组中值代表各组数据。

（5）图表（Charts）对话框，如图5-4所示。

①图表类型（Chart Type）栏，选择图表类型。其中：

a.无（None），表示不选择作图。

b.条形图（Bar Charts），表示输出条形图，各条高度代表变量各分类的观测量数。频数为零的分类不显示在此图中。条形图适用于分类变量。

c.饼图（Pie Charts），表示输出饼图，显示各部分对整体的贡献，不显示频数为零的类。饼图适用于分类变量。

d.直方图（Histograms），表示输出直方图。直方图也有条形，但它们沿着相等的区间刻度进行绘制，每个条形的高度是定量变量在该区间内的值的计数。直方图显示各组变量分布的形状、中心位置等。叠加在直方图上的正态分布曲线有助于判断数据是否为正态分布。直方图仅适用于连续的数值型变量。

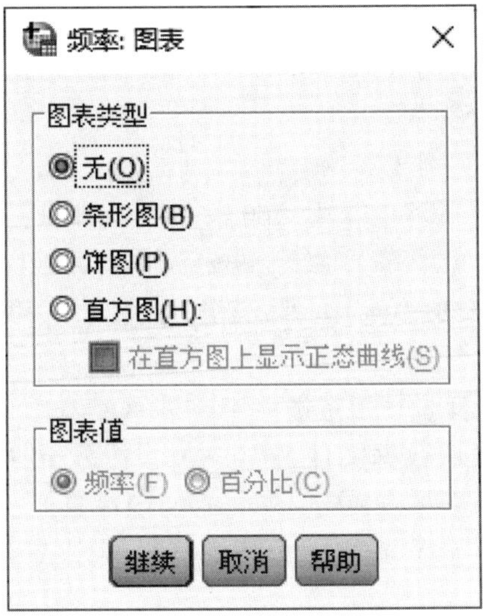

图 5-4　图表对话框

②图表值（Chart Value）栏，在选择了条形图或饼图后生效。其中：

a. 频率（Frequencies）：条形图纵轴表示频数；饼图的每块表示属于该组的观测量频数。

b. 百分比（Percentages）：条形图纵轴表示百分比；饼图的每块表示该组观测量数占总数的百分比。

（6）格式（Format）对话框，如图 5-5 所示。在对话框中设置频数表输出格式。

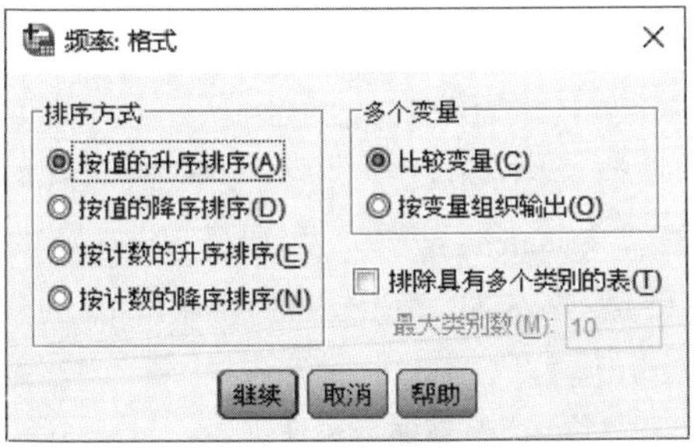

图 5-5　格式对话框

①排序方式（Order by）栏，设置频数表顺序，在选择了显示频率表格（Display Frequency Tables）后生效。按值的升序排序（Ascending Values）表示按变量值的升序排序；按值的降序排序（Descending Values）表示按变量值的降序排序；按计数的升序排序（Ascending Counts）表示按变量各种取值发生的频数的升序排序；按计数的降序排序（Descending Counts）表示按变量各种取值发生的频数的降序排序。如果设置了直方图或百分位数，则频数表按变量值升序排列，而忽略研究者的设置。

②多个变量（Multiple Variables）栏，选择多变量输出表格。其中，比较变量（Compare Variables）表示所有变量的频数表集中输出；按变量组织输出（Organize

Output by Variables）表示每一个变量单独输出一个频数表。

③排除具有多个类别的表（Suppress Tables with More than N Categories）复选项，表示控制频数表的分类数。

（三）频率过程分析实例

data05-01频数分布数据

通过data05-01，以460家上市公司的资产报酬率为例进行频率过程分析。已将资产报酬率按盈利能力分为5组，第一组为-10%以下，第二组为-10%~0，第三组为0~10%，第四组为10%~20%，第五组为20%以上。

1.选择变量，指定选项

（1）读取数据文件data05-01，按分析（Analyze）→描述性统计（Descriptive Statistics）→频率（Frequencies）的顺序打开主对话框，选择盈利能力变量进入变量（Variable（s））框中，选中显示频率表格（Display Frequency Tables）复选项。

（2）打开统计（Statistics）对话框，选百分位值（Percentile Values）栏中的四分位数（Quartiles）复选项。选分布（Distribution）栏中的偏度（Skewness）和峰度（Kurtosis）复选项，以便检查数据的正态性。

（3）打开图表（Charts）对话框，选择直方图（Histograms）和在直方图上显示正态曲线（With Normal Curve）复选项。

（4）在主对话框中，单击【OK】按钮，提交运行。

2.运行结果分析

表5-1是上市公司盈利能力统计量表。（1）N为观测数；有效（Valid）为其中合法值的数量；缺失（Missing）为缺失值的数量。（2）偏度（Skewness）为盈利能力变量的偏度统计量，其值为-0.004；标准偏度误差（Std.Error of Skewness）为偏度值的标准误。（3）峰度（Kurtosis）为盈利能力变量的峰度统计量，其值为2.185；标准峰度误差（Std.Error of Kurtosis）为峰度值的标准误。（4）百分位数（Percentiles）为各变量百分位数。

表5-1 **盈利能力统计量表**

N	有效	460
	缺失	0
偏度		-0.004
标准偏度误差		0.114
峰度		2.185
标准峰度误差		0.227
百分位数（P）	25	3.00
	50	3.00
	75	4.00

表5-2是上市公司盈利能力频数表。（1）频率（Frequencies）为各盈利能力组的频率；（2）百分比（Percent）为频率所占百分比；（3）有效百分比（Valid Percent）为合法值所占百分比；（4）累积百分比（Cumulative Percent）为累积百分比；

（5）总计（Total）为合法值数量。

表5-2　　盈利能力频数表

		频率	百分比	有效百分比	累积百分比
有效	1	8	1.7	1.7	1.7
	2	14	3.1	3.1	4.8
	3	305	66.3	66.3	71.1
	4	119	25.9	25.9	97.0
	5	14	3.0	3.0	100.0
	总计	460	100.0	100.0	

图5-6是盈利能力变量带有正态分布曲线的直方图，可以比较明显地看到数据的分布与标准正态分布存在差异，这与峰度值的结果一致，与正态分布相比有一个较高的峰。

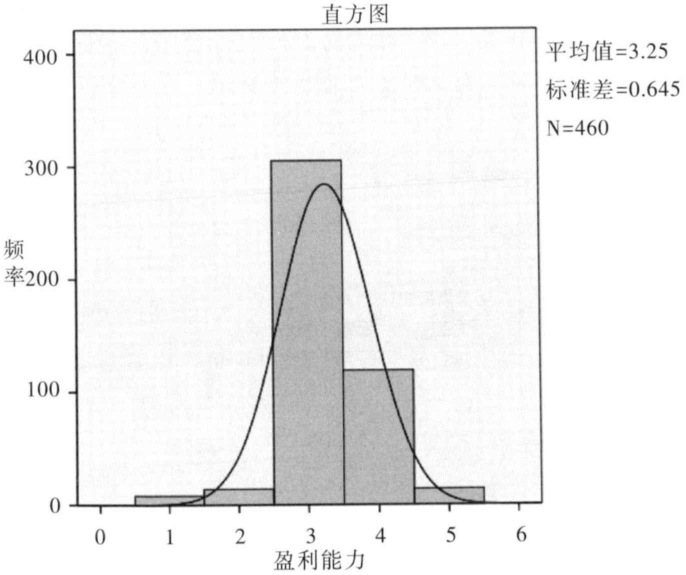

图5-6　盈利能力变量正态曲线直方图

四、描述性统计

（一）描述性统计概述

描述性统计分析过程通过平均值、算术和、标准差、最大值、方差范围和平均数的标准误等统计量对变量进行描述，并计算标准化值Z得分。标准化值Z得分的计算公式如下：

$$Z_i=\frac{X_i-\bar{X}}{S} \tag{5.5}$$

式中，X_i为变量X的第i个观测值，$\bar{X}$为变量X的平均数，S为变量X的标准差。

（二）描述性统计分析过程在SPSS中的实现

（1）打开数据文件后，按“分析（Analyze）→描述性统计（Descriptive Statistics）→描述（Descriptives）”的顺序，打开如图5-7所示的对话框。

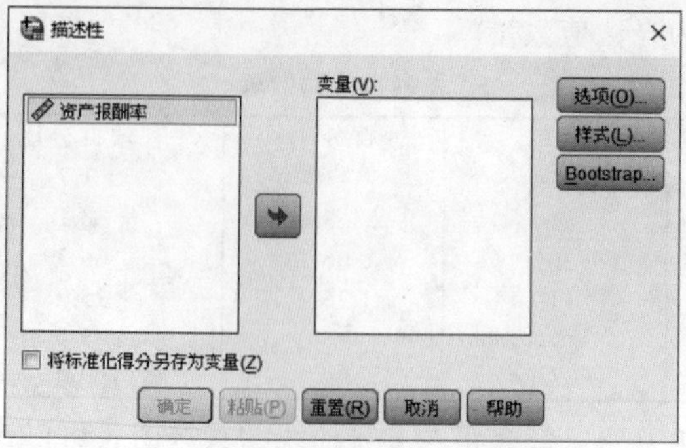

图5-7 描述性对话框

（2）在源变量框中选择一个或多个变量，将其送入变量（Variable（s））框中。

（3）将标准化值的得分另存为变量（Save Standardized Values as Variables）表示对所选择的每一个变量进行标准化，产生相应的Z分值，作为新变量保存在数据文件中。

（4）打开选项（Options）对话框，如图5-8所示。在对话框中可以指定其他统计量和输出结果显示的顺序。

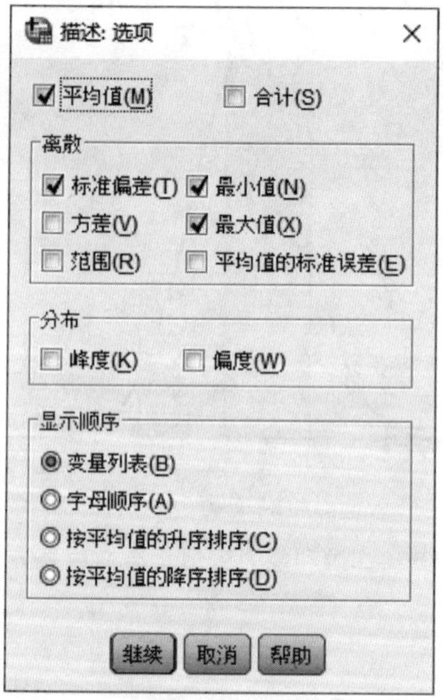

图5-8 选项对话框

（三）描述性统计分析实例

使用data05-02数据文件，对460家上市公司的资产报酬率进行描述性统计分析。

data05-02描述性统计数据

1.选择变量，指定选项

（1）打开数据文件data05-02，按分析（Analyze）→描述性统计（Descriptive Statistics）→描述（Descriptives）的顺序，打开描述性对话框。

（2）选择资产报酬率变量送入变量（Variable（s））栏中。

（3）选中计算变量的标准化值并保存在当前数据文件中。

（4）打开选项（Options）对话框。选中平均值（Mean）、标准偏差（Std. Deviation）、最小值（Minimum）、最大值（Maximum）、范围（Range）要求计算的描述性统计量。

（5）在主对话框中，单击【OK】按钮，提交运行。

2.输出结果分析

描述性统计输出结果见表5-3。

表5-3　资产报酬率描述性统计量表

	数字	范围	最小值（I）	最大值（X）	平均值（E）	标准偏差
资产报酬率	460	0.547467	−0.195773	0.351694	0.07497444	0.064837638
有效 N（成列）	460					

系统计算资产报酬率变量的标准化值，命名为Z资产报酬率，并保存在当前数据文件中，如图5-9所示。

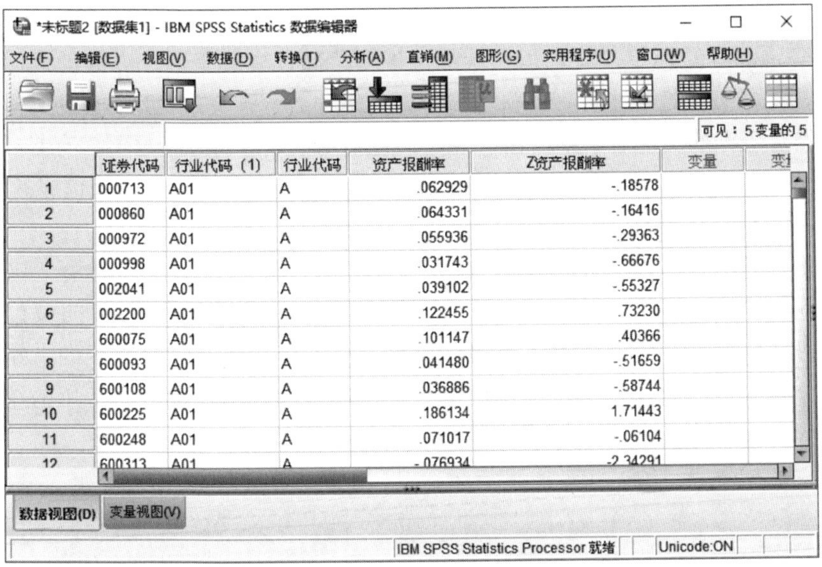

图5-9　变量的标准化值

第二节　数据预处理

数据的预处理包括数据异常值或缺失值检验及处理、数据分布特征检验、分组数据方差齐性检验、信度与效度分析等内容。在SPSS软件中，这些检验主要通过分析菜单中的探索（Explore）过程来进行，由于它是对资料的性质、分布特点等不清楚时的一种检验，故又称之为探索性分析，如图5-10所示。

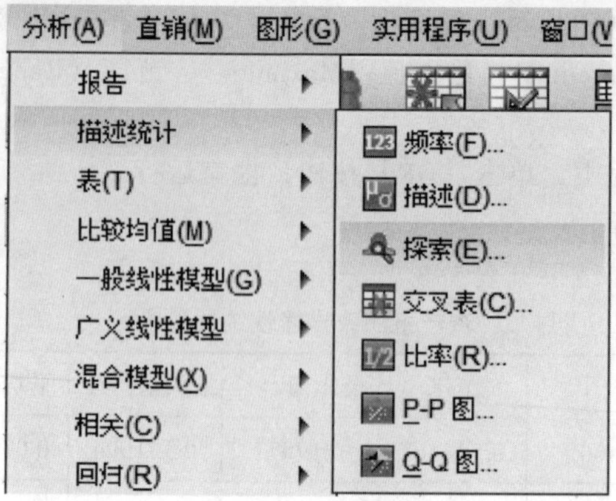

图5-10 探索功能

一、异常值的检验和处理

在一批数据中，与其他数据相比明显不一致的被称为异常值，或称离群值。数据中存在异常值会使分析误差增大，从而影响分析结论。在会计研究中，如果不提及对数据异常值的处理，或者是一笔带过，会给阅读者带来两个方面的疑问：一是容易对数据的真实性产生怀疑，认为该研究是一种数字游戏；二是容易对处理方法产生疑问，对研究的结论表示不信任。因此，在利用数据进行分析之前，有必要对异常数据进行检验并做相应处理，以便于发现具有普遍性的规律，得到令人信服的结论。

（一）异常值的检验

异常值检验主要通过Explore过程中绘制箱线图进行。箱线图是由一组数据的最大值（或者上四分位数加上1.5倍四分位数差）、最小值（或者下四分位数减去1.5倍四分位数差）、中位数、两个四分位数，共五个特征值绘制而成的。箱线图是对任何分布数据的整体描述。提供数据在分组或不分组的情况下，常用的统计量与统计图形，可以直观地将异常值呈现出来，如图5-11所示。

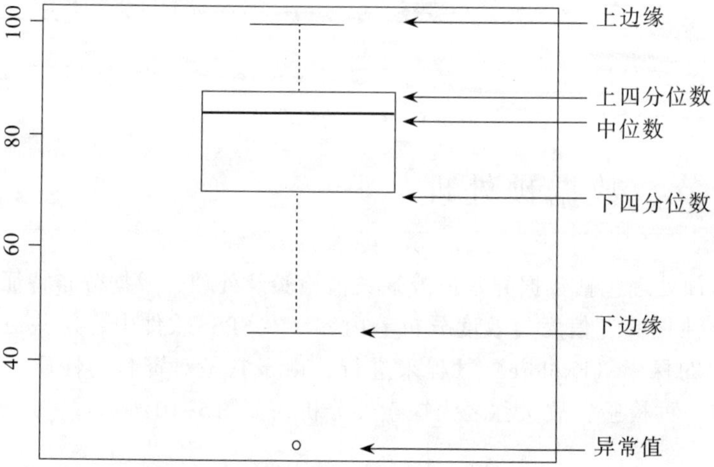

图5-11 箱线图

箱线图的绘制过程如下：

（1）将数据按大小顺序排列。

（2）计算数列的上四分位数（Q3，或者第75百分位数），中位数（或者第50百分位数），下四分位数（Q1，或者第25百分位数），计算上四分位数和下四分位数之间的差值，即四分位数差（IQR，Interquartile Range）Q3-Q1。

（3）划出矩形框，其中上、中、下三条线分别表示数列的第75、50、25百分位数；

（4）比较数列的最大值和上四分位数加上1.5倍四分位数差（IQR）的大小，依据两者的较小者画出上边缘线。比较数列的最小值和下四分位数减去1.5倍四分位数差（IQR）的大小，依据两者的较大者画出下边缘线。

（5）上下边缘线以外的数据称为异常值（Outliers）。处于1.5～3倍四分位数差之间的异常值，用空心点表示。超出四分位数差3倍距离的异常值，用实心点表示。

（二）异常值的处理

检验出异常值之后，为了降低异常值对参数估计的影响程度，需要对样本中的异常值进行一定的处理，处理方法通常选择替代法。

替代法就是用正常数据区间的端点来替代异常数据。如果某变量数据服从正态分布，可以运用“拉依达准则（3σ准则）”来进行异常值的检验，该数据间的异常值可分别用该项指标正常区间的端点值Mean+3σ和Mean-3σ来替代。如果变量数据不符合正态分布，就用“五数概括法”来进行异常值的检验，该数据间的异常值分别用该项指标正常区间的［Q_L-1.5H，Q_U+1.5H］来替代，其中Q_U为上四分位数，Q_L为下四分位数，H=Q_U-Q_L。这样既能保证选取的每个样本都能参与分析，也消除了异常数据，而且不会改变各样本数据在样本中的顺序。

常用的替代法还有Winsorize缩尾处理。该方法按给定分位数的界限（如5%或者1%），对超出上下界的数据用分位数代替，这样可以使数据更平滑，减小极端值对分布的影响。

二、缺失值的分类和处理

缺失值是指在现有数据集中某个或某些属性的值是不完全的。

（一）缺失值的分类

1.根据缺失的原因分类

（1）机械原因造成的缺失值，是指由于机械导致的数据收集或保存的失败造成的数据缺失。比如，数据存储的失败、存储器损坏、机械故障导致某段时间数据未能收集（对定时数据采集而言）。

（2）人为原因造成的缺失值，是指由于人的主观失误、历史局限或有意隐瞒造成的数据缺失。比如，在市场调查中被访人拒绝透露相关问题的答案，或者回答的问题是无效的，或者数据录入人员失误漏录了数据。

2.根据缺失的分布分类

（1）完全随机缺失（Missing Completely at Random，MCAR），是指某个变量的

缺失数据与其他变量的缺失和未缺失部分的数据完全无关。

（2）随机缺失（Missing at Random，MAR），是指某个变量的缺失数据与其他变量的数据缺失部分无关，但与未缺失部分相关。

（3）系统缺失（Systematic Missing），是指某个变量的缺失数据与其他变量的缺失和未缺失部分的数据相关。这往往是由人为因素造成的，如调查员漏记或导入人员未将数据录入等。这是数据缺失中不可忽视的一类缺失，如果不加以控制，会导致结果的系统偏差。

（二）缺失值的处理

一般认为，MAR和MCAR类型的缺失是可以忽略的，通常缺失5%~10%可以接受，但如果缺失过多，造成样本数量不足，则不能忽略，而必须采取措施进行处理。缺失值处理方法主要针对MAR和MCAR类型的缺失，常用的方法有删除法和替代法。

1.删除法

删除法是处理缺失数据的一种基本方法，当采集到的数据量很大时，可以将数据缺失的样本删除。删除法又分为表列删除法和配对删除法。

（1）表列删除法。表列删除法是将数据缺失的样本的所有资料全部删除的方法，不管样本缺失数据的数量，只要一项遗漏，则该样本全部资料均被删除，以保证进行运行的所有样本数据都是完整的。该方法操作简单，但会带来两个方面的问题：一是若缺失过多，删除样本过多，则会导致观测的样本量减少，从而使模型参数得不到正确估计；二是因为一项缺失，删除该样本所有资料，导致信息浪费。因此，这种方法只有当观测的样本数据量足够，或数据缺失时不会因删除导致参数的有效估计时才可采用。

（2）配对删除法。配对删除法是只在需要使用缺失或遗漏值进行分析时才被删除，其他信息仍然被使用的方法。配对删除法相对于表列删除法，观测样本数量不会因删除而减少过多，同时信息利用较为充分。但也会带来以下方面的问题：①不一致性。由于有的项目（变量）删除了一些值，另一些项目（变量）却没有删除，形成在不同项目（变量）上有不同的样本数量，导致不同参数在估计时，样本量不同。②假设检验产生问题。由于不同参数在估计时样本数量不同，使得没有统一的样本数目构造检验统计量。目前，有的软件允许采用这种删除法，构造检验统计量时采用的是最小的样本数目。③导致产生系统性偏差。缺失值比率增加，系统性偏差增大。④导致以χ^2统计量为基础的各种指数产生偏差。χ^2统计量的大小受缺失值比率和样本数之间关系的影响，缺失值比率大，有效样本数量减少，按最小样本数计算χ^2统计量，χ^2值可能被低估；按最大样本数计算则被高估。以χ^2统计量为基础计算的各个拟合指数都会有不同程度的偏差。⑤采用配对删除法，必须假定所有缺失都是MCAR类型。

2.替代法

替代法是设法为缺失值寻找合适的替代值，将其插补到缺失值的位置，而进行计算的方法，它的思想来源是以最可能的值来插补缺失值，这比全部删除不完全样本所产生的信息丢失要少。因寻找替代值的方法不同而形成不同的替代法，如平均数替代、回归估计替代、Cold Deck替代、个例替代、形态匹配替代和多元替代。

（1）平均数替代。平均数替代是以变量中有效值的平均数替代缺失值的方法。这种方法简单，容易操作，是常用的一种缺失值处理方法。用平均数替代是建立在变量为正态分布的基础上，如果变量不服从正态分布，以平均数替代缺失值，可能会导致参数估计不正确。因此，在采用平均数替代前，最好将变量未缺失的数据作直方图，观察其分布：①可以用该变量的全部数据绘图。若大体服从正态分布，则可以采用；若与正态分布差异较大，则视情况另选趋中值，如以中位数或众数作为替代值；②可以将样本分类，观察每类样本在该变量上的数据。若全部数据不服从正态分布，但分类后该类数据服从正态分布，则可以用该类数据的平均数替代本类中的缺失值。需要注意的是，当缺失值过多时，采用平均数替代等于将所有缺失以同一常数替代，从而不能真实地反映变量之间的相关关系。

（2）回归估计替代。回归估计替代是用回归模型的估计值替代缺失值的方法。这一方法以存在缺失值的变量与其他无缺失值变量建立回归模型，用回归估计值替代缺失值。它可以避免平均数替代以同一常数替代各个缺失值的不敏感性；由于回归模型具有预测性，因此回归估计替代也具有预测性质。

虽然采用回归估计替代可以避免平均数替代的不足，但也存在一些新的问题。首先，由于假定缺失值变量与其他变量不仅相关，而且具有回归关系，完全按回归关系替代使得变量之间的回归特性突出，随机变化被限定在回归关系上，变异性被低估；如果变量间相关不充分，即相关程度不高，或有一定程度相关，但并不呈现为回归关系，则回归估计替代不一定比平均数替代效果好。其次，回归估计结果可能超出变量替代值范围，如采用的利克特量表为5分量表，回归估计替代值估计的结果可能是6，这时需要加以调整。

（3）Cold Deck替代。Cold Deck替代不是利用获取的数据本身，而是利用外在资源或以往研究结果作为缺失值的替代值。这类似于平均数替代，只不过平均数替代是以计算本次获取数据的平均数作为替代值，是一种内在替代；而Cold Deck替代则是利用外在数据计算平均数作为替代值，是一种外在替代。这种方法运用的前提是，有相当的把握认为外在数值比内在数值更有效，其不足与平均数替代相同。

（4）个例替代。个例替代是通过寻找样本以外、与其类似的观察案例，以其取值替代缺失值的方法。例如，在调查数据中，家庭收入有缺失，若判断该家庭估计为中等收入，则以其他类型的中等收入家庭的收入值替代。这种方法可用于仅有少量缺失的情况。若不同变量均有缺失，则要找到类似的观察案例所需成本较大，也不易操作。

（5）形态匹配替代。形态匹配替代是一种内在替代法。它是在已经采集的数据中，寻找与缺失值类似的另一例，即相匹配的个例，以其取值作为替代值的方法。

如样本A的某个变量有缺失，样本B的其他变量取值与样本A相似，但该变量没有缺失，则样本B是与样本A相匹配的个例，可以用样本B在该变量的取值替代样本A的缺失值。这种方法容易操作，仅利用已有数据资料，但如果找不到相匹配的个例，缺失值将无法替代。

（6）多元替代。由于上面的每一种方法单独使用都会有不足，为避免这些不足，可以考虑将几种方法组合，如取几种替代值的平均值替代缺失值，这就是多元替代。至于选哪几种替代法的估计值，需要根据实际缺失的情况确定。

三、检查数据分布特征

数据的分布特征，主要从集中趋势、离散程度、偏度和峰度三个方面进行描述。平均指标旨在反映总体的一般水平或分布的集中趋势；变异指标是用来刻画总体分布的变异状况或离散程度的指标；偏度和峰度描述数据分布的形状。通过茎叶图可以了解一批数据的大致分布特征。茎叶图的思路是将数组中的数分为两个部分，以数据的高位数值作为数茎，低位数值作为树叶，而且叶上只保留该数值的最后一个数字，这样就可以清楚地看到每个主干后面的几个数，每个数具体是多少。茎叶图直观地描述数据的频数分布。茎叶图从左至右分为三大部分：频数、茎、叶。例如，甲和乙两批数据的茎叶图，如图5-12所示。

甲		乙
	0	
4 6 8	1	2 5
3 6 3	2	5 4
3 8 8	3	1 6 1 6 7 9
9	4	4 9
2	5	0
1		

图5-12 茎叶图

此外，许多分析方法对数据的分布有一定要求。例如，要求样本来自正态分布总体，如图5-13所示。

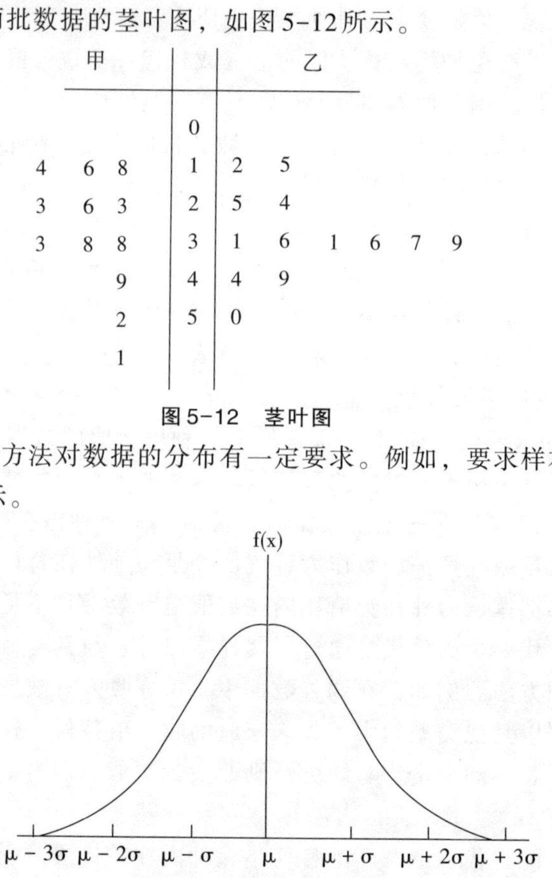

图5-13 正态分布图

从实验或实际测量得到的数据是否符合正态分布的规律，决定了它们是否可以选用只对正态分布数据适用的分析方法。对数据进行正态性检验时，几乎所有的数据都会拒绝正态分布假设。但只要数据量足够大，进行统计计算时数据接近于正态分布就可以了。除偏度、峰度的统计量外，SPSS还提供以下两种方法进行正态性检验：①常用的观测量数据的正态分布检验方法是Q-Q图。②Lilliefors统计量检验法可以在方差与均值未知的情况下直接使用，它是对Kolmogorov-Smirnov统计量的修正。Kolmogorov-Smirnov统计量是建立在观测量与预期累积分布之间存在巨大差异的基础上的。

四、考查方差齐性

方差齐性又称同方差性和方差一致性，是指两个或两个以上样本方差在给定显著性水平上没有显著差异。在进行成组数据的分析之前，有些分析方法要求各组数据的方差相等，或者需要根据方差是否相等来选择检验的计算公式。所以，分析之前需要考查数据的方差齐性。SPSS中通过探索性分析中的伸展与级别Levene检验（Spread vs Level with Levene Test）可以进行各数据组的方差齐性检验。

五、探索性分析过程在SPSS中的实现

（1）打开数据文件后，按分析（Analyze）→描述性统计（Descriptive Statistics）→探索（Explore）的顺序，进入探索（Explore）对话框，如图5-14所示。

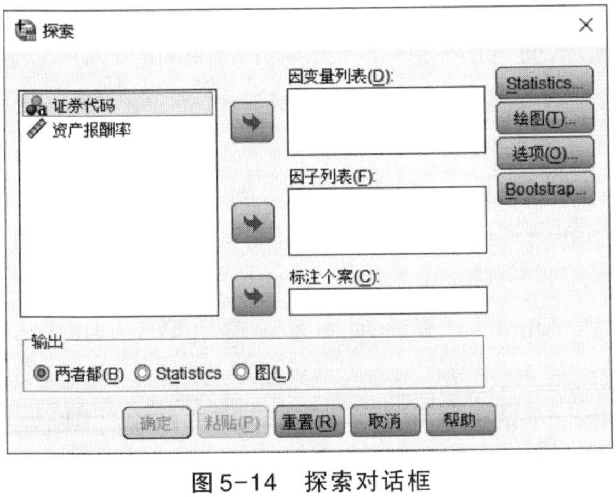

图5-14　探索对话框

（2）指定被解释变量。从左边源变量框中，选择数值型变量作为被解释变量送入因变量列表（Dependent List）框中。

（3）指定分组变量。在源变量框中选择一个或多个分组变量送入因子列表（Factor List）框中。分组变量可以将数据按该变量中的观测值进行分组分析。如果选择的分组变量不止一个，那么会以分组变量的各取值进行组合分组。

（4）选择标识变量。在源变量中指定一个变量作为观测量的标识变量，送入标注个案（Label Cases by）框中。当输出涉及各个观测量时，如异常值的输出，使用该变量值标识各观测量。

（5）输出（Display）栏，确定输出项。其中：两者都（Both），表示输出图形以及描述性统计量；Statistics，表示只输出描述性统计量；图（Plots），表示只输出

图形。

(6) 统计（Statistics）对话框，如图5-15所示，选择描述性统计量。

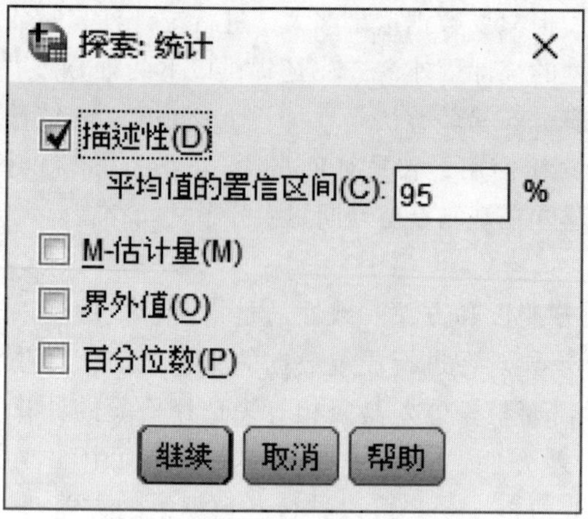

图5-15　选择描述性统计量的对话框

①描述性（Descriptives）复选项，要求输出基本描述性统计量：平均数、中位数、众数、5%的调整平均值、标准误、方差、标准差、最大值、最小值、范围、等距四分位数、峰度与偏度、峰度与偏度的标准误。

在平均值的置信区间（Confidence Interval for Mean）框中设置均值的置信区间。在参数框中键入置信区间，选择的范围从1%到99%，常用的数值为90%、95%、99%，默认值为95%。

②M-估计量（M-estimators）复选项，要求输出集中趋势极大似然比的稳健估计。

③界外值（Outliers）复选项，要求输出5个最大值与最小值，在输出窗口中它们被标明为极端值。

④百分位数（Percentiles）复选项，要求输出第5、10、25、50、75、90、95百分位数。

(7) 绘图（Plots）对话框，如图5-16所示，选择统计图形及其参数。

①箱图（Boxplots）栏：确定箱式图的绘制方式，可以是按因子级别分组（Factor Levels Together）绘制，也可以不分组（Depentends Together）一起绘制，或者无（None），即不绘制。

②描述性（Descriptives）栏：可以选择绘制茎叶图（Stem-and-Leaf）和直方图（Histogram）。

③带检验的正态图（Normality Plots with Tests）复选项：绘制正态分布图并进行变量是否符合正态分布的检验。

④伸展与级别Levene检验（Spread vs Level with Levene Test）栏：只有选择了分组变量时，该功能才被激活，主要用于比较各组之间的离散程度是否一致。在这里可以选择“未转换”，用于方差齐性检验。对所有的散布/层次图来说，同时输出回归直线斜率以及各组方差齐性的Levene's检验结果。如果选择了已转换（Transformed Power）选项，将依据转换后的数据计算。

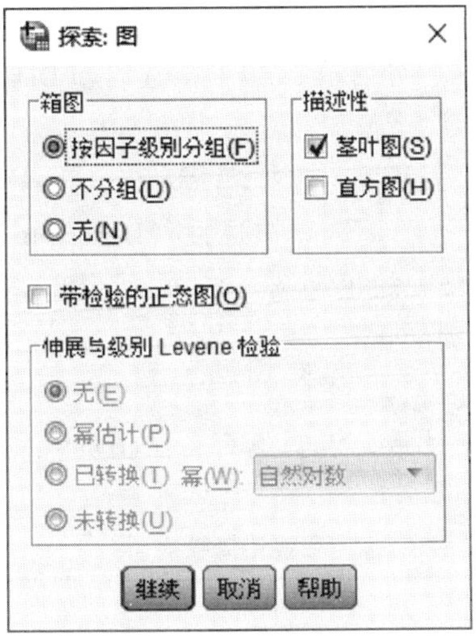

图 5-16　图对话框

（8）选项（Options）对话框，如图 5-17 所示，选择对待缺失值的方式。

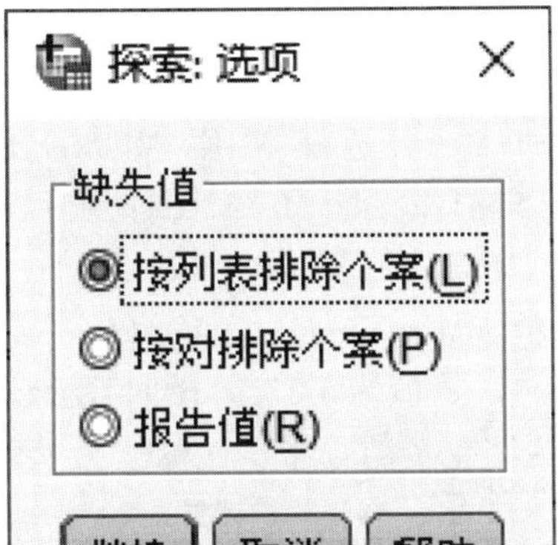

图 5-17　选项对话框

其中：①按列表排除个案（Exclude Cases Listwise），表示分析过程中剔除带有缺失值的观测量；②按对排除个案（Exclude Cases Pairwise），表示分析过程中成对剔除有缺失值的观测量；③报告值（Report Values），表示分组变量中的缺失值将被单独分为一组，输出频数表时也包括缺失组。

六、探索过程分析实例

1. 对 data05-03 中的上市公司的资产报酬率数据进行探索性分析

（1）选择变量，指定选项。

①打开数据文件 data05-03，按分析（Analyze）→描述性统计（Descriptive Statistics）→探索（Explore）的顺序，打开探索（Explore）对话框。

data05-03 探索性分析数据

②选择资产报酬率变量进入因变量列表（Dependent List）框，在输出（Display）栏中选择两者都（Both）选项。

③打开统计（Statistics）对话框，选中描述性（Descriptives）、界外值（Outliers）、M-estimators复选项。

④打开绘图（Plots）对话框。选择箱图（Boxplots）栏中的按因子级别分组（Factor Levels Together）复选项，选择描述性（Descriptives）栏内的茎叶图（Stem-and-leaf）复选项。选择带检验的正态图（Normality Plots with Tests）。

⑤单击【OK】按钮，提交运行。

（2）运行结果分析。

表5-4为数据的一般统计量，说明具有合法值的观测量71个，缺失值0个，观测量共有71个。

表5-4 **观察量摘要表**

	个案					
	有效		缺失		总计	
	数字	百分比	数字	百分比	数字	百分比
资产报酬率	71	100.0%	0	0	71	100.0%

表5-5的统计量从上到下依次为：平均值（Mean）；平均值的95%置信区间（95% Confidence Interval for Mean）；下限值（Lower Bound）；上限值（Upper Bound）；5%截尾平均值（5% Trimmed Mean），即剔除5%的最大与最小观测量后计算所得的均值；中位数（Median）；方差（Variance）；标准偏差（Std.Deviation）；最小值（Minimum）；最大值（Maximum）；范围（Range）；四分位距（Interquartile Range）；偏度（Skewness），其数值为5.872，说明数据偏离正态分布；峰度（Kurtosis），其数值为37.681，说明变量的分布要比标准正态分布峰高。

表5-5 **描述性统计量**

			统计	标准错误
资产报酬率	平均值		0.11390876	0.027186175
	平均值的95%置信区间	下限值	0.05968764	
		上限值	0.16812988	
	5%截尾平均值		0.07946035	
	中位数		0.07819900	
	方差		0.052	
	标准偏差		0.229074780	
	最小值		-0.127559	
	最大值		1.714583	
	范围		1.842142	
	四分位距		0.065505	
	偏度		5.872	0.285
	峰度		37.681	0.563

表5-6是M估计值，下面的a、b、c、d分别表示四种M估计统计量的各自加权常数。与表5-5的均值比较，发现M估计值全部要比平均值小（0.11390876），但是与中位数（0.07819900）十分接近，初步判定观测量数据可能呈现偏态分布。

表5-6　**M估计值**

	Huber's M-estimator[a]	Tukey's Biweight[b]	Hampel's M-estimator[c]	Andrews' Wave[d]
资产报酬率	0.07735971	0.07406680	0.07524203	0.07406701

a.加权常量为1.339。

b.加权常量为4.685。

c.加权常量为1.700、3.400和8.500。

d.加权常量为1.340*pi。

表5-7显示了资产报酬率的5个最大值和5个最小值。

表5-7　**变量的极端值**

			个案编号	值
资产报酬率	最高	1	19	1.714583
		2	53	1.011952
		3	71	0.274344
		4	24	0.226174
		5	10	0.185556
	最低	1	22	-0.127559
		2	13	-0.001152
		3	64	0.007092
		4	4	0.011545
		5	54	0.012451

表5-8为检测数据是否为正态分布的统计量：从左至右分别为：柯尔莫哥罗夫-斯米诺夫（Kolmogorov-Smirnov）检验的统计量值、自由度、相伴概率值，Shapiro-Wilk检验的统计量值、自由度、相伴概率值。如果显著性水平α为0.05，由于相伴概率值均为0.000，小于显著性水平α，因此拒绝数据的正态分布假设。

表5-8　**正态分布检测统计量**

	Kolmogorov-Smirnov(K)[a]			Shapiro-Wilk		
	统计	df.	显著性	统计	df.	显著性
资产报酬率	0.359	71	0.000	0.351	71	0.000

a.Lilliefors显著性校正。

图5-18为资产报酬率水平的茎叶图，可以推断净资产收益率集中在0.02~0.12之间。

```
资产报酬率 Stem-and-Leaf Plot

Frequency      Stem & Leaf

    1.00 Extremes      (=<-.13)
    1.00        -0 .  0
   21.00         0 .  011112222333344444444
   22.00         0 .  5555666666677788889999
   19.00         1 .  0000000011111122333
    3.00         1 .  558
    4.00 Extremes      (>=.23)

Stem width:    .100000
Each leaf:          1 case(s)
```

图5-18　茎叶图

图5-19为正态概率图，其中的斜线是正态分布的标准线，围绕斜线的各点为预测值，如果观测数据为正态分布，这些点组成的直线与斜线重合。图中大量的点偏离了斜线，因此数据不是正态分布。

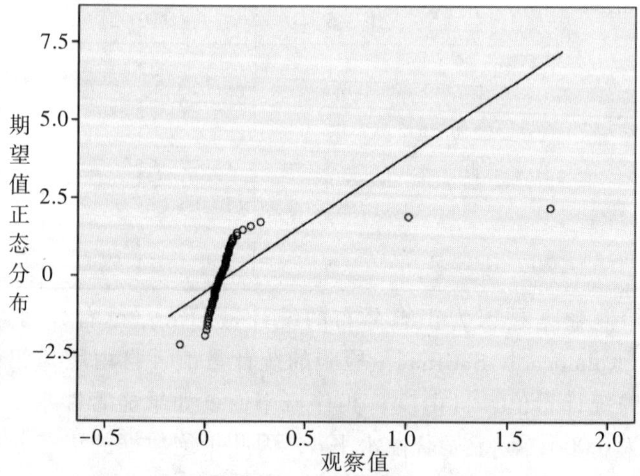

图5-19　资产报酬率的正态概率图

图5-20为离散正态概率图，点组成近似V形曲线，也可得出拒绝正态分布的结论。

图5-21为资产报酬率的箱图。图形显示变量中存在不少异常值和极值，如19号样本、53号样本为极值、71号样本、24号样本、22号样本为异常值。

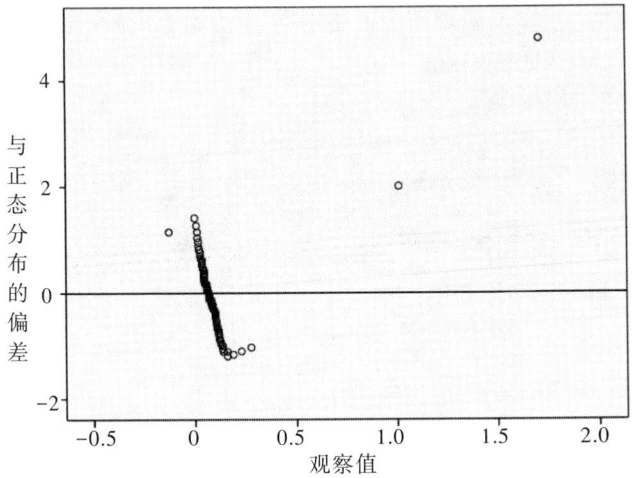

图5-20　资产报酬率的离散正态概率图

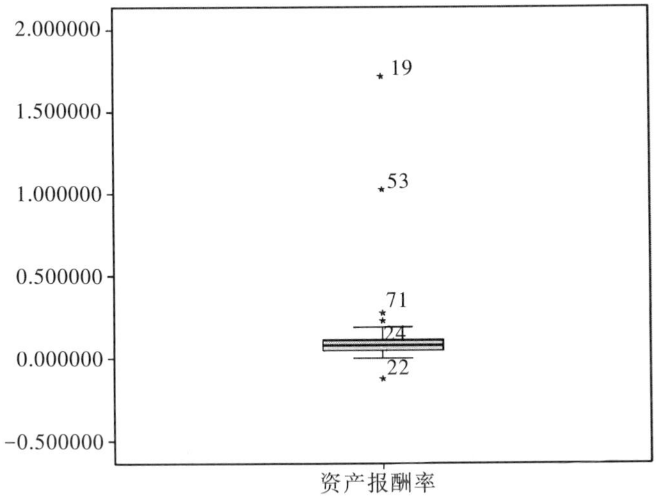

图5-21　箱图

2. 对资产报酬率数据进行Winsorize 5%缩尾处理，使小于5%分位数和大于95%分位数的变量值分别等于5%和95%分位数

（1）根据探索性过程可以计算7个百分位数，见表5-9。

表5-9　**资产报酬率百分位数**

		百分位数（P）						
		5	10	25	50	75	90	95
加权平均（定义1）	资产报酬率	0.0097638	0.0179672	0.0447880	0.0781990	0.110293	0.153298	0.245442
Tukey折叶点	资产报酬率			0.0449350	0.0781990	0.1088815		

（2）如果需要计算任意的百分位数，则需要调用频率功能来完成。勾选百分位数复选框，在右边输入需要计算的百分位数，如1%分位数，6%分位数，如图5-22所示。计算结果见表5-10。

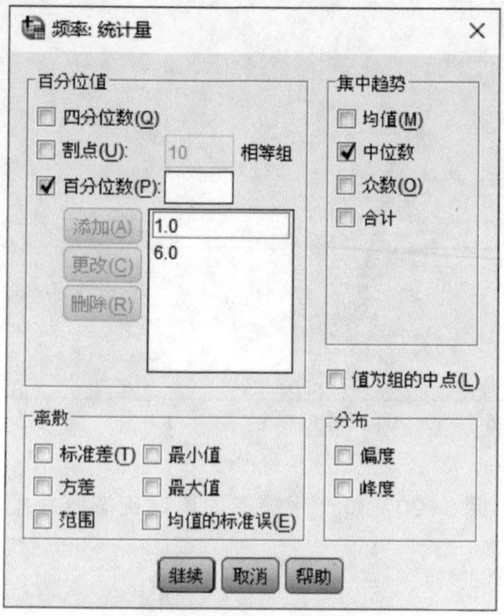

图5-22 频率分析图

表5-10 资产报酬率分位统计量

N	有效	71
	缺失	0
百分位数（P）	1	-0.12755900
	6	0.01183492

（3）执行菜单项“转换（Transform）-计算变量（Compute Variable）”功能，打开计算变量对话框，设置目标变量（Target Variable）为需要缩尾处理的变量“资产报酬率”，数字表达式（Numeric Expression）框中输入95分位数的值0.245442，表示设置“资产报酬率”变量的值为0.245442，如图5-23所示。

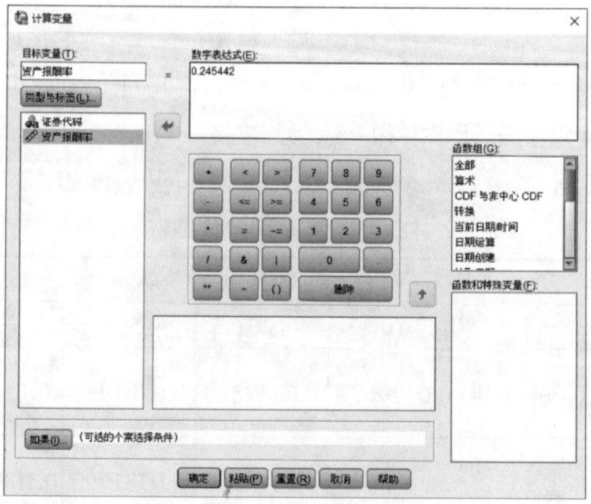

图5-23 计算变量对话框

打开“如果（if）”对话框，选择“如果个案满足条件则包括（Include if Case Satisfies Condition）”，输入条件“资产报酬率>0.245442”。表示在满足该条件的情况下，才进行图5-23的变量计算，如图5-24所示。

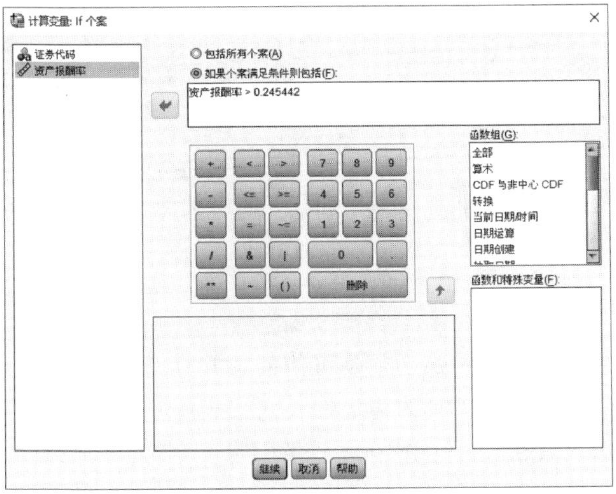

图5-24　设置计算条件

回到主对话框后执行，系统将把数据系列中大于95分位数的值替换为95分位数的值。同理，可以将小于5分位数的值替换为5分位数的值。从而完成数据的Winsorize 5%缩尾处理。

七、信度与效度分析

当分析所使用的数据是由直接调查得到的结果时，调查数据是否能证明调查结论，需要对数据的可信程度、有效程度进行分析。

（一）信度分析

1.信度的定义

信度（Reliability）是指测量结果具有一致性或稳定性的程度，对于同一个人在不同时间，以相同的测量工具进行测量，如果两次测量结果一致，表明测量结果具有稳定性、可靠性。一致性越高，信度越高。一致性的程度也是相对的，误差越小，信度越高。信度主要检测所收集数据的可靠性。

2.信度的衡量方法

如果将信度理解为测量中可以避免误差的程度，则信度就可以由测量中误差的大小加以说明。测量中通常有两类误差发生，即系统误差和随机误差。系统误差是指由于方法不当等人为因素造成的误差，如问卷中设计题目不当或受访者没有正确理解而回答有误带来的偏差、数据录入失误引起的偏差等。随机误差是指测量时无法预测的误差，又称非系统误差。在任何测量中，都应尽量避免系统误差，减小随机误差。测量的结果可以表示为：

$$X=T+B+E \tag{5.6}$$

式中，X是测量结果，T是真实值，B是系统误差，E是随机误差。

若X=T，则测量结果是可靠的或可信的。因此，误差越小，信度越高。一般情况下，认为系统误差是可避免的，所以对于上式来说：

$$E(X)=E(T)+E(E) \tag{5.7}$$

假设E（E）=0，Cov（T_i，E_i）=0，则有：

$$\sigma_X^2=\sigma_T^2+\sigma_E^2 \tag{5.8}$$

信度可以定义为：

$$信度=\frac{\sigma_T^2}{\sigma_X^2}=1-\frac{\sigma_E^2}{\sigma_X^2} \tag{5.9}$$

这时，信度表示成一种变差的比例，即相关系数的平方，或如式（5.10）所示：

$$R_X=\sqrt{\frac{\sigma_T^2}{\sigma_X^2}} \tag{5.10}$$

调查在各类领域的研究中都必须是可信的，并且经得起反复的检验，这样的调查才有价值。信度即指测量工具的稳定性，它代表反复测量结果的接近程度。理想的完全相同的测量工具在实际工作中是不存在的。为此，人们提出了几种近似的度量信度的方法：

①再测信度（Test-Retest Reliability）。再测信度是采用同一个问卷在同一人群中先后测量两次的方式，评价两次测量的相关性。它考察的是经过一段时间后问卷测量结果的稳定程度，再测信度越高，测量结果越一致，表明受测环境中日常随机因素的影响越小。重复测量有两个缺陷：首先，研究对象的特征可能随时间发生变化，那么两次测量的差异就不单纯是由误差引起的；其次，重复测量可能会受到前一次测量的影响，会产生“记忆效应”，不一定能真实反映研究对象的特征。因此，重复测量的间隔时间不宜太长，也不宜太短，多数学者认为以2~4周较为合适。对问卷再测信度进行评价分析时，当评估的变量是分类变量时，可用Kappa系数来评估再测信度；当评估的变量是连续型变量或等级变量时，则用基于方差分析的内部相关系数ICC（Intraclass Correlation Coefficient）来评价问卷的再测信度。一般来说，信度系数大于0.75表示再测信度很好，而低于0.4表示再测信度较差。如果结果表明某个问卷项目的信度系数低于0.4，则要考虑对该项目进行修改或者删除该项目。

②复本信度（Parallel-Forms Reliability）。复本信度是在一个测量中采用两个或两个以上的复本来对同一群研究对象进行测量时所得到的结果的一致性程度。评估复本信度要用两个复本对同一群受试者进行测量，然后计算两种复本测量分数的相关系数。相关系数反映的是测量分数的等值性程度，复本信度又称等值性信度（Equivalence Reliability）。测定复本信度也应考虑复本实施的时间间隔，一般来说，复本应几乎在同一时间实施，以剔除时间的影响。

③折半信度（Split-Half Reliability）。鉴于再测信度中的“记忆效应”与复本信度中设计复本问卷非常困难，心理学家斯皮尔曼（C.E.Spearman）使用了一种变通

的方法，只用一个测量工具对同一组受试者实施一次测量，但将奇数题和偶数题分开计分，再计算奇数题和偶数题分数之间的相关系数，即为折半信度。但这样只计算了一半的测量信度，整个测量的实际信度需要用斯皮尔曼-布朗公式（Spearman-Brown Formula）校正后得出。采用折半信度测量信度的优点在于：折半信度只在一个时点上进行；不受记忆效应的影响；在重复测量法中容易出现的误差项之间的相关性在折半信度中不易出现。从实用的角度来看，折半信度比较经济和简便。但是折半信度存在内在的不足：首先没有一种理论推导可以严格证明其有效性；其次对于同一组问题，可能会存在多种组合方式，从而导致折半信度的计算带有一定的随机性。

④内部一致性信度（Internal Consistency Reliability）。问卷对每个概念的测量往往都要用一系列的条目，因而根据这些条目之间的相关性可以评价信度。假如将一个条目视为一个初始问卷，那么k个条目的问卷就相当于将k-1个平行问卷与初始问卷相连接，组成了长度为初始问卷k倍的新问卷。k个条目的问卷的信度系数为：

$$\alpha = \frac{k}{k-1}\left(1 - \frac{\sum_{i=1}^{k} s_i^2}{s_T^2}\right) \tag{5.11}$$

式中，k为量表中问题条目数，s_i^2为第i题得分的方差，s_T^2为总得分的方差。

式（5.11）称为Cronbach's α系数，代表了问卷条目的内部一致性。它等于所有可能组合的折半信度系数的平均值。值得注意的是，许多问卷测量的内容包括几个领域，宜分别对其估算α系数，否则整个问卷的内部一致性较低。一般要求问卷的α系数大于0.80。

⑤评分者信度（Scorer Reliability）。有些问卷不是根据客观的记分系统记分，而是由调查者给被测者打分或评定等级，这种测量的可靠性主要取决于调查者评分的一致性和稳定性。对于这种标准化程度较低的测量，就必须计算评分者信度。评分者信度分为评分者间信度和评分者内信度，前者用于度量不同调查者间的一致性，后者用于度量同一调查者在不同的场合下（如不同时间、地点等）的一致性。两名调查者的评分者间信度和测量两次的评分者内信度可用Pearson相关系数或Kendall、Spearman等级相关系数表示。如果调查者在三人以上或同一调查者测量三次以上，且采用等级记分时可以采用Kendall和谐系数来确定评分者信度。

3.信度度量方法在SPSS中的实现

在SPSS中，信度度量方法分散在不同的分析菜单中，可以实现大部分的问卷信度分析，详见表5-11。

表5-11 信度测量调用过程表

测量方法	调用过程	分析结果
再测信度	Analyze→Scale→Reliability Statistics→Intraclass Correlation Co-efficient选项	内部相关ICC系数（测量变量为连续型变量和等级变量）
	Analyze→Descriptive Statistics→Crosstabs→Kappa选项	Kappa系数（测量变量为分类变量）
复本信度	Analyze→Correlation→Bivariate，根据需要可选择Pearson、Kendall's tau-b和Spearman选项	Pearson相关系数、Kendall等级相关系数和Spearman等级相关系数
折半信度	Analyze→Scale→Reliability Model中Split-Half选项	Spearman - Brown系数和Guttman Split - Half系数
内部一致性信度	Analyze→Scale→Reliability Model中Alpha选项	Cronbach's Alpha系数
评分者信度	Analyze→Scale→Reliability Statistics中Friedman Chi-Square选项Kendall和谐系数 Analyze→Correlation→Bivariate，根据需要可选择Pearson、Kendall's tau-b和Spearman选项	Pearson相关系数、Kendall等级相关系数和Spearman等级相关系数

（二）效度分析

1.效度的定义

效度（Validity）是指测量工具能够正确测量出所要测量问题的程度。测定效度就是要确认所收集的数据能否得到所要得到的结论、反映所要讨论的问题，同时判定潜变量是否确定得合理。效度越高表示测量结果越能显示出所要测量对象的真正特征。

信度与效度的关系为：信度仅考虑测量结果是否一致，不涉及结果是否正确；效度是针对测量目的的，考察测量的有效程度。测量结果要在有效的前提下再考虑测量的精确性，因为可信不一定有效。

2.效度衡量的具体方法

效度表示测量工具能够测出其所要测量的特征的正确性，通常采用效度系数来衡量。效度系数一般规定为与测量目标值的方差在总测量值方差中所占的比例，即：

$$V_X=\frac{\sigma_{T_X}^2}{\sigma_X^2}=1-\frac{\sigma_{T_0}^2+\sigma_E^2}{\sigma_X^2} \tag{5.12}$$

其中：$T=T_X+T_0$，T_X是想要测量的目标值，T_0则是与测量目的不相关的系统性偏差。

从信度的计算公式$R_X=\frac{\sigma_T^2}{\sigma_X^2}=1-\frac{\sigma_E^2}{\sigma_X^2}$来看，$\sigma_{T_X}^2$是$\sigma_T^2$的一部分，因此效度高时信度

一定高，但反过来就不一定了。

衡量效度的方法有以下几种：

（1）表面效度（Face Validity）。表面效度是指测量结果与人们头脑中的印象或学术界形成的共识的吻合程度。如果吻合度高，则表面效度高。表面效度属于专家评价的主观指标。有些问题的调查，直接提问得不到真实的回答，必须“牺牲”表面效度，以换取其他效度。

（2）内容效度（Content Validity）。内容效度是指测量内容的适合性和相符性，即测量所选题目是否符合测量目的和要求。如果符合，测量的效度就高。内容效度也属于主观指标。

（3）效标效度（Criterion Validity，又称准则效度）。效标效度是指测量结果与一些能够精确表示被测概念的标准之间的一致性程度。根据比较标准与测量结果之间是否在时间上有延迟，又分为预测效度和同时效度。

①预测效度（Predictive Validity），是指测量结果与测量对象在一段时间以后的表现（预测标准）之间的相关程度，相关程度越高，预测效度越高。效度系数通常较低，多在0.20~0.60之间，很少超过0.70，一般在0.40~0.80之间比较理想。

②同时效度（Concurrent Validity），是指测量结果与一个已断定具有效度的现有指标之间的相关程度，相关程度越高，同时效度越高。一般认为相关系数在0.40~0.80之间比较理想。

效标效度用测量分数与效标分数之间的相关系数来衡量，减少了由于主观判断失误而产生的偏差，是一种比较实用的效度，但不足之处在于效标的选择靠主观判断。

（4）结构效度（Construct Validity）。结构效度是指问卷能衡量到理论上期望的特征的程度，即问卷所要测量的概念能显示出科学的意义并符合理论上的设想。它是通过与理论假设相比较来检验的，根据理论推测的“结构”与具体行为和现象间的关系，判断测量该“结构”的问卷能否反映此种联系。要确定一个问卷的结构效度，则该问卷不仅应与测量相同特质或构想等理论上有关的变量有很高的相关性，也应与测量不同特质或构想等理论上有关的变量有低的相关性。前者称为会聚效度（Convergent Validity），后者称为区别效度（Discriminate Validity）。评价某调查问卷的结构效度可分为两步：首先是提出结构假设，然后对结构假设进行验证。

评价结构效度常用的统计方法是因子分析，其目的是想了解属于相同概念的不同问卷项目是否如理论预测那样集中在同一公共因子里。所得公共因子的意义类似于组成“结构”的领域。因子负荷反映了条目对领域的贡献，因子负荷值越大说明与领域的关系越密切。在进行分析以前，必须先进行因子分析适合性的评估，以确定所获得的资料是否适合进行因子分析。一般采用KMO（Kaiser-Meyer-Olkin）检验来进行适合性分析，KMO越大，则所有变量之间的简单相关系数平方和远大于偏相关系数平方和，因此越适合进行因子分析。而以下三个标准可以用来判断调查的结构效度：①公共因子应与问卷设计时的结构假设的组成领域相符，且公共因子的累积方差贡献率至少为40%以上。②每个条目都应在其中一个公共因子上有较高负荷值（大于0.4），而对其他公共因子的负荷值则较低。如果一个条目在所有的因子上的负荷值均较低，则说明其反映的意义不明确，应予以改变或删除。③公共因子方差均应大于0.4，该指标表示每个条目的40%以上的方差都可以用公共因子解释。

3.效度测量在SPSS中的实现

在SPSS中没有专门的效度分析模块，表面效度和内容效度属于主观指标，一般采取专家评价法。效标效度和结构效度可以通过Analyze菜单进行分析，其调用过程见表5-12。

表5-12 效度测量调用过程表

测量方法	调用过程	分析结果
效标效度	Analyze→Correlation→Bivariate，根据需要可选择Pearson、Kendall's tau-b和Spearman选项	Pearson相关系数（测量变量为连续型变量）、Kendall或Spearman等级相关系数（测量变量为分类变量）
结构效度	Analyze→Data Reduction→Factor（一般在Extraction和Rotation选项下选择Principal Components和Varimax进行主成分极大方差旋转因子分析法）	公共因子的累积方差贡献率、公共因子方差值、每个条目公共因子负荷值等

八、数据的中心化和标准化

在一些实际问题中，如回归分析、机器学习算法、神经网络，以及主成分分析（PCA）问题等，得到的样本数据都是多个维度的，即一个样本是用多个特征来表征的。很显然，这些特征的量纲和数值的量级都是不一样的。为了消除由于量纲不同、自身变异或者数值相差较大所引起的分析误差，通常需要对原始数据进行中心化（Zero-centered或者Mean-subtraction）处理或者标准化（Standardization或Normalization）处理。通过处理，可以使不同的特征具有相同的尺度（Scale）。这样，不同特征对参数的影响程度就一样了。

数据标准化：变量数值减去它的均值，再除以标准差。

数据中心化：变量数值减去它的均值。

通过中心化和标准化处理，可以得到均值为0，标准差为1的服从标准正态分布的数据。

数据中心化和标准化处理的效果如图5-25所示。左边表示的是原始数据。中间的是中心化后的数据，可以看出这就是一个平移的过程，平移后中心点是（0，0）。同时，中心化后的数据对向量也容易描述，因为是以原点为基准的。右边是将中心化后的数据除以标准差，得到标准化的数据，可以看出每个维度上的尺度都是一致的（带箭头的线段的长度表示尺度），而没有处理之前的数据是不同的尺度标准。原始数据经过标准化处理后，各指标处于同一数量级，适合进行综合对比评价。

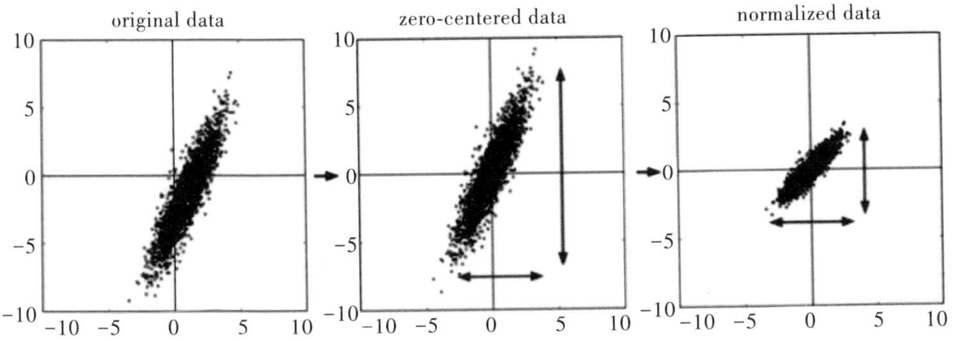

图5-25　处理效果

在SPSS中，数据的标准化处理可以通过描述性分析进行。在描述性对话框勾选“将标准化得分另存为变量”复选项，可以自动完成变量的标准化处理，如图5-26所示。

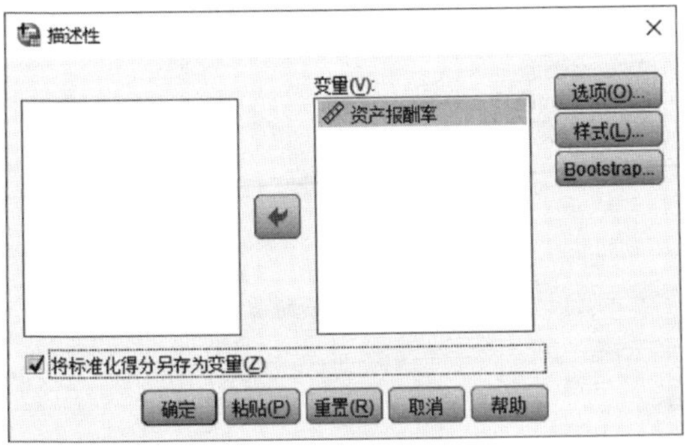

图5-26　变量标准化

在SPSS中，数据中心化处理可以通过“转换”菜单的“计算变量”功能完成。首先通过描述性分析计算出变量平均值，然后在“计算变量”对话框中定义变量中心化计算公式，即可自动完成变量的中心化处理，如图5-27所示。

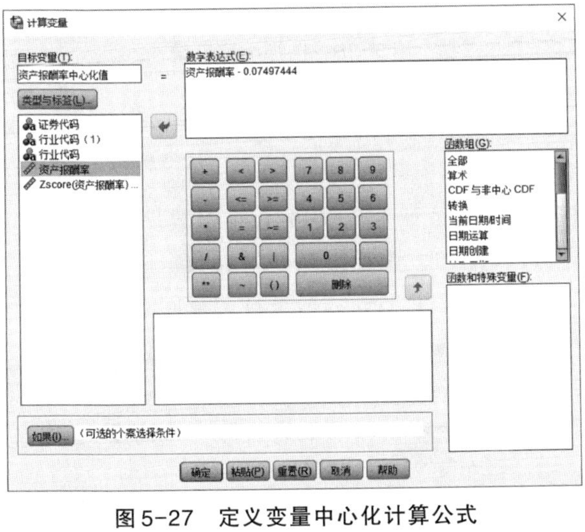

图5-27　定义变量中心化计算公式

九、数据的筛选

在进行数据分析时，有时需要对数据集中的个案进行选择性的分析，排除一些与分析无关的数据，此时就需要使用SPSS的数据筛选功能。打开“数据”菜单中的“选择个案”功能，根据需要设置选择条件即可，如图5-28所示。其中“选择”栏下的选项含义如下：

（1）所有个案：即未做筛选，选择所有个体；

（2）如果条件满足：根据所需要筛选的条件选择相应条件限制；

（3）随机个案样本：选择总体中大约百分之多少的个案，或者选择恰好多少个案数量；

（4）基于时间或个案全距：自行设置从第几个个案到第几个个案；

（5）使用过滤变量：筛选时，会将选中的变量为零的情况剔除。

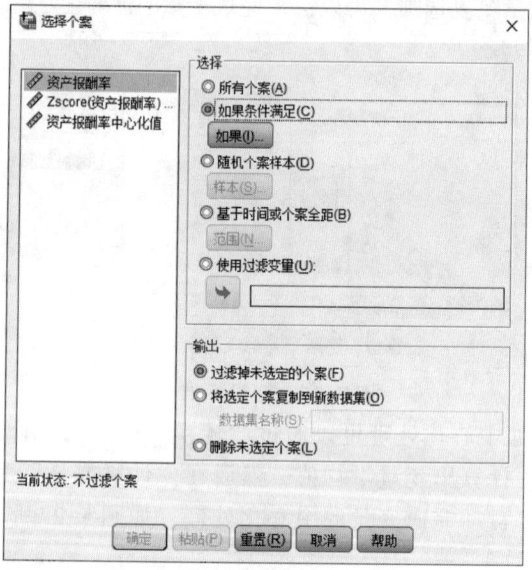

图5-28　选择个案设置

第三节　数据的合并和拆分

一般来说，进行会计实证研究所需要的原始数据很难从一个数据来源全部取得，通常来自多个渠道。比如，企业微观的报表数据来源于国泰安数据库，而宏观经济的数据来源于万得数据库，部分数据来自调查问卷或者手工收集等。为了进行研究，需要将这些不同来源的数据合并到一起才能进行处理。

另外，进行数据处理时，有时需要将某些分类变量进行分层分析。例如，对不同地区、不同城市化水平的企业创新绩效进行分析，需要的就是数据的拆分。

一、数据的合并

在SPSS中，数据的合并包括添加个案和添加变量两种方式。添加个案是将两个数据文件中的记录进行纵向合并。添加变量是将两个数据文件中的变量进行横向合并。无论哪一种，目的都是形成研究所需的数据文件。

1.添加个案的操作

要求：将数据文件data05-04中表2008的个案加到表2007中。

（1）分别打开数据文件data05-04中的表2007和表2008，如图5-29所示。

data05-04数据合并数据

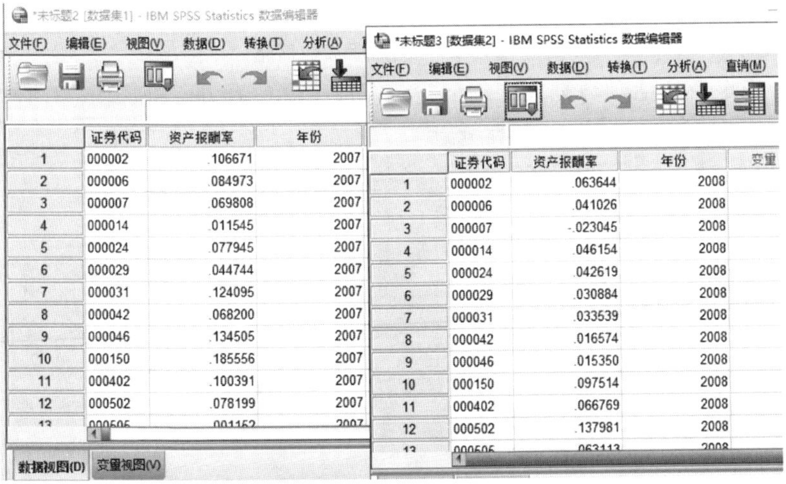

图5-29　打开待合并表

（2）在表2007的数据编辑器中执行“数据-合并文件-添加个案”功能，如图5-30所示。

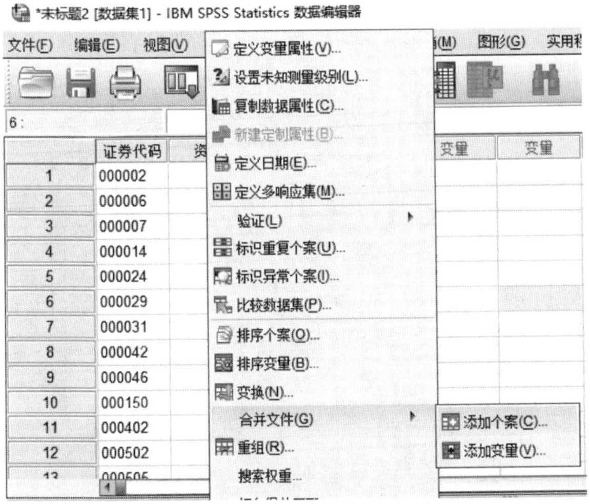

图5-30　执行添加个案功能

（3）在添加个案对话框中，选择打开的数据集为表2008所示的未标题3［数据集2］，如图5-31所示。

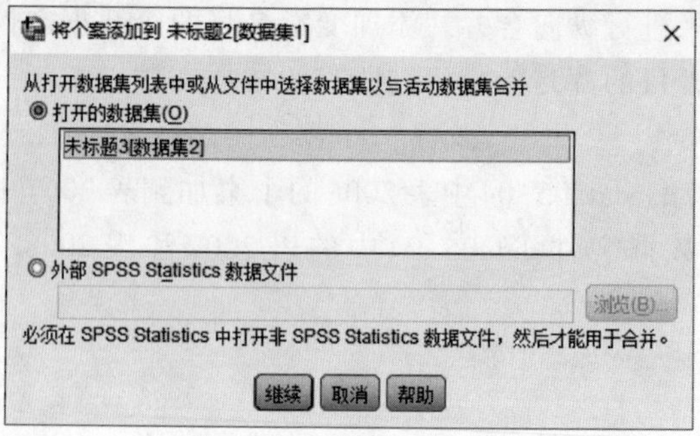

图5-31 选择添加数据集

（4）确定新的活动数据集中的变量，完成个案的合并，如图5-32所示。

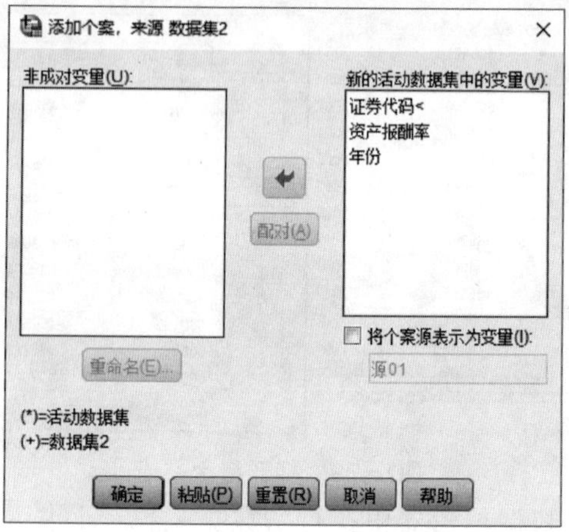

图5-32 确定新的活动数据集中的变量

如果两个数据集中存在变量名不一致，但是内容一致的情况，如2007年的表中变量名为“年份”，而2008年的表中变量名为“会计年份”。进行合并时需要在“非成对变量”框中选择这两个变量，进行配对处理，然后进行合并，如图5-33和图5-34所示。

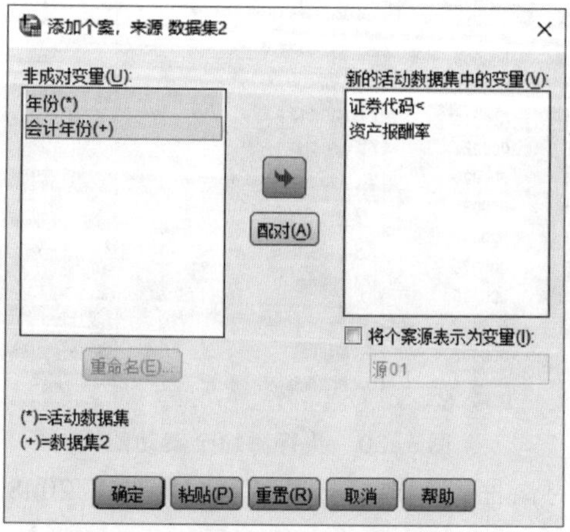

图5-33 选择待配对变量

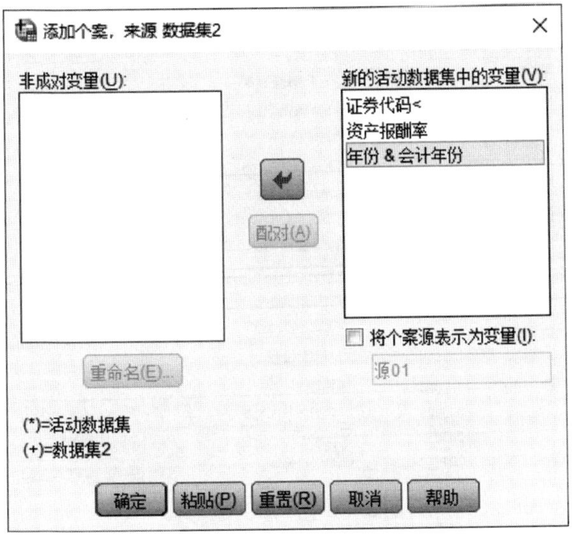

图 5-34　完成变量配对

2.添加变量的操作

要求：将数据文件data05-04中表GDP增长率的变量“GDP增长率”加到上一步个案合并好的表中。

（1）分别打开表2007和表GDP增长率，如图5-35所示。

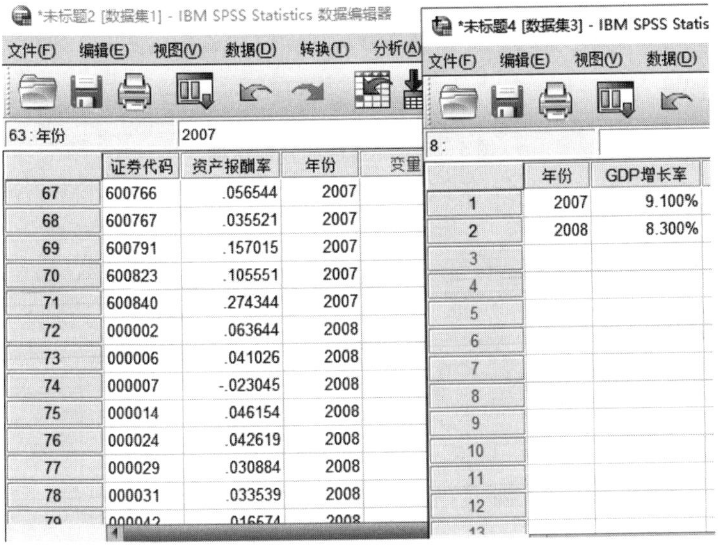

图 5-35　打开待合并数据集

（2）在表2007的数据编辑器中执行“数据-合并文件-添加变量”功能，如图5-36所示。

（3）在添加变量对话框中，选择打开的数据集为表GDP增长率所示的未标题4［数据集3］，如图5-37所示。

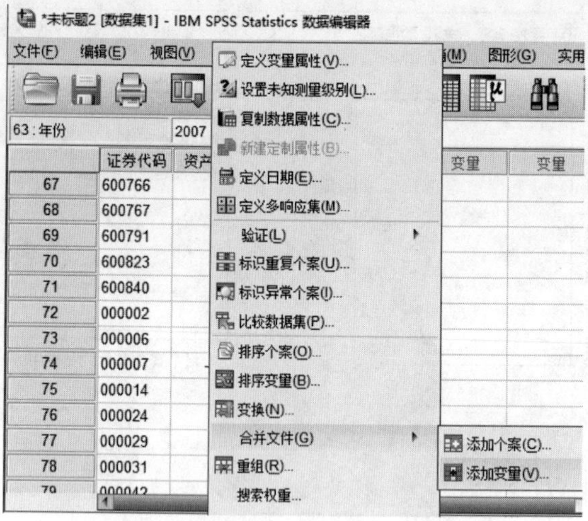

图 5-36　添加变量功能

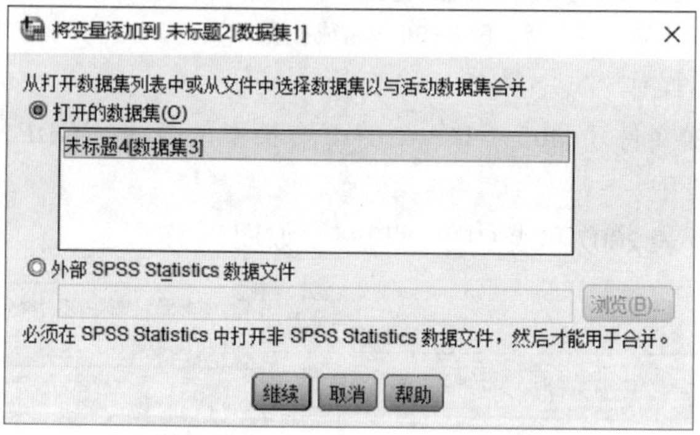

图 5-37　选择待合并数据集

（4）选择“匹配关键变量的个案”复选项，选中“年份”作为关键变量加入关键变量框中，如图 5-38 所示。

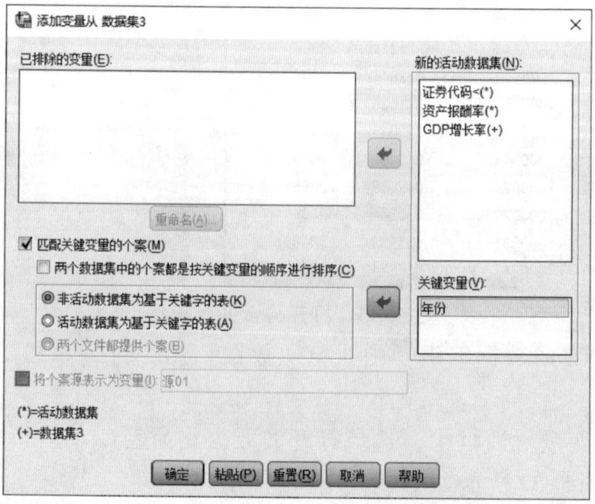

图 5-38　确定合并的关键变量

（5）完成合并，如图5-39所示。

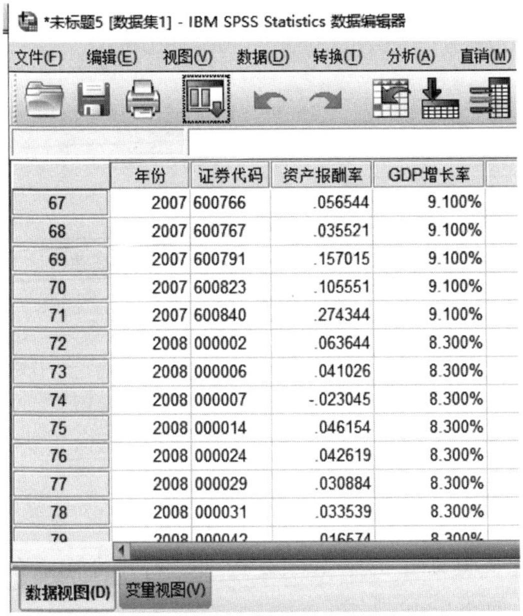

图5-39　变量合并结果

如果两个数据集中作为关键变量的变量名不一致，如2007年的表中变量名为“年份”，而GDP增长率的表中该变量名为“会计年份”。在进行合并时，由于两个表中变量名不一样，在新的活动数据集中将包含“年份”和“会计年份”两个变量，无法进行关键变量的选择，也就无法进行个案的正确合并，如图5-40所示。

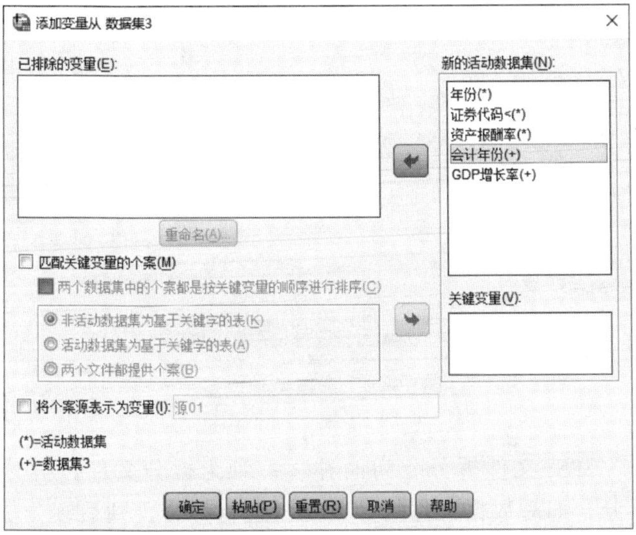

图5-40　新的活动数据集

此时，需要选择“年份”或者“会计年份”中任意一个进入“已排除的变量”框，执行“重命名”操作，使两个变量名一致，如图5-41所示。

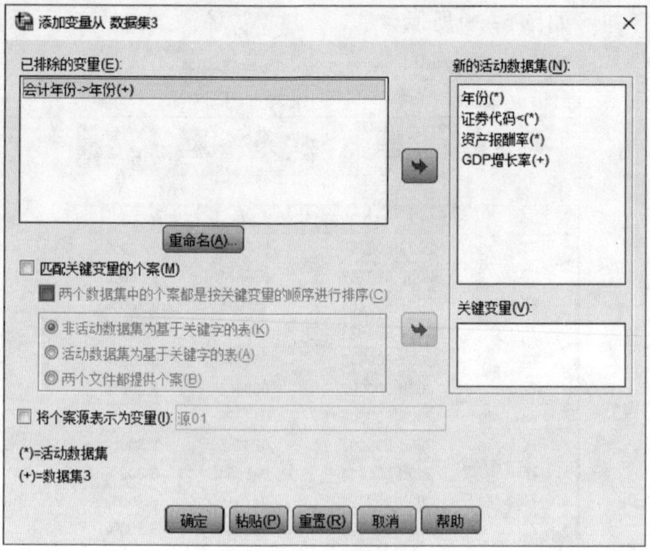

图5-41 变量重命名

最后选择“匹配关键变量的个案”复选项，将重命名后的变量选入“关键变量”框，完成合并，如图5-42所示。

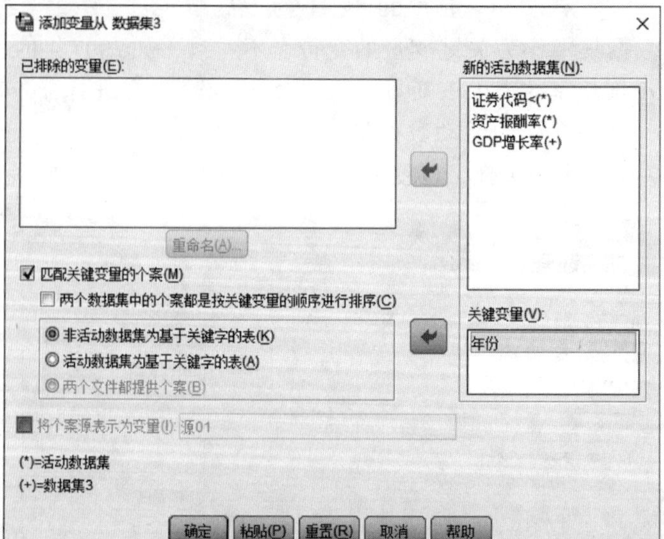

图5-42 选择关键变量

二、数据拆分

data05-05 数据拆分数据

SPSS文件拆分分为两种：一种为拆分文件，拆分文件只是内部拆分，如对数据文件的分类变量进行拆分，则后续分析都对分类变量的不同值单独进行分析；另一种为拆分为文件，拆分为文件是一种物理拆分，是指把一个文件拆分为多个，如对数据文件按某分类变量拆分为文件，则会生成分类变量不同值的多个SPSS数据文件。

（一）拆分文件

打开数据文件data05-05，打开“数据”菜单的“拆分文件”功能对话框，如图5-43所示。

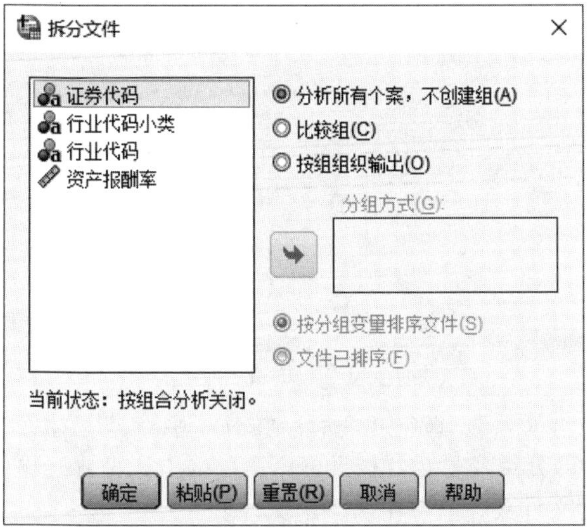

图5-43　拆分文件对话框

系统默认是分析所有个案，不创建组。根据分析需要，可以选择“比较组”或者“按组组织输出”（输出的方式是按每一种不同的类组合给出一个完整的结果）选项，选择分组方式，即可实现拆分文件操作。操作命令为：Split File Layered by 行业代码，如图5-44所示。拆分以后，统计分析都将按照分类变量的不同值单独进行。

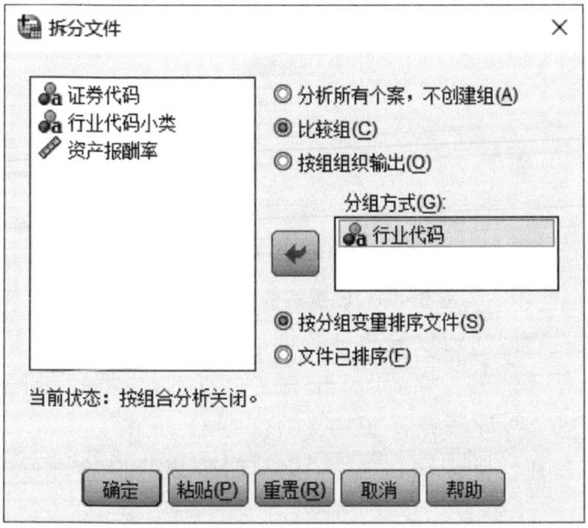

图5-44　设置拆分变量

（二）拆分为文件

打开“数据”菜单的“拆分为文件”功能对话框，如图5-45所示。

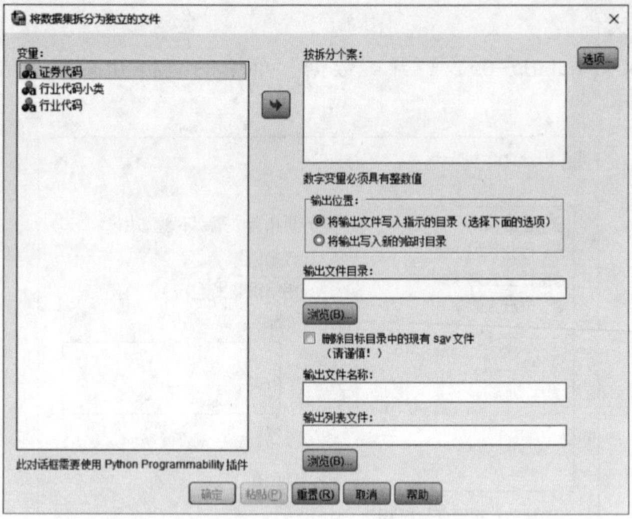

图5-45　拆分为文件对话框

选择用于拆分的分类变量至“按拆分个案”框中，设置好输出文件目录，如图5-46所示。在目标文件夹，就产生了多个文件。

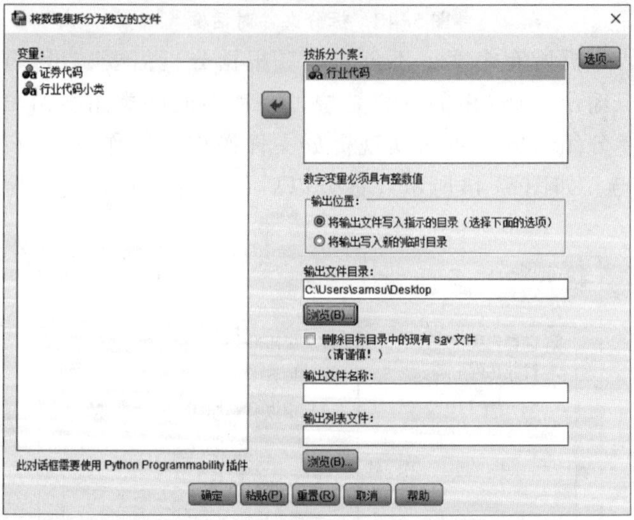

图5-46　设置拆分为文件变量

推荐阅读，了解数据描述性分析和数据处理：

1.宋建波，张海晴，苏子豪.研究开发支出资本化反映了研发水平吗？——基于研发补助情境［J］. 会计研究，2020（6）：3-23.

2.徐细雄，李万利，陈西婵.儒家文化与股价崩盘风险［J］. 会计研究，2020（4）：143-150.

第六章

假设检验

在会计研究中，经常需要了解行业以及企业经济活动的总体规律，但是通常情况下，经济活动的总体参数是未知的。当然可以想办法去收集总体数据，据此去获取总体相关信息。但实际上，出于以下两个原因：第一，总体数据本身可能无法全部收集到；第二，总体数据能够收集到，但实施时会耗费大量的人力、物力和财力。所以，在研究中往往采用抽样技术，通过抽取总体中的样本进行调查研究，得到样本统计量，然后用样本统计量作为总体参数的估计值。例如，想了解交通运输行业公司的ROA以及ROA的行业差异性，想了解公司股利分配的影响因素等，需要通过收集样本（如仅以上市公司为例）来进行研究。

由于总体中的每个个体间均存在差异，即使严格遵守随机抽样原则，也会由于多抽到一些数值较大或较小的个体，致使样本统计量与总体参数之间有所不同。由于实验者测量技术的差别或测量仪器精确程度的差别等，也会造成一定的偏差，使样本统计量与总体参数之间存在差异，因此样本统计量是一个随机变量，通常不能直接使用一次抽样的样本统计量去说明总体参数，而需要通过推断统计先判断样本统计量的可靠性，在这个基础上对总体参数进行说明。换句话说，抽样都是存在偶然性的，需要通过推断统计先排除样本统计量中的偶然性，才能知道样本统计量是否真正能够反映总体特征。

推断统计在对样本数据描述的基础上，以概率的形式对统计总体的未知数量特征进行表述。它包括参数估计（包括点估计和区间估计）和假设检验两类方法，参数估计就是用样本统计量去估计总体的参数，总体参数在估计前是未知的。在会计领域的研究问题中，主要探讨的是变量之间的关系，因此常用的是假设检验方法。

第一节 假设检验概述

假设检验，又称统计假设检验，是用来判断样本与样本、样本与总体的差异是由抽样误差引起还是本质差别造成的推断统计方法。假设检验推断过程所依据的是小概率原理，即发生概率很小的（通常是小于5%或1%）随机事件，在某一次特定的实验中是不会发生的。例如，根据历史观察数据，行业A和行业B的净资产收益率相同的概率是2%，那么现在做一次实验，从两个行业中抽取样本计算净资产收益率，它们是不会相等的。

假设检验的思路：先提出原假设（备择假设），接下来收集样本数据（做一次实验），然后选择检验统计量，最后根据样本数据（实验结果）以及原假设成立时的数据，计算检验统计量的值以及出现的概率（称为P值）。P值也反映了原假设成立时样本数据（或更极端结果）出现的概率。如果P值很小，说明样本观察结果的出现是一个小概率事件发生了，违反了小概率原理。由于P值是依据原假设成立时计算出来的，因此推导出原假设是不成立的。如果P值很大，则不能拒绝原假设。

在进行假设检验时，有可能出现以下两类错误：第Ⅰ类是拒绝真实的原假设，叫作“拒真”的错误；第Ⅱ类是接受错误的原假设，叫作“取伪”的错误。一般把犯第Ⅰ类错误的概率记为α，称其为显著性水平。例如，α为0.10、0.05或0.01，α越大，就越有可能犯第Ⅰ类错误，即越有可能否定真实的原假设。把犯第Ⅱ类错误的概率记为β，β越大，就越有可能犯第Ⅱ类错误，即越有可能接受非真的原假设。在研究中，希望犯这两类错误的概率都尽可能小。由于两类错误主要受样本量的影响，因此可以通过增大样本量的方法，使得抽样样本尽可能接近总体，具有更好的代表性，以达到降低两类错误发生概率的目的。但在一定的样本容量下，减少α会引起β增加，减少β也会引起α增加。所以，企业决策者有必要搞清楚哪一类错误造成的损失较小，以便降低成本。在假设检验中，一般事先规定允许犯第Ⅰ类错误的概率α，然后尽量减少犯第Ⅱ类错误的概率β。

具体来说，假设检验的步骤如下：

第一，提出原假设（记为H_0）。根据推断检验的目标，对需要推断的总体参数或分布做一个基本假设。

第二，选择检验统计量。根据样本数据和总体情况选择合适的检验统计量，该统计量服从或近似服从某种统计分布。

第三，计算检验统计量的值以及对应的相伴概率值p。选定检验统计量之后，在认为原假设成立的条件下，利用样本数据便可以计算出检验统计量观测值以及它发生的概率，即概率p值，又称相伴概率（指该检验统计量在某个特定的极端区域取值在H_0成立时的概率），该概率值间接地给出了样本值在原假设成立条件下发生的概率。对此可以依据一定的标准来判定其发生的概率是否为小概率，是不是一个小概率事件。

第四，给定显著性水平α，并做出统计决策。给定一个显著性水平α，如果相伴概率值小于或等于给定的显著性水平，则拒绝原假设；否则，不应拒绝原假设。

总体来看，在会计实证研究中，原假设是否成立的简单判断方式是，观察检验统计量的相伴概率，即实际发生概率，如果实际发生概率小于检验水平（如0.01、0.05或者0.1），就可以拒绝原假设，从而接受备择假设。如果实际发生概率大于检验水平，说明原假设不是小概率事件，这次实验不能拒绝原假设。在会计实证研究中，通常提出的是备择假设，但是检验都是依据原假设进行的，在这种情况下，当统计检验中原假设被拒绝时，实际问题中的假设得到支持，通常称之为“通过检验”，或者“显著”。

按照假设的形式，假设检验分为双侧检验和单侧检验。双侧检验是观察在规定的显著性水平下所抽取的样本统计量是否显著高于或低于假设的总体参数。单侧检验又分为左侧检验和右侧检验，其中左侧检验适用于检验样本统计量是否显著低于假设的总体参数，右侧检验适用于检验样本统计量是否显著高于假设的总体参数。

假设检验的基本思想和方法应用非常广泛，凡是涉及抽样，需要排除抽样误差的统计方法都要用到。例如，研究总体均值差异的参数检验、研究总体分布差异的非参数检验，使用了假设检验。研究变量之间关系的方差分析、相关分析、回归分析等，使用了假设检验。判断变量是否适合做因子分析也用到了假设检验。如表6-1所示，它们做法上的共同特征就是先提出一个原假设，然后去验证。

第二节 参数检验

一、参数检验的概念

参数检验是指在总体分布已知（如总体为正态分布）的情况下，使用样本数据的统计量对总体的参数（如均值、方差等）进行推断。此时，总体的分布形式是给定的或是假定的，只是其中的一些参数的取值或范围未知。分析的主要目的是估计参数的取值，或对其进行某种统计检验，如总体均值是否与某个值存在显著差异，两个总体的均值是否有显著差异等。因此，参数检验不仅能够对总体特征参数进行推断，而且能够实现对两个或多个总体的参数进行比较。

常见的参数检验包括单样本T检验、两独立样本T检验、两配对样本T检验。

二、单样本T检验

（一）单样本T检验的概念和基本步骤

单样本T检验是检验某个变量的总体均值与指定的检验值之间是否存在显著差异。对于观测变量需要满足以下假设：①观测变量为连续型变量；②观测值相互独立；③观测值不存在显著的异常值；④观测变量应近似服从正态分布。如果已知总体均值，那么进行样本均值与总体均值之间差异的显著性检验也属于单样本T检验。

单样本T检验的基本步骤：

1.提出原假设

单样本T检验的原假设H_0为：总体均值与检验值之间不存在显著差异，表述为：

$H_0: \mu=\mu_0$

其中：μ为总体均值，μ_0为检验值。

2.选择检验统计量

对单个总体均值的推断是建立在单个样本均值的基础之上的，也就是希望利用样本均值去估计总体均值。由于抽样误差的存在，虽然样本均值呈现出了差异性，但样本均值的抽样分布是可以确定的。众所周知，当总体分布为正态分布N（μ，σ^2）时，样本均值的抽样分布仍为正态分布，该正态分布的均值为μ，方差为σ^2/n，即：

$$\overline{X} \sim N\left(\mu, \frac{\sigma^2}{n}\right) \tag{6.1}$$

式（6.1）中，μ为总体均值，当原假设成立时，$\mu=\mu_0$；σ^2为总体方差；n为样本数。当总体分布近似服从正态分布，且样本数n较大时，由中心极限定理得知：样本均值也近似服从式（6.1）的正态分布。于是可构造Z检验统计量，定义为：

$$Z = \frac{\overline{X} - \mu}{\sqrt{\frac{\sigma^2}{n}}} \tag{6.2}$$

由式（6.2）可知，Z统计量服从标准正态分布。

通常，总体方差是未知的，此时可以用样本方差S^2替代，得到的检验统计量为t统计量，数学定义为：

$$t = \frac{\overline{X} - \mu}{\sqrt{\frac{S^2}{n}}} \tag{6.3}$$

式中，t统计量服从n-1个自由度的t分布。单样本T检验的检验统计量即为t统计量。当认为原假设成立时，μ用μ_0代入。

3.计算检验统计量观测值和相伴概率p值

该步骤的目的是计算检验统计量的可观测值和相伴概率p值。SPSS自动将样本均值、μ_0、样本方差、样本数代入式（6.3），计算出t统计量的观测值和相伴概率p值。

4.给定显著性水平α，并做出决策

给定显著性水平α，与检验统计量的相伴概率p值做比较。如果相伴概率p值小于或等于显著性水平α，则应拒绝原假设，认为总体均值与检验值之间存在显著差异；反之，如果相伴概率p值大于显著性水平α，则不能拒绝原假设，可以认为总体均值与检验值之间无显著差异。

（二）单样本T检验过程在SPSS中的实现

（1）打开数据文件后，按“分析（Analyze）”→“比较平均值（Compare Means）”→“单样本T检验（One-Sample T Test）”的顺序，进入单样本T检验主对话框，如图6-1所示。

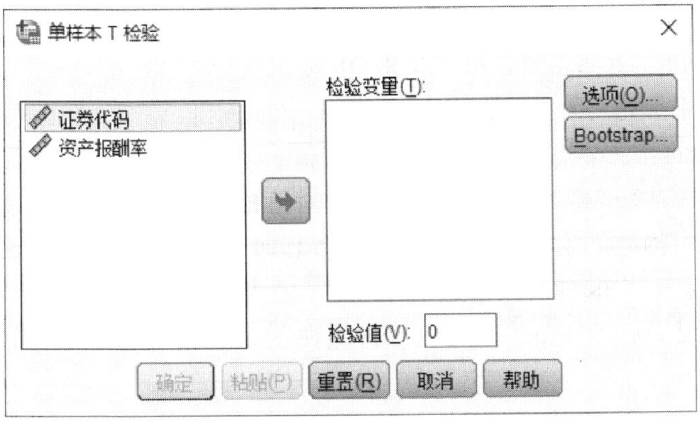

图6-1　单样本T检验主对话框

（2）在左边的源变量框中选择要分析的变量，将其送入检验变量（Test Variable（s））框中。在检验值（Test Value）文本框中填入检验值μ_0的大小。

（3）打开“选项（Options）”对话框，如图6-2所示。

图6-2　单样本T检验选项对话框

①置信区间（Confidence Interval）百分比选项为可信水平，系统默认为95%，可以根据检验需要修改。

②缺失值（Missing Values）栏中有两个选项：按分析顺序排除个案（Exclude Cases Analysis by Analysis）复选项，表示当带有缺失值的观测量与分析有关时才被剔除；按列表排除个案（Exclude Cases Listwise）复选项，剔除主对话框中检验变量（Variables）有缺失值的所有观测量。

（三）单样本T检验过程分析实例

data06-01为D行业53家上市公司的资产报酬率，检验其平均资产报酬率与8个行业共475家上市公司的平均资产报酬率是否有显著差异，8个行业475家上市公司的平均资产报酬率为0.057。

data06-01
单样本T检验
数据

1.选择变量，指定选项

（1）打开数据文件data06-01，打开单样本T检验对话框。

（2）在对话框中将资产报酬率变量从源变量框内选至检验变量框内。在检验值栏中填入0.057。

（3）打开选项对话框，选择系统默认的置信区间95%，缺失值处理选择系统默认值按分析顺序排除个案（Exclude Cases Analysis by Analysis）项。单击继续（Continue）按钮，返回主对话框，单击OK按钮执行。

2.运行结果分析

表6-1中的第二列是t统计量的观测值，为-3.819；第三列是自由度（n-1），为52（53-1）；第四列是t统计量观测值的双尾检验p值，为0.000；第五列是样本均值与检验值之差；第六列和第七列是总体均值与检验值差值的95%置信区间，为（-0.0457253，-0.0142246）。如果显著性水平α为0.05，由于相伴概率p值小于显著性水平α，因此应该拒绝原假设，认为D行业上市公司的平均资产报酬率显著小于8个行业上市公司的平均资产报酬率。

表6-1 单样本T检验的分析结果

	检验值 = 0.057					
	t	自由度	显著性（双尾）	平均差	差值的95%置信区间	
					下限	上限
资产报酬率	-3.819	52	0.000	-0.02997498	-0.0457253	-0.0142246

三、独立样本T检验

（一）两独立样本T检验的基本概念

两独立样本T检验就是根据样本数据，对它们来自的两个独立总体的均值是否有显著差异进行推断。这个推断的前提是：①两样本应是相互独立的，即从一个总体中抽取一批样本对从另一个总体中抽取一批样本没有任何影响，两组样本的个案数目可以不同，个案顺序可以随意调整，即没有配对关系。②样本来自的两个总体应服从正态分布。

两独立样本T检验作为假设检验的一种方法，其基本步骤与假设检验完全相同。

1.提出零假设

两独立样本T检验的原假设H_0为：两总体均值无显著差异，表述为：

H_0：$\mu_1-\mu_2=0$

其中，μ_1、μ_2分别为第一个和第二个总体的均值。

2.选择检验统计量

对两总体均值差的推断是建立在来自两个总体样本均值差的基础之上的，也就是希望利用两组样本均值的差去估计两个总体均值的差。因此，应关注两样本均值的抽样分布。当两总体分布分别为N（μ_1，σ_1^2）和N（μ_2，σ_2^2）时，两样本均值差的抽样分布仍为正态分布，该正态分布的均值为（$\mu_1-\mu_2$），方差为σ_{12}^2。在不同的情况下，σ_{12}^2有不同的计算方式。

第一种情况：当两总体方差未知且相等，即$\sigma_1=\sigma_2$时，采用合并的方差作为两个总体方差的估计，数学定义为：

$$S_p=\frac{(n_1-1)S_1^2+(n_2-1)S_2^2}{n_1+n_2-2} \tag{6.4}$$

式中，S_1^2、S_2^2分别为第一组和第二组样本的方差；n_1、n_2分别为第一组和第二组样本的样本数。此时两样本均值差的抽样分布的方差σ_{12}^2为：

$$\sigma_{12}^2=\frac{{S_p}^2}{n_1}+\frac{{S_p}^2}{n_2} \tag{6.5}$$

第二种情况：当两总体方差未知且不相等，即$\sigma_1 \neq \sigma_2$时，分别采用各自的方差，此时两样本均值差的抽样分布的方差σ_{12}^2为：

$$\sigma_{12}^2=\frac{S_1^2}{n_1}+\frac{S_2^2}{n_2} \tag{6.6}$$

于是，两总体均值差检验的检验统计量为t统计量，数学定义为：

$$t=\frac{\overline{X}_1-\overline{X}_2-(\mu_1-\mu_2)}{\sqrt{\sigma_{12}^2}} \tag{6.7}$$

式中，由于$\mu_1-\mu_2=0$（原假设），因此可略去。在上述第一种情况下，t统计量服从（n_1+n_2-2）个自由度的t分布；在第二种情况下，t统计量服从修正自由度的t分布，修正的自由度定义为：

$$f=\frac{\left(\frac{S_1^2}{n_1}+\frac{S_2^2}{n_2}\right)^2}{\frac{\left(\frac{S_1^2}{n_1}\right)^2}{n_1}+\frac{\left(\frac{S_2^2}{n_2}\right)^2}{n_2}} \tag{6.8}$$

至此可见，两总体方差是否相等是决定如何计算抽样分布方差的关键。因此，有必要通过有效的方式对其进行统计检验。两总体方差是否相等检验的原假设是：两总体方差无显著差异，表述为：

H_0：$\sigma_1^2=\sigma_2^2$

SPSS中通过Levene F方法采用F统计量进行检验。Levene F方法主要借助单因素方差分析方法来实现，其主要思路是：

（1）对来自两个不同总体的两组样本分别计算样本均值。

（2）计算各个样本与本组样本均值差的绝对值，得到两组绝对差值的数据。

（3）利用单因素方差分析方法判断这两组绝对差值的均值是否存在显著差异，即判断两组的平均绝对离差是否存在显著差异。

可见，Levene F方法是通过判断两组样本方差是否相等进而间接推断两总体方差是否有显著差异的。

3.计算检验统计量观测值和相伴概率p值

该步骤的目的是计算F统计量和t统计量的观测值以及相伴概率p值。SPSS将自动依据单因素方差分析的方法计算F统计量和相伴概率p值，并自动将两组样本的均值、样本数、抽样分布方差等代入式（6.7），计算出t统计量的观测值和相伴概率p值。

4.给定显著性水平α，并做出决策

当给定了显著性水平α后，SPSS中的统计决策应通过以下两步完成：

第一步，利用F检验判断两总体方差是否相等，并据此决定抽样分布方差和自由度的计算方法及计算结果。如果F统计量的相伴概率p值小于或等于显著性水平α，则应拒绝原假设，认为两总体方差有显著差异，应选择由式（6.6）和式（6.7）计算出的结果；反之，如果相伴概率p值大于显著性水平α，则不应拒绝原假设，认为两总体方差无显著差异，应选择由式（6.4）、式（6.5）和式（6.7）计算出的结果。

第二步，利用T检验判断两总体均值是否存在显著差异。如果T检验统计量的相伴概率p值小于或等于显著性水平α，则应拒绝原假设，认为两总体均值有显著差异；反之，如果相伴概率p值大于显著性水平α，则不应拒绝原假设，可以认为两总体均值无显著差异。

（二）两独立样本T检验在SPSS中的实现

（1）打开数据文件后，按分析（Analyze）→比较平均值（Compare Means）→独立样本T检验（Independent-Sample T Test）的顺序，进入独立样本T检验主对话框，如图6-3所示。

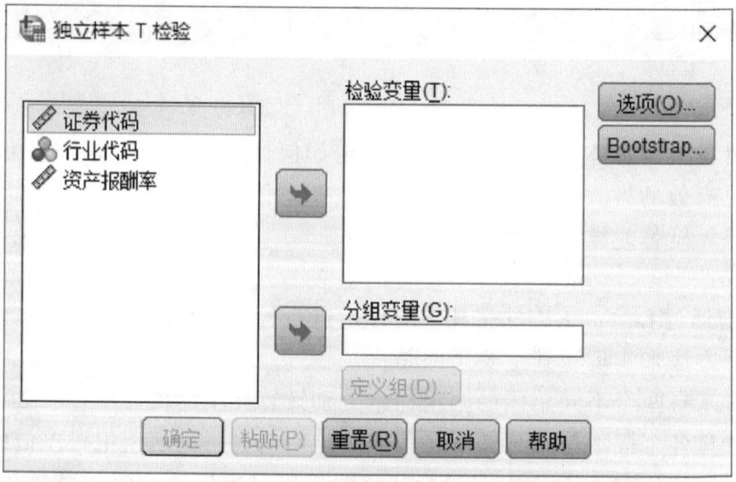

图6-3 两独立样本T检验主对话框

（2）选择若干变量到检验变量（Test Variable（s））框中。

（3）选择一个变量作为标识变量到分组变量（Grouping Variable）框中。该标识变量的两个不同取值可对应两个不同的总体。

（4）单击“定义组（Define Groups）”按钮，进入定义组（Define Groups）对话框，如图6-4所示。其中：使用指定值（Use Specified Values）表示分别输入两个值，每个值代表一个总体；对于分割点（Cut Point）栏，如果分组变量是连续型变量，则选用此项，并在其后的矩形框中输入分割值，此值把数据分为两部分，大于或等于此值的数据为一组，小于此值的为一组。

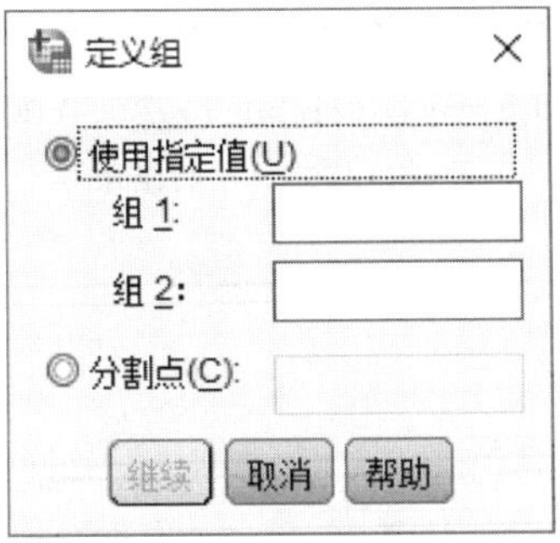

图6-4　分组子对话框

（5）选项（Options）含义与单样本T检验中的相同。

（三）两独立样本T检验分析实例

data06-02是D行业和K行业的资产报酬率，其中行业代码中1表示D行业，2表示K行业，分析这两个行业的资产报酬率均值是否有显著差异。

data06-02
两独立样本T
检验数据

1.选择变量，指定选项

（1）打开数据文件data06-02，打开两独立样本T检验主对话框。

（2）选择资产报酬率作为检验变量，将其送入检验变量框。

（3）选择行业代码变量作为分组变量，将其选入分组变量框中。

（4）单击“定义组”按钮，展开定义组对话框。在组1中输入1，即D行业为第一组；在组2中输入2，即K行业为第二组。

（5）在主对话框中，单击“OK”按钮提交运行。

2.运行结果分析

表6-2是分析变量的简单描述性统计量，分别为D行业和K行业的观测量数目、均值、标准差和各组均值的标准误。

表6-2　　分析变量的简单描述性统计量

组统计

	行业代码	数字	平均值（E）	标准偏差	标准误差平均值
资产报酬率	1	53	0.0270250	0.05714223	0.00784909
	2	80	0.0649017	0.05208399	0.00582317

表6-3为两独立样本T检验结果，是通过两步完成的。第一步，两总体方差是否相等的F检验。该检验的F统计量观察值为1.392，相伴概率p值为0.240，如果显著性水平α为0.05，由于相伴概率p值大于0.05，可以认为两总体方差无显著差异。第二步，两总体均值的检验。在第一步中，由于两总体方差无显著差异，因此应看第一行T检验结果。其中，t统计量的观测值为-3.950，自由度为131，对应的双尾概率p值为0.000。如果显著性水平α为0.05，相伴概率p值小于0.05，应拒绝

原假设，即两个行业的均值有显著差异。平均差（Mean Difference）表示两组均值之差为-0.0379，标准误（Std.Error Difference）差为0.0096。

表6-3 两独立样本T检验结果

两独立样本检验

		列文方差相等性检验		平均值相等性的T检验						
		F	显著性	t	自由度	显著性（双尾）	平均差	标准误差	差值的95%置信区间	
									下限	上限
资产报酬率	已假设方差齐性	1.392	0.240	-3.950	131	0.000	-0.03787669	0.0095902	-0.05684844	-0.0189049
	未假设方差齐性			-3.876	104.214	0.000	-0.03787669	0.0097733	-0.05725705	-0.0184963

四、两配对样本T检验

（一）两配对样本T检验的概念和基本步骤

两配对样本T检验是根据样本数据，对样本来自的两配对总体的均值是否有显著差异进行推断。该检验方法主要针对相关成对的数据进行检验。

前提条件是：(1) 两样本应该是配对的。配对可以从两个因素考虑：首先，两样本的观察数目相等；其次，两样本的观察值的顺序不能随意更改。(2) 样本来自的总体应服从正态分布。两配对样本T检验与独立样本T检验的差别之一是要求样本是配对的。配对样本可以是个案在“前”“后”两种状态下某属性的两种不同特征，也可以是对某事物两个不同侧面或方面的描述。其差别在于样本不是相互独立的，而是互相关联的。

两配对样本T检验作为假设检验的一种方法，其基本步骤与假设检验完全相同。

1.提出原假设

两配对样本T检验的原假设为：两总体均值之间不存在显著差异。

2.选择检验统计量

两配对样本T检验所采用的检验统计量与单样本T检验类似，也采用t统计量。其思路是：首先对两组样本分别求出每对测量值之差值，得到差值序列；然后对差值求均值；最后检验差值序列的均值，即平均差是否与零有显著差异。如果平均差与零有显著差异，则认为两总体均值存在显著差异。如果平均差与零无显著差异，则认为两总体均值之间无显著差异。

从配对样本T检验的实现思路不难看出，配对样本T检验问题是通过转化成单样本T检验来实现的，即检验两配对样本的差值是否与零有显著差异。这种解决方案必然要求样本配对，观察值数目相同且次序不可随意更改。

3.计算检验统计量观测值和相伴概率p值

SPSS将自动计算t统计量的观测值以及相伴概率p值。

4.给定显著性水平α，并做出决策

给定显著性水平α，如果相伴概率p值小于或等于给定的显著性水平α，则拒绝原假设，认为两总体均值存在显著差异；相反，如果相伴概率p值大于给定的显著性水平α，则不能拒绝原假设，可以认为两总体均值不存在显著差异。

总之，无论是单样本T检验，还是独立样本T检验，或是配对样本T检验，在方法思路上都有许多共同之处。在构造t统计量时，分子都是均值差，分母都是抽样分布的标准差，只是独立样本T检验的抽样分布标准差与配对样本T检验的标准差不相同。配对样本T检验能够对观察值自身的其他影响因素加以控制，比独立样本T检验更进了一步。

（二）两配对样本T检验在SPSS中的实现

（1）打开数据文件后，按分析（Analyze）→比较平均值（Compare Means）→配对样本T检验（Paired-Samples T Test）的顺序，进入配对样本T检验主对话框，如图6-5所示。

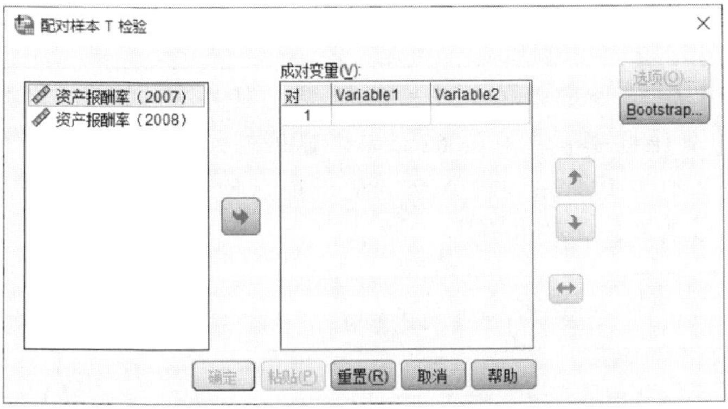

图6-5　配对样本T检验主对话框

（2）选择一对或若干对配对变量作为检验变量到成对变量（Paired Variable（s））框中。选择好配对变量。需要说明的是，当源变量框中有三个或三个以上的变量时，先选择一对配对变量使之进入成对变量（Paired Variable（s））栏，然后再选中下一对配对变量使之进入成对变量框，这样就可以指定多对配对变量同时进行分析。

（3）选项含义与单样本T检验中的相同。

（三）两配对样本T检验分析实例

data06-03为房地产上市公司2007年和2008年的资产报酬率，分析金融危机前后房地产上市公司的资产报酬率是否有显著差异。

1.选择变量，指定选项

（1）打开数据文件data06-03，打开配对样本T检验主对话框。

（2）指定配对变量。配对变量为2007年和2008年的资产报酬率，

data06-03
两配对样本T
检验数据

单击OK按钮，确认并返回主对话框，提交运行。

2.运行结果分析

表6-4表明，金融危机前后样本的平均值有较大差异，金融危机后的平均资产报酬率低于金融危机前的平均资产报酬率。

表6-4 金融危机前后资产报酬率的简单描述性统计量

		平均值（E）	数字	标准偏差	标准误差平均值
配对 1	资产报酬率（2007）	0.09104199	70	0.124790117	0.014915272
	资产报酬率（2008）	0.07541269	70	0.157294290	0.018800264

表6-5给出金融危机前后两组样本的简单相关系数为0.909，其相关系数检验的相伴概率p值为0.000，表明在显著性水平α为0.05时，金融危机前后资产报酬率有明显的线性关系。

表6-5 金融危机前后资产报酬率的相关性系数

		数字	相关系数	显著性
配对 1	资产报酬率（2007）& 资产报酬率（2008）	70	0.909	0.000

表6-6给出配对变量差值的T检验结果。其中T检验统计量的观测值为1.925；对应的双尾概率p值为0.058。如果显著性水平α为0.05，由于p值大于显著性水平α，不能拒绝原假设，金融危机前后资产报酬率没有明显差异；如果显著性水平α为0.10，则拒绝原假设，可以认为金融危机前后资产报酬率有明显差异。

表6-6 配对样本差值的T检验

		配对差值					t	自由度	显著性（双尾）
		平均值（E）	标准偏差	标准误差平均值	差值的95%置信区间				
					下限	上限			
配对1	资产报酬率（2007）-资产报酬率（2008）	0.015629300	0.067918012	0.008117755	-0.000565178	0.031823778	1.925	69	0.058

第三节 非参数检验

在数据分析过程中，如果事前无法了解总体的分布特征，或者由于数据类型所限，其不符合特定分布的要求，就不能使用参数检验方法。在这种情况下，对总体的推断采用的统计推断方法是非参数检验方法。

一、非参数检验的概念

非参数检验是当总体分布情况不明或总体不服从正态分布的情况下，不直接使用样本原始测量值，而是使用样本原始测量值出现的频率、排列顺序等，对总体的分布形式或特征进行推断的一种检验方法。由于非参数检验方法在推断过程中不涉及有关总体分布的参数，因而得名为“非参数”检验。由于非参数检验的假定前提比参数检验少得多，也容易满足适用于计量信息较弱的资料，且计算方法简便易行，因此在实际中有广泛的应用。

非参数检验的适用情况：等级顺序数据；偏态数据（明显偏态分布且未经变量变换，或虽经变量变换但仍未达到正态分布或近似正态分布）；未知分布型资料；要比较的各组资料变异度相差较大，方差不齐，且不能变换达到方差齐性。

非参数检验的方法包括：卡方检验、二项分布检验、游程检验、单样本K-S检验、两独立样本非参数检验、多独立样本非参数检验、两配对样本非参数检验、多配对样本非参数检验等。其中前面四种是针对单个总体的分布类型进行推断的方法。

二、卡方检验

（一）卡方检验的概念和基本步骤

卡方检验是一种针对分类数据的假设检验方法，主要是比较两个及两个以上样本率（构成比）以及对两个分类变量的关联性分析。其根本思想是比较理论频数和实际频数的吻合程度或拟合优度问题。

卡方检验最常见的用途就是考察无序分类变量各水平在两组或多组间的分布是否一致，除了这个用途之外，卡方检验还有更广泛的应用。具体而言，包括以下几个方面：（1）检验某个连续型变量的分布是否与某种理论分布相一致，如是否符合正态分布、是否服从均匀分布、是否服从Poisson分布等。（2）检验某个分类变量各类的出现概率是否等于指定概率。例如，在36选7的彩票抽奖中，每个数字出现的概率是否各为1 / 36；掷硬币时，正反两面出现的概率是否均为0.5。（3）检验某两个分类变量是否相互独立。例如，吸烟（二分变量：是、否）是否与呼吸道疾病（二分变量：是、否）有关；产品原料种类（多分类变量）是否与产品合格（二分变量：是、否）有关。（4）检验控制某种或某几种分类因素的作用以后，另两个分类变量是否相互独立。如在上例中，控制性别、年龄因素的影响后，吸烟是否和呼吸道疾病有关；控制产品加工工艺的影响后，产品原料种类是否与产品合格有关。（5）检验某两种方法的结果是否一致。例如，采用两种诊断方法对同一批人进行诊断，其诊断结果是否一致；采用两种方法对客户进行价值类别预测，预测结果是否一致。

卡方检验的基本步骤为：

1.提出原假设

卡方检验的原假设是：样本来自的总体分布与期望分布或某一理论分布无显著

差异。

2.选择检验统计量

卡方检验基本思想的理论依据是：如果从一随机变量X中随机抽取若干观察样本，这些观察样本落在X的k个互不相交的子集中的观察频数服从一个多项分布，这个多项分布当k趋于无穷时近似服从卡方分布。基于这一思想，对变量X总体分布的检验就可从对各个观察频数的分析入手。

在原假设成立的条件下，如果变量值落在第i子集中的理论概率值为p_i，那么相应的期望频数便为np_i。由此计算出的期望频数分布代表了原假设成立时的理论分布。为检验实际分布是否与理论分布（期望分布）之间存在显著差异，可采用卡方检验统计量。典型的卡方统计量是Pearson卡方，其数学定义为：

$$\chi^2 = \sum_{i=1}^{k}\frac{(f_i^0 - f_i^e)^2}{f_i^0} \tag{6.9}$$

式（6.9）中，k为子集个数，f_i^0为观察频数，f_i^e为期望频数；χ^2服从（k-1）个自由度的卡方分布。可见，如果χ^2值较大，则说明观察频数的分布与期望频数的分布差距较大；反之，如果χ^2值较小，则说明观察频数的分布与期望频数的分布较接近。

3.计算检验统计量χ^2观测值和相伴概率p值

SPSS将自动计算χ^2统计量的观测值，并依据卡方分布表计算观测值的相伴概率p值。

4.给定显著性水平α，并做出决策

用户给定显著性水平α后，如果χ^2的相伴概率p值小于或等于显著性水平α，则应拒绝原假设，认为样本来自的总体分布与期望分布或某一理论分布存在显著差异；反之，如果χ^2的相伴概率p值大于显著性水平α，则不能拒绝原假设，可以认为样本来自的总体分布与期望分布或某一理论分布无显著差异。

（二）卡方检验过程在SPSS中的实现

根据不同用途，卡方检验可以在SPSS的“非参数检验-卡方检验”或者“描述性统计-交叉表格”功能中完成。

（1）建立或打开数据文件后，按分析（Analyze）→非参数检验（Nonparametric Tests）→卡方检验（Chi-Square Test）的顺序，进入卡方检验对话框，如图6-6所示。

（2）指定待检验的变量到检验变量列表（Test Variable List）框。从左边源变量列表框中选择一个或多个待分析变量。

（3）在期望全距（Expected Range）栏中，确定检验值的范围。

①从数据中获取（Get from Data）选项，即最小值和最大值所确定的范围，系统默认该项。

②使用指定的范围（Use Specified Range）选项，只检验数据中一个子集的值，在下限（Lower）和上限（Upper）参数框中键入检验范围的下限和上限。

图6-6　卡方检验对话框

（4）在期望值（Expected Values）栏中，指定期望值。

①所有类别相等（All Categories Equal）选项，系统默认的检验值是所有分组的期望频数都相同，这意味着需要检验的总体是服从均匀分布的。

②值（Values）选项，要求用户输入期望分布的频数值，并在其右边的框中键入相应各组所对应的由给定分布所计算而得的期望值。每输入一个值后按“添加（Add）”按钮，于是在它右边的框中便增加了刚键入的期望值，期望值必须大于零。一直到输完所有的期望值为止。

（5）选项（Options）对话框，如图6-7所示。

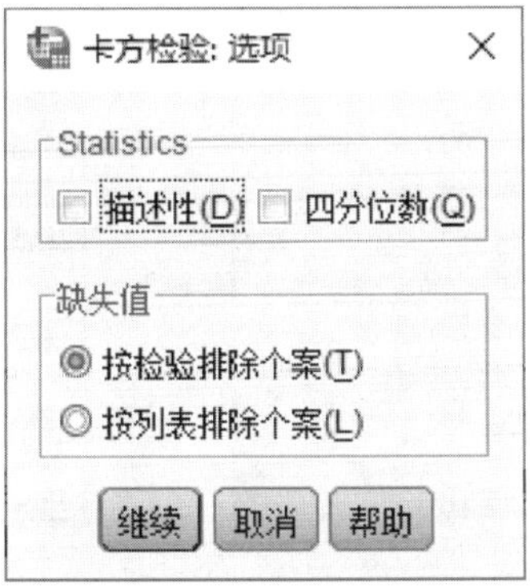

图6-7　选项对话框

①Statistics栏，选择输出统计量。其中，描述性（Descriptive）复选项，输出变量的均值、标准差、最大值、最小值、非缺失个体的数量；四分位数（Quartiles）复选项，输出结果将包括四分位数的内容。

②缺失值（Missing Values）栏，选择缺失值处理方式。其中，按检验排除个案（Exclude Cases Test-by-test）选项，将参与对比中的缺失值排除；按列表排除个案（Exclude Cases Listwise）选项，将任何变量中所有含有缺失值的分析个体排除。

（三）卡方检验分析实例

数据文件data06-04为部分行业的上市公司数量，检验各个行业上市公司出现的频数是否相同。

data06-04
卡方检验数据

1.选择变量，指定选项

（1）读取数据文件data06-04，打开卡方检验对话框。

（2）选择“行业代码”变量进入检验变量列表框。

（3）由于这是一个均匀分布检验，因此直接使用系统默认值，单击OK按钮，执行运算。

2.运行结果分析

表6-7的第2列为实际观察值出现的次数，第3列为在原假设成立的条件下，理论上行业应出现的期望频数，第4列为观察频数与理论频数的差值。

表6-7 **分类数据信息**

	观测到的 N	预期的 N	残差
1	32	122.5	-90.5
2	21	122.5	-101.5
3	847	122.5	724.5
4	52	122.5	-70.5
5	31	122.5	-91.5
6	58	122.5	-64.5
7	97	122.5	-25.5
8	85	122.5	-37.5
9	71	122.5	-51.5
10	44	122.5	-78.5
11	10	122.5	-112.5
总计	1 348		

表6-8显示，卡方统计量为4 769.028，相伴概率p值为0.000。如果显著性水平α是0.05，由于相伴概率p值小于显著性水平α，因此拒绝原假设，可以认为各个行业上市公司出现的频数具有显著差异。

表6-8 卡方检验结果

	行业代码
卡方	4 769.028[a]
自由度	10
渐近显著性	0.000

a. 0个单元格（0.0%）的期望频率小于5。最少的期望频率数为122.5。

三、二项分布检验

（一）二项分布检验的概念和基本步骤

在会计实证研究中有很多数据的取值都是二值的。例如，可以将公司财务状况分为财务正常和财务困境两类，通常将这样的二值分别用1和0表示。如果进行n次相同的实验，则出现两类（1或0）的次数可以用离散型随机变量X来描述，其所服从的分布即0-1分布。如果将随机变量值X为1的概率设为p，则随机变量X值为0的概率q便等于（1-p）。进一步，如果将上述实验重复n次并将出现1的次数看作一个随机变量，则该随机变量所服从的概率分布称为二项分布。

当样本量小于30时，按二项分布概率公式计算；当样本大于30时，使用Z统计量。

二项分布检验是要通过样本数据，检验样本来自的总体是否服从指定概率为p的二项分布，其基本步骤为：

1.提出原假设

二项分布检验的原假设是：样本来自的总体与指定的二项分布无显著差异。

2.选择检验统计量

二项分布检验，在小样本中采用精确检验方法，对于大样本则采用近似检验方法。精确检验方法计算n次实验中某类出现的次数小于等于x次的概率，即：

$$p\{X \leq x\}=\sum_{i=0}^{x} C_n^i p^i q^{n-i} \tag{6.10}$$

在大样本下，采用近似检验，采用Z检验统计量，在原假设成立下Z统计量近似服从正态分布，其数学定义为：

$$Z=\frac{x \pm 0.5-np}{\sqrt{np(1-p)}} \tag{6.11}$$

式（6.11）中进行了连续性校正，当x小于$\frac{n}{2}$时加0.5，当x大于$\frac{n}{2}$时减0.5。

3.计算检验统计量观测值和相伴概率p值

SPSS自动计算上述精确概率和相伴概率p值。

4.给定显著性水平α，并做出决策

给定显著性水平α后，如果相伴概率p值小于或等于显著性水平α，则拒绝原假设，认为样本来自的总体与指定的二项分布有显著差异；如果相伴概率p值大于显著性水平α，则不能拒绝原假设，可以认为样本来自的总体与指定的二项分布无显著差异。

（二）二项分布检验在SPSS中的实现

（1）打开数据文件后，按分析（Analyze）→非参数检验（Nonparametric Tests）→二项式检验（Binomial Test）的顺序，进入二项式检验对话框，如图6-8所示。

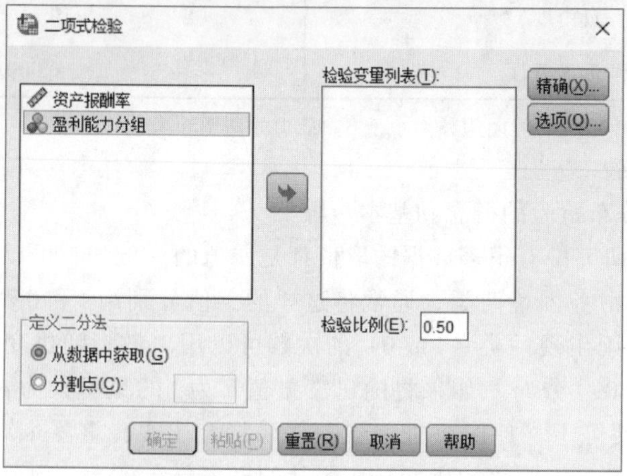

图6-8　二项式检验对话框

（2）从左侧变量列表框中选择需要进行检验的变量，将其移入检验变量列表（Test Variable ）框。

（3）定义二分法（Define Dichotomy）栏，定义二分值。

①从数据中获取（Get from Data）复选项，适用于指定的变量只有两个有效值，无缺失值。

②分割点（Cut Point）复选项，如果指定的变量超过两个值，在参数框中键入一个分界点值，比分界点值小的将形成第一项，比分界点值大的将形成第二项。

（4）检验比例（Test Proportion）参数项，指定检验概率值。

系统默认的检验概率值是0.50，这意味着要检验的二项是服从均匀分布的。如果所要检验的二项不是同概率分布，则在参数框中键入第一项的相伴概率期望值。

（5）选项（Options）对话框，选择输出结果的形式及缺失值的处理方式。

（三）二项分布检验分析实例

data06-05
二项分布检验数据

数据文件data06-05，检验盈利的公司和不盈利公司的数量是否有显著差异。

1.选择变量，指定选项

（1）读取数据文件data06-05，打开二项式检验对话框。

（2）选择盈利能力分组变量进入检验变量列表框。

（3）由于这是一个均匀分布检验，因此直接使用系统默认值，单击OK按钮，提交运算。

2.运行结果分析

表6-9显示，在460家上市公司中，不盈利的公司（组1）为22家，盈利的公

司（组2）为438家，检验值为0.50，相伴概率p值为0.000。如果显著性水平α是0.05，由于相伴概率p值小于显著性水平α，则应拒绝原假设，可认为公司盈利与否不服从概率值为0.50的二项概率分布。

表6-9　二项分布检验结果

		类别	数字	观测到的比例	检验比例	精确显著性水平（双尾）
盈利能力分组	组1	1	22	0.05	0.50	0.000
	组2	2	438	0.95		
	总计		460	1.00		

四、游程检验

（一）游程检验的概念和基本步骤

游程检验又称“连贯检验”，是根据样本标志表现排列所形成的游程的多少，判断变量值的出现是不是随机的检验方法。游程是指样本标志表现序列中连续出现的某变量值的次数。游程检验的原则：如果序列为真随机序列，那么游程的总数应该不太多也不太少；如果游程的总数极少，则说明样本缺乏独立性，内部存在一定的趋势或者结构，这可能是由于观察值之间不独立，或者来自不同的总体；如果样本间存在大量游程，则可能是系统的短周期波动影响观察结果，同样认为序列非随机。

该检验方法通常是针对二分变量的随机性进行检验。进行游程计算时，序列中二分变量的每个值出现一次或者连续多次时称作一个游程，依此计算游程总数。例如，某研究中需要用到盈利企业和亏损企业样本，在抽取样本时，如果以1表示盈利企业，以0表示亏损企业，在进行了28次抽取后，得到一个以1、0组成的数据序列1011011010011000101010000111。按照游程计算方法，这个例题中的游程数就是17个。要研究抽取到的盈利和亏损企业是不是随机出现的，就需要对上面的0、1序列进行分析，通过验证0、1出现是否随机来进行判断。

游程检验的基本步骤为：

1.提出原假设

原假设：总体中变量值出现是随机的。

2.选择检验统计量

变量值随机性检验通过计算游程（Run）数来实现。如果二分变量值出现是随机的，那么在上述数据序列中，将不太可能有许多的1或许多的0连续出现的现象，也不太可能出现1和0交叉非常频繁的现象。因此，出现太少或太多的游程将表明相应变量值的出现在一定程度上存在不随机现象。

在SPSS的单样本变量值随机性检验中，利用游程数构造检验统计量。游程是一个具有独特抽样分布的统计量。如果设n_1为出现1的个数，n_2为出现0的个数，

当 n_1、n_2 较大时，游程的抽样分布的均值为 $\mu_r = \frac{2n_1n_2}{n_1 + n_2}$，方差为 $\sigma_r^2 = \frac{2n_1n_2(2n_1n_2 - n_1 - n_2)}{(n_1 + n_2)^2(n_1 + n_2 - 1)}$。在大样本时，游程近似服从正态分布，即：

$$Z = \frac{r - \mu_r}{\sigma_r} \tag{6.12}$$

式（6.12）中，r为游程数。

3.计算检验统计量观测值和相伴概率p值

SPSS将自动计算Z统计量，并依据正态分布表给出相伴概率p值。

4.给定显著性水平α，并做出决策

给定显著性水平α后，如果相伴概率p值小于或等于给定的显著性水平α，则应拒绝原假设，认为变量值的出现不是随机的；如果相伴概率p值大于给定的显著性水平α，则不能拒绝原假设，可以认为变量值的出现是随机的。

（二）游程检验在SPSS中的实现

（1）打开数据文件后按分析（Analyze）→非参数检验（Nonparametric Tests）→游程检验（Runs Test）的顺序，进入游程检验主对话框，如图6-9所示。

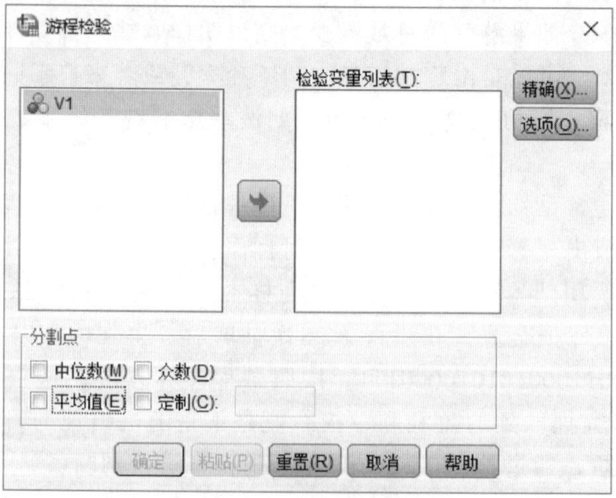

图6-9 游程检验主对话框

（2）指定待检验的变量到检验变量列表（Test Variable List）框。参与游程检验的变量必须是数值型的。

（3）在分割点（Cut Point）栏中确定计算游程的分界点。参与游程检验的变量可以有很多个，但最终进行游程检验时都需要通过分界点将这些变量值分为两组。SPSS将小于该分界点的所有变量值作为一组；将大于或等于该分界点的所有变量值作为另一组，然后计算游程数。其中，中位数（Median）复选项表示以样本中位数为分界点；众数（Mode）复选项表示以样本众数为分界点；平均值（Mean）复选项表示以样本均值为分界点；定制（Custom）复选项表示以用户输入的值为分界点。

（4）选项（Options）对话框，选择输出结果的形式及缺失值的处理方式。

（三）游程检验分析实例

数据文件data06-06为选择企业样本的实验数据，其中1表示盈利企业，0表示亏损企业，检验样本企业选择是不是随机的。

data06-06
游程检验数据

1.选择变量，指定选项

（1）读取数据文件data06-06，打开游程检验对话框。

（2）选择V1变量进入检验变量列表框。

（3）在分割点栏中选择分界点。本例选用Mean（均值）作为分界点。

（4）单击OK按钮，提交运算并输出结果。

2.运行结果分析

表6-10表明检验值为0.48，小于检验值的样本数有14个，大于等于检验值的样本数有13个，总样本数为27，游程数为16，检验统计量的Z值为0.400，相伴概率p值为0.689。如果显著性水平α为0.05，由于相伴概率p值大于显著性水平α，因此不应拒绝原假设，可以认为选择是随机的。

表6-10　**游程检验结果**

	V1
检验值[a]	0.48
个案数 < 检验值	14
个案数 >= 检验值	13
个案总计	27
运行次数	16
Z	0.400
渐近显著性（双尾）	0.689

a.平均值。

五、单样本K-S检验

（一）单样本K-S检验的概念和基本步骤

单样本K-S检验又称单样本柯尔莫哥洛夫-斯米诺夫检验（One-Sample Kolmogorov-Smirnov Test），这也是一种拟合适度检验方法，是利用样本数据推断总体是否服从某一理论分布，适用于探索连续型随机变量的分布形态。单样本K-S检验的基本步骤为：

1.提出原假设

单样本K-S检验的原假设是：样本来自的总体与指定的理论分布无显著差异。理论分布主要包括正态分布、均匀分布、指数分布和泊松分布等。

2.选择检验统计量

单样本K-S检验的基本思路是：首先，在原假设成立的前提下，计算各样本观

测值在理论分布中出现的累积概率值F（x）；其次，计算各样本观测值的实际累积概率值S（x）；再次，计算实际累积概率值与理论累积概率值的差$D_{(x)}$；最后，计算差值序列中的最大绝对差值，即$D=\max(|S(x_i)-F(x_i)|)$。通常，由于实际累积概率为离散值，因此D修正为$D=\max(\max(|S(x_i)-F(x_i)|),\max(|S(x_{i-1})-F(x_i)|))$。D统计量也称K-S统计量。

在小样本下，原假设成立时，D统计量服从Kolmogorov分布。在大样本下，原假设成立时，$\sqrt{n}D$近似服从K（x）分布；当D小于0时，K（x）为0；当D大于0时，$K(x)=\sum_{j=-\infty}^{\infty}(-1)^j\exp(-2j^2x^2)$。如果样本总体的分布与理论分布差异不明显，那么D不应较大。

3.计算检验统计量观测值和相伴概率p值

SPSS将自动计算K-S的Z统计量，依据K-S分布表（小样本）或正态分布表（大样本）给出对应的相伴概率p值。

4.给定显著性水平α，并做出决策

如果K-S统计量的相伴概率p值小于或等于显著性水平α，则应拒绝原假设，认为样本来自的总体与指定的分布有显著差异；如果K-S统计量的相伴概率p值大于显著性水平α，则不能拒绝原假设，认为样本来自的总体与指定的分布无显著差异。在SPSS中，无论是大样本还是小样本，仅给出大样本下的$\sqrt{n}D$和相伴概率p值。

（二）单样本K-S检验在SPSS中的实现

（1）打开数据文件后，按分析（Analyze）→非参数检验（Nonparametric Tests）→单样本K-S检验（One-Sample Kolmogorov-Smirnov Test）的顺序，进入单样本K-S检验对话框，如图6-10所示。

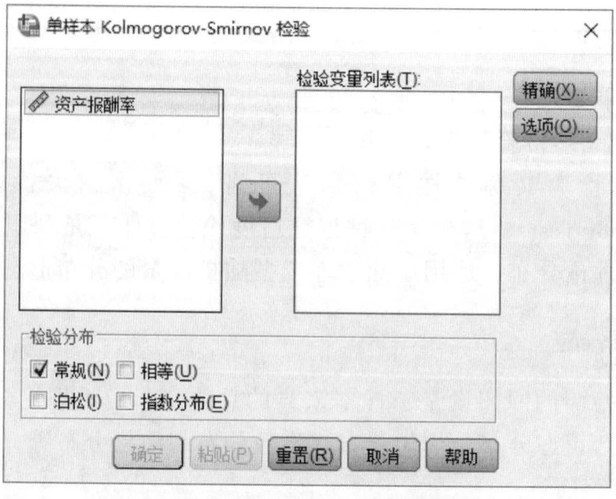

图6-10 单样本K-S检验对话框

（2）选择检验变量到检验变量列表（Test Variable List）框。

（3）在检验分布（Test Distribution）栏中选择理论分布。其中，常规（Normal）复选项为正态分布，相等（Uniform）复选项为均匀分布，泊松（Poisson）复选项为泊松分布，指数（Exponential）分布复选项，即指数分布。

系统默认值为正态分布。SPSS命令语言也允许用户去设定正态分布的平均数和标准差，为泊松分布指定平均数及均匀分布指定最大值和最小值。

（4）选项（Options）对话框，选择输出结果的形式及缺失值的处理方式。

（三）单样本K-S检验分析实例

使用数据文件data06-07，分析上市公司资产报酬率数据是否符合正态分布。

data06-07
单样本K-S检验数据

1.选择变量，指定选项

（1）读取数据文件data06-07，打开One-Sample Kolmogorov-Smirnov Test对话框。

（2）选择资产报酬率变量进入检验变量列表框。

（3）在检验分布框中选中“常规”，对是否服从正态分布进行检验。

（4）单击OK按钮，提交运算并输出结果。

2.运行结果分析

在表6-11中，正态分布参数的均值为0.0773，标准偏差为0.0564，最大绝对差值为0.080、最大正值为0.080、最小负值为-0.078，K-S检验的Z值为0.080，相伴概率p值为0.200。如果显著性水平α为0.05，由于相伴概率p值大于显著性水平α，因此不能拒绝原假设，可以认为资产报酬率的总体分布与正态分布无显著差异。

表6-11　**上市公司资产报酬率的K-S检验结果**

		资产报酬率
数字		68
正态参数[a, b]	平均值	0.07726935
	标准偏差	0.056421843
最极端差分	绝对	0.080
	正	0.080
	负	-0.078
检验统计		0.080
渐近显著性（双尾）		0.200[c, d]

a.检验分布是正态分布。

b.根据数据计算。

c.Lilliefors显著性校正。

d.这是真正显著性的下限。

六、两独立样本非参数检验

（一）两独立样本非参数检验的基本概念和检验方法

两独立样本的非参数检验是在对总体分布不了解的情况下，通过对两组独立样本的分析来推断样本来自的两个独立总体的分布，是否存在显著差异的检验方法。该方法一般检验两个独立总体的秩均值或中位数是否存在显著差异来进行推断。关于样本是不是独立的，主要看在一个总体中随机抽取样本对在另一个总体中随机抽取样本有无影响。如果没有影响，则可以认为这两个总体是独立的。

SPSS提供两独立样本的非参数检验方法有以下几种：

1.两独立样本的曼-惠特尼U检验（Mann-Whitney U）

两独立样本的曼-惠特尼U检验的原假设是：两组独立样本来自的两总体分布无显著差异。

曼-惠特尼U检验通过对两组样本平均秩的研究来实现推断。秩简单说就是变量值排序的名次。可以将数据按升序排列，每个变量值都会有一个在整个变量值序列中的位置或名次，这个位置或名次就是变量值的秩。变量值有几个，对应的秩便有几个。

曼-惠特尼U检验的基本步骤是：

（1）将两组样本数据$(X_1,X_2,\cdots,X_m)$和$(Y_1,Y_2,\cdots,Y_n)$混合并按升序排序，得到每个数据各自的秩R_i。

（2）分别对样本$(X_1,X_2,\cdots,X_m)$和$(Y_1,Y_2,\cdots,Y_n)$的秩求平均，得到两个平均秩W_x/m和W_Y/n，其中，W_x、W_Y称为秩和统计量。对两个平均秩的差距进行比较，如果两个平均秩W_x/m和W_Y/n相差甚远，则应是一组样本的秩普遍偏小，另一组样本的秩普遍偏大的结果，也就是一组样本的值普遍偏小，另一组样本的值普遍偏大的结果。此时原假设很可能是不成立的。

（3）计算样本$(X_1,X_2,\cdots,X_m)$每个秩优于样本$(Y_1,Y_2,\cdots,Y_n)$每个秩的个数U_1，以及样本$(Y_1,Y_2,\cdots,Y_n)$每个秩优于样本$(X_1,X_2,\cdots,X_m)$每个秩的个数U_2，对U_1和U_2进行比较。如果U_1和U_2相差较大，则有必要怀疑原假设的真实性。

（4）SPSS将自动计算Wilcoxon W和Mann-Whitney U统计量，并计算出相伴概率p值；同时，SPSS还计算近似于正态分布的Z统计量及相伴概率p值。因此，在小样本下，应以U统计量的相伴概率p值作为判断标准；在大样本下，应以Z统计量的相伴概率p值作为判断标准。

（5）给出显著性水平α，如果相伴概率p值小于或等于给定的显著性水平α，则拒绝原假设，认为样本来自的两独立总体的均值有显著差异；相反，如果相伴概率p值大于给定的显著性水平α，则不能拒绝原假设，可以认为样本来自的两独立总体的均值无显著差异。

2.两独立样本的K-S检验（Kolmogorov-Smirnov Z）

两独立样本K-S检验的原假设是：样本来自的两个独立总体的分布无显著差

异。两独立样本的K-S检验的基本思路与单样本K-S检验的基本思路是一致的，但差别在于这里处理的是观察值的秩，而非观察值本身。

两独立样本K-S检验的基本步骤为：

（1）将两组样本混合并按升序排序。

（2）分别计算两组样本秩的累积频数和累积频率。

（3）将两个累积频率相减，得到秩的差值序列并得到D统计量（同单样本的K-S检验，但无须修正）。

（4）SPSS将自动计算在大样本下的$\sqrt{n}D$的观测值和相伴概率p值。

（5）给出显著性水平α，如果相伴概率p值小于或等于给定的显著性水平α，则拒绝原假设，认为样本来自的两独立总体的分布有显著差异；相反，如果相伴概率p值大于给定的显著性水平，则不能拒绝原假设，可以认为样本来自的两独立总体的分布无显著差异。

3.两独立样本的游程检验（Wald-Wolfowitz Runs）

单样本的游程检验是用来检验变量值的出现是否随机的，两独立样本的游程检验则是用来检验两独立样本来自的两独立总体的分布是否存在显著差异的。其原假设是：两独立样本来自的两个总体的分布无显著差异。

两独立样本游程检验的基本步骤为：

（1）将两组样本混合并按升序排序。在变量值排序的同时，对应的组标记值也会随之重新排列。

（2）对组标记值序列按前面讨论的方法计算游程数。如果样本来自的两总体的分布存在较大差距，那么游程数会相对比较小。如果游程数比较大，则应该是两组样本数据充分混合的结果，两总体的分布不会存在显著差异。

（3）SPSS将利用游程数自动计算Z统计量的观测值及相伴概率p值。

（4）给出显著性水平α，如果相伴概率p值小于或等于给定的显著性水平α，则拒绝原假设，认为样本来自的两独立总体的分布有显著差异；如果相伴概率p值大于给定的显著性水平α，则不能拒绝原假设，可以认为样本来自的两独立总体的分布无显著差异。

需要说明的是：如果两组样本中有相同的观察值，两组样本的前后次序将会影响到游程数的计算。此时SPSS会给出相应的提示信息。

4.两独立样本的极端反应检验（Moses Extreme Reactions）

两独立样本的极端反应检验，也是一种检验样本来自的两总体分布是否存在显著差异的检验。其原假设是：样本来自的两个总体的分布无显著差异。

两独立样本极端反应检验的基本思想是：将一组样本作为控制样本，另一组样本作为实验样本。以控制样本作为对照，检验实验样本相对于控制样本是否存在极端反应。如果实验样本不存在极端反应，则认为两独立总体的分布无显著差异。如果实验样本存在极端反应，则认为两独立总体的分布存在显著差异。两独立样本极端反应检验的基本步骤为：

（1）将两组样本混合并按升序排序。

（2）找出控制样本最低秩和最高秩之间包含的观察值个数，称为跨度（Span）。为控制极端值对分析结果的影响，也可先去掉控制样本两个极端值的观察值后再求跨度，这个跨度称为截头跨度。

两独立样本的极端反应检验注重对跨度和截头跨度的分析。如果跨度和截头跨度很小，则应是两样本数据无法充分混合的结果，可以认为实验样本存在极端反应。

（3）SPSS自动计算跨度和截头跨度后，会依据分布表给出对应的相伴概率p值。

（4）给出显著性水平α，如果相伴概率p值小于或等于给定的显著性水平α，则拒绝原假设，认为样本来自的两独立总体的分布有显著差异；如果相伴概率p值大于给定的显著性水平α，则不能拒绝原假设，可以认为样本来自的两独立总体的分布不存在显著差异。

（二）两独立样本非参数检验在SPSS中的实现

（1）打开数据文件后，按分析（Analyze）→非参数检验（Nonparametric Tests）→两个独立样本检验（Two-Independent-Samples Test）的顺序，进入两独立样本检验对话框，如图6-11所示。

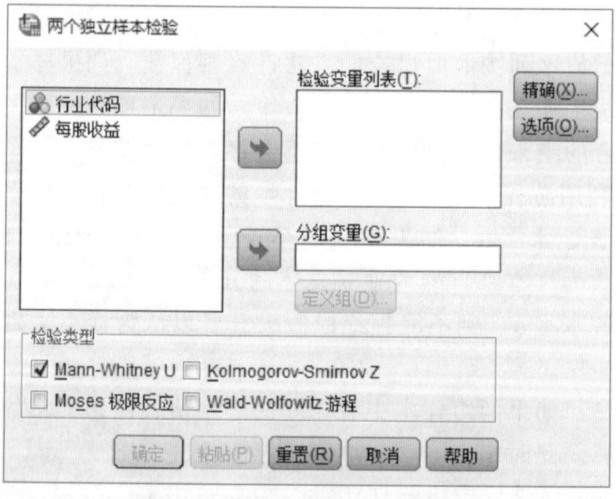

图6-11 两独立样本检验对话框

（2）指定检验变量至检验变量列表（Test Variable List）框。

（3）指定分组变量至分组变量（Grouping Variable）框。

从左侧变量列表中指定用来分组的变量，并使之移到分组变量（Grouping Variable）框中，点击“定义组（Define Groups）”按钮，进入定义组（Define Groups）对话框，如图6-12所示。在组1（Group 1）和组2（Group 2）后的参数框中可指定分组变量的值。

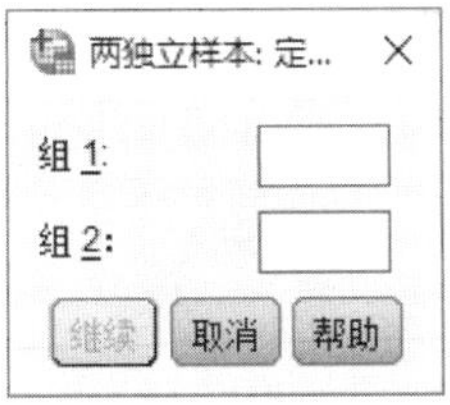

图6-12　定义组对话框

（4）检验类型（Test Type）栏，确定用来进行检验的方法。

在检验类型（Test Type）栏中提供了可供检验的四种方法，它们分别是：Mann-Whitney U 复选项、Kolmogorov-Smirnov Z 复选项、Moses 极限反应复选项、Wald-Wolfowitz 游程复选项，系统默认值为 Mann-Whitney U 复选项。在这四种方法中至少应选择一种。

（5）选项（Options）对话框，选择输出结果的形式及缺失值的处理方式。

（三）两独立样本非参数检验分析实例

使用数据文件 data06-08，分析房地产业与电力、煤气及水的生产和供应业的“每股收益”是否有显著差异。

data06-08
两个独立样本
非参数检验
数据

1.选择变量，指定选项

（1）读取数据文件 data06-08，打开两独立样本检验对话框。

（2）选择每股收益变量进入检验变量列表框。

（3）选择行业代码变量进入分组变量框中。单击定义组按钮，在组 1 框中输入 1（房地产业），在组 2 框中输入 2（电力、煤气及水的生产和供应业）。

（4）在检验类型栏中选择 Mann-Whitney U 检验方法。

（5）单击 OK 按钮，提交运算并输出结果。

2.运行结果分析

从表 6-12 和表 6-13 中可知，房地产业和电力、煤气及水的生产和供应业的样本数分别为 28 和 31，两组的平均秩分别为 23.93 和 35.48，秩总和分别为 670 和 1 100。Z统计量为-2.581，相伴概率 p 值为 0.010。如果显著性水平 α 为 0.05，由于相伴概率 p 值小于显著性水平 α，因此拒绝原假设，可以认为这两个行业的每股收益的分布存在显著差异。

表 6-12　　两个行业每股收益的 Mann-Whitney U 检验结果（一）

	行业代码	数字	等级平均值	等级之和
每股收益	1	28	23.93	670.00
	2	31	35.48	1 100.00
	总计	59		

表6-13 两个行业每股收益的Mann-Whitney U检验结果（二）[a]

	每股收益
Mann-Whitney U	264.000
Wilcoxon W	670.000
Z	-2.581
渐近显著性（双尾）	0.010

a.分组变量：行业代码。

七、多独立样本非参数检验

（一）多独立样本非参数检验的基本概念和检验方法

多独立样本非参数检验是通过分析样本数据，推断样本来自的多个独立总体的分布是否存在显著差异的检验方法。该方法一般通过多个独立总体的秩均值或中位数是否存在显著差异来检验。多独立样本检验的基本原理与两独立样本检验相同，两独立样本检验是多独立样本检验中最基本的形式。

SPSS提供了三种多独立样本的非参数检验方法。

1.多独立样本的中位数检验

多独立样本的中位数检验是通过对多组独立样本的分析，检验它们来自的总体的中位数是否存在显著差异。其原假设是：多独立样本来自的多个独立总体的中位数无显著差异。

多独立样本中位数检验的基本思路是：如果多个总体的中位数无显著差异，或者多个总体有共同的中位数，那么这个共同的中位数应处于每组样本数据的中间位置上。这样每组样本中大于或小于这个共同中位数的数目应大致相同。

多独立样本中位数检验的基本步骤是：

（1）将多组样本数混合并按升序排序，求出混合样本数据中的中位数，并假设它是一个共同的中位数。

（2）分别计算每组样本中大于或小于这个共同中位数的样本数。如果每组中大于或小于共同中位数的样本比例大致相同，则可以认为多组样本有共同的中位数，它们来自的总体的中位数无显著差异；反之，如果每组中大于或小于共同中位数的样本比例相差较大，则可以认为多组样本的中位数不全部相同，它们来自的总体的中位数存在显著差异。

（3）SPSS将自动计算χ^2统计量及相伴概率p值。

（4）给定显著性水平α后，如果相伴概率p值小于或等于给定的显著性水平α，则拒绝原假设，认为样本来自的多个独立总体的中位数存在显著差异；如果相伴概率p值大于给定的显著性水平α，则不能拒绝原假设，可以认为样本来自的多个独立总体的中位数不存在显著差异。

2.多独立样本的K-W检验

多独立样本的K-W检验是Kruskal-Wallis检验的缩写，是一种推广的平均秩检验，用于检验多个总体的分布是否存在显著差异。其原假设是：多个独立样本来自的多个总体的分布无显著差异。

多独立样本K-W检验的基本步骤是：

（1）将多组样本数据混合并按升序排序，求出每个观察值的秩。

（2）对多组样本的秩分别求平均数。可以直观理解，如果各组样本的平均秩大致相等，则可以认为多个独立总体的分布无显著差异。如果各组样本的平均秩相差甚远，则可以认为多个独立总体的分布存在显著差异。

（3）SPSS将自动计算K-W统计量及相伴概率p值。

（4）给定显著性水平α后，如果相伴概率p值小于或等于给定的显著性水平α，则拒绝原假设，认为样本来自的多个独立总体的分布存在显著差异；如果相伴概率p值大于给定的显著性水平α，则不能拒绝原假设，可以认为样本来自的多个独立总体的分布不存在显著差异。

3.多独立样本的J-T检验

多独立样本的J-T检验是Jonckheere-Terpstra检验的缩写，检验的基本思想与两独立样本的曼-惠特尼U检验比较类似，也是计算一组样本的观察值小于其他组样本的观察值的个数，适用于连续型变量与有序分类变量。

SPSS将自动计算J-T统计量、Z统计量及相伴概率p值。如果相伴概率p值小于或等于给定的显著性水平α，则拒绝原假设，认为样本来自的多个独立总体的分布有显著差异；如果相伴概率p值大于给定的显著性水平α，则不能拒绝原假设，可以认为样本来自的多个独立总体的分布不存在显著差异。

（二）多独立样本非参数检验在SPSS中的实现

（1）打开数据文件后，按分析（Analyze）→非参数检验（Nonparametric Tests）→多个独立样本检验（Tests for Several Independent Samples）的顺序，进入多个独立样本检验主对话框，如图6-13所示。

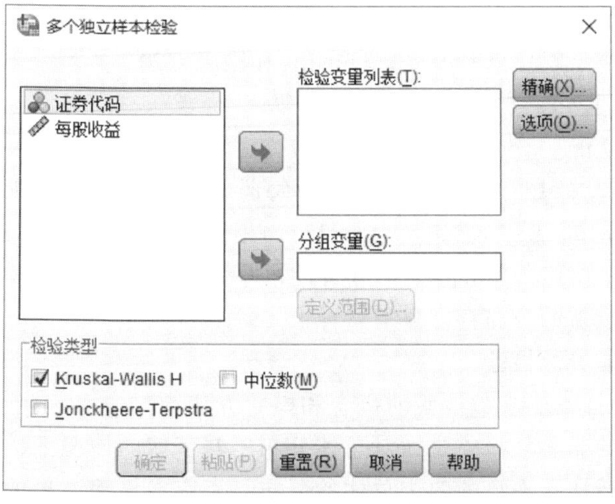

图6-13　多个独立样本检验主对话框

（2）从左侧变量列表框中选择需要进行检验的变量，将其移入检验变量列表（Test Variable List）框。

（3）分组变量（Grouping Variable）框，指定分组变量值的范围。确定后单击“定义范围（Define Range）”按钮，进入定义范围（Define Range）对话框，如图6-14所示，定义变量值的范围。其中，最小（Minimum）为分组变量范围的下限，最大（Maximum）为分组变量范围的上限。

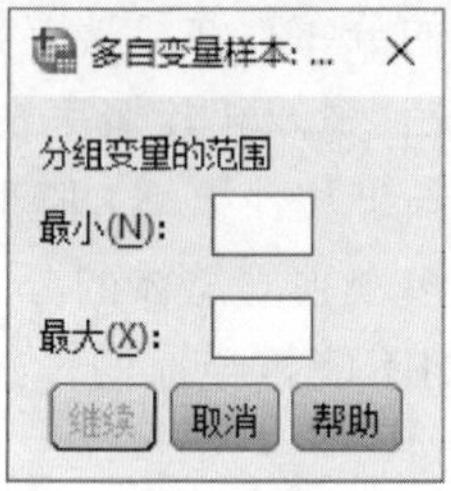

图6-14　定义范围对话框

（4）检验类型（Test Type）栏，确定用来进行检验的方法。在该框中提供了可供检验的三种方法，分别为Kruskal-Wallis H、中位数（Median）和Jonckheere-Terpstra。系统默认值为Kruskal-Wallis H的，在这三种方法中至少应选择一种。

data06-9
多独立样本非参数检验数据

（三）多独立样本非参数检验分析实例

使用数据文件data06-9，检验五大行业的“每股收益”的分布是否存在显著差异。

1.选择变量，指定选项

（1）读取数据文件data06-9，进入多独立样本非参数检验对话框。

（2）选择每股收益变量进入检验变量列表框。

（3）选择行业代码变量进入分组变量框中。单击定义范围按钮，在最小框中输入1，在最大框中输入5。

（4）在检验类型栏中选择Kruskal-Wallis H检验方法。

（5）单击OK按钮，提交运算并输出结果。

2.运行结果分析

从表6-14和表6-15中可知，五个行业每股收益的平均秩分别为70.96、77.68、49.29、51.61、53.17，K-W统计量为14.331，相伴概率p值为0.006。如果显著性水平α为0.05，由于相伴概率p值小于显著性水平α，则应拒绝原假设，可以认为这五个行业的每股收益的分布存在显著差异。

八、两配对样本非参数检验

（一）两配对样本非参数检验的概念和检验方法

两配对样本的非参数检验是在对总体分布不甚了解的情况下，通过对两组配对样本的分析，推断样本来自的两个总体的分布是否存在显著差异的方法。运用广泛的主要有以下三种检验方法：

表6-14　　五个行业的每股收益的Kruskal-Wallis H检验结果（一）

	行业代码	数字	等级平均值
每股收益	1	23	70.96
	2	31	77.68
	3	28	49.29
	4	28	51.61
	5	12	53.17
	总计	122	

表6-15　　五个行业的每股收益的Kruskal-Wallis H检验结果（二）[a, b]

	每股收益
卡方	14.331
自由度	4
渐近显著性	0.006

a.Kruskal Wallis 检验。

b.分组变量：行业代码。

1.两配对样本的McNemar检验

McNemar检验是一种变化显著性检验，它将研究对象自身作为对照者，检验其“前后”的变化是否显著。其原假设是：两配对样本来自的两总体的分布无显著差异。

McNemar变化显著性检验仍采用二项分布检验的方法，在小样本下计算二项分布的累积精确概率，大样本下采用修正的Z统计量，它近似服从正态分布。SPSS将自动计算Z统计量和相伴概率p值。如果相伴概率p值小于或等于给定的显著性水平α，则拒绝原假设，认为两配对样本来自的两总体的分布有显著差异；如果相伴概率p值大于给定的显著性水平，则不能拒绝原假设，可以认为两配对样本来自的两总体的分布不存在显著差异。

需要注意的是，两配对样本的McNemar变化显著性检验要求待检验的两组样本的观察值是二值数据。如果不是二值数据，应首先进行数据转换后方可采用该方法，因而在实际分析中有一定的局限性。

2.两配对样本的符号（Sign）检验

两配对样本的符号（Sign）检验也是用来检验两配对样本来自的总体分布是否存在显著差异的非参数方法。其原假设是：两配对样本来自的两总体分布无显著差异。

两配对样本的符号（Sign）检验的基本思想是利用正负符号个数的多少来进行

检验的。两配对样本的符号（Sign）检验的基本步骤是：

（1）将第二组样本的各个观察值减去第一组样本的各个观察值，差值为正则记为正号，差值为负则记为负号。

（2）计算正号的个数和负号的个数。如果正号个数和负号个数大致相当，则可以认为这两组配对样本的数据分布差距较小；如果正号个数和负号个数相差较多，则可以认为这两组配对样本的数据分布差距较大。

（3）SPSS将自动计算Z统计量及相伴概率p值。在原假设成立时，两配对样本的符号检验中的正号和负号的分布是一个概率值为0.5的二项分布，因此现在的任务就是要对差值正负符号序列作单样本二项分布检验。SPSS将自动计算Z统计量和相伴概率p值。

（4）给定显著性水平α后，如果相伴概率p值小于或等于给定的显著性水平α，则拒绝原假设，认为两配对样本来自的两总体分布存在显著差异；如果相伴概率p值大于给定的显著性水平α，则不能拒绝原假设，可以认为两配对样本来自的两总体分布不存在显著差异。

3.两配对样本的Wilcoxon符号平均秩检验

在两配对样本的符号检验中，注重对变化方向的分析，只考虑数据变化的性质，即变大了还是变小了，但没有注意其变化的程度，即大了多少，小了多少。两配对样本的Wilcoxon符号平均秩检验在此方面进行了改进。其原假设是：两配对样本来自的两总体分布无显著差异。

两配对样本的Wilcoxon符号平均秩检验的基本思想是：

（1）按照符号检验的方法，分别将第二组样本的各个观察值减去第一组样本的各个观察值，差值为正，则记为正号，差值为负，则记为负号，并保存差值数据。

（2）将差值数据按升序排序，并求出相应的秩。

（3）分别计算正号秩总和、负号秩总和，以及正号平均秩和负号平均秩。如果正号平均秩和负号平均秩大致相当，则可以认为两配对样本数据的正负变化程度基本相当，两配对样本来自的两总体分布无显著差异。

（4）SPSS将自动计算Z统计量及相伴概率p值。

（5）给定显著性水平α后，如果相伴概率p值小于或等于给定的显著性水平α，则拒绝原假设，认为两配对样本来自的两总体分布存在显著差异；如果相伴概率p值大于给定的显著性水平α，则不能拒绝原假设，可以认为两配对样本来自的两总体分布不存在显著差异。

（二）两配对样本非参数检验在SPSS中的实现

（1）打开数据文件后，按分析（Analyze）→非参数检验（Nonparametric Tests）→两配对样本检验（Two-Relate-Samples Tests）的顺序，进入两个关联样本检验主对话框，如图6-15所示。

（2）指定检验变量对。从左面变量列表框中选择检验的两个相关变量，移入检验对（Test Pair（s））框。如果相关的成对变量为多组，则重复上述过程直至指定完。

图6-15　两个关联样本检验主对话框

（3）检验类型（Test Type）栏，确定用来进行检验的方法。在该栏中提供了四种检验方法，分别是Wilcoxon、符号检验（Sign）、McNemar、边际同质性（Marginal Homogeneity）。系统默认值为Wilcoxon。在这四种方法中至少应选择一种检验方法。

（4）选项（Options）对话框，选择输出结果的形式及缺失值的处理方式。

（三）两配对样本非参数检验分析实例

使用数据文件data06-10，检验房地产行业2007年和2008年的资产报酬率是否存在显著差异。

data06-10
两配对样本非参数检验数据

1.选择变量，指定选项

（1）读取数据文件data06-10，打开两配对样本检验对话框。

（2）选择2007年和2008年的资产报酬率变量进入检验对框。

（3）在检验类型栏中选择Wilcoxon方法进行检验。

（4）单击OK按钮，提交运算并输出结果。

2.运行结果分析

从表6-16和表6-17中可知，负号的秩和统计量为1 745，正号的秩和统计量为670，Z检验统计量为-3.214，相伴概率p值为0.001。如果显著性水平α为0.05，由于相伴概率p值小于显著性水平α，因此拒绝原假设，可以认为2007年和2008年房地产行业资产报酬率具有显著差异。

表6-16　2007年和2008年房地产行业资产报酬率Wilcoxon检验结果（一）

		数字	等级平均值	等级之和
资产报酬率（2008）－资产报酬率（2007）	负秩	47[a]	37.13	1 745.00
	正秩	22[b]	30.45	670.00
	结	0[c]		
	总计	69		

a. 资产报酬率（2008）＜资产报酬率（2007）。

b. 资产报酬率（2008）＞资产报酬率（2007）。

c. 资产报酬率（2008）＝资产报酬率（2007）。

表6-17 2007年和2008年房地产行业资产报酬率Wilcoxon检验结果（二）[a]

	资产报酬率（2008）-资产报酬率（2007）
Z	-3.214[b]
渐近显著性（双尾）	0.001

a. Wilcoxon带符号等级检验。

b. 基于正秩。

九、多配对样本非参数检验

（一）多配对样本非参数检验的概念和检验方法

多配对样本非参数检验（Test for Several Related Samples）是通过分析多组配对样本数据，对多个配对样本来自的多个总体的分布是否具有显著差异进行的统计推断。SPSS提供了三种多配对样本非参数检验方法。

1.多配对样本的Cochran Q 检验

多配对样本的Cochran Q 检验的原假设是：多个配对样本来自的总体分布无显著差异。它所处理的样本数据要求是二值的，SPSS将自动计算Cochran Q统计量及相伴概率p值。如果相伴概率p值小于或等于给定的显著性水平α，则拒绝原假设，认为多个配对样本来自的多个总体的分布存在显著差异；如果相伴概率p值大于给定的显著性水平α，则不能拒绝原假设，可以认为多个配对样本来自的多个总体的分布不存在显著差异。

2.多配对样本的Friedman检验

多配对样本的Friedman检验是利用秩，实现对多个总体分布是否存在显著差异的非参数检验方法。其原假设是：多个配对样本来自的多个总体分布无显著差异。多配对样本的Friedman检验，要求数据是定距的，这使该方法有了较大的适用范围。

多配对样本Friedman检验的基本步骤是：

（1）以行为单位，将各个样本数据按升序排序，求得各样本数据在各自行中的秩。

（2）分别计算各组样本的秩总和、平均秩。如果各组样本的平均秩大致相当，则可以认为各总体的分布无显著差异；如果各组样本的平均秩相差较大，则可以认为各总体的分布存在显著差异。

（3）SPSS将自动计算Friedman统计量及相伴概率p值。

（4）给定显著性水平α后，如果相伴概率p值小于或等于给定的显著性水平α，则拒绝原假设，认为多个配对样本来自的多个总体的分布存在显著差异；如果相伴概率p值大于给定的显著性水平α，则不能拒绝原假设，可以认为多个配对样本来自的多个总体的分布不存在显著差异。

3.多配对样本的Kendall和谐系数检验（Kendall’s W检验）

多配对样本的Kendall和谐系数检验也是一种多配对样本的非参数检验方法，

当需要对多个等级变量进行相关性分析时，需要使用它。多配对样本的Kendall和谐系数检验主要用于分析评判者的评判标准是否一致，可以是k个评判者评价n个对象，也可以是1个评判者先后k次评价n个对象。它将每个评判对象的分数都看作来自多个配对总体的样本。

多配对样本Kendall和谐系数检验的原假设H0：多个等级变量间不存在一致关系或者和谐关系，即评判者的评判标准不一致。备择假设H1：多个等级变量间存在一致关系或者和谐关系。

SPSS将自动计算Kendall's W和谐系数及相伴概率p值。如果相伴概率p值小于或等于给定的显著性水平α，则拒绝原假设，认为评判者的评判标准一致；如果相伴概率p值大于给定的显著性水平α，则不能拒绝原假设，可以认为评判者的评判标准不一致。

（二）多配对样本非参数检验在SPSS中的实现

（1）打开数据文件后，按分析（Analyze）→非参数检验（Nonparametric Tests）→多配对样本检验（Test for Several Related Samples）的顺序，进入多个关联样本检验主对话框，如图6-16所示。

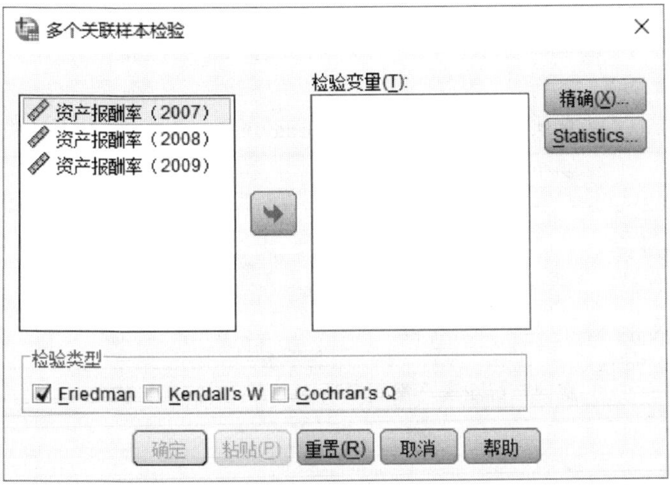

图6-16　多个关联样本检验主对话框

（2）从左侧变量列表框中选择需要进行检验的变量，将其移入检验变量（Test Variable）框。

（3）检验类型（Test Type）栏，确定用来进行检验的方法。该栏中提供了三种检验方法，分别是Friedman、Kendall's W （Kendall和谐系数检验）、Cochran's Q。系统默认值为Friedman。在这三种方法中至少应选择一种检验方法。

（4）Statistics对话框，如图6-17所示。其中，描述性（Descriptives）选项，即描述性统计量，显示均数、标准差、最小值、最大值与不含缺失值例数。四分位数（Quartiles）选项，显示第25、50和75百分位数。

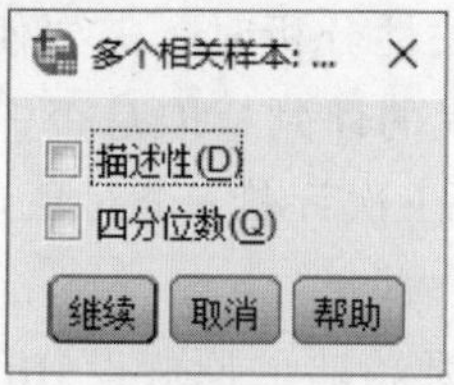

图6-17 Statistics对话框

data06-11
多配对样本非参数检验数据

（三）多配对样本非参数检验分析实例

数据文件data06-11，用于检验房地产行业2007年、2008年、2009年三年的资产报酬率是否存在显著差异。

1.选择变量，指定选项

将资产报酬率（2007）、资产报酬率（2008）、资产报酬率（2009）放入检验变量框，在检验类型框中选择Friedman检验方法。

2.运行结果分析

表6-18和表6-19中的数据显示，房地产行业2007年、2008年、2009年三年的资产报酬率的平均秩分别为2.36、1.83、1.81；Fridman检验统计量的观察值为13.594，相伴概率p值为0.001。如果显著性水平α为0.05，由于相伴概率p值小于显著性水平α，因此应拒绝原假设，可以认为这三年资产报酬率数据的分布存在显著差异。

表6-18　房地产行业资产报酬率Friedman检验结果（一）

	等级平均值
资产报酬率（2007）	2.36
资产报酬率（2008）	1.83
资产报酬率（2009）	1.81

表6-19　房地产行业资产报酬率Friedman检验结果（二）

检验统计[a]

数字	69
卡方	13.594
自由度	2
渐近显著性	0.001

a. Friedman 检验。

综上，参数检验和非参数检验的区别：

（1）参数检验是针对参数做的假设，非参数检验是针对总体分布情况做的假设，这是区分参数检验和非参数检验的一个重要特征。

（2）参数检验和非参数检验的根本区别在于参数检验要利用总体的信息（总体的分布、总体的一些参数特征，如方差），以总体分布和样本信息对总体参数做出推断。

（3）参数检验只能用于等距数据和比例数据，非参数检验主要用于计数数据，也可用于等距和比例数据，但精确性会降低。

推荐阅读，了解参数检验和非参数检验：

1.刘立国. 公司治理与会计信息质量关系的实证研究［J］. 会计研究，2003（2）：28-36.

2.江伟，孙源，胡玉明，客户集中度与成本结构决策——来自中国关系导向营商环境的经验证据［J］. 会计研究，2018（11）：70-76.

第七章

方差分析

方差分析是20世纪20年代发展起来的一种统计方法，由英国统计学家费歇尔（R.A.Fisher）在进行实验设计时为解释实验数据而首先引入的，所以通常认为他是这一方法的创始人。该方法被广泛应用于心理学、生物学、医学实验上，当前在许多人文社会科学研究中，特别是在会计研究中，方差分析也成了一种非常有用的统计分析方法。

第一节　方差分析概述

一、方差分析的概念

通常，事物之间是互相制约又互相依存的，一个事物会受到很多其他因素的影响。例如，影响企业资本结构的因素包括行业、企业信用等级、经营者的态度、企业财务状况和成长能力、税收政策等，通过调查得到一批数据之后，希望基于这批数据分析哪些因素对资本结构有显著影响？有显著影响的因素何时效果最好？因素间有没有交互作用？可以从这些分析中找出影响资本结构的主要因素而确定企业最佳资本结构。再有，在企业生产中总是希望以尽量少的投入获得较高的收益。这就需要分析企业收益究竟受到哪些因素的影响？如果能够掌握在众多的影响因素中，哪些因素对企业收益的影响起到了主要的、关键性的作用，就可以根据实际情况对这些关键性因素加以控制。

方差分析（Analysis of Variance，ANOVA）就是通过检验各总体的均值是否相等来判断分类型自变量对数值型因变量是否存在显著影响，有助于找到事物的内在规律性。从形式上来看，方差分析是比较多个总体的均值是否相等，但本质上它所研究的是变量之间的关系。

二、方差分析的研究思路

对某一事物的影响因素大致可分为两大类：第一类因素是人为可以控制的因素，称为控制因素，或控制变量；第二类因素是人为很难控制的因素，称为随机因素，或随机变量。受控制因素和随机因素影响的事物，称为观测变量。

方差分析就是要分析控制因素的不同水平是否对观测变量产生了显著影响。如果控制变量的不同水平对观测变量产生了显著影响，那么它和随机因素共同作用必然使得观测变量数据有显著变动；相反，如果控制因素的不同水平对观测变量没有产生显著影响，那么观测变量数据的变动就不会明显表现出来，它的变动可以归结为受随机因素影响。换句话说，如果观测变量值在某控制因素的各个水平中出现了明显波动，则认为该控制因素是影响观测变量的主要因素；反之，如果观测变量值在某控制因素的各个水平中没有出现明显波动，则认为该控制因素没有对观测变量产生重要影响，观测变量的数据波动是随机因素造成的。

因此，严格来讲，方差分析所分析的并非“方差”，而是研究数据间的“变异”程度及影响因素，是在可比较的群组中，把总的变异按各个指定的变异来源进行分解的一种方法。对变异的度量，可以说唯一有效的方法是离差平方和。方差分析方法的基本思想就是从总离差平方和中分解出可追溯到指定来源的部分离差平方和，通过推断控制因素不同水平下，观测变量的总体分布是否存在显著差异来实现其分析目标。

与此同时，方差分析对观测变量总体的分布还有以下两个基本的假设前提：①观测变量各总体应服从正态分布；②观测变量各总体的方差应相等，即各水平下观测变量总体方差无显著差异。基于上述两个基本假设，方差分析对各总体分布是否存在显著差异的推断，就转化成对各总体均值是否存在显著差异的推断了。

根据控制因素的个数，可将方差分析分成单因素方差分析和多因素方差分析；根据观测变量的个数，可将方差分析分为一元方差分析（一个被解释变量方差分析）和多元方差分析（多个被解释变量方差分析）。

● 第二节 单因素方差分析

一、单因素方差分析的定义和基本步骤

（一）单因素方差分析的定义

单因素方差分析就是研究仅有一个控制因素时，它的不同水平是否给观测变量造成了显著影响。例如，分析不同营销策略（如产品策略、价格策略、分销策略、促销策略等）是否对销售收入产生显著影响；企业高管的性别（男、女）是否对创新能力有显著影响；企业所有制形式（国有、民营、混合）是否对企业投资效率产生显著影响；高管集权（集权、非集权）是否对会计信息质量有显著影响等。由于仅研究单个因素对观测变量的影响，因此称为单因素方差分析。

（二）单因素方差分析的基本步骤

单因素方差分析实质上也采用了统计推断的方法，可归属于参数检验方法。其目的是通过样本数据，研究在一个控制因素的若干不同水平下对应的观测变量总体在分布上是否存在显著差异，因此其基本步骤与假设检验完全一致。

1.提出原假设

单因素方差分析的第一步是明确观测变量和控制因素，并在此基础上提出原假设。

单因素方差分析的原假设是：在控制变量的不同水平下，控制因素的各水平对应的观测变量总体均值无显著差异，即控制因素不同水平的变化，对观测变量没有产生显著的影响。

2.剖析观测变量的方差

由于观测变量的变化会受控制因素和随机因素两个方面的影响，因此单因素方差分析将观测变量总的变差平方和（Sum of Squares for Total，SST）分解为两个部分：一部分是由控制因素引起的变差（Sum of Squares for Factor A，SSA），另一部分是由随机因素引起的变差（Sum of Squares for Error，SSE）。于是有：

$$SST=SSA+SSE \tag{7.1}$$

其中，SSA，也称组间离差平方和，主要是由控制因素的不同水平造成的变差；SSE，也称组内离差平方和，是由抽样误差引起的变差。其中，SST的数学定义为：

$$SST=\sum_{i=1}^{k}\sum_{j=1}^{n_i}(x_{ij}-\bar{x})^2 \tag{7.2}$$

式（7.2）中，k为控制因素的水平数；x_{ij}为控制因素第i水平下第j个样本值；n_i为控制因素第i水平下的样本个数；$\bar{x}$为观测变量均值。

SSA的数学定义为：

$$SSA=\sum_{i=1}^{k}\sum_{j=1}^{n_i}(\bar{x}_i-\bar{x})^2=\sum_{i=1}^{k}n_i(\bar{x}_i-\bar{x})^2 \tag{7.3}$$

式（7.3）中，$\bar{x}_i$为控制因素第i水平下观测变量的样本均值。可见，组间离差平方和是各水平组均值与总均值离差的平方和，反映了控制因素的不同水平对观测变量的影响。

SSE的数学定义为：

$$SSE=\sum_{i=1}^{k}\sum_{j=1}^{n_i}(x_{ij}-\bar{x}_i)^2 \tag{7.4}$$

式（7.4）中，组内离差平方和是每个样本数据与本水平组均值离差的平方和，反映了抽样误差的大小。

3.比较观测变量总离差平方和各部分所占的比例，计算检验统计量的观测值和相伴概率p值

单因素方差分析的第三步，是通过比较观测变量总离差平方和中各部分所占的比例，推断控制因素是否给观测变量带来了显著影响。这里用F统计量来表示这种比例关系。其数学定义为：

$$F=\frac{SSA/(k-1)}{SSE/(n-k)}=\frac{MSA}{MSE}\sim F(k-1,\ n-k) \tag{7.5}$$

式（7.5）中，n为总样本数，（k−1）和（n−k）分别为SSA和SSE的自由度；

MSA是平均组间平方和，MSE是平均组内平方和，其目的是消除水平数和样本数对分析的影响。F统计量服从（k-1，n-k）个自由度的F分布。

SPSS自动计算F统计量，并依据F分布表给出相应的相伴概率p值。不难理解，如果控制变量的不同水平给观测变量带来了显著影响，那么在观测变量总的离差中，控制变量影响所占的比例必然较大，F值将显著大于1；相反，如果控制变量的不同水平没有对观测变量造成显著影响，那么观测变量的变差应归结为随机变量，F值将接近1。

4.给定显著性水平α，并做出决策

给定显著性水平α后，与检验统计量的相伴概率p值做比较。如果相伴概率p值小于或等于给定的显著性水平α，则拒绝原假设，认为控制因素的不同水平下观测变量各总体均值存在显著差异，即控制因素的不同水平给观测变量带来了显著影响；相反，如果相伴概率p值大于给定的显著性水平α，则不能拒绝原假设，可以认为控制因素的不同水平下观测变量各总体均值没有显著差异，即控制因素的不同水平没有给观测变量带来显著影响。

二、单因素方差分析在SPSS中的实现

在SPSS中，单因素方差分析可以有两种方法实现：第一种方法是在“比较平均值（Compare Means）”菜单中的“单因素ANOVA（One-Way ANOVA）”选项下完成，采用这种方法时，要求有一个观测变量，通常是连续型变量；有一个数值型分类控制因素，至少有三个不同的水平，各水平间和水平内的观测值相互独立；各水平内观测值没有明显异常值；各水平内观测值符合正态分布；各水平间的观测值方差齐性。

第二种方法是在“一般线性模型”菜单中的“单变量”选项下完成。采用这种方法时，要求有一个观测变量，通常是连续型变量；有一个控制因素，可以是数值型分类，也可以是字符型分类，至少有三个不同的水平，各水平间和水平内的观测值相互独立；各水平内观测值没有明显异常值；各水平内观测值符合正态分布；各水平间的观测值方差齐性。

（一）单因素方差分析对话框

单因素方差分析要求定义两个变量并输入数据，这两个变量数据分别是观测变量数据和控制因素数据。其中，控制因素应采用数值型分类数据，不同数据表示控制因素的不同水平。观测变量是数值型连续数据。

（1）建立或打开数据文件后，按分析（Analyze）→比较平均值（Compare Means）→单因素ANOVA的顺序，进入单因素方差分析对话框，如图7-1所示。

（2）选择观测变量到因变量列表（Dependent List）框。

（3）选择控制因素到因子（Factor）框。控制因素有几个不同的取值就表示它有几个水平。

SPSS可以自动分解观测变量的变差，计算组间方差、组内方差、F统计量以及相伴概率p值，完成单因素方差分析的相关计算，并将计算结果输出。

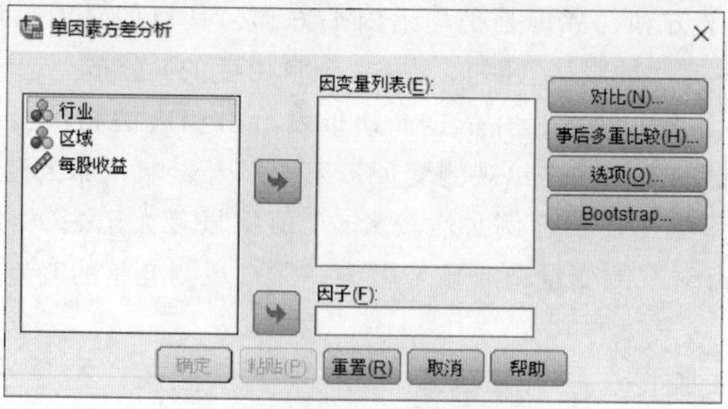

图7-1 单因素方差分析对话框

（二）单因素方差分析的进一步分析

在完成上述单因素方差分析的基本分析后，可得到关于控制变量是否对观测变量造成显著影响的结论。接下来还应做其他的重要分析，主要包括方差齐性检验、多重比较检验、趋势检验和先验对比检验。

1.方差齐性检验

方差齐性检验是对控制因素在不同水平下的各观测变量总体方差是否相等进行的检验，也是采用统计推断的方法。其原假设是各水平下观测变量总体的方差无显著差异。由于方差分析的前提是各水平下的总体服从方差相等的正态分布，其中，对正态分布的要求不是非常严格的，但对方差相等的要求是比较严格的，因此有必要对方差是否齐性进行检验。在方差分析中将出现关于方差齐性检验的结果和相伴概率p值。如果相伴概率p值小于或等于给定的显著性水平α，则拒绝原假设，认为各水平下总体的方差不等；相反，如果相伴概率p值大于给定的显著性水平α，则不能拒绝原假设，可以认为各水平下总体的方差相等。

在SPSS单因素方差分析中，方差齐性检验采用了方差同质性（Homogeneity of Variance）方法。具体的检验方法与SPSS两独立样本T检验中的方差齐性检验方法完全相同，其操作步骤为：

在单因素方差分析主对话框中，打开选项（Options）对话框，如图7-2所示。选项用来对方差分析的前提条件进行检验，不仅可输出其他相关统计量，还可以选择对缺失值的处理要求。

各组选项的含义如下：

（1）Statistics栏，输出统计量的选择项。

①描述性（Descriptive）复选项，要求输出描述性统计量，包括观测变量数目、均值、标准差、标准误、最小值、最大值、各组中每个被解释变量的95%置信区间。

②固定和随机效果（Fixed and Random Effects）复选项，输出固定效应模型的标准差、标准误和95%置信区间，以及随机效应模型的标准误、95%置信区间和方差成分间的估计值。

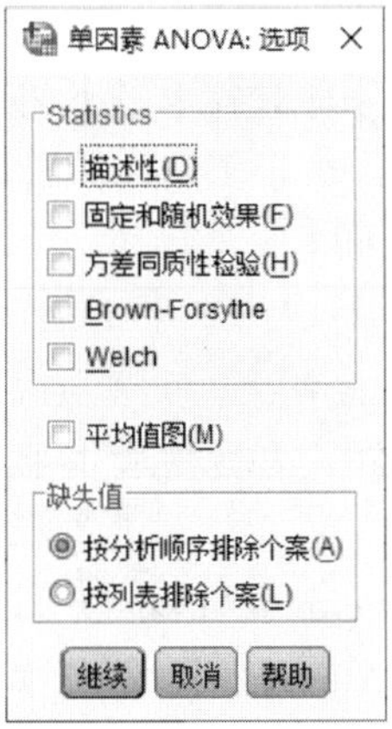

图7-2 选项对话框

③方差同质性检验（Homogeneity of Variance Test）复选项，要求进行方差齐性检验，并输出检验结果。用Levene检验计算每个观测变量与其组均值之差，然后对这些差值进行一维方差分析。

④Brown-Forsythe复选项，Brown-Forsythe统计量检验各组均值是否相等。当不能确定方差齐性假设时，该统计量优于F统计量。

⑤Welch复选项，Welch统计量检验各组均值是否相等。当不能确定方差齐性假设时，该统计量优于F统计量。

（2）平均值图（Means Plot）选项，要求做均值分布图，根据因素变量值所确定的各组均值描绘出被解释变量的均值分布情况。

（3）缺失值（Missing Values）栏，选择缺失值处理方式。

①按分析顺序排除个案（Exclude Cases Analysis by Analysis）复选项，只有被选择参与分析的变量含缺失值的观测变量从分析中剔除。

②按列表排除个案（Exclude Cases Listwise）复选项，对所有含有缺失值的观测变量从分析中剔除。

2.多重比较检验

通过对单因素方差分析的基本分析，能够判断控制因素的不同水平是否对观测变量产生了显著影响。如果控制因素确实对观测变量产生了显著影响，则希望进一步了解控制因素的不同水平对观测变量的影响程度如何，其中哪个水平的作用显著高于其他水平，哪个水平的作用是不显著的。显然，该问题也可以通过参数检验中两独立样本T检验解决。通过对各个水平下观测变量总体均值的两两逐对检验，判断两均值是否存在显著差异，进而判定控制变量不同水平对观测变量的影响程度。这样的比较无疑需要进行多次，虽然最终也能得到分析结论，但由于进行多次比较，必然导致第Ⅰ类错误的概率明显增大。如果两独立样本T检验的显著性水平为α，做N次比较后的实际显著性水平会变为$(1-(1-\alpha)^N)$，比α大得多。多重比较检验正是解决该问题的一类方法。

SPSS单因素方差分析的多重比较检验利用全部的观测变量值，运用各种方法避免第Ⅰ类错误概率的扩大，它分别对各水平下的观测变量均值进行逐对比较，判断两均值之间是否存在显著差异。由于多重比较检验问题也是假设检验问题，因此也遵循假设检验的基本步骤。

多重比较检验的原假设是，相应两水平下观测变量总体的均值不存在显著差异。SPSS提供了很多多重比较检验方法，其差异主要体现在检验统计量的构造上，有的适用于各总体方差齐性的条件，有些则适用于方差不具有齐性的条件。其操作步骤为：

在单因素方差分析主界面，单击事后多重比较（Post Hoc）按钮，展开事后多重比较（Post Hoc Multiple Comparisons）对话框，如图7-3所示。

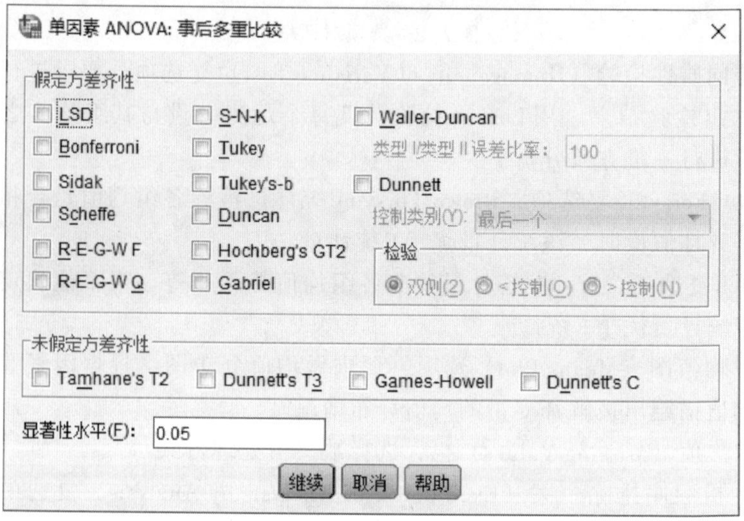

图7-3　事后多重比较对话框

事后多重比较对话框中提供了18种多重比较检验的方法，其中假定方差齐性（Equal Variances Assumed）栏中的方法适用于各水平方差齐性的情况，未假定方差齐性（Equal Variances Not Assumed）框中的方法适用于各水平方差不具有齐性的情况。在方差分析中，由于其前提所限，应用中多采用Equal Variances Assumed框中的方法，多重比较的选择项具体说明如下：

（1）方差具有齐性时，常用的有以下5种方法：

①LSD方法，称为最小显著差异（Least-significant Difference）法，其特点是敏感性高，即水平间的均值只要存在一定程度的微小差异就可能被检验出来。但LSD并没有对第Ⅰ类错误的发生概率加以有效控制。

②Bonferroni（LSDMOD）方法，与LSD方法基本相同，用T检验完成各组间均值的配对比较。不同的是，Bonferroni对第Ⅰ类错误的发生概率进行了控制，在每次两两检验中，它将显著性水平α除以两两检验的总次数N，使得显著性水平小到原来的N分之一，从总体上控制了第Ⅰ类错误的发生概率。

③Scheffe 方法，对所有可能的组合进行同步进入的配对比较。这些选择项可以同时选择若干，以便比较各种均值比较方法的结果。

④S-N-K（Student Newman Keuls）方法，使用Student Range统计量进行所有各组均值间的配对比较。如果各组样本含量相等或者选择了Harmonic Average of All Groups，即用所有各组样本含量的调和平均数进行样本量估计，还用逐步过程进行齐次子集（差异较小的子集）的均值配对比较，则在该比较过程中，各组均值从大到小按顺序排列，最先比较最末端的差异。

⑤Tukey（Tukey's Honestly Significant Difference）方法，用Student-Range统计量进行所有组间均值的配对比较，用所有配对比较的累积误差率作为实验误差率，还进行子集一致性检验。

（2）方差不具有齐性时，有4种方法可供选择：

①Tamhane's T 2 复选项，用T检验进行各组均值配对比较。

②Dunnett's T 3 复选项，用学生化最大建模检验进行各组均值间的配对比较。

③Games-Howell 复选项，进行各组均值配对比较检验，该方法较灵活。

④Dunnett's C 复选项，用学生化值域检验进行均值配对比较。

3. 趋势检验和先验对比检验

（1）趋势检验概述

趋势检验，又称多项式检验。当控制因素为定序变量时，趋势检验能够分析随着控制因素水平的变化，观测变量值变化的总体趋势是呈线性变化趋势，还是呈二次、三次等多项式变化趋势。通过趋势检验，能够帮助人们从另一个角度把握控制因素不同水平对观测变量总体作用的程度。

在方差分析表中，不仅只计算输出组间平方和，还将计算显示组间平方和的各分解结果以及F统计量和相伴概率p值。例如，如果指定对组间平方和做线性分解，那么实质上就是对观测变量（被解释变量）与控制因素（解释变量）进行一次线性回归分析，计算回归平方和，并对回归方程进行检验，给出F统计量和相伴概率p值。如果相伴概率p值大于给定的显著性水平α，说明控制因素各水平的变化无法反映观测变量的线性变化，认为控制因素的不同水平对观测变量的线性影响是不显著的；相反，如果相伴概率p值小于或等于给定的显著性水平α，说明观测变量随控制因素各水平的变化而产生了线性变化，也就是认为控制因素的不同水平对观测变量的线性影响是显著的。同时，该检验方法还给出了方差分析的组间平方和与回归平方和之间的差值。

（2）先验对比检验概述

在多重比较检验中，如果发现某些水平与另一些水平的均值差距显著，如有5个水平，其中，x_1、x_2、x_3与x_4、x_5有显著差异，就可进一步比较这两组总的均值是否存在显著差异，这种比较分析实际上是对各均值线性组合结果的分析。

这种事先指定各均值的系数，再对其线性组合进行检验的分析方法称为先验对比检验。通过先验对比检验，能够更精确地掌握各水平间或各相似性子集间均值的差异程度。

SPSS单因素方差分析的先验对比检验要求，研究者应事先对各水平间观测变量的均值对比有大致的了解和把握，然后对这种大致把握做出统计检验。这里，它的原假设是：相应组的均值之间无显著差异。在检验中，根据研究者凭经验确定的各水平间观测变量均值的对比系数，以正负号确定不同的对比组，然后利用T检验方法判定相应对比组的均值是否为先验制定的对比系数。

（3）趋势检验和先验对比检验在SPSS中的实现

在单因素方差分析对话框中，单击“对比（Contrasts）”按钮，进入对比对话框，进行均值的趋势检验和先验对比检验，如图7-4所示。

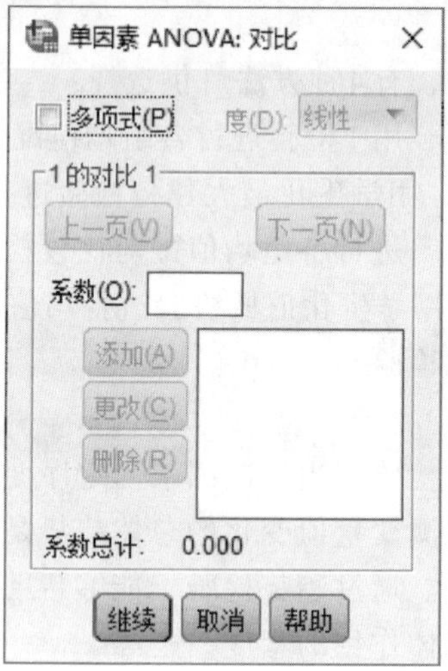

图7-4　趋势检验和先验对比检验对话框

①趋势检验在SPSS中的实现。

选中多项式（Polynomial）选项，以激活“度（Degree）”参数项。然后单击度（Degree）下拉列表框，可以选择Linear（线性趋势检验）、Quadratic（二次趋势检验）、Cubic（三次趋势检验）、4th（四次趋势检验）、5th（五次趋势检验）。系统将在输出中给出指定阶次和低于指定阶次的，各阶的平方和分解结果和各阶次的自由度、F值和相伴概率p值。

②先验对比检验在SPSS中的实现。

在系数（Coefficients）参数项中输入一个系数，单击“添加（Add）”按钮加入右边的方框中。重复上述操作，依次输入各组均值的系数，在显示框中形成一列数值。如果多项式中只包括第一组与第四组的均值的系数，必须把第二组与第三组系数输入为0值。如果只包括第一组与第二组的均值，则只需要输入前两个系数，第三、四组系数可以不输入。

另外，可以同时进行多组均值组合比较。一组系数输入结束，激活“下一页（Next）”，单击该按钮后准备接受下一组系数数据，最多可以输入10组系数。

三、单因素方差分析实例

data07-01
单因素方差分析数据

数据文件data07-01为部分上市公司的“每股收益”数据。这里以每股收益为观测变量，行业和区域为控制因素，通过单因素方差分析方法分别对行业、区域对每股收益的影响进行分析。

两个单因素方差分析的原假设分别为：行业对每股收益没有显著影响；区域对每股收益没有显著影响。

（一）行业对每股收益的影响分析

1.选择变量，指定选项

（1）打开数据文件data07-01后，进入“分析（Analyze）”→“比较平均值（Compare Means）”→“单因素ANOVA对话框”。

（2）选择每股收益到被解释变量列表（Dependent List）框，选择行业到因子（Factor）框。

（3）展开选项（Options）对话框，选择描述性（Descriptive）复选项，要求输出描述性统计量；方差同质性检验（Homogeneity-of-Variance Test）复选项，要求进行方差齐性检验；平均值图（Means Plot）选项，要求做均值分布图；按分析顺序排除个案（Exclude Cases Analysis by Analysis）复选项，剔除参与分析的变量中有缺失值的观测变量。

（4）展开事后多重比较（Post Hoc Multiple Comparisons）对话框，选择LSD方法进行均值多重比较检验。

2.运行结果分析

表7-1是不同行业每股收益的方差齐性检验结果。数据表明，不同行业每股收益的方差齐性检验值为1.571，相伴概率p值为0.170。如果显著性水平α为0.05，由于相伴概率p值大于显著性水平α，则不应拒绝原假设，认为不同行业每股收益的总体方差无显著差异，满足方差分析的前提条件。

表7-1 不同行业每股收益方差齐性检验结果

每股收益

Levene统计	df1	df2	显著性
1.571	5	206	0.170

表7-2是行业对每股收益的单因素方差分析结果。可以看出，观测变量每股收益的总离差平方和为24.422；如果仅考虑行业单个因素的影响，则在每股收益总变差中，行业可解释的变差为2.612，抽样误差引起的变差为21.810，它们的方差分别为0.522和0.106，相除所得的F统计量的观测值为4.934，相伴概率p值为0.000。如果显著性水平α为0.05，由于相伴概率p值小于显著性水平α，则应拒绝原假设，认为不同行业对每股收益产生了显著影响。

表7-3为采用LSD法进行均值多重比较检验的结果。从表7-3中的数据可以看出，除了B行业的每股收益与其他行业有显著差异外，其他5个行业之间的每股收益没有显著差异。

表7-2　　行业对每股收益的单因素方差分析结果

每股收益

	平方和	df	均方	F	显著性
组之间	2.612	5	0.522	4.934	0.000
组内	21.810	206	0.106		
总计	24.422	211			

表7-3　　不同行业的每股收益均值多重比较检验结果

因变量：　每股收益

LSD（L）

(I) 行业	(J) 行业	平均差 (I-J)	标准误	显著性	95% 置信区间	
					下限值	上限值
1	2	-0.45952*	0.11004	0.000	-0.6765	-0.2426
	3	-0.10960	0.09183	0.234	-0.2907	0.0715
	4	-0.12678	0.09386	0.178	-0.3118	0.0583
	5	-0.05223	0.09049	0.564	-0.2306	0.1262
	6	-0.08491	0.09665	0.381	-0.2755	0.1056
2	1	0.45952*	0.11004	0.000	0.2426	0.6765
	3	0.34992*	0.08993	0.000	0.1726	0.5272
	4	0.33275*	0.09200	0.000	0.1514	0.5141
	5	0.40729*	0.08856	0.000	0.2327	0.5819
	6	0.37461*	0.09485	0.000	0.1876	0.5616
3	1	0.10960	0.09183	0.234	-0.0715	0.2907
	2	-0.34992*	0.08993	0.000	-0.5272	-0.1726
	4	-0.01718	0.06919	0.804	-0.1536	0.1192
	5	0.05737	0.06455	0.375	-0.0699	0.1846
	6	0.02469	0.07294	0.735	-0.1191	0.1685
4	1	0.12678	0.09386	0.178	-0.0583	0.3118
	2	-0.33275*	0.09200	0.000	-0.5141	-0.1514
	3	0.01718	0.06919	0.804	-0.1192	0.1536
	5	0.07455	0.06740	0.270	-0.0583	0.2074
	6	0.04187	0.07547	0.580	-0.1069	0.1907
5	1	0.05223	0.09049	0.564	-0.1262	0.2306
	2	-0.40729*	0.08856	0.000	-0.5819	-0.2327
	3	-0.05737	0.06455	0.375	-0.1846	0.0699
	4	-0.07455	0.06740	0.270	-0.2074	0.0583
	6	-0.03268	0.07124	0.647	-0.1731	0.1078
6	1	0.08491	0.09665	0.381	-0.1056	0.2755
	2	-0.37461*	0.09485	0.000	-0.5616	-0.1876
	3	-0.02469	0.07294	0.735	-0.1685	0.1191
	4	-0.04187	0.07547	0.580	-0.1907	0.1069
	5	0.03268	0.07124	0.647	-0.1078	0.1731

*. 均值差的显著性水平为0.05。

图7-5是以控制因素“行业”为横轴，以观测变量“每股收益的平均值”为纵轴绘制的均值折线图，可以看出不同行业每股收益均值的分布。

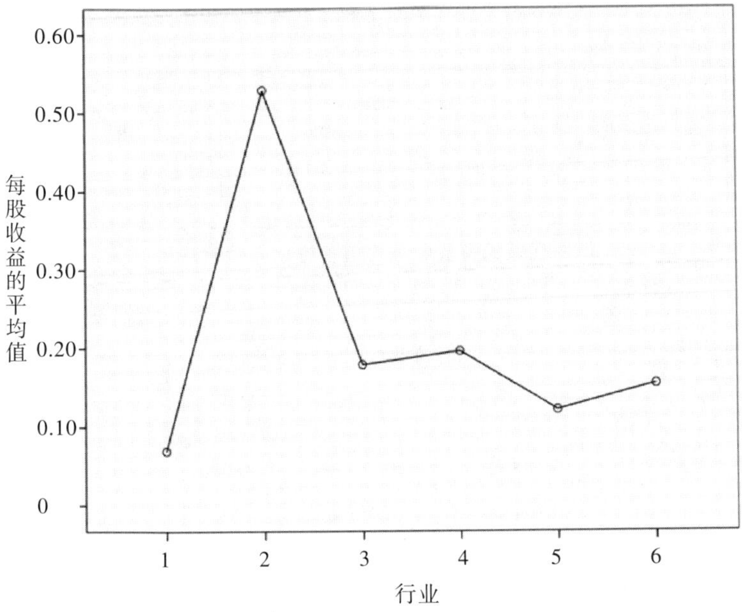

图7-5　不同行业每股收益均值折线图

（二）区域对每股收益的影响分析

1.选择变量，指定选项

操作过程和上面的一致，不同的是选择区域到“因子”框。

2.运行结果分析

表7-4为不同区域的每股收益方差齐性检验结果。数据表明，不同区域每股收益的方差齐性检验值为0.510，相伴概率p值为0.601。如果显著性水平α为0.05，由于相伴概率p值大于显著性水平α，则不应拒绝原假设，认为不同区域每股收益的方差无显著差异，满足方差分析的前提条件。

表7-4　　**不同区域的每股收益方差齐性检验结果**

每股收益

Levene 统计	df1	df2	显著性
0.510	2	209	0.601

表7-5是区域对每股收益的单因素方差分析结果。可以看出，观测变量每股收益的总离差平方和为24.422；如果仅考虑区域单个因素的影响，则在每股收益总变差中，区域可解释的变差为1.349，抽样误差所引起的变差为23.073，它们的方差分别为0.674和0.110，相除所得的F统计量的观测值为6.108，相伴概率p值为0.003。如果显著性水平α为0.05，由于相伴概率p值小于显著性水平α，则应拒绝原假设，认为不同区域对每股收益产生了显著影响。

表7-6为采用LSD法进行均值多重比较检验的结果。从表7-6中的数据可以看出，东部和中部的上市公司每股收益没有显著差异，但和西部上市公司的每股收益有显著差异。

表7-5　区域对每股收益的单因素方差分析结果

每股收益

	平方和	df	均方	F	显著性
组之间	1.349	2	0.674	6.108	0.003
组内	23.073	209	0.110		
总计	24.422	211			

表7-6　不同区域的每股收益均值多重比较检验结果

因变量：　每股收益

LSD（L）

（I）区域	（J）区域	平均差（I-J）	标准误	显著性	95% 置信区间	
					下限值	上限值
1	2	-0.10392	0.05938	0.082	-0.2210	0.0132
	3	0.18134*	0.06862	0.009	0.0461	0.3166
2	1	0.10392	0.05938	0.082	-0.0132	0.2210
	3	0.28525*	0.08187	0.001	0.1239	0.4466
3	1	-0.18134*	0.06862	0.009	-0.3166	-0.0461
	2	-0.28525*	0.08187	0.001	-0.4466	-0.1239

*. 均值差的显著性水平为0.05。

图7-6是以控制因素“区域”为横轴，以观测变量“每股收益的平均值”为纵轴绘制的均值折线图，可看出各组每股收益均值的分布。

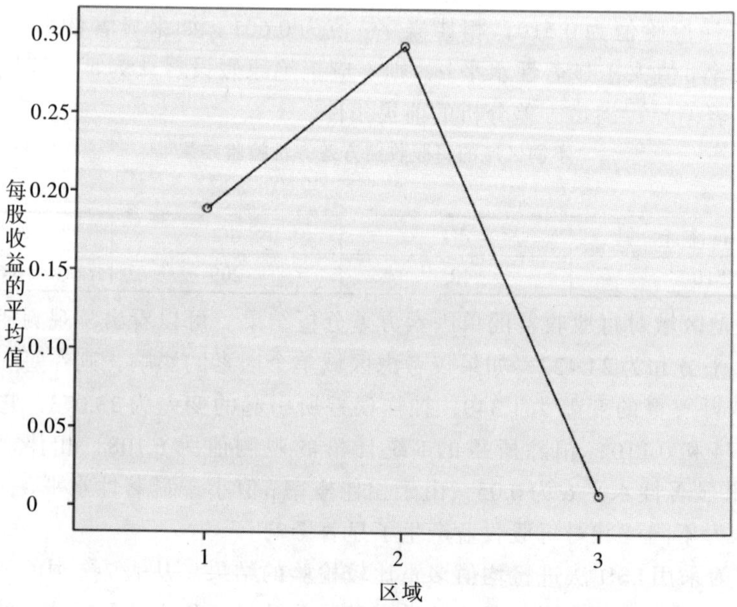

图7-6　不同区域每股收益均值折线图

第三节 多因素方差分析

一、多因素方差分析的概念和基本步骤

（一）多因素方差分析的概念

多因素方差分析用来研究两个及两个以上控制因素的不同水平，是否对一个观测变量产生显著影响。多因素方差分析不仅能够分析每个控制因素的不同水平对观测变量的独立影响，还能够分析多个控制因素不同水平的交互作用能否对观测变量产生显著影响，最终找到利于观测变量的最优组合。

（二）多因素方差分析的基本步骤

多因素方差分析也采用了统计推断的方法，其基本步骤与假设检验完全一致。

1.提出原假设

多因素方差分析的第一步是明确观测变量和若干控制因素，并在此基础上提出原假设。多因素方差分析的原假设是：各控制因素不同水平下观测变量总体的均值无显著差异，控制因素各效应和交互作用效应同时为零，即控制因素和它们的交互作用没有对观测变量产生显著影响。

2.观测变量方差的分解

在多因素方差分析中，观测变量取值的变动会受到三个方面的影响：第一，控制因素独立作用的影响，即单个控制因素独立作用对观测变量的影响；第二，控制因素交互作用的影响，即多个控制因素相互搭配后对观测变量产生的影响；第三，随机因素的影响，主要是指抽样误差带来的影响。基于上述原则，多因素方差分析将观测变量的总变差分解为（以两个控制因素为例）：

$$SST=SSA+SSB+SSAB+SSE \tag{7.6}$$

其中，SST为观测变量的总变差；SSA、SSB分别为控制因素A、B独立作用引起的变差；SSAB为控制因素A、B两两交互作用引起的变差；SSE为随机因素引起的变差。通常称SSA+SSB+SSAB为主效应，SSAB为N向（N-WAY）交互效应。其中，SST的定义为：

$$SST=\sum_{i=1}^{k}\sum_{j=1}^{r}\sum_{k=1}^{n_{ij}}(x_{ijk}-\bar{x})^2 \tag{7.7}$$

式（7.7）中，k为第i控制因素的水平数；r为第j控制因素的水平数；x_{ijk}为控制因素A第i个水平和控制因素B第j个水平下第k样本值；n_{ij}为控制因素A第i个水平和控制因素B第j个水平下的样本个数；$\bar{x}$为观测变量均值。

SSA的定义为：

$$SSA=\sum_{i=1}^{k}\sum_{j=1}^{r}n_{ij}(\bar{x}_i^A-\bar{x})^2 \tag{7.8}$$

式（7.8）中，n_{ij}为控制因素A第i个水平和控制因素B第j个水平下样本观测值的个数，$\bar{x}_i^A$为控制因素A第i个水平下观测变量的均值。

SSB的定义为：

$$SSB=\sum_{i=1}^{r}\sum_{j=1}^{k}n_{ij}(\bar{x}_i^{\ B}-\bar{x})^2 \tag{7.9}$$

式（7.9）中，$\bar{x}_i^{\ B}$为控制因素B第j个水平下观测变量的均值。

SSE的定义为：

$$SSE=\sum_{i=1}^{k}\sum_{j=1}^{r}\sum_{k=1}^{n_{ij}}(x_{ijk}-\bar{x}_{ij}^{\ AB})^2 \tag{7.10}$$

式（7.10）中，$\bar{x}_{ij}^{\ AB}$为控制因素A、B在第i、j个水平下观测变量的均值。于是，交互作用可解释的变差为：

$$SSAB=SST-SSA-SSB-SSE \tag{7.11}$$

3. 比较观测变量总离差平方和各部分所占的比例，计算检验统计量的观测值和相伴概率p值

多因素方差分析的第三步是通过比较观测变量总离差平方和各部分所占的比例，推断控制因素以及控制因素的交互作用是否给观测变量带来显著影响。容易理解，在观测变量总离差平方和中，如果SSA所占比例较大，则说明控制因素A是引起观测变量变动的主要因素之一，观测变量的变动可以部分地由控制因素A来解释；反之，如果SSA所占比例较小，则说明控制因素A不是引起观测变量变动的主要因素，观测变量的变动无法通过控制因素A来解释。对SSB和SSAB同理。

在多因素方差分析中，控制因素可以进一步划分为固定效应和随机效应两种类型。其中，固定效应通常是指控制因素的各个水平是可以严格控制的，它们给观测变量带来的影响是固定的；随机效应是指控制因素的各个水平无法严格控制的，它们给观测变量带来的影响是随机的。一般来说，区分固定效应和随机效应比较困难。由于这两种效应的存在，多因素方差分析模型也有固定效应模型和随机效应模型之分。这两种模型分解观测变量变差的方式是完全相同的，主要差别体现在检验统计量的构造方面。多因素方差分析采用的检验统计量仍为F统计量。如果有A、B两个控制因素，通常对应三个F统计量。

在固定效应模型中，各F统计量为：

$$F_A=\frac{SSA/(k-1)}{SSE/kr(l-1)}=\frac{MSA}{MSE} \tag{7.12}$$

$$F_B=\frac{SSB/(r-1)}{SSE/kr(l-1)}=\frac{MSB}{MSE} \tag{7.13}$$

$$F_{AB}=\frac{SSAB/(k-1)(r-1)}{SSE/kr(l-1)}=\frac{MSAB}{MSE} \tag{7.14}$$

在随机效应模型中，F_{AB}统计量同式（7.14），其他两个F统计量为：

$$F_A=\frac{SSA/(k-1)}{SSAB/(k-1)(r-1)}=\frac{MSA}{MSAB} \tag{7.15}$$

$$F_B=\frac{SSB/(r-1)}{SSAB/(k-1)(r-1)}=\frac{MSB}{MSAB} \tag{7.16}$$

SPSS自动计算F统计量，并依据F分布表给出相伴概率p值。

4.给定显著性水平α，并做出决策

给定显著性水平α后，与检验统计量的相伴概率p值做比较。在固定效应模式中，如果F_A的相伴概率p值小于或等于给定的显著性水平α，则应拒绝原假设，认为控制变量A不同水平下观测变量各总体均值有显著差异，控制变量A的各个效应不同时为零，控制变量A的不同水平对观测变量产生了显著影响；相反，如果F_A的相伴概率p值大于给定的显著性水平α，则不应拒绝原假设，认为控制变量A不同水平下观测变量各总体均值无显著差异，控制变量A的各个效应同时为零，控制变量A的不同水平对观测变量没有产生显著影响。对控制变量B和A、B交互作用的推断同理。在随机模型中，应首先对A、B的交互作用是否显著进行推断，然后分别依次对A、B的效应进行检验。

二、多因素方差分析在SPSS中的实现

SPSS中多因素方差分析由“分析”菜单的General Linear Model（GLM）过程完成。这些过程可以完成简单的多因素方差分析和协方差分析，不但可以分析各因素的主效应，还可以分析各因素间的交互效应，并且允许指定最高阶次的交互效应，建立包括所有效应的模型。

在General Linear Model菜单项的下一级菜单中有四项，每个菜单项分别完成不同类型的方差分析任务。

（1）Univariate。Univariate过程提供一个被解释变量（因变量）与一个或多个解释变量（自变量）的方差分析。使用这个一般线性模型过程，可以检验关于其他变量在单个被解释变量各组均值效应的原假设，可以研究因素间交互效应以及单个因素（也可以是随机的因素）的效应。另外，还可以包括协变量效应和协变量与因素的交互效应。对回归分析，协变量指定作为解释变量（预测变量），在指定模型方面有较大的灵活性，并可以提供大量的统计输出。

（2）Multivariate。Multivariate命令调用ANOVA过程进行多个被解释变量的多因素分析。当研究的问题具有两个或两个以上相关的被解释变量，要研究一个或几个解释变量与被解释变量集之间的关系时，才可以选用Multivariate菜单项，如研究数学、物理的考试成绩是否与教学方法、学生性别，以及方法与性别的交互作用有关。多个被解释变量的多因素分析过程同样可以研究因素间交互效应以及单个因素的效应，该因素可以是随机的因素。另外，还可以包括协变量效应和协变量与因素的交互效应。对回归分析，解释变量（预测变量）指定为协变量，可以检验平衡和不平衡模型。

（3）Repeated Measures（重复测量）。重复测量方差分析是指在同一研究中一个被解释变量在不止一种条件下进行测量，由于重复测量实验的数据违反了一般个案数据独立的要求，要检验有关被解释变量均值的假设应该使用特殊的方法。

（4）Variance Components。Variance Components命令进行方差成分分析。通过计算方差估计值，可以分析如何减小方差。

（一）多因素方差分析主对话框

（1）建立或打开数据文件后，进入分析（Analyze）→一般线性模型（General Linear Model）→单变量（Univariate），出现多因素方差分析主对话框，如图7-7所示。

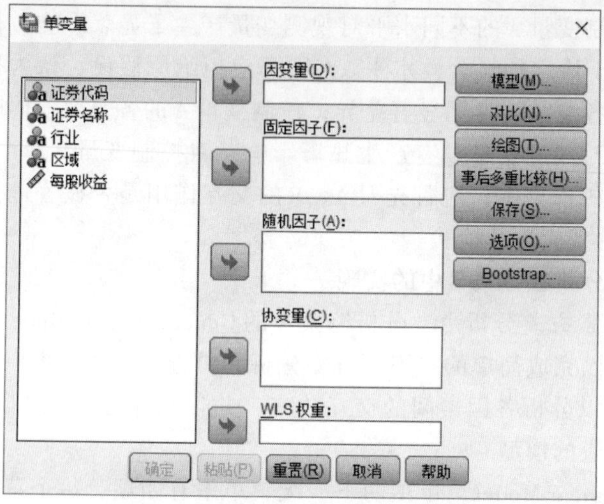

图7-7 多因素方差分析主对话框

（2）指定观测变量到因变量（Dependent Variable）框中。

（3）指定固定效应的控制因素到固定因子（Fixed Factor）框中，指定随机效应的控制因素到随机因子（Random Factor）框中。

至此，SPSS将自动建立多因素方差分析的饱和模型，计算各检验统计量的观测值和相伴概率p值，并将结果显示在SPSS输出窗口中。

（二）多因素方差分析的非饱和模型

非饱和模型是针对饱和模型而言的。在饱和模型中，观测变量总的变差被分解为控制变量独立作用、控制变量交互作用以及抽样误差三大部分。如果研究发现控制变量的某交互作用没有给观测变量带来显著影响，那么就可以尝试建立非饱和模型。非饱和模型和饱和模型的差别主要是：没有将观测变量总变差分解成式（7.6）所示的各个部分，而是将其中某些部分并到SSE中。两因素的非饱和模型为：

$$SST=SSA+SSB+SSE \tag{7.17}$$

SPSS中多因素方差分析默认建立的模型是饱和模型。如果希望建立非饱和模型，则基本操作步骤为：在“多因素方差分析主对话框”中单击模型（Model）按钮，出现如图7-8所示的模型对话框。

在图7-8中，默认的选择项是全因子（Full Factorial）复选项，表示建立饱和模型。此时因子与协变量（Factor & Covariates）框、模型（Model）框以及构建项（Build Term（s））栏均呈不可用状态。如果建立非饱和模型，则单击“定制（Custom）”复选项，此时因子与协变量框、模型框以及构建项栏均变为可用状态，此时便可定义非饱和模型中的数据项。

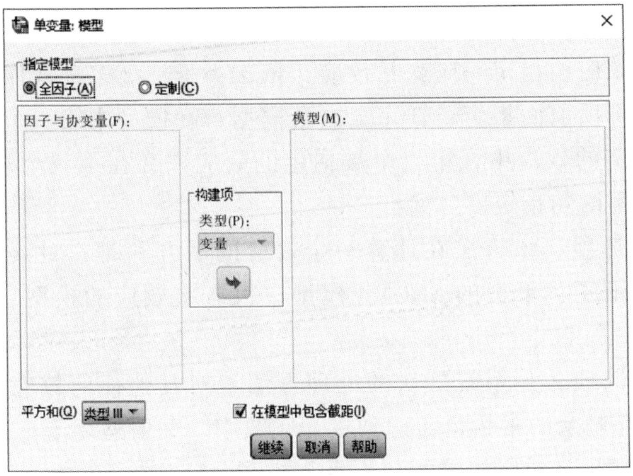

图7-8 模型对话框

1.选择模型中的主效应

选择一个因子变量，双击该变量或者单击构建项下拉框的“主效应”类型，将该变量选入模型框中。需要在模型中包括几个主效应项，就进行几次以上的操作。

2.选择交互效应类型

同时选择需要构建交互效应的因子变量，单击构建项下拉框的“交互效应（Interaction）”类型，将该交互效应变量选入模型框中。

All 2-way、All 3-way、All 4-way、All 5-way选项，即指定所有二维交互效应、所有三维交互效应、所有四维交互效应、所有五维交互效应。以三个控制变量为例，方法如下：

①要求模型中包括两个变量的二维交互效应。相应的操作是在Factor & Covariates框内的变量表中先选择一个变量，再选择第二个变量，然后单击Build Term（s）栏内参数框的箭头按钮，两者的交互效应就会出现在Model框中，两个变量名之间用“*”连接。

②要求模型中包括三个变量的所有二维交互效应项时，应该分别单击三个变量名。在Build Term（s）栏内参数框中选择All 2-way选项，单击箭头按钮。在Model框中出现三个二维交互效应项，两两变量名用星号连接的表达式共三个。

③若要求模型中包括所有三维交互效应，由于可以作为控制变量的只有三个变量，因此可以有两种操作方法。分三次单击三个变量，选择Build Term（s）栏内参数框中的Interaction或All 3-way选项，再单击箭头按钮，均可以在Model框中出现三维交互效应项。三个变量名之间用星号连接。

3.选择分解平方和的方法

在平方和（Sum of Squares）下拉列表框中，选择确定平方和分解的方法，包括Type Ⅰ、Type Ⅱ、Type Ⅲ和Type Ⅳ四种。其中Type Ⅲ是系统默认的，也是常用的一种。

（1）Type Ⅰ选项，分层处理平方和的方法，仅对模型主效应之前的每项进行调整。一般适用于：①平衡的ANOVA模型，在这个模型中一阶交互效应前指定主效应，二阶交互效应前指定一阶交互效应，依次类推；②多项式回归模型中，任何低阶项都在较高阶项前面指定；③完全嵌套模型，在模型中第一个被指定的效应嵌套在第二个被指定的效应中，第二个被指定的效应嵌套在第三个被指定的效应中，嵌套模型只能使用语句指定。

（2）Type Ⅱ选项，该方法在计算一个效应的平方和时，对其他所有的效应进行调整。一般适用于：平衡的ANOVA模型、仅有主效应的模型、任何回归模型、完全嵌套模型。

（3）Type Ⅲ选项，是系统默认的处理方法，对其他任何效应均进行调整。它的优势是把所估计剩余的常量也考虑到单元频数中。一般适用于：Type Ⅰ、Type Ⅱ所列的模型和没有空单元格的平衡和不平衡模型。

（4）Type Ⅳ选项，该方法是为有缺失单元格的情况设计的。使用此方法对任何效应F计算平方和。如果F不包含在其他效应里，Type Ⅳ = Type Ⅲ = Type Ⅱ；如果F包含在其他效应里，Type Ⅳ只对F的较高水平效应参数做对比。一般适用于：Type Ⅰ、Type Ⅱ所列的模型和有空单元格的平衡和不平衡模型。

4.在模型中包含截距（Include Intercept in Model）选项

系统默认截距包括在回归模型中。如果假设数据通过原点，可以不包括截距，即不选择此项。

（三）多因素方差分析的均值比较分析

利用多因素方差分析功能，能够对各控制因素不同水平下观测变量的均值是否存在显著差异进行比较，实现方式有两种，即多重比较（Post Hoc）检验和对比（Contrast）检验。

多因素方差分析中的多重比较检验方法与单因素方差分析中的多重比较检验方法类似，即在主对话框中，单击“Post Hoc”按钮，展开事后多重比较（Post Hoc Multiple Comparisons）对话框，选择合适的多重比较检验方法。

多因素方差分析中的对比检验实际上采用的是单样本T检验的方法，它将控制因素不同水平下的观测变量值看作来自不同总体的样本，并依次检验这些总体的均值是否与某个指定的检验值存在显著差异。其操作过程为：在多因素方差分析主对话框中，单击“对比（Contrasts）”按钮，展开单变量：对比对话框，如图7-9所示。

在因子（Factors）框中显示出所有在主对话框中选中的控制因素。控制因素名称后的括号中是当前的对比方法，默认是不进行对比检验。如果进行对比检验，可在对比（Contrast）下拉列表框中选择对比方法。

（1）可供选择的对比方法包括：

①None选项，表示不进行均数比较。

②偏差（Deviation）选项，表示以观测变量的总体均值为标准，比较各水平上观测变量的均值是否有显著差异。

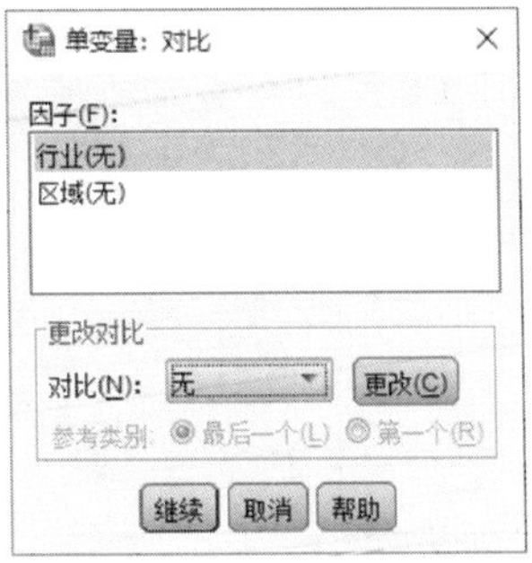

图7-9　对比对话框

③简单（Simple）选项，表示以第一个水平或最后一个水平上的观测变量的均值为标准，比较各水平上的观测变量均值是否有显著差异。

④差值（Difference）选项，表示将各水平上观测变量的均值与其前一个水平上的观测变量的均值进行比较。

⑤Helmert选项，表示将各水平上观测变量的均值与其后一个水平上的观测变量均值进行比较。

⑥重复（Repeated）选项，对相邻的水平进行比较。对预测变量或因素的效应，除第一水平以外，对每一水平都与它前面的水平进行比较。

⑦多项式（Polynomial）选项，第一级自由度包括线性效应与预测变量或因素水平的交互，第二级包括二次效应等，假设各水平彼此的间隔是均匀的。

（2）单击“更改（Change）”按钮，选中的（或改变了的）对比方法显示在步骤（1）选中的控制因素后面的括号中。

（3）对比的参考水平有两个，只有选择了偏差或简单方法时才需要选择参考水平。对比的参考水平有两种可能的选择，最后一个（Last）复选项和第一个（First）复选项。系统默认的参考水平是Last。

（四）控制因素交互作用的图形分析

边际均值（Profile）图用于比较边际均值。边际均值图是线图，图中每个点都表明观测变量在控制因素每个水平上的边际均值的估计值，纵轴为观测变量，横轴为控制因素。

单因素方差分析时，边际均值图表明该控制因素各水平的观测变量均值。双因素方差分析时，指定一个控制因素做横轴变量，另一个控制因素的每个水平产生不同的线。如果是三因素方差分析，可以指定第三个控制因素，该控制因素每个水平产生一个边际均值图。控制因素的交互作用可以通过图形直观分析。如果控制因素之间无交互作用，各水平对应的直线是近似平行的；如果控制因素之间存在交互作用，各水平对应的直线会相互交叉。SPSS交互作用的图形分析的基本操作步骤如下：

（1）在多因素方差分析主对话框中单击Plots按钮，展开单变量：概要图对话框，如图7-10所示。在该对话框中，选择做边际均值图的参数。

（2）因子（Factors）框中为主对话框中所选控制因素。

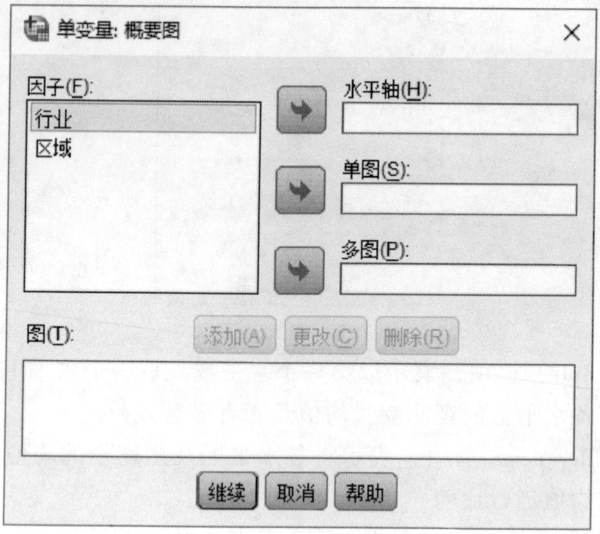

图7-10　概要图对话框

（3）水平轴（Horizontal Axis）框，确定横坐标变量。选择因子框中一个控制因素做横坐标变量，将变量名送入相应的水平轴框中。

如果只想看该控制因素各水平的观测变量均值分布，单击“添加（Add）”按钮，将所选控制因素移入下面的图（Plots）框中。

（4）单图（Separate Lines）框，确定分线变量。如果想看两个控制因素组合的各单元格中观测变量均值分布，或想看两个控制因素间是否存在交互效应，选择因子框中另一个控制因素，将因素名送入单图框中。单击“添加（Add）”按钮，将自动生成的图形表达式送入Plots框中。分线变量中控制因素的每个水平将在图中是一条线。图形表达式是用“*”连接的两个控制因素。

（5）多图（Separate Plots）框，确定分图变量。如果控制因素有三个，由于交互作用，图只能反映两个控制因素的交互情况，此时第三个控制因素只能选入Separate Plots框中，单击“Add”按钮，将自动生成的图形表达式送入Plots框中。图形表达式是用“*”连接的三个控制因素。分图变量的每个水平生成一张线图。

（6）将图形表达式送到Plots框后发现有错误，可以修改和删除。单击有错的图形表达式，该表达式所包括的变量会显示到输入的位置上。对选错的变量，将其送回源变量框中，再重新输入正确内容。然后单击“更改（Change）”按钮改变表达式。

（五）模型分析

SPSS多因素方差模型建立完成后，可以在主窗口中单击“保存（Save）”按钮对模型进行分析，并将分析结果以变量的形式存入SPSS数据编辑窗口中。模型分析的具体操作如下：

（1）在多因素方差分析主对话框中，单击“Save”按钮，展开单变量：保存对话框，如图7-11所示。

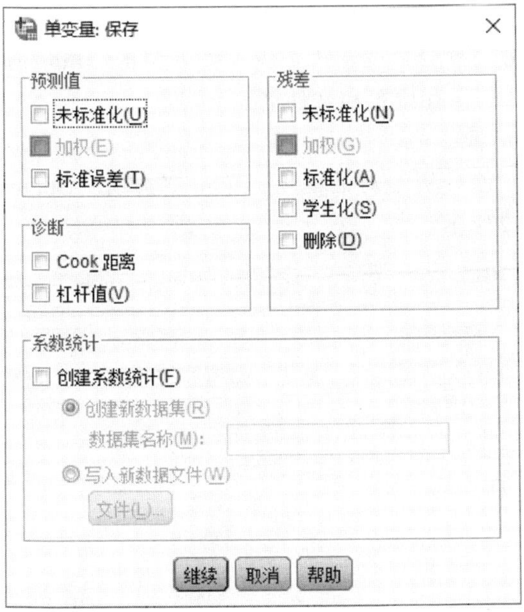

图7-11　保存对话框

（2）预测值（Predicted Values）栏，系统对每个观测量给出根据模型计算的预测值。

①未标准化（Unstandardized）复选项，给出非标准化预测值。

②加权（Weighted）复选项，如果在主对话框中选择了WLS（Weighted Least Squares）变量，选中该复选项将保存加权非标准化预测值。

③标准误差（Standard Error）复选项，给出预测值标准误。

（3）诊断（Diagnostics）栏，测量并标识对模型影响较大的观测变量或解释变量，实现对数据中异常值的诊断。

①Cook距离（Cook’s Distance）复选项，给出Cook距离。

②杠杆值（Leverage Values）复选项，给出非中心化杠杆值。

（4）残差（Residuals）栏。用来计算各种残差，评价模型对数据的拟合程度

①未标准化（Unstandardized）复选项，给出非标准化残差值，即观测值与预测值之差。

②加权（Weighted）复选项，如果在主对话框中选择了WLS（Weighted Least Squares）变量，选中该复选项将保存加权非标准化残差值。

③标准化（Standardized）复选项，给出标准化残差，又称Pearson残差。

④学生化（Studentized）复选项，给出学生化残差。

⑤删除（Deleted）复选项，给出剔除残差，即观测变量值与校正预测值之差。

（5）系数统计（Coefficient statistics）栏，将模型参数估计的方差——协方差矩阵保存到一个新文件中。对观测变量产生三行数据：一行是参数估计值；一行是与

参数估计值相对应的显著性检验的t统计量；还有一行是残差自由度。所生成的新数据文件可以作为另一种分析的输入数据文件。单击“File”按钮，打开相应的保存对话框，指定文件的保存位置和文件名。

（六）输出项对话框

（1）在多因素方差分析主对话框中，单击“选项（Options）”按钮，展开选项对话框，如图7-12所示。

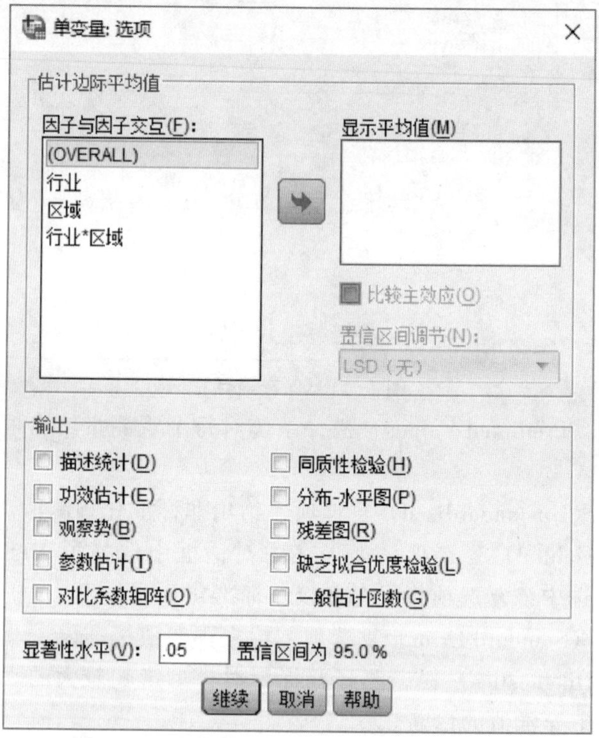

图7-12　选项对话框

（2）估计边际平均值（Estimated Marginal Means）栏。

①在因子与因子交互（Factor（s）and Factor Interactions）框中列出了在模型（Model）对话框中所指定的效应项。在该框中选定控制因素的各种效应项，将其选到显示平均值（Display Means for）框中。选择主效应，则产生估计的边际均值表；选择二维交互效，则应产生的估计边际均值表实际上是典型的单元格均值表；选择三维交互效，则应显示单元格均值表；选择OVERALL项，则产生边际均值的均值。

②在显示平均值（Display Means for）框中有主效应时，选择此框下面的比较主效应（Compare Main Effects）选项，对主效应的边际均值进行组间的配对比较。

③置信区间调节（Confidence Interval Adjustment）下拉列表框列出了进行多重组间比较时置信区间和显著性水平调节方法的选项，共有三个选项。

a.LSD（None）选项，不进行调整。

b.Bonferroni选项，即邦佛伦尼方法，是基于Student T统计量的方法，适用于要进行比较的均值、对数比较少的情况。

c.Sidak选项，通过计算T统计量进行多重配对比较，调整多重比较的显著性水平。这种检验比Bonferroni检验的限制更严格。

（3）输出（Display）栏，指定要输出的统计量。

①描述统计（Descriptive Statistics）复选项，输出的描述性统计量有观测量的均值、标准差和每个单元格中的观测量数。

②功效估计（Estimates of Effect Size）复选项，输出效应量估计。选择此项，给出η^2（eta-Square）值，它反映了每个效应与每个参数估计值可以归于控制因素的总变异的大小。

③观察势（Observed Power）复选项，给出各种检验假设的功效，计算功效的显著性水平，系统默认的临界值是0.05。

④参数估计（Parameter Estimates）复选项，给出各控制变量的模型参数估计、标准误、T检验的t值、显著性概率和95%的置信区间。

⑤对比系数矩阵（Contrast Coefficient Matrix）复选项，显示变换系数矩阵或L矩阵。

⑥同质性检验（Homogeneity Tests）复选项，进行方差齐性检验。

⑦分布-水平图（Spread vs. Level Plot）复选项，绘制观测量均值——标准差图、观测量均值——方差图。

⑧残差图（Residuals Plot）复选项，绘制残差图，给出观测值、预测值散点图和观测量数目对标准化残差的散点图，加上正态和标准化残差的正态概率图。

⑨缺乏拟合优度检验（Lack of Fit）复选项，检查独立变量和非独立变量间的关系是否被充分描述。

⑩一般估计函数（General Estimable Function）复选项，可以根据一般估计函数自定义假设检验。对比系数矩阵的行与一般估计函数是线性组合的。

三、多因素方差分析实例

数据文件data07-02为部分上市公司的"每股收益"的数据，通过多因素方差分析方法对行业、区域、行业与区域的交互作用，给每股收益带来的影响进行分析。

data07-02
多因素方差
分析数据

1.选择变量，指定选项

（1）打开数据文件后，进入分析（Analyze）→一般线性模型（General Linear Model）→单变量（Univariate）主对话框。

（2）选择每股收益到因变量（Dependent Variable）框，选择行业和区域进入固定因子（Fixed Factors）框。

（3）由于本次分析为饱和模型，因此不用对模型（Model）对话框做任何操作。饱和模型，即模型中包括所有主效应和交互效应。

（4）在主对话框中，展开绘图相应的对话框，要求做三个图的操作如下：

①在因子（Factors）框中选择行业，送入水平轴框中。单击“添加”按钮，在“图”框中出现图形表达式行业。

②在因子（Factors）框中选择区域，送入水平轴框中。单击“添加”按钮，在“图”框中出现图形表达式区域。

③在因子（Factors）框中选择行业，送入水平轴框中，在因子（Factors）框中选择区域，送入单图（分线）栏。单击“添加”按钮，在“图”框中出现表达式行业*区域。

④返回主对话框。

（5）在主对话框中，单击“选项”按钮。在因子（Factors）框中分别选择行业、区域、行业*区域和Overall，将其送入显示平均值（Display Means for）框中。

（6）单击“OK”按钮，执行命令。

2.运行结果分析

表7-7列出了行业和区域两个控制因素和分类水平，以及每个水平的样本含量。

表7-7 **控制因素表**

		数字
行业	A	17
	B	18
	D	48
	F	41
	G	54
	J	34
区域	东部	144
	西部	28
	中部	40

表7-8显示，观测变量每股收益的总变差为24.428，它被分解为四个部分，分别是由行业不同引起的变差（2.367），由区域不同引起的变差（1.329），由行业和区域交互作用引起的变差（1.090），由随机因素引起的变差（19.462）。这些变差除以各自的自由度后，得到各自的均方，并可计算出各F统计量的观测值和在一定自由度下的相伴概率p值。

$F_{行业}$、$F_{区域}$、$F_{行业*区域}$的相伴概率p值分别为0.000，0.002，0.374。如果显著性水平α为0.05，由于$F_{行业}$、$F_{区域}$的相伴概率p值小于显著性水平α，则应拒绝原假设，可以认为不同行业、区域下的每股收益均值存在显著差异，该结论与单因素方差分析是一致的。同时，由于$F_{行业*区域}$的相伴概率p值大于显著性水平α，因此不应拒绝原假设，可以认为这两者的交互作用对每股收益没有显著影响。

表7-8 **每股收益多因素方差分析的饱和模型**

因变量：每股收益

源	Ⅲ类平方和	自由度	均方	F	显著性
校正的模型	4.959[a]	17	0.292	2.908	0.000
截距	2.563	1	2.563	25.551	0.000
行业	2.367	5	0.473	4.718	0.000
区域	1.329	2	0.665	6.625	0.002
行业 * 区域	1.090	10	0.109	1.087	0.374
错误	19.462	194	0.100		
总计	31.657	212			
校正后的总变异	24.428	211			

a. $R^2 = 0.203$（调整后的 $R^2 = 0.133$）。

另外，在表7-8中，校正的模型对应的变差是行业、区域、行业*区域对应变差相加的结果，是线性模型整体对观测变量变差解释的部分，其对应的F统计量和相伴概率p值说明，观测变量变动主要是由控制因素的不同水平引起的，控制因素能够较好地反映观测变量的变动，模型对观测变量有一定的解释能力。Intercept对应的总变差（2.563）是观测变量与0的总离差平方和与SST的差，即：

$$\text{Intercept} = \sum_{i=1}^{k}\sum_{j=1}^{r}\sum_{k=1}^{l} x_{ijk}^2 - SST \tag{7.18}$$

在实际分析中一般可不必引用。表7-8中的R^2（R Squared：0.203）和调整的R^2（Adjusted R Squared：0.133）反映的是多因素方差模型对观测变量数据的总体拟合程度，它们越接近1说明对数据的拟合程度越高。在该问题中有两个控制因素，所以应参考调整的R^2。

由此可以进一步尝试建立非饱和模型。在主对话框中，单击“Model”按钮，展开相应的对话框。在对话框中选择Custom框，自定义模型；指定要求分析两个主效应——行业、区域。Plots选项和Options选项的操作和上面一致。分析结果如下：

与表7-8相比较，表7-9中的行业和区域交互作用引起的变差没有被分离出来，它被并入随机因素引起的变差（Error）中，线性模型整体对观测变量变差解释的部分（Corrected Model）变小。各控制因素所能够解释的变差比例相对于随机因素来说减少，导致各个F统计量的值变大，相伴概率p值变小，更易得到控制因素不同水平下对观测变量有显著影响的结论，但同时模型对数据的拟合程度也降低了。

表7-10的四部分内容为每股收益的边际均值估计表。该表给出每股收益的总均值、估计标准误和95%的置信区间。不同行业产生的效果有很大的差异，不同区域产生的效果也有很大的差异；在交互项边际均值估计表中，虽然每个数据间都有差异，但大致看来，各行业中部的数据大于各行业西部的数据。

表 7-9　　每股收益多因素方差分析的非饱和模型

因变量：每股收益

源	Ⅲ类平方和	自由度	均方	F	显著性
校正的模型	3.869[a]	7	0.553	5.486	0.000
截距	4.007	1	4.007	39.768	0.000
行业	2.520	5	0.504	5.003	0.000
区域	1.257	2	0.629	6.238	0.002
错误	20.553	204	0.101		
总计	31.657	212			
校正后的总变异	24.330	211			

a. $R^2=0.158$（调整后的 $R^2=0.130$）。

表 7-10　　边际均值估计（Estimated Marginal Means）表

1.总平均值

因变量：每股收益

平均值	标准误	95% 的置信区间	
		下限值	上限值
0.179	0.028	0.123	0.235

2.行业

因变量：每股收益

行业	平均值	标准误	95% 的置信区间	
			下限值	上限值
A	0.085	0.077	−0.067	0.237
B	0.502	0.075	0.354	0.651
D	0.141	0.048	0.047	0.236
F	0.152	0.055	0.043	0.261
G	0.082	0.050	−0.016	0.180
J	0.110	0.061	−0.011	0.232

3.区域

因变量：每股收益

区域	平均值	标准误	95% 的置信区间	
			下限值	上限值
东部	0.232	0.031	0.171	0.294
西部	0.019	0.061	−0.101	0.139
中部	0.285	0.051	0.184	0.386

4. 行业 * 区域

因变量：　每股收益

行业	区域	平均值	标准误	95% 的置信区间	
				下限值	上限值
A	东部	0.139	0.087	-0.033	0.310
	西部	-0.074	0.087	-0.246	0.097
	中部	0.191	0.088	0.018	0.364
B	东部	0.556	0.081	0.396	0.716
	西部	0.343	0.092	0.162	0.524
	中部	0.608	0.083	0.445	0.772
D	东部	0.195	0.051	0.094	0.296
	西部	-0.018	0.073	-0.163	0.126
	中部	0.247	0.062	0.126	0.369
F	东部	0.205	0.051	0.106	0.305
	西部	-0.008	0.080	-0.166	0.151
	中部	0.258	0.072	0.116	0.400
G	东部	0.136	0.044	0.048	0.223
	西部	-0.077	0.075	-0.226	0.071
	中部	0.188	0.068	0.054	0.322
J	东部	0.164	0.055	0.056	0.272
	西部	-0.049	0.085	-0.216	0.118
	中部	0.216	0.078	0.062	0.370

图 7-13、图 7-14 和图 7-15 是一系列边际均值图。从图 7-13 和图 7-14 中可以看出，行业和区域的单独效应：不同行业或不同区域对每股收益的增加效用。从图 7-15 中可以看出，在从 A 行业变至 J 行业的过程中，各个区域状态下的每股收益基本按照相同的规律变动，各直线在各水平下基本平行。直观结论是，行业和区域间不存在明显交互作用，这与前面分析的结论一致。

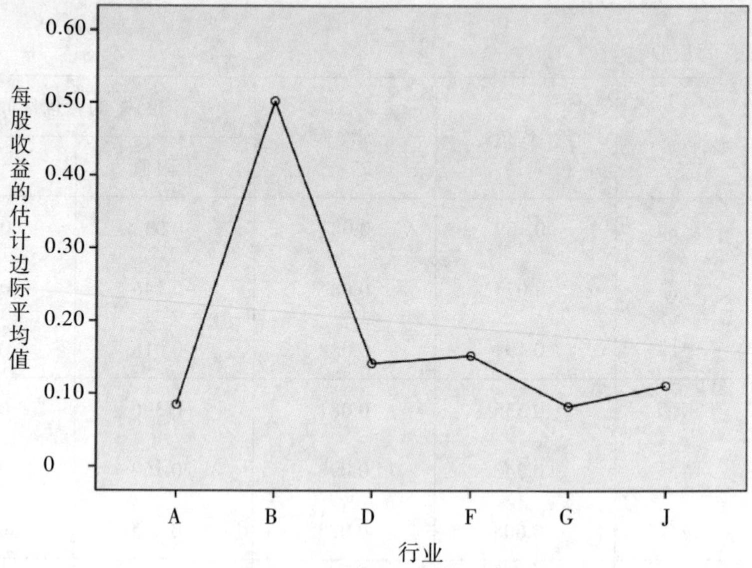

图7-13 行业效应边际均值图

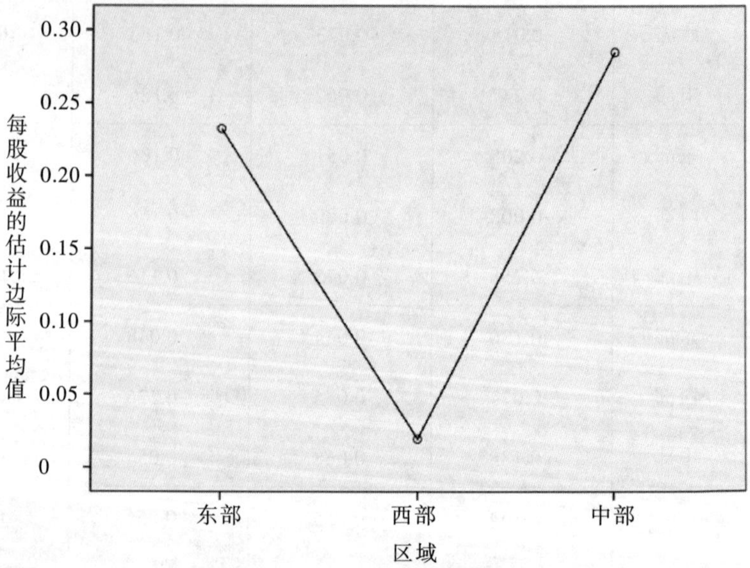

图7-14 区域效应边际均值图

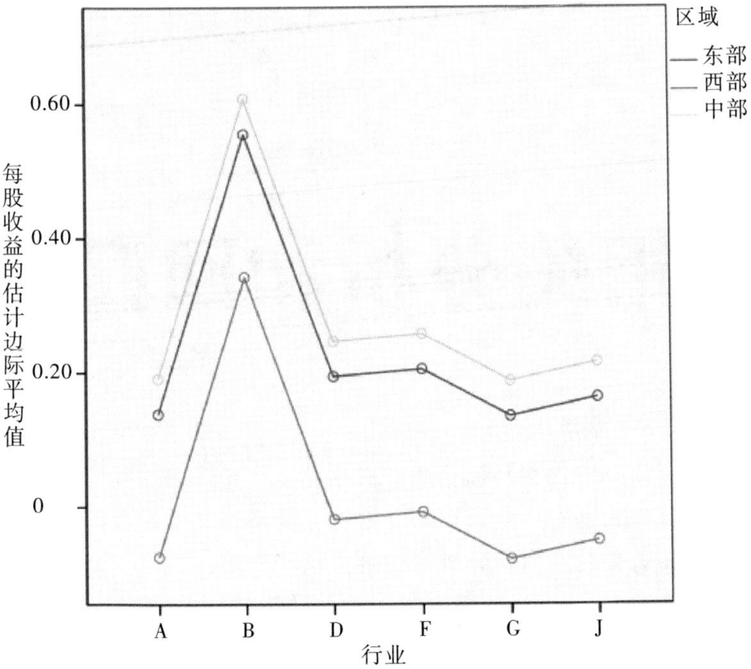

图7-15 交互效应边际均值图

第八章

相关分析和回归分析

从哲学上说任何事物都不是孤立的，而是相互联系、相互制约的。但是如何判断不同事物（或称之为因素、变量）间是否存在关系？关系是否密切，密切到什么程度？统计上用相关分析和回归分析定量解决这些问题。

判断变量间关系的相关分析和回归分析是两种常用的数理统计方法，在会计实证研究中有很广泛的应用。相关分析用于描述变量间相互依存关系的密切程度，回归分析则可以定量揭示解释变量对被解释变量的影响大小，并通过回归方程对变量值进行预测和控制。回归分析和相关分析是互相补充、密切联系的，相关分析需要回归分析来表明现象数量关系的具体形式，而回归分析则应该建立在相关分析的基础上。当然，现象之间是否存在真实相关性，必须由相关学科来确定。因此，相关分析与回归分析必须要在定性分析的前提下进行，不能进行纯数量的计算。

第一节　相关分析

一、相关关系的概念与类型

1.相关关系的概念

会计理论和实务中的许多事物或现象之间都是相互联系、相互依赖和相互制约的。例如，企业高管的薪酬会影响企业的投资效率，企业内部控制会对会计信息质量产生影响，媒体上对企业的负面报道会影响企业绩效等。事物之间的这种联系通常可以被描述为表征事物的变量之间的依存关系。变量之间的依存关系有两种不同的类型：一类是函数关系，另一类是相关关系。

函数关系是指变量之间存在严格的数量依存关系，这种关系可以用数学函数准确地反映出来，即当一个变量x取一定值时，另一个变量y可以依据确定的函数取确定的值。例如，商品的销售额与销售量之间的关系，在单价确定时，依据销售量可以唯一地确定销售额，销售额与销售量之间是一一对应的关系。

相关关系是指变量之间存在不确定的依存关系，即当一个变量x取一定值时，另一个变量y无法依据确定的函数取确定的值，然而它仍按某种规律在一定的范围内变化。会计领域中很多变量之间都属于这种关系。例如，企业规模与资产负债率、盈利能力与股票市价、内部控制与会计信息质量等。

函数关系与相关关系既有联系又有区别，两者的区别为：函数关系是指客观现象之间确实存在的，且在数量上表现为确定的相互依存关系；相关关系是指客观现象之间确实存在的，但在数量上表现为不确定的相互依存关系。两者的联系是：由于存在观察或实验误差等，函数关系有时通过相关关系表现出来；而在对现象之间的内在联系和规律性了解得很清楚的时候，相关关系又常常借助函数关系的形式近似地表现出来。

2.相关关系的类型

相关关系从不同的角度可以分为以下类型：

（1）按相关关系的程度，分为完全相关、不完全相关和零相关。

完全相关是指某个变量的变化，另一个变量有确定的值与它对应，即函数关系。不完全相关是指两个变量之间有数量联系，但是数量联系是不确定的关系。零相关是指两个现象在数量上完全独立，在一定的形式下，互不影响、互不相干的关系。

（2）按相关变量的变化方向，分为正相关和负相关。

正相关是指两个变量按照相同的方向变化，或者说在某个变量的数量增加（减少）时，另一个变量的数量也增加（减少）的现象。负相关是指两个变量按照相反的方向变化，或者说在某个变量的数量增加（减少）时，另一个变量的数量减少（增加）的现象。需要注意的是，实际应用时，正相关和负相关除了数量上的变化关系以外，还需要结合具体变量的含义来判断。对企业来说，有些变量值越大越好，而另一些变量值越小越好。

（3）按相关关系的表现形式，分为线性相关和曲线相关。

线性相关是指当一个变量发生变动时，另一个变量大致沿着一个方向发生均等的变化，在坐标图上近似地表现为直线。如果两个相关变量不表现为直线的关系，而是近似于某种曲线的关系，则这种相关关系为曲线相关。

（4）按变量多少，分为单相关、复相关和偏相关。

单相关又称简单相关，是指两个变量之间的相关关系。复相关是指三个或三个以上的变量之间的相关关系。偏相关是指在一个变量与多个变量相关时，假定其他变量不变，而只对其中的两个变量的相关关系进行研究。

（5）按相关的性质，分为真实相关和虚假相关。

真实相关是指两个变量之间的相关关系确定并具有内在的联系；虚假相关是指两个变量之间的相关只是表面存在的，实质上并没有内在联系。变量之间内在联系的关系，要以有关的学科理论为指导，结合专业的知识和实践经验进行分析和判断。研究虚假相关没有意义，并且会导致荒谬的结论。

对相关关系的分析，通常采用绘制散点图和计算相关系数的方法，这是相关分析最常用的工具，它是研究和处理变量之间相关关系的数理统计方法，它们相互结合使用能够达到较为理想的分析效果。

二、散点图

（一）散点图的概念

散点图是数据点在直角坐标系平面上的分布图。绘制散点图是相关分析过程中常用且非常直观的分析方法，它将数据以点的形式画在直角坐标系平面上。通过观察散点图可以比较直观地看出变量之间的相关关系，以及它们的强弱程度和数据的可能走向。在实际分析中，散点图经常表现出某些特定的形式，如绝大多数的数据点组成类似于橄榄球的形状，或集中形成一根棒状，而剩余的少数数据点则零散地分布在四周。通常，橄榄球状和棒状代表了数据的主要结构和特征，可以利用曲线将这种主要结构的轮廓描述出来，使数据的主要特征凸显。

（二）散点图在SPSS中的实现

在利用SPSS绘制散点图之前，应先将数据按一定方式组织起来。绘制散点图的基本操作步骤如下：

1.进入主对话框

打开数据文件后，进入“图形（Graphs）”→“旧对话框（Legacy Dialogs）”→“散点图/点图（Scatter/Dot）”主对话框，如图8-1所示。

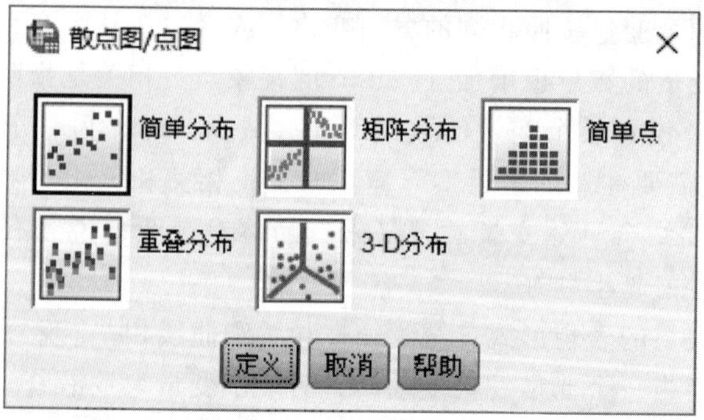

图8-1 散点图/点图主对话框

2.选择散点图的类型

SPSS中提供了四种散点图，分别是简单分布（Simple Scatter）、重叠分布（Overlay Scatter）、矩阵分布（Matrix Scatter）和三维分布（3-D Scatter）。

3.对散点图进行具体定义

根据所选择的散点图的类型，按“定义（Define）”按钮对散点图进行具体定义。不同类型的散点图，其具体的定义选项略有差别。

（1）简单分布散点图：是表示一对变量间统计关系的散点图，应定义的选项如图8-2所示。

①指定某个变量为散点图的纵轴变量，选入Y轴框中；指定某个变量为散点图的横轴变量，选入X轴框中。

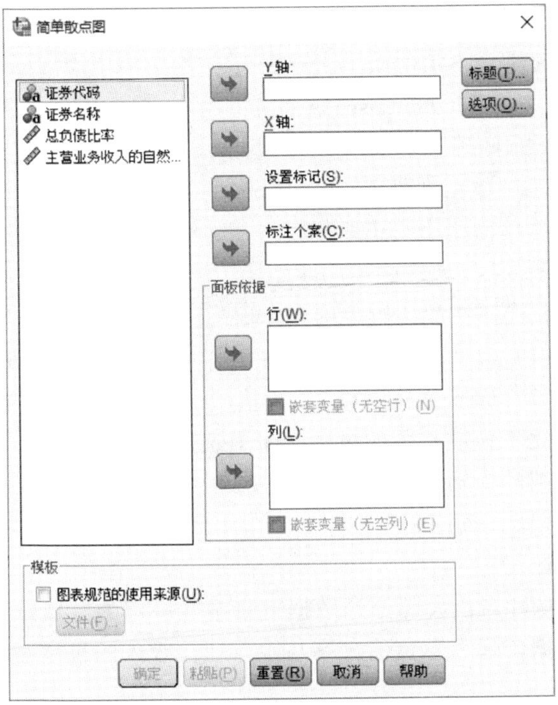

图8-2 简单散点图定义框

②可指定作为分组的变量到“设置标记（Set Markers by）”框中，表示按该变量的不同取值将样本数据分成若干组，并在一张图上分别以不同颜色绘制若干个散点图。该项可以省略。

③可指定标记变量到“标注个案（Label Cases by）”框中，表示将标记变量的各变量值标记在散点图的相应点的旁边。该项可以省略。

（2）重叠分布散点图：是表示多对变量间统计关系的散点图，应定义的选项主要有：

①两个变量为一对，指定绘制哪些变量间的散点图。其中，前一个变量作为图的纵轴变量，后一个变量作为图的横轴变量，并可通过“Swap Pair”按钮进行横纵轴的调换。

②可指定标记变量到Label Cases by框中。含义同简单分布散点图。

（3）矩阵分布散点图：以方阵矩阵的形式在多个坐标轴上分别显示多对变量间的相关关系。应定义的选项主要有：

①指定参与绘图的若干个变量到“矩阵变量（Matrix Varibles）”框中，选择变量的先后顺序决定了矩阵对角线上变量的排列顺序。

②可指定分组变量到Set Markers by框中。

③可指定标记变量到Label Cases by框中。

（4）三维分布散点图：以立体图的形式展现三对变量间的相关关系。应定义的选项主要有：

①指定三个变量为散点图各轴的变量，分别选入X Axis框、Y Axis框、Z Axis

框中；

②可指定分组变量到Set Markers by框中；

③可指定标记变量到Label Cases by框中。

（三）散点图分析实例

data08-01散点图、简单相关关系数据

针对数据文件data08-01，通过简单散点图分析交通运输业上市公司总负债比率与企业规模（用主营业务收入的自然对数表示）的相关关系。

1.选择变量，指定选项

（1）打开数据文件data08-01，进入散点图主对话框。

（2）选择“简单分布”，执行“定义”功能，进入简单散点图对话框。指定总负债比率为散点图的纵轴变量，选入Y Axis框中；指定主营业务收入的自然对数为散点图的横轴变量，选入X Axis框中。

（3）单击OK按钮，执行命令。

2.运行结果分析

从图8-3中粗略可知，大部分的数据点集中在一定的区域中，有少部分的数据点“脱离”整体数据较远，总负债比率与主营业务收入的自然对数之间存在一定的正相关关系。

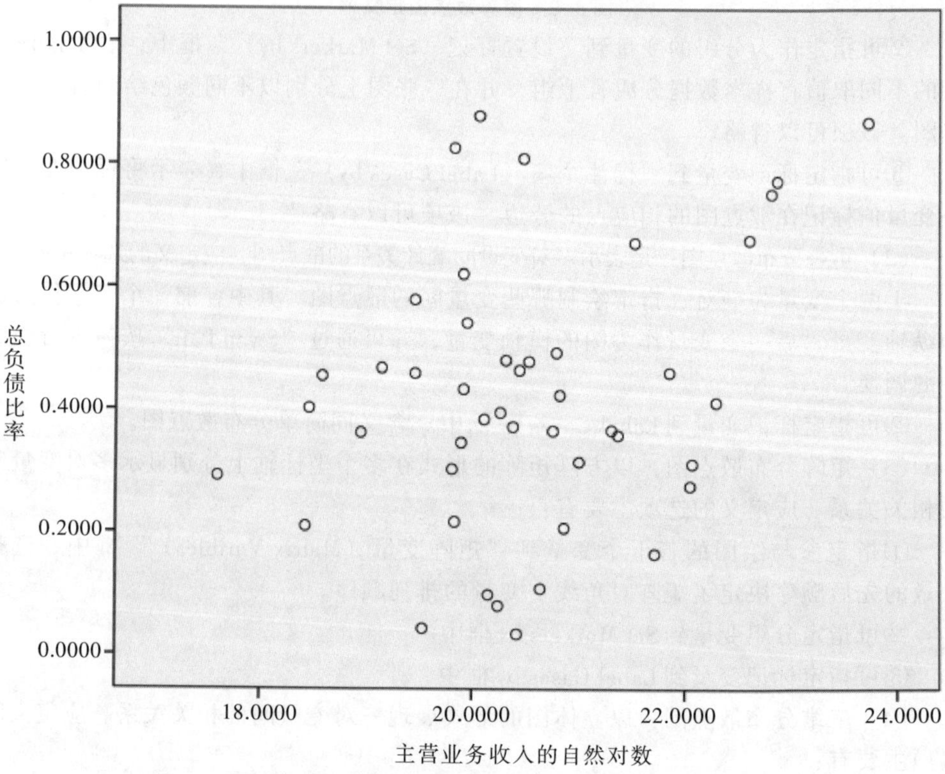

图8-3　总负债比率与主营业务收入的自然对数的相关关系散点图

当然，在进行相关分析时也可以不做散点图，直接利用相关系数进行相关分析。不过，对于初学者，先做散点图可以更为直观地看出变量之间的大致关系，这对SPSS计算结果的理解很有帮助。

三、相关系数

（一）相关系数的概念

相关系数是研究变量之间线性相关程度的量。虽然散点图能够直观展现变量之间的统计关系，但并不精确，而相关系数能够以数字的方式准确描述变量间线性关系的程度和方向。

（二）相关系数的种类

对不同类型的变量要采用不同的相关系数来度量，常用的相关系数包括Pearson简单相关系数、Spearman等级相关系数和Kendall τ 相关系数。

1.Pearson简单相关系数

Pearson简单相关系数用来度量定距型变量（连续型和离散型）间的线性相关关系。它的数学定义为：

$$r=\frac{\sum_{i=1}^{n}(x_i-\bar{x})(y_i-\bar{y})}{\sqrt{\sum_{i=1}^{n}(x_i-\bar{x})^2\sum_{i=1}^{n}(y_i-\bar{y})^2}} \tag{8.1}$$

式（8.1）中，n为样本数，x_i和y_i分别为两个变量的值。Pearson简单相关系数的检验统计量为t统计量。其数学定义为：

$$t=\frac{r\sqrt{n-2}}{\sqrt{1-r^2}} \tag{8.2}$$

SPSS将自动计算Pearson简单相关系数、t统计量的观察值和相伴概率p值。

2.Spearman等级相关系数

Spearman等级相关系数用来度量定序型变量（有序分类）间的线性相关关系，设计思想与Pearson简单相关系数相同，只是数据为非定距的，因此计算时并不直接采用原始数据（x_i，y_i），而是利用数据的秩（Rank），用两个变量的秩（U_i，V_i）代替（x_i，y_i）代入Pearson简单相关系数计算公式，于是其中的x_i和y_i的取值范围被限制在1和n之间，且式（8.1）可被简化为：

$$r=1-\frac{6\sum_{i=1}^{n}D_i^2}{n(n^2-1)} \tag{8.3}$$

式（8.3）中：

$$\sum_{i=1}^{n}D_i^2=\sum_{i=1}^{n}(U_i-V_i)^2$$

从式（8.3）中可以看出：（1）如果两个变量的正相关性较强，那么它们秩的变化就具有同步性，于是$\sum_{i=1}^{n}D_i^2=\sum_{i=1}^{n}(U_i-V_i)^2$的值就较小，r趋向1；（2）如果两个变量的正相关性较弱，那么它们秩的变化就不具有同步性，于是 $\sum_{i=1}^{n}D_i^2=\sum_{i=1}^{n}(U_i-V_i)^2$ 的值就较大，r趋向零。

在小样本下，当原假设成立时，Spearman等级相关系数服从Spearman分布。在大样本下，Spearman等级相关系数的检验统计量为Z统计量，定义为：

$$Z=r\sqrt{n-1} \tag{8.4}$$

式（8.4）中，Z统计量近似服从标准正态分布。

SPSS将自动计算Spearman等级相关系数、Z统计量的观察值和相伴概率p值。

3.Kendall τ相关系数

Kendall τ相关系数采用非参数检验方法度量定序型变量间的线性相关关系。它利用变量秩的数据计算一致对数目（U）和非一致对数目（V）。例如，两个变量（x_i，y_i）的秩对分别为（2，3）、（4，4）、（3，1）、（5，5）、（1，2），对变量x的秩按升序排序后形成的秩对为（1，2）、（2，3）、（3，1）、（4，4）、（5，5）。于是，变量y的秩随变量x的秩同步增大的秩对（一致对）有：（2，3）、（2，4）、（2，5）、（3，4）、（3，5）、（1，4）、（1，5）、（4，5），一致对数目U等于8；变量y的秩未随变量x的秩同步增大的秩对（非一致对）有（2，1）、（3，1），非一致对数目V等于2。于是，一致对数目定义为：$U=\sum_{i=1}^{n}\sum_{j>i}(d_j>d_i)$，非一致对数目定义为 $V=\sum_{i=1}^{n}\sum_{j>i}(d_j>d_i)$。

显然，如果两个变量具有较强的正相关关系，则一致对数目U应较大，非一致对数目V应较小；如果两个变量具有较强的负相关关系，则一致对数目U应较小，非一致对数目V应较大；如果两个变量的相关性较弱，则一致对数目U和非一致对数目V应大致相当，大约各占样本数的1/2。Kendall τ相关系数正是对此进行的检验，Kendall τ统计量的数学定义为：

$$\tau=(U-V)\frac{2}{n(n-1)} \tag{8.5}$$

在小样本下，Kendall τ服从Kendall分布。在大样本下，采用的检验统计量为：

$$Z=\tau\sqrt{\frac{9n(n-1)}{2(2n+5)}} \tag{8.6}$$

式（8.6）中，Z统计量近似服从标准正态分布。

SPSS将自动计算Kendall τ相关系数、Z统计量的观测值和相伴概率p值。

（三）相关系数分析步骤

1.计算样本的相关系数r

利用样本数据计算相关系数，可以反映两个变量间线性相关程度的强弱。对不同类型的变量应采用不同的相关系数指标，但它们的取值范围和含义都是相同的，即相关系数r没有单位，其值在-1~+1之间。r等于+1或-1时，其中一个变量可以确切地用另一个变量的线性函数来表示。r的绝对值越接近1，则两个变量间线性相关的程度就越大。若r大于零，表示两个变量存在正的线性相关关系；若r小于零，表示两个变量存在负的线性相关关系；若r等于零，则可认为两个变量不存在线性相关关系。

2.对样本来自的两总体是否存在显著的线性关系进行推断

在研究中，通常是通过抽样方法，利用样本数据来推断总体特性的。但是，由于存在抽样的随机性和样本量可能较小等情况，通常样本的相关系数不能直接用来说明样本来自的两总体是否具有显著的线性相关性，而需要通过假设检验的方式对样本来自的总体是否存在显著的线性相关性进行检验。统计检验的步骤如下：

（1）提出原假设：总体中两个变量间的相关系数为零，即两总体无显著的线性相关关系。

（2）选择检验统计量。对不同类型的变量应采用不同的相关系数，采用不同的检验统计量。

（3）计算检验统计量的观测值和相伴概率p值。

（4）给定显著性水平α，并做出决策。如果相伴概率p值小于或等于给定的显著性水平α，则拒绝原假设，认为两总体存在显著的线性相关关系；如果相伴概率p值大于给定的显著性水平α，则不能拒绝原假设，认为两总体不存在显著的线性相关关系。另外，在SPSS相关分析过程的输出中，还给出了相关系数的值。

（四）相关系数分析在SPSS中的实现

1.进入主对话框

打开数据文件后，按“分析（Analyze）”→“相关（Correlate）”→“双变量（Bivariate）”的顺序，进入双变量相关性主对话框，如图8-4所示。

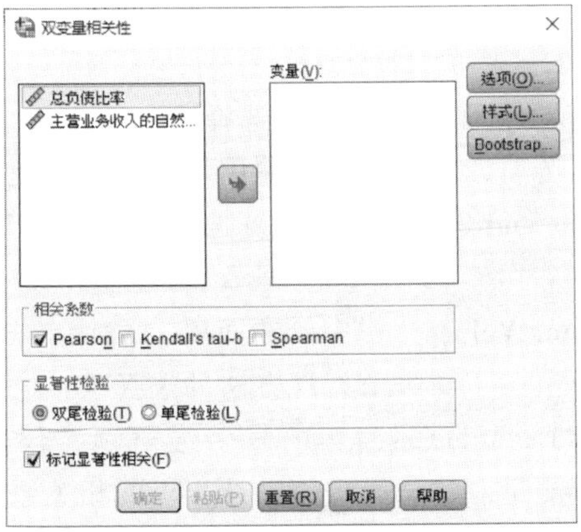

图8-4　双变量相关性主对话框

2.选择变量

选择参加计算相关系数的变量到变量（Variables）框。

3.选择分析方法

相关系数（Correlation Coefficients）栏中的分析方法选择项有三种相关系数，

即Pearson复选项、Kendall's tau-b复选项、Spearman复选项，对应于三种分析方法。如果参与分析的变量是定序型变量，选择Kendall's tau-b或Spearman复选项，则系统自动对定序型变量的值先求秩，再计算其秩分数间的相关系数。

4.选择显著性检验类型

显著性检验（Test of Significance）栏下，包括双尾检验（Two Tailed）复选项，当事先不知道相关方向（正相关或负相关）时选择此项；单尾检验（One Tailed）复选项，如果事先知道相关方向可以选择此项。

5.标记显著性相关（Flag Significant Correlations）选项

如果选中此项，输出结果中除显示统计检验的相伴概率p值以外，还输出星号标记，相关系数右上方使用“*”表示其显著性水平为5%；用“**”表示其显著性水平为1%。

6.选项（Options）对话框

在相关分析主对话框中展开选项（Options）对话框，如图8-5所示。

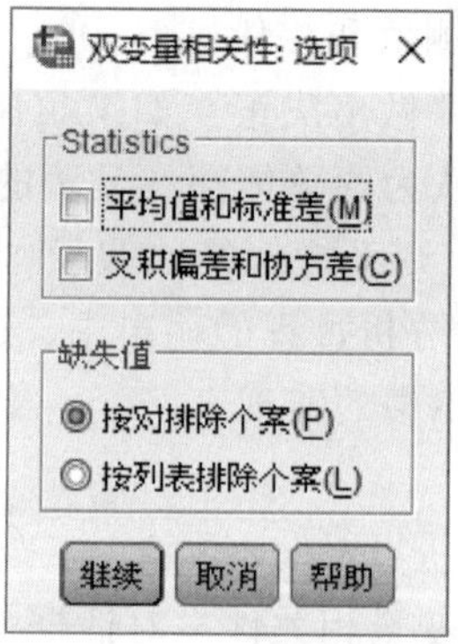

图8-5 选项对话框

（1）Statistics栏中的选择项。

在Statistics栏中有两个有关统计量的选择项：①平均值和标准差（Means and Standard Deviations）复选项，要求计算并输出均值与标准差；②叉积偏差和协方差（Cross-product Deviations and Covariances）复选项，要求计算并输出叉积离差阵和协方差阵。

（2）缺失值（Missing Values）栏中的选择项。

在缺失值栏中有两个关于缺失值处理方法的选择项：

①按对排除个案（Exclude Cases Pairwise）复选项，仅剔除正在参与计算的两个变量值是缺失值的观测量。这样有可能在计算出的相关系数矩阵中，相关系数是根据不同数量的观测量计算出来的。选择此项，可以最大限度地使用取得的观测数据。

②按列表排除个案（Exclude Cases Listwise）复选项，剔除在主对话框变量框中列出的变量带有缺失值的所有观测量。这样计算出来的相关系数矩阵，每个相关系数都是依据相同数量的观测量计算出来的。

SPSS将自动计算相关系数和进行统计检验，并将结果输出。

（五）相关分析实例

数据文件data08-01，通过绘制散点图得知总负债比率与主营业务收入的自然对数之间存在一定的正相关关系。为了更准确地反映两者之间的线性关系的强弱，采用计算相关系数分析方法。由于这两个变量均为定距型变量，因此采用简单相关系数。

data08-01散点图、简单相关关系数据

1.选择变量，指定选项

（1）打开数据文件data08-01，进入双变量相关性对话框。

（2）选择总负债比率与主营业务收入的自然对数进入变量对话框。

（3）在相关系数栏中选择Pearson分析类型。

（4）在显著性检验（Test of Significance）栏中选择双尾（Two Tailed）T检验。

（5）选中标记显著性相关（Flag Significant Correlations）选项。

（6）在选项对话框中选择平均值和标准差（Means and Standard Deviations）复选项，要求计算均值与标准差；选择按对剔除带有缺失值的观测量（Exclude Cases Pairwise）复选项。

（7）单击OK按钮，提交运算并输出结果。

2.运行结果分析

表8-1显示，总负债比率和主营业务收入的自然对数的简单相关系数为0.302，相伴概率p值为0.044。如果显著性水平α为0.05，由于相伴概率p值小于显著性水平α，因此拒绝原假设，可以认为两个变量之间是显著相关的。

表8-1　变量之间的相关分析

		总负债比率	主营业务收入的自然对数
总负债比率	Pearson 相关性	1	0.302*
	显著性（双尾）		0.044
	N	45	45
主营业务收入的自然对数	Pearson 相关性	0.302*	1
	显著性（双尾）	0.044	
	N	45	45

*. 在置信度（双尾）为 0.05 时，相关性是显著的。

四、偏相关分析

简单相关分析计算两个变量间的相关系数，分析两个变量间线性关系的程度。但往往由于第三个变量的作用，使相关系数不能真正反映两个变量间的线性程度。例如，在研究商品的需求量、价格和消费者收入之间的线性关系时，需求量和价格之间的相关关系实际还包含消费者收入对商品需求量的影响。同时，收入对价格也会产生影响，并通过价格变动传递到对商品需求量的影响中。因此，在这种情况下，单纯利用相关系数来评价变量间的相关性显然是不准确的，需要在剔除其他相关因素影响的条件下计算变量间的相关性。偏相关分析的意义就在于此。

(一) 偏相关分析和偏相关系数

偏相关分析也称净相关分析，它在控制其他变量的线性影响的条件下分析两个变量间的线性相关关系，所采用的工具是偏相关系数（净相关系数）。控制变量的个数为1时，偏相关系数为一阶偏相关系数；控制变量的个数为2时，偏相关系数为二阶偏相关系数；控制变量的个数为0时，偏相关系数为零阶偏相关系数，也就是简单相关系数。

偏相关分析的主要用途是根据观测资料应用偏相关分析计算偏相关系数，判断哪些解释变量对被解释变量的影响较大，进而选择其作为必须考虑的解释变量。对于那些对被解释变量影响较小的解释变量，则可舍去，这样在进行多元回归分析时，只保留起主要作用的解释变量，用较少的解释变量就可以描述被解释变量的平均变动量。

利用偏相关系数进行变量间相关关系分析，通常需要完成两大步骤：

1.计算样本的偏相关系数

在分析变量x_1和y之间的净相关关系时，当控制了x_2的线性作用后，x_1和y之间的一阶偏相关系数定义为：

$$r_{y1,2}=\frac{r_{y1}-r_{y2}r_{12}}{\sqrt{(1-r_{y2}^2)(1-r_{12}^2)}} \tag{8.7}$$

式（8.7）中，r_{y1}、r_{y2}、r_{12}分别表示y和x_1的相关系数、y和x_2的相关系数、x_1和x_2的相关系数。偏相关系数的取值范围及大小与相关系数相同。

2.对样本来自的两总体是否存在显著的偏相关关系进行推断

偏相关分析检验的基本步骤为：

（1）提出原假设，即两总体的偏相关系数与零无显著差异。

（2）选择检验统计量。偏相关系数的检验统计量为t统计量，它的数学定义为：

$$t=r\sqrt{\frac{n-q-2}{1-r^2}} \tag{8.8}$$

式（8.8）中，r为偏相关系数，n为样本数，q为阶数。t统计量服从（n-q-2）个自由度的t分布。

（3）计算检验统计量的观测值和相伴概率p值。

（4）给定显著性水平α，并做出决策。如果相伴概率p值小于或等于给定的显著性水平α，则拒绝原假设，认为两总体的偏相关系数存在显著的相关关系；如果相伴概率p值大于给定的显著性水平α，则不能拒绝原假设，可以认为两总体的偏相关系数不存在显著的相关关系。

(二) 偏相关系数在SPSS中的实现

（1）打开数据文件后，按分析（Analyze）→相关（Correlate）→偏相关（Partial）的顺序，进入偏相关分析主对话框，如图8-6所示。

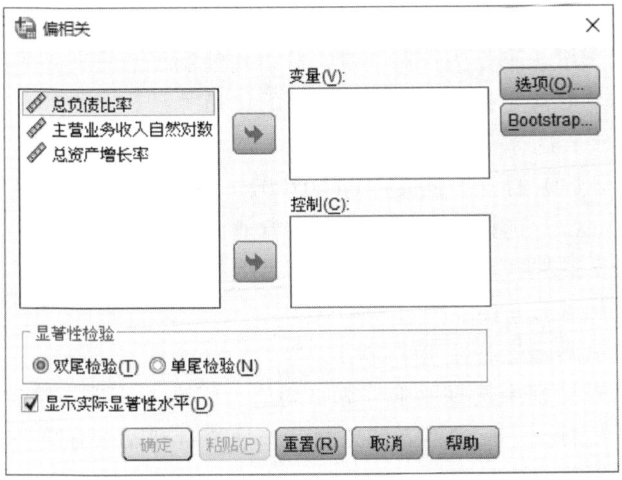

图8-6　偏相关分析主对话框

(2) 选择分析变量送入变量（Variables）框，选择控制变量进入控制（Controlling for）框。

(3) 在显著性检验（Test of Significance）栏中选择偏相关检验输出的是双尾（Two Tailed）概率p值，还是单尾（One Tailed）概率p值。

(4) 选择显示实际显著性水平（Display Actual Significance Level）选项，表示在显示相关系数的同时，显示实际的显著性概率。不选择此项，其显著性概率使用星号“*”来代替。

(5) 在偏相关分析主对话框中单击“选项（Options）”按钮，进入选项对话框，如图8-7所示。

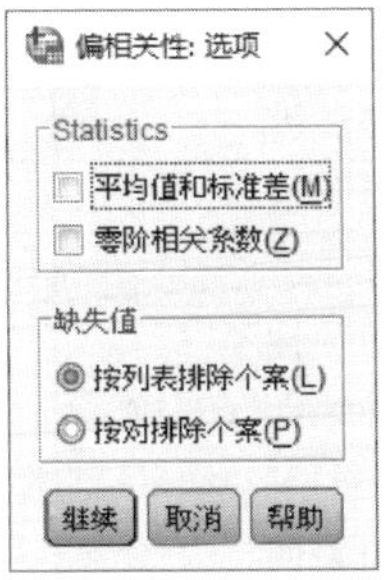

图8-7　偏相关分析的选项对话框

①Statistics栏中，有两个选项，分别是平均值和标准差（Means and Standard Deviations）复选项，要求SPSS计算并显示各分析变量的均值和标准差。零阶相关系数（Zero-order Correlations）复选项，要求显示零阶相关矩阵，即Pearson相关矩阵。

②缺失值（Missing Values）栏，选择缺失值处理方式。

(6) 返回主对话框，单击OK按钮，提交系统执行。

(三) 偏相关分析实例

打开数据文件data08-02，在实例08-01中，分析了总负债比率与主营业务收入的自然对数之间的相关性，直观感觉到这种相关性会受到总资产增长率的影响。为此，可将总资产增长率作为控制变量，分析在控制了总资产增长率后，总负债比率与主营业务收入的自然对数的偏相关系数。

data08-02偏相关分析数据

1.选择变量，指定选项

（1）打开数据文件data08-02，进入偏相关分析主对话框。

（2）选择总负债比率和主营业务收入的自然对数为分析变量，进入变量框；选择总资产增长率为控制变量进入控制框。

（3）选择双尾（Two Tailed）T检验选项。

（4）选中显示实际显著性水平选项。

（5）在选项对话框中选择要求计算平均值与标准差；选择输出零阶相关系数，以便和偏相关系数对比，反映两者的差异；选择按对剔除带有缺失值的观测量。

（6）提交运算并输出结果。

2.运行结果分析

从表8-2中可以看出，总负债比率与主营业务收入的自然对数的简单相关系数为0.302，相伴概率p值为0.044，如果显著性水平α为0.05，由于相伴概率p值小于显著性水平α，因此拒绝原假设，证明两个变量之间存在显著的相关关系。在总资产增长率作为控制变量的条件下，总负债比率与主营业务收入的自然对数的偏相关系数为0.181，相伴概率p值为0.241。如果显著性水平α为0.05，由于相伴概率p值大于显著性水平α，因此不应拒绝原假设，可以认为两个变量之间没有显著的相关关系。可以看出，偏相关分析结果和简单相关分析结果有很大差异。

表8-2　**各变量的Pearson相关分析和偏相关分析结果**

控制变量			总负债比率	主营业务收入的自然对数	总资产增长率
无[a]	总负债比率	相关性	1.000	0.302	0.304
		显著性（双尾）		0.044	0.043
		df.	0	43	43
	主营业务收入的自然对数	相关性	0.302	1.000	0.504
		显著性（双尾）	0.044		0.000
		df.	43	0	43
	总资产增长率	相关性	0.304	0.504	1.000
		显著性（双尾）	0.043	0.000	
		df.	43	43	0
总资产增长率	总负债比率	相关性	1.000	0.181	
		显著性（双尾）		0.241	
		df.	0	42	
	主营业务收入的自然对数	相关性	0.181	1.000	
		显著性（双尾）	0.241		
		df.	42	0	

a.单元格包含零阶（Pearson）相关。

第二节　线性回归分析

在会计实证研究中，线性回归分析被广泛地使用，是一种非常重要的分析方法。

一、线性回归分析概述

（一）线性回归分析的概念和一般步骤

1.线性回归分析的概念

线性回归分析是指根据相关关系的具体形态，选择一个合适的数学模型，来近似地表达变量间的平均变化关系的分析方法。它可以提供变量之间相关关系的数学表达式（通常称为经验公式），并利用概率统计对此关系进行分析，判明所建立的经验公式的有效性，还可以利用所得的经验公式，根据一个或几个变量的值，预测或控制另一个变量的值，并且可以知道这种预测和控制可达到什么样的精确程度。另外，还可以进行因素分析，对于共同影响一个变量的许多因素，找出哪些因素的影响是显著的，哪些是不显著的。因此，线性回归分析是一种应用非常广泛的数量分析方法。

2.线性回归分析的一般步骤

线性回归分析的核心是找到回归线，包括如何得到回归线、如何描述回归线、回归线是否可用于预测等问题。

（1）确定回归方程中的解释变量（自变量）和被解释变量（因变量）。由于回归分析是用于分析一个事物是如何随其他事物的变化而变化的，是有方向性的，因此回归分析的第一步就是确定哪个事物是被解释变量（记为y），哪个事物是解释变量（记为x）。回归分析是要建立y关于x的回归方程，并在给定x的条件下，通过回归方程预测y的平均值。

（2）确定回归模型。通过散点图观察变量之间的统计关系，确定应通过哪种数学模型来概括回归线。如果被解释变量和解释变量之间存在线性关系，则应进行线性回归分析，建立线性回归模型；反之，如果被解释变量和解释变量之间存在曲线关系，则应进行曲线回归分析，建立曲线回归模型。

（3）建立回归方程。根据收集到的样本数据以及确定的回归模型，在一定的统计拟合准则下，估计出回归模型中的各个参数，得到一个确定的回归方程。

（4）对回归方程进行检验。由于回归方程是在样本数据基础上得到的，回归方程是否真实地反映了事物总体间的统计关系，以及回归方程能否用于预测等都需要进行检验。

（5）利用回归方程进行预测。建立回归方程的目的之一是根据回归方程对事物的未来发展趋势进行预测。

利用SPSS进行回归分析时，应重点关注上述过程中第一步和最后一步，至于中间各步，SPSS会自动进行计算并给出最佳模型。

（二）线性回归模型

线性回归分析是描述被解释变量y与一个或多个解释变量x的线性依存关系，根据模型中解释变量的个数可分为一元线性回归分析和多元线性回归分析。线性回归模型从样本数据出发，使用德国数学家高斯提出的最小二乘法（也称最小平方法，OLS），即依据样本数据点观测值与回归直线估计值在垂直方向上的偏离程度的平方和最小的原则，进行回归方程的求解。

1.一元线性回归模型

一元线性回归模型是指只有一个解释变量的线性回归模型，用于揭示被解释变量与一个解释变量之间的线性关系。在现实社会经济现象中，某一事物（被解释变量）总会受到多方面因素（多个解释变量）的影响。一元线性回归分析是在不考虑其他影响因素或在认为其他影响因素确定的条件下，分析一个解释变量是如何影响被解释变量的，因而是比较理想化的分析。一元线性回归的数学模型为：

$$y=\beta_0+\beta_1x+\varepsilon \quad (8.9)$$

式（8.9）中，x为解释变量；y为被解释变量；β_0为截距，即常量；β_1为回归系数，表明解释变量对被解释变量的影响程度；ε为随机误差。该公式表明：被解释变量y的变化可由两个部分来解释，第一部分是由解释变量x的变化引起的y的线性变化部分，第二部分是由其他随机因素引起的y的变化部分。

由最小二乘法求解方程中的两个参数，得到：

$$\beta_1=\frac{\sum(x_i-\bar{x})(y_i-\bar{y})}{\sum(x_i-\bar{x})^2} \quad (8.10)$$

$$\beta_0=\bar{y}-\beta_1\bar{x} \quad (8.11)$$

2.多元线性回归模型

多元线性回归模型是指含有多个解释变量的线性回归模型，用于揭示被解释变量与多个解释变量之间的线性关系。多元线性回归的数字模型为：

$$y=\beta_0+\beta_1x_1+\beta_2x_2+\cdots+\beta_px_p+\varepsilon \quad (8.12)$$

式（8.12）是一个多元线性回归模型，其中有p个解释变量。β_0，β_1，…，β_p分别称为回归常数和偏回归系数，偏回归系数表示假设在其他所有解释变量不变的情况下，某一个解释变量变化引起被解释变量变化的比率。ε为随机误差。该公式表明：被解释变量y的变化可由两个部分来解释，第一部分是由p个解释变量x的变化引起的y的线性变化部分，第二部分是由其他随机因素引起的y的变化部分。

（三）线性回归方程的假设条件

德国数学家高斯提出了5个假设条件，满足这些假设的线性回归模型称为古典线性模型：

（1）正态性假设。它假设随机误差项ε_i服从均值为零、方差为σ^2的正态分布。

（2）等方差假设。它假设对于所有的x_i，ε_i的条件方差同为σ^2，且σ为常数，即Var（ε_i/x_i）$=\sigma^2$。

（3）独立性假设，即零均值假设。它假设在给定x_i的条件下，ε_i的条件期望值为零，即 E（ε_i）=0。

（4）无自相关性假设。它假设随机误差项 ε 的逐次观察值互不相关，即 Cov（ε_i，ε_j）=0（i≠j）。

（5）ε 与 x 的不相关性假设。它假设随机误差项 ε_i 与相应的解释变量 x_i 对被解释变量 y 的影响相互独立。换言之，两者对被解释变量 y 的影响是可以区分的，即 Cov（ε_i，x_i）=0。

（四）线性回归分析的数据要求

（1）解释变量与被解释变量是数值型变量，分类变量应重新编码为哑变量或其他类型的对比变量。

（2）被解释变量的分布必须是正态的，被解释变量的方差分布必须是一个常数。被解释变量和每一个解释变量的关系必须是线性关系，所有的观测量必须是相互独立的。

在进行回归分析之前，最好用图形探究被解释变量随解释变量变化的趋势，以便确定数据是适合线性模型，还是需要使用曲线拟合。通过散点图还可以发现异常值。

二、线性回归方程的统计检验

根据原始数据求出回归方程后，需要对回归方程进行统计检验。

（一）回归方程的拟合优度检验

回归方程的拟合优度检验就是检验样本数据点聚集在回归直线周围的密集程度，从而评价回归方程对样本数据的代表程度。

被解释变量的各个观察值之间的差异主要由两个方面造成：一是解释变量的不同取值；二是其他随机因素。用公式表示为：

$$SST=SSA+SSE \tag{8.13}$$

式（8.13）中，SST 表示被解释变量总变差的平方和，SSA 表示由解释变量引起的被解释变量变差的平方和（称为回归平方和），SSE 表示由其他随机因素引起的被解释变量变差的平方和（称为残差平方和或剩余平方和）。式（8.13）又可以表示为：

$$\sum(y_i-\bar{y})^2=\sum(\hat{y}_i-\bar{y})^2+\sum(y_i-\hat{y})^2 \tag{8.14}$$

式（8.14）中，y_i 是第 i 个样本的观测值，$\hat{y}_i$ 是第 i 个样本的预测值，$\bar{y}$ 是样本均值。

可以看出，当所有样本点都落在回归直线上时，回归方程的拟合优度一定是最高的。此时，y 的 SST 中其实只包含 SSA 部分，没有包含 SSE。由此可知，在 y 的 SST 中，如果 SSA 所占的比例远大于 SSE 所占的比例，即回归方程能解释的变差所占比例较大，那么回归方程的拟合优度就会较高。拟合优度的统计量判定系数 R^2 正是基于这种基本思想构造出来的。

关于判定系数 R^2，可以这样去理解：预测因变量值，最简单的办法就是运行空模型，即回归中仅有因变量，没有自变量。这时，最佳预测值就是因变量的均数。当然，这种空模型也是最差的预测模型，所有自变量对因变量预测值的影响都被忽略了。但是，在这种空模型中，可以估算出回归预测的总变异。随后，把相关的自变量重新放入回归模型，再次估算回归变异程度。因为自变量可以在一定程度上影响或者解释因变量的变化情况，加入自变量后的变异会比总变异小，这个减少的部分就是R^2值，即自变量解释因变量的程度。

1.一元线性回归方程的拟合优度检验

判定一元线性回归方程的拟合优度使用的指标是判定系数R^2。判定系数R^2等于回归平方和在总平方和中所占的比例，即R^2体现了回归模型所能解释的被解释变量变异的百分比。其计算公式为：

$$R^2=\frac{SSA}{SST}=\frac{SST-SSE}{SST}=1-\frac{SSE}{SST}=1-\frac{\sum(y_i-\hat{y}_i)^2}{\sum(y_i-\bar{y})^2} \tag{8.15}$$

例如，当$R^2=0.775$时，说明变量y的变异中有77.5%是由变量x引起的。当$R^2=1$时，表示所有的观测点全部落在回归直线上。当$R^2=0$时，表示解释变量与被解释变量无线性关系。

2.多元线性回归方程的拟合优度检验

在多元线性回归方程中，采用的是调整的R^2而非R^2作为拟合优度检验指标。主要原因是：第一，R^2的数学特征决定，在多元线性回归方程中，随着解释变量个数的不断增多，必然使得R^2不断增加；第二，在回归方程中引入了对被解释变量具有重要“贡献”的解释变量而使R^2的值增加。因此，当R^2增加时无法确切地知道究竟是由于R^2的数学习性决定的，还是确实是引入了好的解释变量进入方程而造成的，则应采用修正或调整的R^2。

调整的R^2作为拟合优度检验指标，其计算公式为：

$$\text{Adjusted}R^2=1-\frac{\sum(y_i-\hat{y}_i)^2/(n-k-1)}{\sum(y_i-\bar{y})^2/(n-1)} \tag{8.16}$$

实际上，R是多元相关系数，相当于多元线性回归预测值（PRE_1）和因变量实际值的Pearson相关系数。

（二）回归方程的显著性检验

回归方程的显著性检验是检验被解释变量与所有解释变量之间的线性关系是否显著，是否可以用线性模型来描述被解释变量和解释变量之间的关系。

回归方程显著性检验的基本出发点与拟合优度检验非常相似。由于SST=SSA+SSE，在回归方程的显著性检验中采用方差分析的方法，研究在SST中SSA相对于SSE所占的比例是否较大。如果SSA相对于SSE占有较大的比例，则表示y与x全体的线性关系显著，利用线性模型反映y与所有x的关系是恰当的；反之，如果SSA相对于SSE占有较小的比例，则表示y与x全体的线性关系不显著，利用线性模型反映y与所有x的关系是不恰当的。回归方程显著性检验采用的检验统计量正是基于这种基本思想构造出来的。

1.一元线性回归方程的显著性检验

一元线性回归方程显著性检验的原假设是：回归系数与零无显著差异。它意味着当回归系数为零时，无论x取值如何变化都不会引起y的线性变化，它们之间不存在线性关系。

一元线性回归方程显著性检验采用F统计量。其计算公式为：

$$F=\frac{SSA/1}{SSE/(n-2)}=\frac{\sum\sum(\hat{y}_i-\bar{y})^2/1}{\sum(y_i-\hat{y}_i)^2/(n-2)}\sim F(1,\ n-2) \tag{8.17}$$

SPSS将自动计算F统计量及相伴概率p值。如果相伴概率p值小于或等于给定的显著性水平α，则拒绝原假设，认为回归系数与零存在显著差异，y与x的线性关系显著，可以用线性模型反映y与x的关系；如果相伴概率p值大于给定的显著性水平α，则不能拒绝原假设，可以认为回归系数与零不存在显著差异，y与x的线性关系不显著，不能用线性模型反映y与x的关系。

2.多元线性回归方程的显著性检验

多元线性回归方程显著性检验的原假设是：所有偏回归系数同时与零无显著差异。它意味着当所有的偏回归系数同时为零时，无论各个x取值如何变化都不会引起y的线性变化，所有x都无法解释y的线性变化，y与x的全体不存在线性关系。

多元线性回归方程显著性检验采用F统计量。其计算公式为：

$$F=\frac{SSA/p}{SSE/(n-p-1)}=\frac{\sum(\hat{y}_i-\bar{y})^2/p}{\sum(y_i-\hat{y}_i)^2/(n-p-1)}\sim F(p,\ n-p-1) \tag{8.18}$$

SPSS将自动计算F统计量及相伴概率p值。如果相伴概率p值小于或等于给定的显著性水平α，则拒绝原假设，说明多元线性回归模型中至少有一个自变量的系数不为零，即偏回归系数不同时为零，认为y与x的全体线性关系显著，可以用线性模型描述和反映它们之间的关系；如果相伴概率p值大于给定的显著性水平α，则不能拒绝原假设，认为偏回归系数同时为零，y与x的全体线性关系不显著，不可以用线性模型反映它们之间的关系。

通过上面的分析不难发现，回归方程的显著性检验和回归方程的拟合优度检验有异曲同工之处。回归方程的拟合优度越高，回归方程的显著性检验也会越显著。但应注意的是，回归方程的拟合优度检验实质上并非统计学的统计检验问题，它不涉及统计检验的一系列步骤，因此回归方程的拟合优度检验本质上仅仅是一种刻画性的描述，不涉及对解释变量和被解释变量总体线性关系的推断，而这恰恰是回归方程显著性检验所要实现的目标。

（三）回归系数的显著性检验

回归系数显著性检验的目的是，研究回归方程中的每个解释变量与被解释变量之间是否存在显著的线性关系，也就是研究每个解释变量能否有效地解释被解释变量的线性关系，它们能否保留在线性回归方程中。

回归系数显著性检验是围绕回归系数（或偏回归系数）估计值的抽样分布展开

的，由此构造服从某种理论分布的检验统计量，并进行检验。

1.一元线性回归方程的回归系数显著性检验

一元线性回归方程的回归系数显著性检验的原假设是：回归系数与零无显著差异。它意味着当回归系数为零时，无论x取值如何变化都不会引起y的线性变化，它们之间不存在线性关系。

回归系数显著性检验一般采用T检验的方法。其计算公式为：

$$t=\frac{\beta_1}{\frac{\sigma}{\sqrt{\sum(x_i-\bar{x})^2}}}\sim t(n-2) \tag{8.19}$$

其中：

$$\sigma=S_y=\sqrt{\frac{\sum(y_i-\hat{y}_i)^2}{n-2}} \tag{8.20}$$

SPSS在自动计算回归系数的t值后，会给出相伴概率p值。如果相伴概率p值小于或等于给定的显著性水平α，则拒绝原假设，认为该回归系数与零有显著差异，该解释变量与被解释变量之间存在显著的线性关系，它的变化能够较好地反映被解释变量的变化，应保留在回归方程中；如果相伴概率p值大于给定的显著性水平α，则不能拒绝原假设，认为该回归系数与零无显著差异，该解释变量与被解释变量之间不存在显著的线性关系，它的变化无法反映被解释变量的变化，不应保留在回归方程中。

在一元线性回归分析中，回归方程显著性检验与回归系数显著性检验的作用是相同的，两者可以相互替代。同时，回归方程显著性检验中F统计量恰好等于回归系数显著性检验中t统计量的平方，即：$F=t^2$。

2.多元线性回归方程的回归系数显著性检验

多元线性回归方程的回归系数显著性检验的原假设是：第i个偏回归系数与零无显著差异。它意味着当偏回归系数β_i为零时，无论x_i取值如何变化都不会引起y的线性变化，它们之间不存在线性关系。

回归系数显著性检验一般采用T检验的方法。其计算公式为：

$$t_i=\frac{\beta_i}{\frac{\sigma}{\sqrt{\sum(x_{ij}-\bar{x}_i)^2}}}\sim t(n-p-1) \tag{8.21}$$

$$\sigma=S_y=\sqrt{\frac{\sum(y_i-\hat{y}_i)^2}{n-p-1}} \tag{8.22}$$

SPSS在自动计算每个偏回归系数的t值后，会给出相伴概率p值。如果相伴概率p值小于或等于给定的显著性水平α，则拒绝原假设，认为该回归系数与零有显著差异，x_i与y之间存在显著的线性关系，它的变化能够较好地反映被解释变量的变化，应保留在回归方程中；如果相伴概率p值大于给定的显著性水平α，则不能拒绝原假设，可以认为该回归系数与零无显著差异，x_i与y之间不存在显著的线性关系，它的变化无法反映被解释变量的变化，不应保留在回归方程中。

多元线性回归模型中，回归方程显著性检验与回归系数显著性检验的作用是不相同的。回归方程显著性检验只能检验所有偏回归系数是否同时为零，如果偏回归系数不同时为零，并不能保证方程中仍存在某些偏回归系数为零的解释变量。也就是说，通过回归方程显著性检验后仍不能保证回归方程中不存在不能较好解释 y 的 x_i。回归系数显著性检验正是为此对每个偏回归系数是否为零进行逐一考察的。因此，多元线性回归方程中的这两种检验不能互相替代。

但多元线性回归模型的F检验并非与T检验无任何关系。如果某个解释变量 x_i 引入回归方程且通过回归系数显著性检验，它会使均方误差减小，R^2提高，并使F统计量的观察值得到改善。

（四）回归方程的残差分析

所谓残差，是指由回归方程计算所得的预测值与实际观测值之间的差距。它是回归模型中 ε_i的估计值，由多个 ε_i形成的序列称为残差序列。其数学表达式为：

$$\varepsilon_i=y_i-\hat{y}_i=y_i-（\beta_0+\beta_1x_1+\beta_2x_2+\cdots+\beta_px_p） \tag{8.23}$$

残差分析是回归方程检验的重要组成部分，其出发点是：如果回归方程能够较好地反映被解释变量的特征和变化规律，那么残差序列中应不包含明显的规律性和趋势性。残差分析正是基于这种考虑并围绕对残差的检验展开的，主要任务有以下四个方面：

1.残差均值为0的正态性分析

残差均值为0的正态性分析，又称残差的正态性检验。解释变量 x 取不同的值 x_0时，对应的残差必然有正有负，但总体上应服从以0为均值的正态分布。

对于残差序列的正态性分析，可以通过绘制残差图对该问题进行分析。残差图也是一种散点图，图中一般横坐标是解释变量（也可以是被解释变量的预测值），纵坐标为残差。如果残差的均值为0，残差图中的点应在纵坐标为0的横线上下随机散落。另外，还可以通过绘制标准化（或学生化）残差序列的带正态曲线的直方图或累积概率图来分析。

残差完全服从于正态分布也是不现实的，即使存在很理想的总体数据，其样本的残差分布也只能是近似服从正态分布。累积概率图（P-P图）用来判断一个变量的分布是否与一个指定的分布一致。如果两种分布基本相同，那么在P-P图的点应该在一条斜线周围；如果两种分布完全相同，那么P-P图中应该只有一条斜线。通过观测数据的残差（曲线）在假设直线（正态分布）周围的分布，可以判断残差是否符合正态分布。

2.残差序列的独立性分析

在对回归模型的诊断中，有一个非常重要的回归模型假设需要诊断，那就是回归模型中的残差序列的独立性。残差序列应满足 $Cov（\varepsilon_i，\varepsilon_j）=0（i\neq j）$，表示残差序列的前期和后期数值之间不存在相关关系，即不存在自相关。残差序列存在自相关会带来许多问题，如参数的普通最小二乘估计不再是最优的，不再是最小方差无偏估计；容易导致回归系数显著性检验的t值偏高，进而容易拒绝其原假设，使那些本不应保留在方程中的变量被保留下来，并最终使模型的预测偏差较大。因此，如果残差项不独立，那么对回归模型的任何估计与假设所做出的结论都是不可靠的。残差独立性分析可以通过以下三种方式实现：

（1）绘制残差序列的序列图。

在直角坐标系中，常以预测值$\hat{y}$为横轴，以y与$\hat{y}$之间的残差（或学生化残差值）为纵轴，绘制残差的散点图。如果散点图呈现出明显的规律性，则认为其存在自相关，或者存在非线性、非常数方差的问题。

利用残差图还可以判断模型拟合效果。在残差图中，如果各点呈随机状，并绝大部分落在±2σ范围内，说明拟合效果较好；如果大部分落在±2σ范围之外，说明拟合效果不好。

（2）计算残差的自相关系数。

自相关系数是一种测度序列自相关强弱的工具，其数学定义为：

$$\hat{\rho} = \frac{\sum_{n=2}^{n} e_t e_{t-1}}{\sqrt{\sum_{t=2}^{n} e_t^2}\sqrt{\sum_{t=2}^{n} e_{t-1}^2}} \tag{8.24}$$

自相关系数的取值范围在-1和+1之间，接近1表明序列存在正自相关，接近-1表明序列存在负自相关。

（3）DW（Durbin-Watson）检验。

DW检验是采用DW统计量推断是否存在自相关的统计检验方法。其数学定义为：

$$DW = \frac{\sum_{n=2}^{n}(e_t - e_{t-1})^2}{\sum_{t=2}^{n} e_t{}^2} \approx 2(1-\rho) \tag{8.25}$$

DW的取值范围是0<DW<4，它的统计学意义如下：当DW=0时，残差序列存在完全正自相关；当DW=2时，残差与解释变量互为独立，即残差不存在自相关；当DW<2时，相邻两点的残差为正自相关；当DW>2时，相邻两点的残差为负自相关；当DW=4时，残差序列存在完全负自相关。

如果残差序列存在自相关，说明回归方程不能够充分说明解释变量的变化规律，还留有一些规律性没有被解释，也就是认为方程中遗漏了一些较为重要的解释变量，或者变量存在取值滞后性，或者回归模型选择不合适，不应选用线性模型等。

3.异方差分析

异方差分析，即方差齐性检验，无论解释变量取怎样的值，对应残差的方差都应相等，它不应随解释变量或被解释变量取值的变化而变化，否则认为出现了异方差现象。当出现异方差时，参数的普通最小二乘估计不再是最小方差无偏估计，不再是有效性估计；容易导致回归系数显著性检验的t值偏高，进而容易拒绝其原假设，使那些本不应保留在方程中的变量被保留下来，并最终使模型的预测偏差较大。异方差分析可以通过以下两种方式实现：

（1）绘制散点图。

一般用绘制被解释变量预测值与学生化残差的散点图来检验异方差，残差应随机地分布在一条穿过零点的水平直线的两侧。如果残差的方差随着解释变量值的增加呈增加（或减少）的趋势，则出现了异方差现象。

（2）等级相关分析。

得到残差序列后首先应对其取绝对值，然后分别计算出残差和解释变量的秩，最后计算Spearman等级相关系数，并进行等级相关分析。如果等级相关分析中检验统计量的相伴概率p值小于给定的显著性水平α，应拒绝等级相关分析的原假设，认为解释变量与残差间存在显著的相关关系，出现了异方差现象。

如果存在异方差现象，可先对解释变量实施方差稳定变换后再进行回归方程参数的估计。通常，如果残差与预测值的平方根成比例变化，可对被解释变量做开方处理；如果残差与预测值成比例变化，可对解释变量取对数；如果残差与预测值的平方成比例变化，可对解释变量求倒数。另外，还可以利用加权最小二乘估计法实施回归方程的参数估计。

4.探测样本中的异常值和强影响点

异常值和强影响点是指那些远离均值的样本数据点，它们对回归方程的参数估计有较大的影响，应尽量找出它们并加以排除。在SPSS软件中，默认的判断依据是标准化残差的绝对值大于3，该标准可以由研究者自行设置。被解释变量和解释变量中都有可能出现异常值和强影响点，可以利用残差分析来进行探测。识别异常值和强影响点的方法，是比较一个观测量存在于回归方程时与不存在于回归方程时残差的变化。需要使用几个指标综合判断某一观测量是否为异常值和强影响点，使用个别指标可能会出现误判。

（1）对被解释变量y中影响点的探测方法。

①标准化残差（Dresid）。由于残差服从均值为零的正态分布，因此可以根据3σ准则进行判断，即首先对残差进行标准化（$ZRE_i=\frac{e_i}{\sigma}$），然后观测ZRE_i。绝对值大于3对应的观测值为异常值。

②学生化残差（Sdresid）。在存在异方差时，可使用学生化残差对异常值进行判断，即首先计算学生化残差（$SRE_i=\frac{e_i}{\hat{\sigma}\sqrt{i-h_{ii}}}$，$h_{ii}$为第i个样本的杠杆值），然后观察$SRE_i$。绝对值大于3对应的观测值为异常值。

③剔除残差。剔除残差的构造思想是，在计算第i个样本残差时，用剔除该样本后剩余的（n-1）个样本拟合回归方程，并计算第i个样本的预测值和相应的残差。这个残差与第i个样本无关，不受第i个样本的y值是不是异常值的影响，称为

剔除残差。剔除残差较上述残差更能如实反映第i个样本的y的异常性。剔除学生化残差的绝对值大于3对应的观测值为异常值。

（2）对解释变量x中影响点的探测方法。

①杠杆值。第i个样本的杠杆值$h_{ii}=\frac{1}{n}+\frac{(x_i-\bar{x})^2}{\sum_{i=1}^{n}(x_i-\bar{x})^2}$反映了解释变量x的第i个值与x的均值之间的离差。又由于在存在异方差时，$D(e_i)=(1-h_{ii})\sigma^2$，当$x_i$接近$\bar{x}$时，$h_{ii}$接近0，相应残差的方差较大；当$x_i$远离$\bar{x}$时，$h_{ii}$接近1，相应残差的方差较小，因此某个杠杆值$h_{ii}$较高意味着对应的$x_i$远离平均值，它会强烈地影响回归方程的拟合程度，是一个异常点。由于杠杆值的平均值$\bar{h}=\frac{1}{n}\sum_{i=1}^{n}h_{ii}=\frac{p+1}{n}$，通常如果$h_{ii}$大于2或3倍的$\bar{h}$，就可认为该杠杆值较高，对应的观测值为强影响点。SPSS中计算的是中心化（回归线过原点，常数项为0）的杠杆值$ch_{ii}=h_{ii}-\frac{1}{n}$，其均值为$\frac{1}{n}\sum_{i=1}^{n}ch_{ii}=\frac{p}{n}$。当杠杆值大于$2\times\frac{p}{n}$时，说明此观测量的影响力很大。

②库克距离（Cook距离）。库克距离$D_i=\frac{e_i^2}{(p+1)\sigma^2}\times\frac{h_{ii}}{(1-h_{ii})^2}$（p为解释变量的个数）是杠杆值$h_{ii}$与残差$e_i$大小的综合效应。一般来说，库克距离大于1，就可以认为对应的观测值为异常点。

③标准化回归系数的变化和标准化预测值的变化。在剔除第i个样本之后，观察标准化回归系数的前后变化，如果标准化回归系数变化的绝对值大于$\frac{2}{\sqrt{n}}$（n为观测量的个数），则可认为第i个样本可能是强影响点。另外，还可以观察标准化预测值的前后变化，如果标准化预测值变化的绝对值大于$\frac{2}{\sqrt{\frac{p}{n}}}$（p为解释变量的个数，n为观测量的个数），则可认为第i个样本可能是强影响点。

三、解释变量的共线性分析

在多元线性回归方程中，由于被解释变量会受到众多因素的共同影响，需要由多个解释变量解释，于是可能会出现多个解释变量之间的共线性问题，即某些解释变量彼此相关。解释变量的共线性将给评价解释变量的贡献率带来困难，使参数估计不稳定。因此，需要对回归方程中的解释变量是否存在共线性进行检测。通常来说，解释变量之间的相关系数小于0.3，则可认为不存在共线性。当然，还有其他更准确的测度方法。

（一）解释变量间多重共线性的测度

1.解释变量的容忍度（Tolerance）

某解释变量的容忍度可以定义为：

$$Tol_i=1-R_i^2 \tag{8.26}$$

其中，R_i^2是解释变量x_i与方程中其他解释变量间的复相关系数的平方，表明解释变量之间的线性相关程度。容忍度的取值范围在0至1之间。如果某解释变量的容忍度较大，一方面说明该解释变量对被解释变量变差的解释关系能力较强，另一方面也说明该解释变量与其他解释变量的相关性较弱，即多重共线性较低，应将其引入回归方程。该值愈小，说明该解释变量与其他解释变量的线性关系愈密切。使用容忍度作为共线性量度指标的条件比较严格，观测量一定要近似服从正态分布。

2.方差膨胀因子（Variance Inflation Factor，VIF）

方差膨胀因子是容忍度的倒数，即$VIF_i=\frac{1}{1-R_i^2}$，其值介于1~∞之间。其值越大，解释变量之间存在共线性的可能性越大。通常，如果VIF_i大于10，说明解释变量x_i与方程中其他解释变量之间有严重的多重共线性，且可能会过度地影响方程的最小二乘估计。

3.特征根（Eigenvalues）

特征根在诊断解释变量间是否存在多重共线性时，其基本思想是：如果解释变量间确实存在较强的相关性，那么它们之间必然存在信息重叠，于是应能够将这些重叠信息提取出来，成为既能够反映解释变量的信息（方差）且又相互独立的因素（成分）。根据这一基本思路可以从解释变量的相关系数矩阵出发，计算相关系数矩阵的特征根。于是，有最大值的特征根能够解释解释变量信息的比例是最高的，其他特征根随特征值的减少对解释变量方差的解释能力依次减弱。如果在这些特征根中，最大特征根的值远远大于其他特征根的值，则说明这些解释变量间具有相当多的重叠信息，原因是仅通过这一个特征根就基本刻画了所有解释变量的绝大部分信息（方差）。

4.方差比（Variance Proportions）

解释变量标准化后，它的方差为1。如果每个特征根都能够刻画该变量方差的一部分，那么所有特征根将刻画该变量方差的全部。如果某个特征根既能够刻画某解释变量方差的较大部分比例，同时可以刻画另一个解释变量方差的较大部分比例，则表明这两个解释变量间存在较强的线性相关关系。

5.条件指数（Condition Index）

条件指数是在特征根的基础上定义的，能够反映解释变量间多重共线性的指标，它的数学定义为：

$$k_i=\sqrt{\frac{\lambda_m}{\lambda_i}} \tag{8.27}$$

其中，k_i为第i个条件指数，它是最大的特征根λ_m与第i个特征根比的平方根。其值越大，说明解释变量间的多重共线性越严重。一般认为，当$0\leqslant k_i<10$时，认为多重共线性较弱；当$10\leqslant k_i<100$时，认为多重共线性较强；当$k_i\geqslant 100$时，认为存在严重的多重共线性。

（二）共线性问题的解决思路

共线性问题是建立回归模型过程中比较常见的问题，常用的解决方法有：

（1）删除不重要的自变量。

自变量之间存在共线性，说明自变量所提供的信息是重叠的，可以删除不重要的自变量减少重复信息。但从模型中删去自变量时应该注意：应从实际经济分析确定为相对不重要并从偏相关系数检验证实为共线性原因的那些变量中删除。如果删除不当，会产生模型设定误差，造成参数估计严重有偏的后果。

（2）追加样本信息。

多重共线性问题的实质是样本信息的不充分而导致模型参数不能被精确估计，因此追加样本信息是解决该问题的有效途径。但是，由于资料收集及调查的困难，要追加样本信息在实践中有时并不容易。

（3）利用非样本先验信息。

非样本先验信息主要来自经济理论分析和经验认识。充分利用这些先验的信息，往往有助于解决多重共线性问题。

（4）改变解释变量的形式。

改变解释变量的形式是解决多重共线性的一种简易方法，如对于横截面数据采用相对数变量，对于时间序列数据采用增量型变量。

（5）逐步回归法。

逐步回归（Stepwise Regression）是一种常用的消除多重共线性、选取“最优”回归方程的方法。其做法是逐个引入自变量，引入的条件是该自变量经F检验是显著的，每引入一个自变量后，对已选入的变量进行逐个检验，如果原来引入的变量由于后面变量的引入而变得不再显著，那么就将其剔除。引入一个变量或从回归方程中剔除一个变量，为逐步回归的一步，每一步都要进行F检验，以确保每次引入新变量之前回归方程中只包含显著的变量。这个过程反复进行，直到既没有不显著的自变量被选入回归方程，也没有显著自变量从回归方程中剔除为止。

（6）主成分回归法。

主成分分析法作为多元统计分析的一种常用方法在处理多变量问题时具有其一定的优越性，其降维的优势是明显的，主成分回归方法对于一般的多重共线性问题还是适用的，尤其是对共线性较强的变量之间。当采取主成分回归法提取了新的变量后，往往这些变量间的组内差异小而组间差异大，起到了消除共线性问题的作用。

（三）解释变量的筛选方法

在多元线性回归中，如果不需要进行解释变量筛选，直接使用强制回归即可。如果需要进行解释变量的筛选，一般有向前引入法、向后剔除法和逐步引入剔除法三种基本方法。

（1）向前（Forward）引入法：将解释变量由少到多一个一个引入回归方程，直到不能按检验水准引入新的变量为止。该法的缺点是：当两个变量一起时效果好而单独时效果不好时，有可能只引入其中一个变量，或两个变量都不能引入。

（2）向后（Backward）剔除法：将解释变量由多到少一个一个从回归方程中剔除，直到不能按检验水准剔除为止。向后剔除法能克服向前引入法的缺点，但当两个变量一起时效果好而单独时效果不好时，有可能将两个变量都引入方程。

（3）逐步（Stepwise）引入剔除法：将向前引入法和向后剔除法结合起来，在向前引入的每一步之后都要考虑从已引入方程的变量中剔除作用不显著者，直到没有一个解释变量能引入方程和没有一个解释变量能从方程中剔除为止。其缺点同向前引入法，但选中的变量比较精准。

四、线性回归分析在SPSS中的实现

1.打开主对话框

（1）打开数据文件后，按“分析（Analyze）”→“回归（Regression）”→“线性（Linear）”的顺序，打开线性回归主对话框，如图8-8所示。

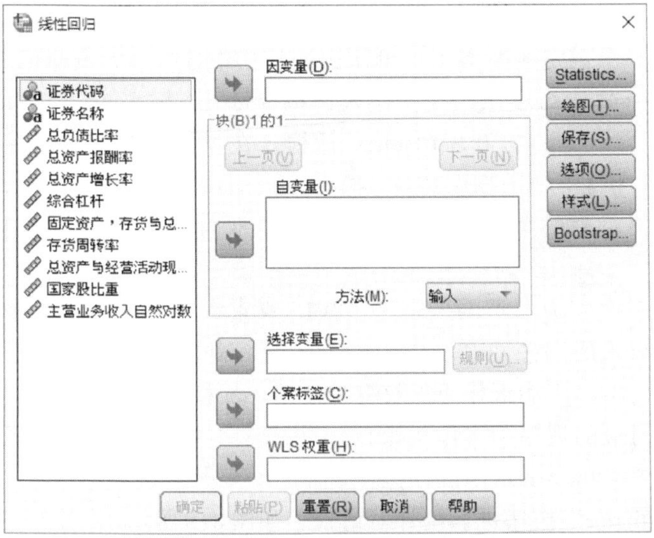

图8-8 线性回归主对话框

（2）在左侧的源变量框中选择一个变量进入因变量（Dependent）框，选择一个或更多的变量进入自变量（Independent）框。

如果要对不同的解释变量采用不同的引入方法（如对某两个变量用强迫引入法，对其他解释变量用向前引入法），可利用“上一页（Previous）”与“下一页（Next）”按钮把解释变量归类到不同的解释变量块中（Block），然后对不同的变量子集选用不同的引入方法（Method）。

（3）在“方法（Method）”下拉列表框中确定一种筛选自变量建立回归方程的方法。这里有五种方法可供选择：

①输入（Enter）选项，表示全部自变量强行引入回归方程。将所选自变量强制性引入模型中进行拟合，不涉及变量筛选，是默认选项。

②删除（Remove）选项，表示从回归方程中剔除所选自变量。将指定的自变

量强制性移除模型。Remove方法的第一步是利用Enter方法构建回归方程，第二步用Remove方法将指定的自变量移除模型。该方法常和其他筛选变量的方法联合使用。

③前进（Forward）选项，表示向前引入策略，即回归方程中的自变量从无到有，由少到多逐个引入来构建模型的方法。

④后退（Backward）选项，表示向后剔除策略，即先建立全变量模型，然后逐步剔除无统计学意义的自变量。

⑤逐步（Stepwise）选项，表示逐步引入剔除策略。在前进法和后退法的基础上，进行双向筛选的方法。其本质是前进法，也就是每引入一个变量后，都需要重新对已引入的变量进行检验，如果原有变量由于引入新变量后不再显著，就需要剔除。这个过程反复进行，直到既没有不显著的自变量引入方程，也没有显著的自变量从回归方程中剔除为止。

为弥补各种选择方法和各种标准的局限性，不妨分别用各种方法和多种引入或剔除处理同一问题，若一些变量常被选中，它们就值得重视。

（4）根据一个设定的变量值（可从源变量栏中选择一个变量），选择参与回归分析的观测量，将作为参照的变量送入选择变量（Selection Variable）框中。单击“规则（Rule）”按钮，打开Set Rule对话框。在下拉列表中选择运算法则：等于（Equal to）或不等于（Not Equal to）。然后在Value框中输入判据。

（5）在主对话框的个案标签（Case Label）框内输入变量名，用其值作为观测量标签。

（6）选择一个作为权重的变量进入WLS权重框中，利用加权最小平方法赋予观测量不同的权重值，它可用来补偿或减少采用不同测量方式所产生的误差。被解释变量与解释变量，不能再作为加权变量使用。加权变量的值如果是零、负数或缺失值，那么相对应的观测量将被删除。

2.打开统计（Statistics）对话框

单击“Statistics”按钮进入统计对话框，如图8-9所示。

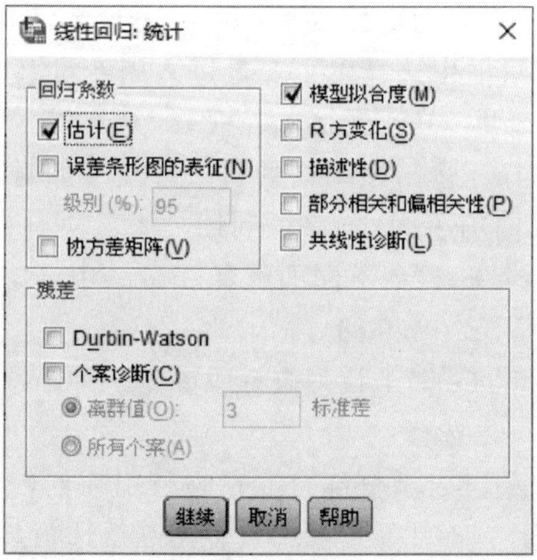

图8-9　统计对话框

(1) 回归系数 (Regression Coefficients) 栏，有关回归系数的选项。

①估计 (Estimates) 复选项，输出回归系数的估计值 (B) 及其标准误 (Std. Error)、常数 (Constant)、标准化回归系数 (Beta)、对回归系数进行检验的t值及其双尾显著性水平 (Sig.)。

②误差条形图的表征复选项，输出每一个非标准化回归系数95%的可信区间或者一个方差矩阵。

③协方差矩阵 (Covariance Matrix) 复选项，输出非标准化回归系数的协方差矩阵、各变量的相关系数矩阵。

(2) 与模型拟合及其拟合效果有关的选项。

①模型拟合度 (Model Fit) 选项：输出进入或从模型中剔除的变量；显示复相关系数 (R)、判定系数 (R^2)、调整 R^2 (Adjusted R Square)、估计值的标准误和方差分析表。

②R方变化 (R Squared Change) 选项，输出 R^2_{ch}、F_{ch}、Sig_{ch}。R^2_{ch} 是当回归方程中引入或剔除一个解释变量后的变化量。如果该变量较大，则说明进入和从回归方程剔除的可能是一个较好的回归解释变量。

③描述性 (Descriptives) 选项，输出合法观测量的数量、变量的均值、标准差、相关系数矩阵及单尾检验显著性水平矩阵。

④部分相关和偏相关性 (Part and Partial Correlations) 选项，显示方程中各解释变量与被解释变量的零阶相关系数 (Zero-order，即 Pearson 相关系数)、偏相关系数 (Partial) 和部分相关系数 (Part)。进行此项分析要求方程中至少有两个解释变量。

⑤共线性诊断 (Collinearity Diagnostic) 选项，显示各变量的容忍度 (Tolerance)、方差膨胀因子 (Variance Inflation Factor) 和共线性的诊断表。

(3) 残差 (Residuals) 栏，有关残差分析的选项。

①Durbin-Watson复选项，输出Durbin-Watson统计量以及可能是异常值的观测量诊断表。

②个案诊断 (Casewise Diagnostic) 复选项，对标准化残差 (服从均数=0，标准差=1的正态分布) 进行诊断，判断有无异常值 (Outliers)。

③离群值 (Outliers Outside Standard Deviations) 复选项，显示标准化残差超过n个标准差的异常值，默认值为≥3。

④所有个案 (All Cases) 复选项，输出所有观测值的残差值。

3.进入图 (Plots) 对话框

单击“绘图”按钮，图对话框如图8-10所示，选择要输出的图形。在默认情况下，不输出图形。绘制图形对研究观测量分布、线性规律、异常值、非正常数据是很有帮助的。

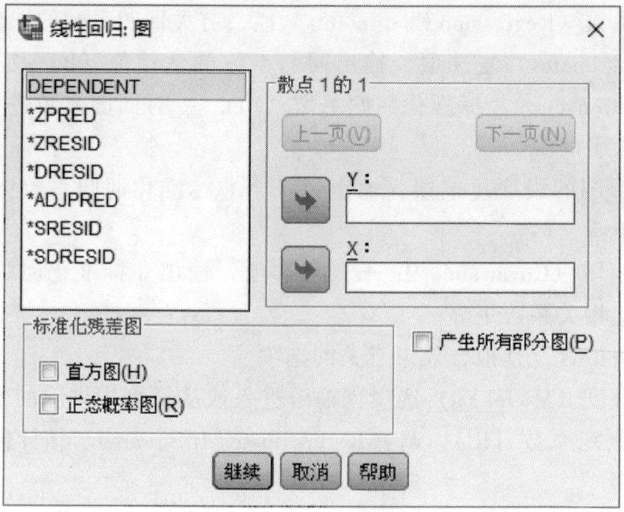

图8-10　图对话框

(1) 散点图，可选择任何两个变量为Y（纵轴变量）与X（横轴变量）做图。为获得更多的图形，可单击“Next”按钮来重复操作过程。可以选择的做图元素有：DEPENDENT（被解释变量）、*ZPRED（标准化预测值）、*ZRESID（标准化残差）、*DRESID（删除残差）、*ADJPRED（修正后预测值）、*SRESID（学生化残差）、*SDRESID（学生化删除残差）。

(2) 标准化残差图（Standardized Residual Plots）栏，选择输出标准化残差图。

①直方图（Histogram）复选项，输出标准化残差的直方图，并给出正态曲线。

②正态概率图（Normal Probability Plot）复选项，输出标准化残差的正态概率图（P-P图），检查残差的正态性。

(3) 产生所有部分图（Produce All Partial Plots）选项，输出每一个解释变量的残差相对于被解释变量残差的散点图。

4.进入保存（Save）对话框

单击“保存（Save）”按钮，保存对话框如图8-11所示。每项选择都会增加新变量到正在使用的数据文件中。

(1) 预测值（Predicted Values）栏，选择输出预测值。其中：

①未标准化（Unstandardized）复选项，由方程计算出的被解释变量未标准化的预测值，简称预测值。

②标准化（Standardized）复选项，输出标准化的预测值。

③调节（Adjusted）复选项，将一个观测值排除在回归方程之外时，它本身的预测值。

④平均值预测值的S. E.（S. E. of Mean Predictions）复选项，预测值的均值标准误。

(2) 距离（Distances）栏，包括Mahalanobis距离，计算Mahalanobis距离；Cook's距离，计算Cook距离；杠杆值（Leverage Values），计算中心点杠杆值。

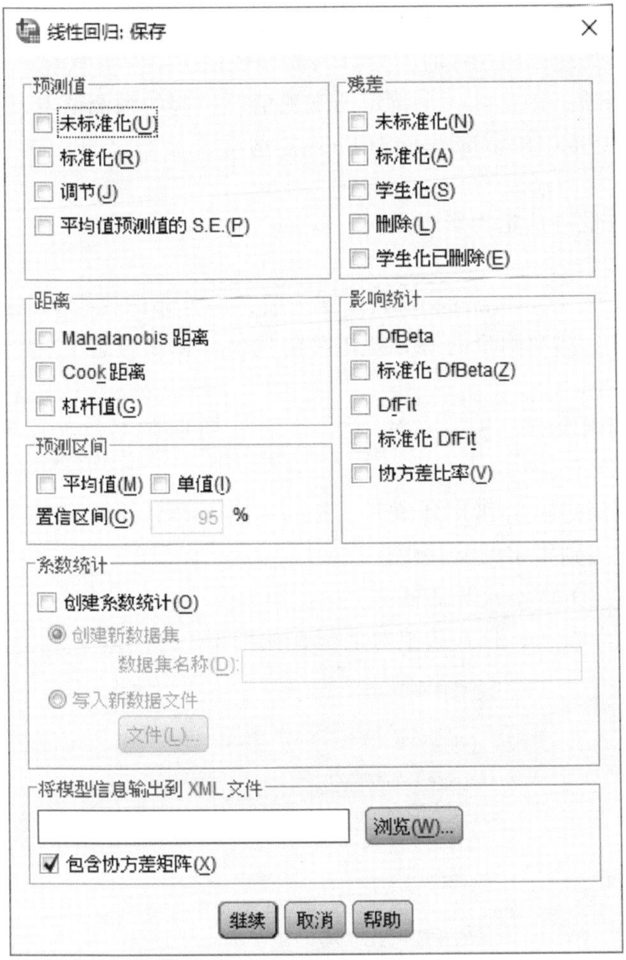

图 8-11　保存对话框

（3）预测区间（Prediction Intervals）栏，选择输出的预测区间。其中：平均值（Mean），预测区间上、下限的平均值；单值（Individual），观测量预测值上、下限的间距。选择上述选项，在置信区间（Confidence Interval）参数框中指定置信区间。默认为95%的置信区间，用户可以自己设定。

（4）残差（Residuals）栏，输出残差值。其中：未标准化（Unstandardized），非标准化残差，是观测值与预测值之差；标准化（Standardized），标准化残差；学生化（Studentized），学生化残差；删除（Deleted），剔除残差；学生化已删除（Studentized Deleted），剔除学生化残差。

（5）影响统计（Influence Statistics）栏，输出影响点的统计量。其中：

①DfBeta复选项，因排除一个特定的观测值所引起的回归系数的变化值。一般情况下，如果此值大于临界值$\frac{2}{\sqrt{N}}$的绝对值，则被排除的观测量有可能是影响点。

②标准化 DfBeta（z）（Standardized DfBeta（z））复选项，标准化的 DfBeta。

在数据文件中保存的变量为SDBM_N，其中当M=0时，变量为被解释变量；当M≥1时，变量为解释变量；当N≥1时，变量为模型数值。

③DfFit复选项，因排除一个特定的观测值所引起的预测值的变化量。

④标准化DfFitc（Standardized DfFit）复选项，标准化的DfFit值。此值大于临界值$\left|\frac{2}{\sqrt{\frac{p}{n}}}\right|$的观测量可认定为影响点。

⑤协方差比率（Covariance Ratio）复选项，协方差的比率。剔除了一个影响点的协方差矩阵与全部观测量的协方差矩阵的比值。比值接近1，说明观测量对方差矩阵没有显著影响。

（6）保存到新文件（Save to New File）栏，将回归系数保存到一个指定的文件中。

（7）将模型信息输出到XML文件（Export Model Information to XML File）栏中，将模型的信息输出到指定的文件中。

5.打开选项（Options）对话框

单击“选项”按钮，打开选项对话框，如图8-12所示。

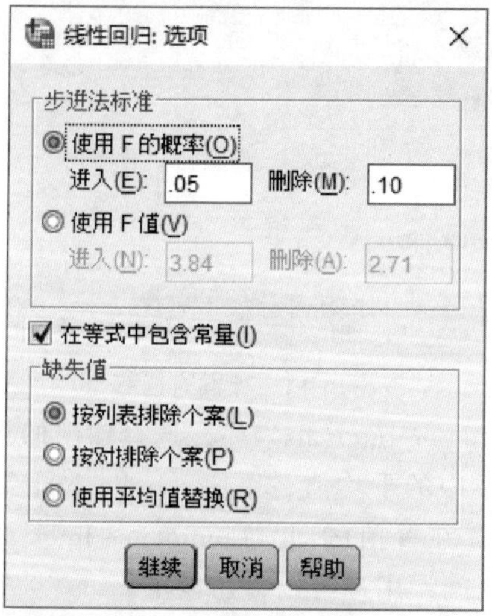

图8-12 选项对话框

（1）步进法标准（Stepping Method Criteria）栏：设置变量引入模型或从模型剔除的判据。

①使用F的概率（Use Probability of F）复选项，采用F检验的相伴概率p值作为判据：系统默认Entry为0.05，Removal为0.10。用户可设定其他标准。当一个变量的Sig.值≤Entry值时，该变量被引入回归方程；当一个变量的Sig.值≥Removal值时，该变量从回归方程中剔除。注意，Entry值要小于Removal值，而且它们都必须大于0。增加Entry值可使更多变量能够进入方程，降低Removal值可从方程中剔除更多的变量。

②使用F值（Use F Value）复选项，采用F值作为变量引入模型或从模型剔除变量的判据。系统默认当Entry：F值≥3.84时，该变量被选入模型；当Removal：F值≤2.71时，从模型中剔除该变量。用户可设定其他标准。需要注意的是，Entry值要大于Removal值，而且它们都必须大于0。减少Entry值可使更多变量能够进入方程，加大Removal值可从方程中剔除更多的变量。

（2）在等式中含有常量（Include Constant in Equation）选项：在线性回归方程中含有常数项。

（3）缺失值（Missing Value）栏，缺失值的处理方法。

①按列表排除个案（Exclude Cases Listwise）复选项：将变量中具有缺失值的观测量排除在计算之外。

②按对排除个案（Exclude Cases Pariwise）复选项：剔除计算相关系数的一对变量中含有缺失值的观测量。

③使用平均值替换（Replace with Mean）复选项：以变量的平均数代替缺失值。

五、线性回归方程分析实例

数据文件data08-03为交通运输业上市公司数据，其中总负债比率为被解释变量，其他指标为解释变量，分析影响总负债比率的因素。

data08-03线性回归方程数据

1.选择变量，指定选项

（1）打开数据文件data08-03后，按“分析（Analyze）”→“回归（Regression）”→“线性（Linear）”的顺序，打开线性回归主对话框。

（2）从源变量框中选择总负债比率作为被解释变量进入因变量框，选择其他变量作为解释变量进入自变量框。

（3）在方法下拉列表框中选择逐步回归。

（4）进入统计对话框，选择估计（Estimates）复选项和模型拟合度（Model Fit）选项输出各种统计量；选中共线性诊断选项；在残差（Residuals）栏中选择Durbin-Watson复选项输出DW统计量。

（5）单击“绘图（Plots）”按钮，将变量*ZPRED（标准化预测值）与*ZRESID（标准化残差）分别选入X、Y框中。

（6）单击“保存（Save）”按钮，打开保存对话框。选择Mahalanobis距离、Cook's距离、杠杆值、标准化DfFit和协方差比率选项，这些统计量将保存在数据文件中，用来确定影响点。

（7）单击“OK”按钮，提交系统执行结果。

2.运行结果分析

（1）表8-3为引入或从模型中剔除的变量，从左至右各列的含义为：模型（Model），表示拟合过程步骤的编号；已输入变量（Variables Entered），表示引入回归方程的解释变量；已除去变量（Variables Removed），表示从回归方程中剔除的解释变量；方法（Method），表示解释变量引入或剔除的判据。可以看出，8个被选择的解释变量经过逐步回归过程，只有3个进入了回归方程，有5个被剔除。

表8-3 引入或从模型中剔除的变量[a]

模型	已输入变量	已除去变量	方法
1	总资产报酬率		步进（准则：F-to-enter 的概率≤0.050，F-to-remove 的概率≥0.100）
2	主营业务收入的自然对数		步进（准则：F-to-enter 的概率≤0.050，F-to-remove 的概率≥0.100）
3	国家股比重		步进（准则：F-to-enter 的概率≤0.050，F-to-remove 的概率≥0.100）

a. 因变量：总负债比率。

（2）表8-4从左至右各列数据项的含义依次为：模型编号，被解释变量和解释变量的复相关系数，判定系数R^2，调整的判定系数R^2，回归方程的估计标准误。依据该表可进行拟合优度检验。由于该方程中有多个解释变量，因此应参考调整的判定系数。Durbin-Watson为DW统计量，接近2，说明残差不存在自相关关系。

表8-4 模型摘要[d]

模型	R	R^2	调整的 R^2	标准估算的错误	Durbin-Watson（U）
1	0.344[a]	0.118	0.098	0.2074939	
2	0.546[b]	0.298	0.265	0.1873139	
3	0.613[c]	0.376	0.330	0.1787478	2.261

a. 预测变量：（常量），总资产报酬率。

b. 预测变量：（常量），总资产报酬率，主营业务收入的自然对数。

c. 预测变量：（常量），总资产报酬率，主营业务收入的自然对数，国家股比重。

d. 因变量：总负债比率。

（3）表8-5显示回归拟合过程中每一步的方差分析结果。结果表明，当回归方程包含不同的解释变量时，其相伴概率p值分别为0.021，0.001，0.000。如果显著性水平α为0.05，相伴概率p值均小于显著性水平α，即拒绝总体回归系数均为零的原假设。因此，最终的回归方程应该包括这3个解释变量，且方差拟合效果很好。

表8-5 方差分析[a]

模型		平方和	自由度	均方	F	显著性
1	回归	0.248	1	0.248	5.769	0.021[b]
	残差	1.851	43	0.043		
	总计	2.100	44			
2	回归	0.626	2	0.313	8.922	0.001[c]
	残差	1.474	42	0.035		
	总计	2.100	44			
3	回归	0.790	3	0.263	8.239	0.000[d]
	残差	1.310	41	0.032		
	总计	2.100	44			

a. 因变量：总负债比率。

b. 预测变量：（常量），总资产报酬率。

c. 预测变量：（常量），总资产报酬率，主营业务收入的自然对数。

d. 预测变量：（常量），总资产报酬率，主营业务收入的自然对数，国家股比重。

（4）表8-6从左至右各列的含义依次为：回归方程模型的编号，非标准化偏回归系数，偏回归系数的标准误，标准化偏回归系数，回归系数显著性检验中t统计量的观测值，相伴概率p值，解释变量的容忍度和方差膨胀因子。依据该表可以进行回归系数显著性检验，写出回归方程和检验多重共线性。例如，以模型3为例，回归方程中包括常数项和解释变量总资产报酬率、主营业务收入的自然对数、国家股比重。如果显著性水平α为0.05，3个解释变量的回归系数t统计量的相伴概率p值都小于显著性水平α，因此拒绝原假设，认为这些解释变量与被解释变量的线性关系是显著的，应该保留在方程中，回归方程为：

总负债比率=-1.037-1.254×总资产报酬率+0.080×主营业务收入的自然对数-0.217×国家股比重

模型3的共线性诊断为：容忍度分别为0.896、0.904、0.969，没有出现很小的数值；方差膨胀因子分别为1.116、1.106、1.032，没有出现很大的数值，说明方程中各解释变量之间没有出现共线性问题。

表8-6 **回归计算过程中各方程系数表[a]**

模型		非标准化系数		标准系数	t	显著性	共线性统计	
		B	标准错误	贝塔			容许	VIF
1	（常量）	0.508	0.047		10.880	0.000		
	总资产报酬率	-0.979	0.408	-0.344	-2.402	0.021	1.000	1.000
2	（常量）	-1.024	0.469		-2.185	0.035		
	总资产报酬率	-1.358	0.386	-0.477	-3.521	0.001	0.910	1.098
	主营业务收入的自然对数	0.076	0.023	0.444	3.281	0.002	0.910	1.098
3	（常量）	-1.037	0.447		-2.319	0.025		
	总资产报酬率	-1.254	0.371	-0.440	-3.379	0.002	0.896	1.116
	主营业务收入的自然对数	0.080	0.022	0.469	3.614	0.001	0.904	1.106
	国家股比重	-0.217	0.096	-0.284	-2.263	0.029	0.969	1.032

a. 因变量：总负债比率。

（5）表8-7为共线性诊断，从左至右各列的含义为：模型编号，特征根序号，特征根值，条件指数，方差比例。依据该表可进行多重共线性检验。

表8-7 **共线性诊断[a]**

模型	维度	特征根值	条件指数	方差比例			
				（常量）	总资产报酬率	主营业务收入的自然对数	国家股比重
1	1	1.749	1.000	0.13	0.13		
	2	0.251	2.639	0.87	0.87		
2	1	2.677	1.000	0.00	0.04	0.00	
	2	0.322	2.885	0.00	0.88	0.00	
	3	0.002	39.183	1.00	0.07	1.00	
3	1	3.394	1.000	0.00	0.02	0.00	0.02
	2	0.351	3.111	0.00	0.81	0.00	0.23
	3	0.254	3.657	0.00	0.10	0.00	0.74
	4	0.002	44.174	1.00	0.07	1.00	0.00

a. 因变量：总负债比率。

（6）图 8-13 为散点图，从散点图中可以看出，绝大部分观测量随机地落在垂直围绕±2 的范围内，预测值与学生化残值之间没有明显的关系，所以回归方程应该满足线性与方差齐性的假设，且拟合效果较好。

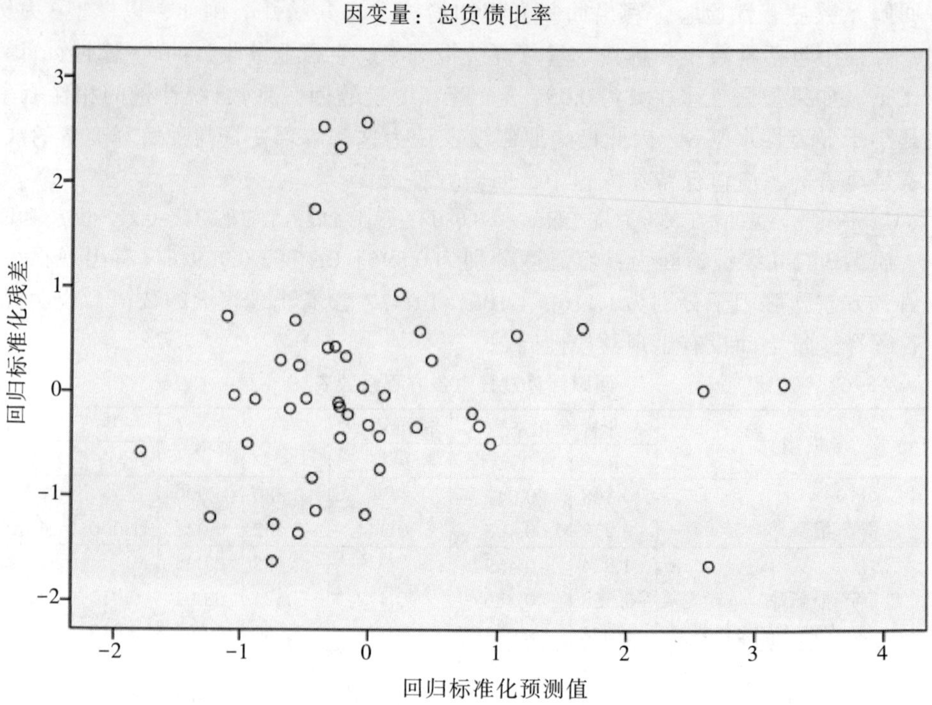

图 8-13　总负债比率多元线性回归分析的残差散点图

第三节　曲线估计

线性回归可以满足许多数据分析，然而线性回归不会对所有的问题都适用，有时被解释变量与解释变量是通过一个已知或未知的非线性函数关系相联系的。变量之间的非线性关系可以划分为本质线性关系和非本质线性关系。所谓本质线性关系，是指变量关系形式上虽然是非线性关系，但可通过变量变换为线性关系，并可最终进行线性回归分析建立线性模型。非本质线性关系是指变量关系不仅形式上呈非线性关系，而且也无法通过变量变换为线性关系，最终无法进行线性回归分析建立线性模型。曲线估计是解决本质线性关系问题的。

一、曲线估计的概念及数据要求

（一）曲线估计的概念

曲线估计就是用曲线形式来拟合变量之间的关系。如果不能马上根据专业知识或是观测量数据本身的特点确定一种最佳模型，可以利用曲线估计在不同的回归模型中选择建立一个简单而又比较适合的模型。SPSS 可完成表 8-8 中有关曲线拟合的功能。

表8-8 不同模型的表示

模型名	回归方程	变量变换后的线性方程
二次项曲线（Quadratic）	$y=\beta_0+\beta_1x+\beta_2x^2$	$y=\beta_0+\beta_1x+\beta_2x_1$ （$x_1=x^2$）
复合曲线（Compound）	$y=\beta_0\beta_1^x$	$\ln(y)=\ln(\beta_0)+\ln(\beta_1)x$
增长曲线（Growth）	$y=e^{\beta_0}+\beta_1^x$	$\ln(y)=\beta_0+\beta_1x$
对数曲线（Logarithmic）	$y=\beta_0+\beta_1\ln(x)$	$y=\beta_0+\beta_1x_1$ （$x_1=\ln(x)$）
三次曲线（Cubic）	$y=\beta_0+\beta_1x+\beta_2x^2+\beta_3x^3$	$y=\beta_0+\beta_1x+\beta_2x_1+\beta_3x_2$ （$x_1=x^2 x_2=x^3$）
S曲线（S）	$y=e^{\beta_0}+\beta_1/x$	$\ln(y)=\beta_0+\beta_1x_1$ （$x_1=\frac{1}{x}$）
指数曲线（Exponential）	$y=\beta_0e^{\beta_1x}$	$\ln(y)=\ln(\beta_0)+\beta_1x$
逆函数（Inverse）	$y=\beta_0+\beta_1/x$	$y=\beta_0+\beta_1x_1$ （$x_1=\frac{1}{x}$）
幂函数（Power）	$y=\beta_0(x^{\beta_1})$	$\ln(y)=\ln(\beta_0)+\beta_1x_1$ （$x_1=\ln(x)$）
逻辑函数（Logistic）	$y=\frac{1}{1/\mu+\beta_0\beta_1^x}$	$\ln(\frac{1}{y}-\frac{1}{\mu})=\ln(\beta_0+\ln(\beta_1)x)$

在SPSS曲线估计中，首先，在不能明确究竟哪种模型更接近样本数据时，可在多种可选择的模型中选择几种模型；然后，SPSS自动完成模型的参数估计，并输出回归方程显著性检验的F值和相伴概率p值、判定系数R^2等统计量；最后，以判定系数为主要依据选择其中的最优模型，并进行预测分析。另外，SPSS曲线估计还可以时间为解释变量，实现时间序列的简单回归分析和趋势外推分析。

（二）曲线估计的数据要求

进行曲线估计时，要求解释变量与被解释变量应该是数值型变量。如果在解释变量中选择了时间选项，要求被解释变量是用一定的时间量度的变量。在进行时间分析时，要求数据文件中的每一个观测量所使用的时间间隔和长度单位是完全统一的。此外，模型的残差应该是任意且呈现正态分布的。如果选择了线性模型，被解释变量必须是正态分布的，且所有的观测值应该是独立的。

二、曲线估计在SPSS中的实现

1.打开主对话框

打开数据文件后，按“分析（Analyze）→回归（Regression）→曲线估计（Curve Estimation）”的顺序，打开曲线估计主对话框，如图8-14所示。

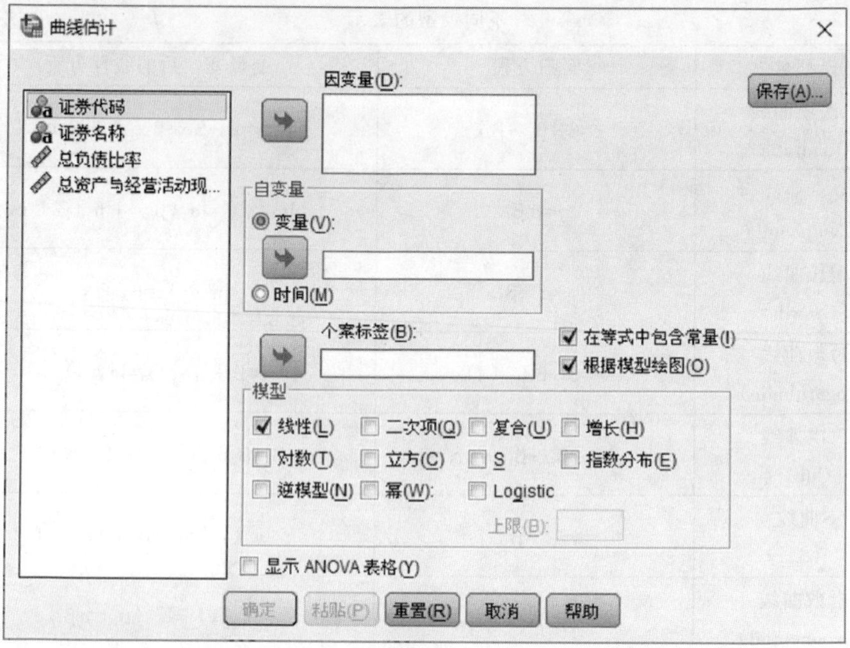

图8-14 曲线估计主对话框

2.选择被解释变量

在源变量框中选择一个或多个被解释变量，送入因变量（Dependent）框。

3.选择解释变量

在源变量框中选择解释变量，送入自变量（Independent）栏，或者直接指定时间（Time）复选项作为解释变量。如果选择了时间作为解释变量，那么被解释变量应该是用时间量度的变量。

4.选择观测量

在左侧源变量框中选择标示观测量的变量放入个案标签（Case Labels）框。

5.选择拟合模型

在模型（Models）栏中选择一个或多个拟合模型，各模型解释见表8-8。在大多数情况下，对变量之间关系的认识往往模糊不清，需要先绘制散点图，根据数据分布的特点，确定应采用的模型。可以多指定几个模型进行拟合检验，根据输出的统计量，如R^2值，结合图形综合考虑，确定最佳图形。

6.选择相关选项

（1）在等式中包含常量（Include Constant in Equation）选项：方程包含常数项。

（2）根据模型绘图（Plot Models）选项：绘制曲线拟合图。

（3）显示方差分析表格（Display ANOVA Table）选项：在结果中显示方差分析表格。

7.打开“保存（Save）”对话框

单击“Save”按钮，激活保存对话框，如图8-15所示。

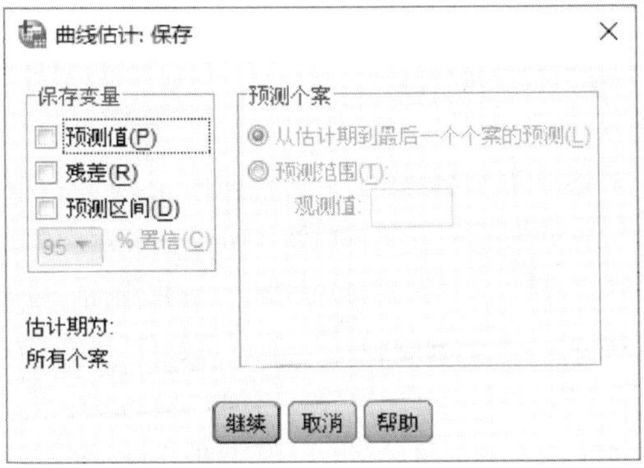

图 8-15　保存对话框

（1）保存变量（Save Variables）栏：可将相应的数值以新变量形式储存到数据集中，这些变量的定义将在结果中显示。其中，预测值（Predicted Values）复选项代表被解释变量的预测值；残差（Residuals）复选项代表观察值与预测值之差；预测区间（Prediction Intervals）复选项代表预测值区间（上下限）。

（2）预测个案（Predict Case）栏：预测观测量。如果解释变量为时间变量，可以在该栏中指定一种超出当前数据时间序列范围的预测周期。

①从估计期到最后一个个案的预测（Predict from Estimation Period through Last Case）复选项：使用预先设定好的估计周期中的数据，求出所有观测量的预测值。要完成这一步，必须先通过 Data 菜单中 Select Cases 选项中的 Select→Base on Time or Case Range 定义估计周期，当前的估计周期显示在对话框的底部。如果没有预先设置估计周期，计算时使用所有的观测量。

②预测范围（Predict through）复选项：根据预先设定的周期，使预测值通过特定的数据、时间或者特定的观测量。如果预测值的范围超出了时间序列的范围，应该选择该选项，并在随后的观测值（Observation）框中输入一个预测周期的末端值。

8.提交运行

单击“OK”按钮提交运行。

三、曲线估计分析实例

数据文件 data08-04，用于分析交通运输业总负债比率与总资产经营活动现金净流量的关系。

data08-04 曲线估计数据

1.选择变量，指定选项

（1）打开数据文件 data08-04，按“分析（Analyze）→回归（Regression）→曲线估计（Curve Estimation）”的顺序，打开主对话框。

（2）选择总负债比率送入因变量框。

（3）选择总资产经营活动现金净流量送入自变量框。

（4）在模型（Models）栏中选择所需的拟合模型。

（5）选择方程包含常数项，绘制曲线拟合图。

（6）单击“OK”按钮提交运行。

2.运行结果分析

表8-9分为两个部分，模型摘要部分依次列出了判定系数R^2、F值、自由度和相伴概率p值。从表中结果来看，由于对数（Logarithmic）模型和幂（Power）模型的解释变量存在负值，所以模型不能拟合。如果显著性水平α为0.05，线性（Linear）模型、二次项（Quadratic）模型、复合（Compound）模型、增长（Growth）模型、指数（Exponential）模型、对数（Logistic）模型的F值都小于2，相伴概率p值都大于0.05；立方（Cubic）模型的F值为2.619，相伴概率p值为0.064；S模型的F值为4.380，相伴概率p值为0.042；逆（Inverse）模型的F值为8.440，相伴概率p值为0.006。综合比较来看，逆模型为最佳模型。

参数估计值（Parameter Estimates）部分依次列出各模型的常数项和回归系数。根据表中数据，本案例的最佳逆模型为：

总负债比率=0.364+0.005/总资产经营活动现金净流量　　（8.28）

表8-9　**模型摘要和参数估计**

因变量：总负债比率

方程式	模型摘要					参数估计值			
	R^2	F	df1	df2	显著性	常量	b1	b2	b3
线性（L）	0.041	1.833	1	43	0.183	0.478	−0.567		
对数[a]									
逆模型（N）	0.164	8.440	1	43	0.006	0.364	0.005		
二次项（Q）	0.041	0.897	2	42	0.416	0.479	−0.606	0.182	
立方（C）	0.161	2.619	3	41	0.064	0.565	−0.330	−19.915	70.982
复合（U）	0.026	1.142	1	43	0.291	0.405	0.223		
幂[a]（W）									
S	0.092	4.380	1	43	0.042	−1.198	0.012		
增长（H）	0.026	1.142	1	43	0.291	−0.904	−1.500		
指数分布（E）	0.026	1.142	1	43	0.291	0.405	−1.500		
对数（T）	0.026	1.142	1	43	0.291	2.471	4.482		

自变量为总资产经营活动现金净流量比。

a. 自变量（总资产经营活动现金净流量比）包含了非正值。最小值为−0.107。无法计算对数模型和幂模型。

图8-16是拟合模型的图形，可以直观地看出逆模型拟合程度稍好一些。需要注意的是，图形的判断只对模型的取舍起辅助作用，而最终的模型判定还是要通过对统计量的分析与研究进行的。

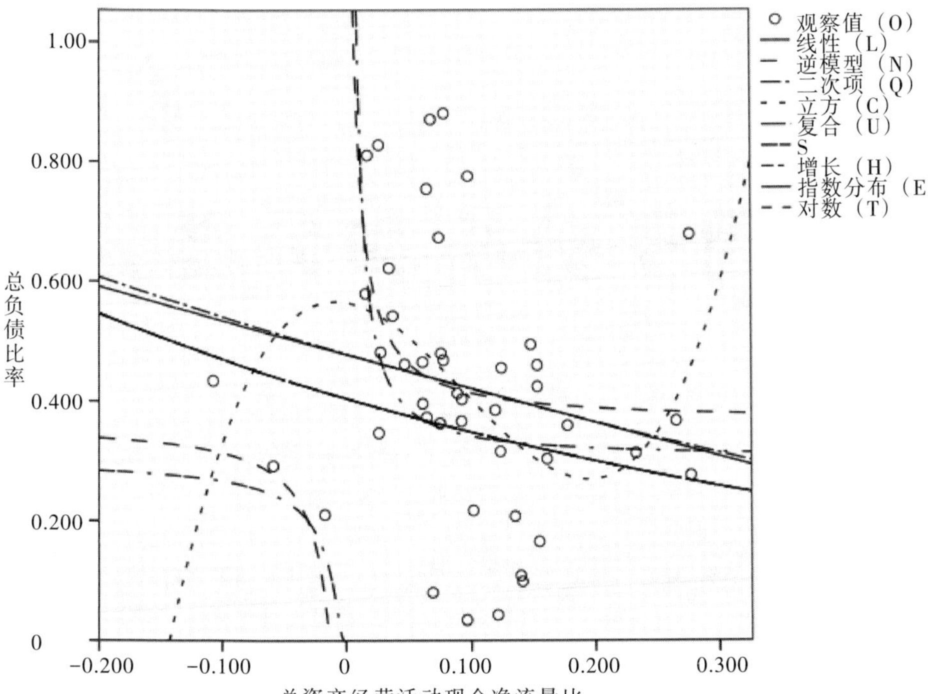

图 8-16 拟合模型的图形

第九章

因子分析和分类分析

俗话说：物以类聚，人以群分，对大量事物按照一定的标准进行分类是管理的有效手段。在会计研究中，也存在大量的根据相关数据对研究对象分类的问题，例如根据历史信用情况对企业的客户进行分类，便于制定应收账款收账政策；根据指标的相关性对企业绩效相关指标进行分类，便于对企业绩效进行综合评价。根据分类的目的不同，分析方法包括因子分析、聚类分析、判别分析。

第一节　因子分析

在研究实际问题时，往往希望尽可能多地收集研究对象信息，以期能对研究问题有更全面、完整的认识。例如，了解一家企业的基本情况，需要收集宏观环境、行业竞争、营业收入、成本费用、研发投入、企业成长性等方面的信息。多变量、大样本无疑会为科学研究提供丰富的信息，但也在一定程度上增加了数据采集和后续处理的工作量，更重要的是在大多数情况下许多变量之间可能存在相关性，从而增加了问题分析的复杂性。为解决这些问题，最简单和最直接的解决方案是削减变量个数，但这必然又会导致信息丢失和信息不完整等问题的产生。为此，人们希望找到一种合理的方法，在减少分析指标的同时不会造成信息的大量丢失，这种思想也是会计上成本效益原则、重要性原则的体现，因子分析就是这样一种方法。

一、因子分析的概念和特点

1.因子分析的概念

因子分析（Factor Analysis）是从研究原始变量相关矩阵内部的依赖关系出发，把多个具有错综复杂关系的变量归结为少数几个综合因子的一种多变量统计分析方法，是一种能降低变量维数，能得到较好研究结果，在实践中广泛应用的分析方法。其基本思想是根据相关性大小把变量分组，使得同组内的变量之间的相关性较高，但不同组的变量不相关或相关性较低，每组变量代表一个基本结构。

因子分析的概念起源于20世纪初Karl Pearson和Charles Spearman等人关于智力测试的统计分析，他们发现学生的各科成绩之间存在一定的相关性，一科成绩好的学生，往往其他各科成绩也比较好，从而推想是否存在某些潜在的共性因子，或称某些智力条件影响着学生的学习成绩。因子分析可在许多变量中找出隐藏的具有代表性的因子，将相同本质的变量归入一个因子，可减少变量的数目，还可检验变量间关系的假设。目前，因子分析已成功应用于心理学、医学、气象学、地质学、经济学等领域，并在应用中促进了理论的丰富和完善。在会计实证研究中，因子分析也发挥着重要的作用，如变量构造、变量筛选和综合评价等。

因子分析的方法有两类：一类是探索性因子分析；另一类是验证性因子分析。探索性因子分析不事先假定因子与测度项之间的关系，而让数据“自己说话”。验证性因子分析假定因子与测度项的关系是部分知道的，即哪个测度项对应于哪个因子，虽然尚且不知道具体的系数。

2.因子分析的特点

因子分析以最少的信息丢失为前提，将众多的原有变量综合成较少几个综合指标，名为因子。通常，因子有以下特点：

（1）因子的数量远少于原有指标变量的数量。原有变量综合成少数几个因子后，因子可以代替原有变量参与数据建模，这将大大减少分析过程中的计算工作量。

（2）因子并不是原有变量的简单取舍，而是对原有变量的重新组构，因此不会造成原有变量信息的大量丢失，并能够代表原有变量的绝大部分信息。

（3）因子之间线性关系不显著。由原有变量重组出来的因子之间的线性关系较弱，因子参与数据建模，能够有效地解决变量多重共线性等给应用带来的诸多问题。

（4）因子具有命名解释性。通常，因子分析产生的因子能够通过各种方式最终获得命名解释性。因子的命名解释性有助于对因子分析结果的解释评价，对因子的进一步应用有重要意义。如果因子分析结果保证了因子之间的正交性（不相关），但对因子不易命名，还可以通过对因子模型的旋转变换，使公因子负荷系数向更大（如1），或更小（如0）方向变化，使得对公因子的命名和解释变得更加容易，进行正交变换可以保证变换后各因子仍正交，这是比较理想的情况。如果经过正交变换后对公因子仍然不易解释，也可以进行斜交旋转，或许可以得到比较容易解释的结果。

二、因子分析的数学模型和基本概念

（一）因子分析的数学模型

因子分析的核心是用较少的互相独立的因子反映原有变量的绝大部分信息，其数学模型为：

设原有p个变量x_1，x_2，…，x_p，且每个变量（或经标准化处理后）的均值为0，标准差为1。现将每个原有变量用k（k<p）个因子f_1，f_2，…，f_k的线性组合来表示，即：

$$\begin{cases} x_1 = a_{11}f_1 + a_{12}f_2 + a_{13}f_3 + \cdots + a_{1k}f_k + \varepsilon_1 \\ x_2 = a_{21}f_1 + a_{22}f_2 + a_{23}f_3 + \cdots + a_{2k}f_k + \varepsilon_2 \\ x_3 = a_{31}f_1 + a_{32}f_2 + a_{33}f_3 + \cdots + a_{3k}f_k + \varepsilon_3 \\ \vdots \\ x_p = a_{p1}f_1 + a_{p2}f_2 + a_{p3}f_3 + \cdots + a_{pk}f_k + \varepsilon_p \end{cases} \tag{9.1}$$

写成矩阵形式为$X=AF+\varepsilon$，其中X为原始变量向量，A为公因子载荷矩阵，F为公共因子，ε为特殊因子。

（二）因子分析中的基本概念

1.因子的含义

因子分析法中有两种因子：公共因子和特殊因子。

公共因子f_1，f_2，…，f_k是每个原有变量的线性表达式中都共同出现的因子，可以理解为它们是在高维空间中互相垂直的k个坐标轴。各公共因子都是均值为0、方差为1的独立正态随机变量，其协方差矩阵为单位矩阵。

特殊因子ε表示原有变量不能被公共因子解释的部分，其均值为0，相当于多元线性回归模型中的残差。

各特殊因子之间以及特殊因子与所有公共因子之间都是互相独立的。

2.因子载荷

模型中各公共因子的系数a_{ij}称为因子载荷，反映了第i个变量在第j个公共因子上的相对重要性，相当于多元线性回归模型中的标准化回归系数，反映了变量x_i与因子f_i的相关程度。当$|a_{ij}| \leqslant 1$时，a_{ij}的绝对值越大，表明x_i与f_j的相依程度越大。

3.变量共同度

因子载荷矩阵A中第i行元素的平方和，称为变量x_i的共同度，即变量方差，用公式表示为：

$$h_i^2 = \sum_{j=1}^{k} a_{ij}^2 \tag{9.2}$$

在变量x_i标准化时，由于变量x_i的方差可以表达为$h_i^2+\varepsilon_i^2=1$，因此原有变量x_i的方差可由两个部分解释，第一部分为变量共同度h_i^2，它反映了全部公共因子对变量x_i方差解释说明的比例，是全部公共因子对变量x_i的方差所做的贡献。此值接近1，表明该变量的几乎全部原始信息都被所选择的公共因子说明了。此值接近0，说明公共因子对x_i的影响很小，主要由第二部分的特殊因子ε_i来描述。这个指标以观测变量为中心，它的意义在于说明如果用公共因子代替原变量后，原来每个变量的信息被保留的程度。因此，变量共同度是衡量因子分析效果的重要依据。

4.因子的方差贡献

因子f_j的方差贡献的数学定义为：

$$S_j^2 = \sum_{i=1}^{p} a_{ij}^2 \tag{9.3}$$

式（9.3）表明，因子f_j的方差贡献是因子载荷矩阵A中第j列元素的平方和，反映了因子f_j对原有变量总方差的解释能力，是衡量公共因子相对重要性的指标。

此值越大，表明相应因子的重要性越高。计算出所有的指标，按其大小排序，就可以提炼出最有影响的公共因子。

三、因子分析的步骤

因子分析的任务是求出因子模型和因子得分函数中的全部系数，利用旋转后的因子模型并结合具体问题给公共因子以恰当的解释，利用因子得分对样本进行分类或排序。围绕浓缩原有变量提取因子的核心目标，因子分析主要有以下四个基本步骤：

（一）因子分析的适合性检验

由于因子分析的主要任务之一是对原有变量进行浓缩，即将原有变量中的信息重叠部分提取综合成因子，进而最终实现减少变量个数的目的。对此它要求原有变量之间应存在较强的相关关系；否则，如果原有变量之间都相互独立，不存在信息重叠，那么也就无法将其综合和浓缩，也就无须进行因子分析。适合性检验正是希望通过各种方法分析原有变量是否存在相关关系，是否适合进行因子分析。通常采用以下三种方法判断数据是否适合做因子分析：

1.相关矩阵和反映像相关矩阵

因子分析的前提是观测变量间应该有较强的相关关系，如果变量间的相关程度小，它们不可能共享公共因子。所以计算出相关矩阵后，可先对其进行检验，如果其中大部分相关系数都小于0.3，那么原则上这些数据不适合做因子分析。

反映像相关矩阵（Anti-Image Correlation Matrix）主要包括负的偏协方差和负的偏相关系数。偏相关是在控制其他变量不变的条件下，一个解释变量（自变量）对被解释变量（因变量）的独立解释作用。如果公共因子存在，则变量之间的偏相关系数应该很小，因为它与其他变量重叠的解释影响被扣除了。若反映像相关矩阵中很多元素的值都比较大（对角线上的元素除外），可能该数据不适合做因子分析。如果反映像相关矩阵中除对角线上的元素外，其他大多数元素的绝对值均较小，对角线上的元素的值较接近1，则说明这些变量的相关性较强，适合进行因子分析。

2.KMO（Kaiser-Meyer-Olkin）检验

KMO检验统计量是用于比较变量间简单相关系数和偏相关系数的指标，数学定义为：

$$KMO=\frac{\sum\sum_{i\neq j} r_{ij}^2}{\sum\sum_{i\neq j} r_{ij}^2+\sum\sum_{i\neq j} p_{ij}^2} \tag{9.4}$$

式（9.4）中，r_{ij}是变量x_i和其他变量x_j之间的简单相关系数，p_{ij}是变量x_i和其他变量x_j在控制了剩余变量下的偏相关系数。由公式可知，KMO取值在0和1之间。当所有变量间的简单相关系数平方和远远大于偏相关系数平方和时，KMO值接近1。KMO值越接近1，意味着变量间的相关性越强，原有变量越适合做因子分析。KMO较小时，则表明不适合做因子分析。Kaiser给出了常用的KMO度量标准：0.9以上表示非常适合；0.8~0.9表示适合；0.7~0.8表示一般；0.6~0.7表示不太适合；0.6以下表示极不适合。

3.巴特利特球形检验（Bartlett Test of Sphericity）

巴特利特球形检验以原有变量的相关系数矩阵为出发点，其零假设 H_0 是：相关矩阵为单位矩阵，即相关系数矩阵为对角矩阵（对角元素不为0，非对角元素均为0）且主对角元素均为1。

巴特利特球形检验的检验统计量是根据相关系数矩阵的行列式计算得到的，且近似服从卡方分布。如果该统计量的观察值比较大，且相伴概率p值小于给定的显著性水平α，则应拒绝原假设，认为相关系数矩阵不太可能是单位矩阵，原有变量适合做因子分析；反之，如果该统计量的观察值比较小，且相伴概率p值大于给定的显著性水平α，则不应拒绝原假设，认为相关系数矩阵与单位矩阵无显著差异，原有变量不适合做因子分析。

（二）因子提取和因子载荷矩阵的求解

因子分析的关键是根据样本数据求解因子载荷矩阵，SPSS提供了7种提取因子的方法，如基于主成分模型的主成分分析法、基于因子分析模型的主轴因子法、极大似然法、最小二乘法等。这里仅对在因子分析中使用最为广泛的主成分分析法做简单讨论。

主成分分析法能够为因子分析提供初始解，因子分析是对主成分分析结果的沿承和拓展。主成分分析法通过坐标变换的手段，将原有的p个相关变量 x_i 标准化后进行线性组合，转换成另一组不相关的变量 y_i，于是有：

$$\begin{cases} y_1 = \mu_{11}x_1 + \mu_{12}x_2 + \mu_{13}x_3 + \cdots + \mu_{1p}x_p \\ y_2 = \mu_{21}x_1 + \mu_{22}x_2 + \mu_{23}x_3 + \cdots + \mu_{2p}x_p \\ y_3 = \mu_{31}x_1 + \mu_{32}x_2 + \mu_{33}x_3 + \cdots + \mu_{3p}x_p \\ \vdots \\ y_p = \mu_{p1}x_1 + \mu_{p2}x_2 + \mu_{p3}x_3 + \cdots + \mu_{pp}x_p \end{cases} \tag{9.5}$$

式（9.5）是主成分分析的数学模型，其中 $\mu_{i1}^2+\mu_{i2}^2+\mu_{i3}^2+\cdots+\mu_{ip}^2=1$（i=1，2，…，p）。对式（9.5）中的系数应按照以下原则求解：

（1）y_i 与 y_j（i≠j；i，j=1，2，3，…，p）相互独立。

（2）y_1 是 x_1，x_2，x_3，…，x_p 的一切线性组合（系数满足上述方程组）中方差最大的；y_2 是与 y_1 不相关的 x_1，x_2，x_3，…，x_p 的一切线性组合中方差最大的；y_p 是与 y_1，y_2，y_3，…，y_{p-1} 都不相关的 x_1，x_2，x_3，…，x_p 的一切线性组合中方差最大的。

根据上述原则确定的变量 y_1，y_2，y_3，…，y_p 依次称为原有变量 x_1，x_2，x_3，…，x_p 的第1，2，3…，p个主成分。其中 y_1 在总方差中所占比例最大，它综合原有 x_1，x_2，x_3，…，x_p 的能力最强，其余主成分 y_2，y_3，…，y_p 在总方差中所占比例依次递减。在主成分的实际应用中，一般只选取前面几个方差较大的主成分。这样既减少了变量的数目，又能够用较少的主成分反映原有变量的绝大部分信息。

可见，主成分分析法的核心是通过原有变量的线性组合以及各个主成分的求解来实现变量降维的。主成分数学模型的系数求解步骤归纳如下：

（1）将原有变量进行标准化处理。

（2）计算变量的简单相关系数矩阵R。

（3）求相关系数矩阵R的特征根$\lambda_1 \geq \lambda_2 \geq \lambda_3 \cdots \geq \lambda_p \geq 0$及对应的单位特征向量$\mu_1$，$\mu_2$，$\mu_3$，…，$\mu_p$。

通过上述步骤，计算$y_i=\mu_i'x$便得到各个主成分。其中p个特征根和对应的特征向量便是因子分析的初始解。

因子分析利用上述p个特征根和对应的特征向量，并在此基础上计算因子载荷矩阵。由于因子分析的目的是减少变量个数，在因子分析的数学模型中，因子数目k小于原有数目p，因此在计算因子载荷矩阵时，只选取前k个特征根和对应的特征向量。这里的主要问题是如何确定因子个数k，通常有以下三种方法：

（1）特征根准则，即取特征根的值大于等于1的主成分作为初始因子，放弃特征根的值小于1的主成分。因为每个变量的方差为1，该准则认为每个保留下来的因子至少应该能解释一个变量的方差，否则达不到精简目的。

（2）累积方差贡献率，因子累积解释的方差比例也是确定因子个数时可以参考的指标，一般应达到70%~85%或85%以上。

（3）碎石检验准则，按照因子被提取的顺序，画出因子的特征值随因子个数变化的散点图，根据图的形状来判断因子的个数。图形由陡变平，曲线开始变平的前一个点被认为是提取的最大因子数。

以上方法可结合起来运用。

（三）因子命名

在因子分析模型中，公共因子与因子载荷矩阵的解不是唯一的。因子分析的目的不仅是找出主因子，更重要的是要知道每个主因子的意义，以利于对公共因子命名和解释结果，便于进一步的分析。若每个公共因子的含义不清，难以找到合理的解释，可对因子载荷矩阵实行旋转，使每个变量仅在一个公共因子上有较大的载荷，而在其他公共因子上的载荷较小。

SPSS中有5种因子旋转的方式可供选择：

（1）Varimax选项：方差最大旋转，是一种正交旋转方法，它使每个因子上的具有最高载荷的变量数最少，因此可以简化对因子的解释。

（2）Direct Oblimin 选项：直接斜交旋转，指定此项可以在下面的矩形框中键入δ值，该值应该在0到1之间。0值产生最高相关因子。

（3）Quartimax 选项：四次最大正交旋转。该旋转方法使每个变量中需要解释的因子数最少，可以简化对变量的解释。

（4）Equamax 选项：平均正交旋转，是简化对因子的解释的Varimax方法与简化对变量解释的Quartimax方法的结合。可以使在一个因子上有高载荷的变量数和变量中需要解释的因子数最少。

（5）Promax 选项：斜交旋转方法，允许因子彼此相关，它比直接斜交旋转更快，因此适用于大数据集的因子分析。

（四）计算因子得分

因子得分是因子分析的最终体现。在因子分析的实际应用中，当因子确定以后，便可以计算各因子在每个样本上的具体数值，这些数值称为因子得分，形成的变量称为因子变量。于是，在以后的分析中就可以因子变量代替原有变量进行数据建模，或者利用因子变量对样本进行分类或评价等研究，进而实现降维和简化问题的目标。

由于因子得分函数中方程的个数少于变量的个数，因此不能精确地计算出因子得分，只能对因子得分进行估计。估计的方法很多，SPSS中列示了3种方法：

（1）Regression 选项：回归法。其因子得分的均值为0，方差等于估计因子得分与实际因子得分之间的多元相关系数的平方。

（2）Bartlett 选项：巴特利特法。其因子得分的均值为0，凡超出变量范围的各因子平方和被最小化。

（3）Anderson-Rubin 选项：是为了保证因子的正交性而对Bartlett 因子得分的调整，其因子得分的均值为0，标准差为1，且彼此不相关。

在这3种方法中常用的是Regression法，即回归法。

用因子得分还可以计算因子总分，因子总分 $F = \sum F_j \times \omega_j$，其中，$\omega_j$为$F_j$的方差贡献率。根据因子总分F可对样本（变量）进行排序或归类，作为评价的依据。

四、因子分析在SPSS中的实现

1.打开主对话框

打开数据文件后，按分析（Analyze）→降维（Dimension Reduction）→因子分析（Factor Analysis）的顺序，打开因子分析主对话框，如图9-1所示。

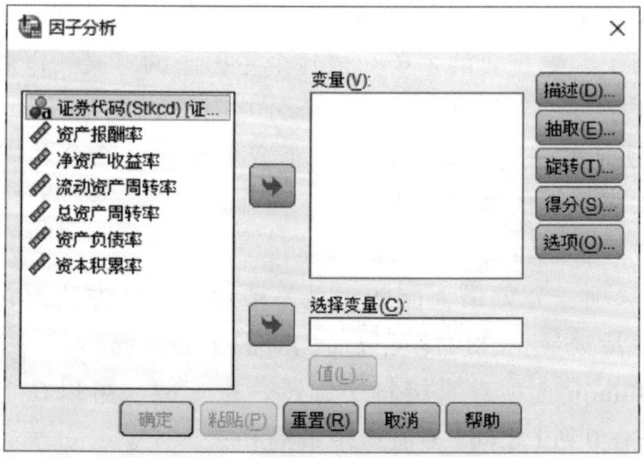

图9-1 因子分析主对话框

2.选择变量（Variables）

把参与分析的变量选到变量（Variables）框中。

3.打开选择变量（Selection Variable）框

用于限制有特殊值的样本子集的分析，当一个变量进入该栏时，将激活下方的"值（Value）"按钮，点击该按钮打开设置值（Set Value）对话框，如图9-2所示，可在该对话框中键入标识参与分析的观测量所具有的该变量值。

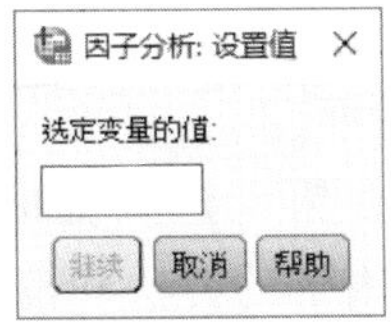

图9-2　设置值对话框

4.打开描述（Descriptives）对话框

单击“描述（Descriptives）”按钮，展开描述（Descriptives）统计对话框，如图9-3所示，可以选择单变量的描述性统计量和原始分析结果。

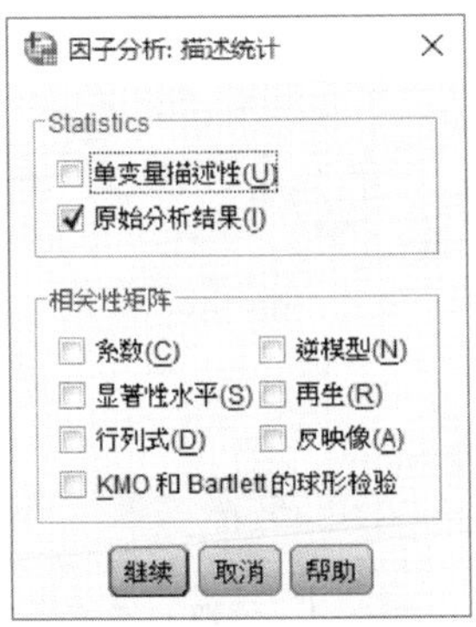

图9-3　描述统计对话框

（1）Statistics栏。

①单变量描述性（Univariate Descriptives）复选项。输出参与分析的各原始变量的均值、标准差等。

②原始分析结果（Initial Solution）复选项。给出因子提取前分析变量的公共因子方差。对主成分分析来说，这些值是分析变量的相关或协方差矩阵的对角元素。对因子分析来说，这些值是每个变量用其他变量做预测因子的载荷平方和。

（2）相关性矩阵（Correlation Matrix）栏。

①系数（Coefficients）复选项。原始分析变量间的相关系数矩阵。

②显著性水平（Significance Levels）复选项。每个相关系数相对于相关系数为零的单尾假设检验的显著性水平。

③行列式（Determinant）复选项，给出相关系数矩阵的行列式。

④逆模型（Inverse）复选项，给出相关系数矩阵的逆矩阵。

⑤再生（Reproduced）复选项，给出因子分析后的相关阵，还给出残差，即原始相关与再生相关之间的差值。

⑥反映像（Anti-image）复选项，包括偏相关系数的负数、反映像协方差阵、偏协方差的负数。

⑦KMO和Bartlett的球形检验复选项，要求进行KMO检验和Bartlett球形检验。Kaiser-Meyer-Olkin测度，用于对采样充足度的检验，并检验变量间的偏相关关系是否很小。Bartlett球形检验，则是检验相关阵是不是单位阵，它表明因子模型是

否不适宜。

5.进入抽取（Extraction）对话框

单击“抽取（Extraction）”按钮，进入抽取（Extraction）对话框（如图9-4所示），可以选择不同的提取公共因子的方法和控制提取结果的判据。

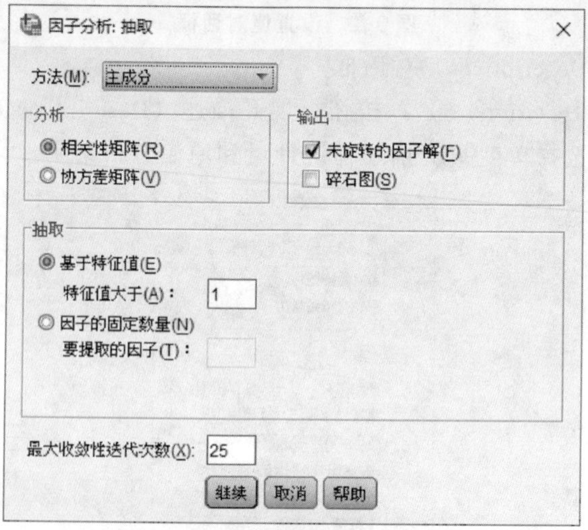

图9-4　抽取对话框

（1）方法（Method）下拉列表框，因子提取方法选择项。

方法（Method）参数框是一组指定提取方法的选择项，提供了7种提取方法以供选择：

①主成分（Principal Components）选项，该方法假设变量是因子的纯线性组合，第一成分有最大的方差，后续的成分可解释的方差逐个递减。

②不加权最小平方法（Unweighted Least Square）选项，该方法使观测的和再生的相关矩阵之差的平方和最小，不计对角元素。

③综合最小平方法（Generalized Least Squares）选项，用变量值的倒数加权，使观测的和再生的相关矩阵之差的平方和最小。给较高值的权重比给较低值的权重要小。

④极大似然法（Maximum Likelihood）选项，不要求多元正态分布，该方法给出参数估计。如果样本来自多元正态总体，那么它们与原始变量的相关矩阵极为相似，用变量值的倒数对原始分析变量加权，使用迭代算法。

⑤主轴因子法（Principal Axis Factoring）选项，使用多元相关的平方作为对公共因子方差的初始估计。初始估计公共因子方差时，多元相关系数的平方置于对角线上。这些因子载荷用于估计新公共因子方差，替换对角线上的前一次的公共因子方差估计。这样的迭代持续到，本次到下一次迭代结果中公共因子方差的变化满足提取因子的收敛判据为止。

⑥Alpha Factoring 选项，α因子提取法，这是一种因子抽取方法，它将分析中的变量视为来自潜在变量全体的一个样本。此方法使因子的 Alpha 可靠性最大。

⑦映像因子法（Image Factoring）选项，映像因子提取法，是由 Guttman 提出

的因子提取方法。根据映像学原理提取公共因子，并把一个变量看作其他变量的多元回归，而不是假设因子的函数。

（2）分析（Analyze）栏，指定分析矩阵的选择项。

①相关性矩阵（Correlation Matrix）复选项，指定以分析变量的相关矩阵为提取因子的依据。如果参与分析的变量的测度单位不同，则应该选择此项。

②协方差矩阵（Covariance Matrix）复选项，指定以分析变量的协方差矩阵为提取因子的依据。如果参与分析的变量的测度单位相同，则可以选择此项。

（3）输出（Display）栏，指定与因子提取有关的输出项。

①未旋转的因子解（Unrotated Factor Solution）复选项，要求显示未经旋转的因子提取结果。

②碎石图（Scree Plot）复选项，要求显示按特征值大小排列的因子序号，以特征值为两个坐标轴的碎石图，可以有助于确定保留多少个因子。典型的碎石图会有一个明显的拐点，在该点之前是与大因子连接的陡峭的折线，之后是与小因子相连的缓坡折线。

（4）抽取（Extract）栏，控制提取进程和提取结果的选择项。

①基于特征值（Eigenvalues Over）复选项，指定提取的因子应该具有的特征值范围，在此项后面的矩形框中给出。系统默认值为1，即要求提取那些特征值大于1的因子。这是指定特征值来决定提取因子数目的方法，是系统默认的方法。

②因子的固定数量（Number of Factors）复选项，指定提取公共因子的数目。理论上有多少个分析变量就有多少个因子。选择此项后，将指定提取公共因子的数目输入到该选择项，数值应该是0到分析变量数目之间的正整数。

（5）最大收敛性迭代次数（Maximum Iterations for Convergence）参数框，指定因子分析收敛的最大迭代次数，系统默认的最大迭代次数为25。

6.展开旋转（Rotation）对话框

单击“旋转（Rotation）”按钮，展开旋转（Rotation）对话框，如图9-5所示，可以选择因子旋转方法。

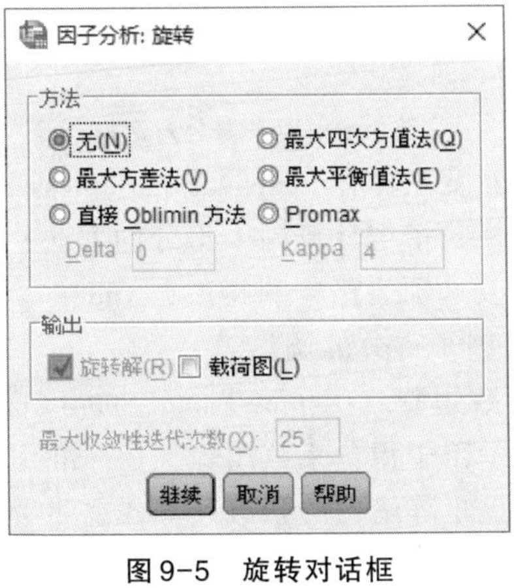

图9-5　旋转对话框

（1）方法栏。其中，无（None）复选项表示不进行旋转，最大方差法（Varimax）复选项为方差最大旋转法，直接Oblimin方法（Direct Oblimin）复选项为直接斜交旋转法，最大四次方值法（Quartimax）复选项为四次最大正交旋转法，最大平衡值法（Equamax）复选项为平均正交旋转法，Promax复选项为斜交旋转法。

（2）输出（Display）栏，选择有关输出的选项。

①旋转解（Rotated Solution）复选项，显示旋转结果。指定旋转方法才能指定此项，指定此项将对正交旋转显示旋转后的因子矩阵模式、因子转换矩阵；对斜交旋转显示旋转后的因子矩阵模式、因子结构矩阵和因子间的相关矩阵。

②载荷图（Loading Plot（s））复选项，显示因子载荷散点图。指定此项将给出以两两因子为坐标轴的各变量的载荷散点图。如果有两个因子，给出各原始变量在Factor1、Factor2坐标系中的散点图。如果多于两个因子，则给出前三个因子的三维因子载荷散点图。如果只提取了一个因子，不会输出载荷散点图。需要注意的是，选择此项给出的是经旋转后的因子载荷图。

（3）最大收敛性迭代次数（Maximum Iterations for Convergence）参数框，指定旋转收敛的最大迭代次数，系统默认值为25。可以在此项后面的矩形框中键入指定值。

7.进入因子得分（Factor Scores）对话框

单击“得分（Scores）”按钮，进入因子得分（Factor Scores）对话框，如图9-6所示，可以要求计算因子得分，选择显示或作为新变量保存。

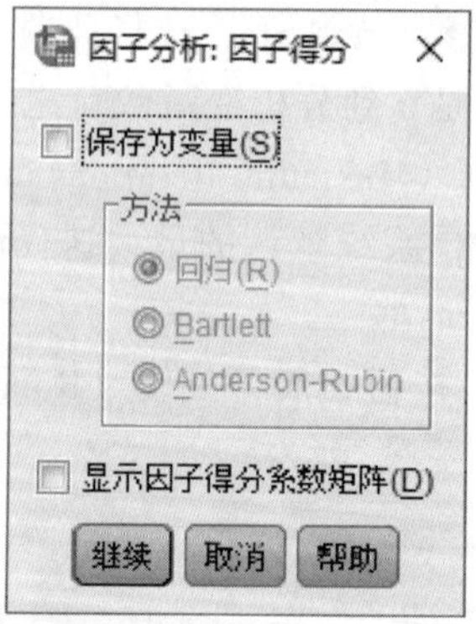

图9-6　因子得分对话框

（1）将因子得分作为新变量保存（Save as Variables）在数据集中。

（2）方法（Method）栏，指定计算因子得分的方法。其中，回归（Regression）复选项为回归法，Bartlett复选项为巴特利特法，Anderson-Rubin复选项是为了保证因子的正交性而对Bartlett因子得分的调整。

（3）显示因子得分系数矩阵（Display Factor Score Coefficient Matrix）选项，选择此项将在输出窗口中显示因子得分系数矩阵，是标准化的得分系数。原始变量值进行标准化后，可以根据该矩阵给出的系数计算各观测量的因子得分，还显示协方差矩阵。

8.进入选项（Options）对话框

单击“选项（Options）”按钮，进入选项（Options）对话框，可以进一步选择各种输出项，如图9-7所示。

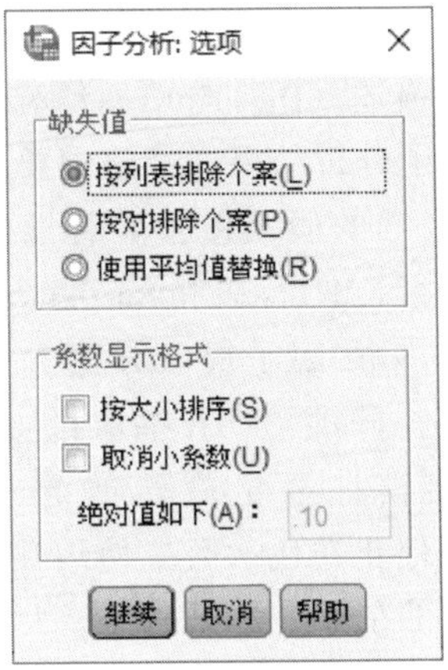

图9-7　选项对话框

（1）缺失值（Missing Values）栏，选择缺失值处理方式。

①按列表排除个案（Exclude Cases Listwise）复选项，在分析过程中对那些指定的分析变量中有缺失值的观测量一律剔除。所有分析变量带有缺失值的观测量都不参与分析。

②按对排除个案（Exclude Cases Pairwise）复选项，成对剔除带有缺失值的观测量。换句话说，在计算两个变量的相关系数时，只把这两个变量中带有缺失值的观测量剔除。如果一个观测量在正进行相关系数计算的变量中没有缺失值，而在其他变量中带有缺失值，那么不影响当前相关系数的计算。

③使用平均值替换（Replace with Mean）复选项，用该变量的均值代替该变量的所有缺失值。

（2）系数显示格式（Coefficient Display Format）栏，决定载荷系数的显示格式。

①按大小排序（Sorted by Size）复选项，选中此项载荷系数按其数值的大小排列并构成矩阵。使在同一因子上具有较高载荷的变量排在一起，以便于得出结论。

②取消小系数（Suppress Small Coefficients Absolute Values Below）复选项，选中此项，不显示那些绝对值小于指定值的载荷系数。选择此项后还需要在该项的框中键入0到1之间的数作为临界值。系统默认的临界值为0.10。选择此项可以突出载荷较大的变量，以便于得出结论。

五、SPSS中因子分析实例

数据文件data09-01为房地产上市公司财务指标，财务指标取自《国有资本金绩效评价规则》中的基本指标。由于“已获利息倍数”和“销售（营业）增长率”两个指标的缺失值和特异值太多，因此删除了这两个指标。根据这些指标对房地产上市公司的财务绩效进行综合评价。

data09-01因子分析、聚类分析数据

1.选择变量，指定选项

（1）针对数据文件data09-01，打开因子分析对话框。

（2）将资产报酬率、净资产收益率、流动资产周转率、总资产周转率、资产负债率、资本积累率变量选入变量框。

（3）展开描述（Descriptives）对话框。①在Statistics栏中选中要求显示初始因子分析结果。②选中要求显示相关矩阵的相关系数，选中要求显示针对相关系数为零的假设检验显著性概率。③选中KMO and Bartlett's Test of Sphericity复选项，进行KMO检验和Bartlett球形检验。

（4）展开抽取对话框。①在因子提取方法参数框中，选择主成分分析选项。②在分析栏中选择分析相关矩阵项。③在抽取栏中选择指定提取的因子的特征值。④在输出栏中选中在输出窗口显示旋转前的因子分析结果。⑤在Maximum Iterations for参数框中，选择停止迭代次数，使用默认值为25。

（5）展开旋转对话框。①在方法栏中选择最大方差旋转。②在输出栏中选择显示旋转后的结果。

（6）在主对话框中，展开因子得分对话框。①选中以变量形式将因子得分保存在数据文件中，在方法栏中选择默认的回归法。②选中显示因子得分系数矩阵选项。

（7）在主对话框中，展开选项对话框。①在缺失值栏中选择Exclude Cases Listwise复选项。②在系数显示格式栏中选择按大小排序复选项。

（8）在主对话框中，单击“OK”按钮执行运算。

2.运行结果分析

（1）表9-1为原始变量的相关分析结果。检验的假设是，总体中与该单元格对应的变量间的相关系数为0，它与相关系数矩阵中各相关系数对应。可以看到，大部分的相关系数都具有显著性，能够从中提取公共因子，适合进行因子分析。

表9-1 原有变量的相关系数矩阵

		资产报酬率	净资产收益率	流动资产周转率	总资产周转率	资产负债率	资本积累率
相关系数	资产报酬率	1.000	0.808	0.377	0.538	−0.161	0.271
	净资产收益率	0.808	1.000	0.236	0.471	0.188	0.312
	流动资产周转率	0.377	0.236	1.000	0.744	0.010	0.080
	总资产周转率	0.538	0.471	0.744	1.000	0.192	0.115
	资产负债率	−0.161	0.188	0.010	0.192	1.000	−0.072
	资本积累率	0.271	0.312	0.080	0.115	−0.072	1.000
显著性（单尾）	资产报酬率		0.000	0.001	0.000	0.093	0.012
	净资产收益率	0.000		0.026	0.000	0.061	0.005
	流动资产周转率	0.001	0.026		0.000	0.468	0.256
	总资产周转率	0.000	0.000	0.000		0.057	0.174
	资产负债率	0.093	0.061	0.468	0.057		0.279
	资本积累率	0.012	0.005	0.256	0.174	0.279	

（2）表9-2为KMO检验和Bartlett球形检验，KMO值为0.513，数据不太理想。但Bartlett球形检验统计量的观测值为190.792，相伴概率p值为0。如果显著性水平α为0.05，由于相伴概率p值小于显著性水平α，应拒绝零假设，认为相关系数矩阵与单位矩阵有显著差异。结合表9-1的分析，该数据适合进行因子分析。

表9-2 **KMO检验和Bartlett球形检验**

KMO 取样适切性量数		0.513
Bartlett 球形检验	上次读取的卡方	190.792
	自由度	15
	显著性	0.000

（3）表9-3为所有变量的共同度数据。初始值列是因子分析初始解下的变量共同度，它表明，对原有6个变量如果采用主成分分析方法提取所有特征根（6个），那么原有变量的所有方差都可被解释，变量的共同度均为1（原有变量标准化后的方差为1）。事实上，因子个数小于原有变量的个数才是因子分析的目标，所以不可能提取全部特征根；“提取”列是在按指定提取条件（这里为特征值大于1）提取特征根时的共同度。可以看出，这6个变量的大部分信息可被因子解释，因此本次因子提取的总体效果较理想。

表9-3 **所有变量的共同度**

	初始值	提取
资产报酬率	1.000	0.833
净资产收益率	1.000	0.857
流动资产周转率	1.000	0.851
总资产周转率	1.000	0.876
资产负债率	1.000	0.975
资本积累率	1.000	0.541

提取方法：主成分分析法。

（4）表9-4为因子解释原有变量总方差的情况，第一列是因子编号，以后每三列组成一组，每组中数据项的含义依次是特征根的值、方差贡献率和累积方差贡献率。其中：

表9-4 **因子解释原有变量总方差的情况**

组件	初始特征值			提取载荷平方和			旋转载荷平方和		
	总计	方差百分比	累积（%）	总计	方差百分比	累积（%）	总计	方差百分比	累积（%）
1	2.696	44.930	44.930	2.696	44.930	44.930	1.989	33.144	33.144
2	1.207	20.125	65.055	1.207	20.125	65.055	1.833	30.548	63.692
3	1.029	17.151	82.206	1.029	17.151	82.206	1.111	18.514	82.206
4	0.763	12.709	94.916						
5	0.201	3.344	98.260						
6	0.104	1.740	100.000						

提取方法：主成分分析法。

第一组数据项（第二至第四列）描述了初始因子解的情况。可以看到，第1个因子的特征根的值为2.696，解释原有6个变量总方差的44.930%，累积方差贡献率为44.930%；第2个因子的特征根的值为1.207，解释原有6个变量总方差的20.125%，累积方差贡献率为65.055%；其余数据含义类似。在初始解中由于提取了6个因子，因此原有变量的总方差均被解释，表9-4的第四列也说明了这点。

第二组数据项（第五至第七列）描述了因子解的情况。可以看到，由于指定提取条件为特征根大于1，因此共提取了三个因子，解释了原有变量总方差的82.206%。总体上，原有变量的信息丢失较少，因子分析效果较理想。

第三组数据项（第八至第十列）描述了最终因子解的情况。可见因子旋转后，累积方差贡献率没有变化，也就是没有影响原有变量的共同度，但却重新分配了各个因子解释原有变量的方差，改变了各因子的方差贡献率，使得因子更易于解释。

（5）表9-5为因子载荷矩阵，是因子分析的核心内容。从表中内容可以看出，6个变量中的4个变量在第1个因子上的载荷都很高，意味着它们与第1个因子的相关程度高，第1个因子很重要，但第1个因子的实际含义比较模糊。另外，还可以看到，其他2个变量的载荷矩阵在3个因子中差异不是特别显著。

表9-5 **因子载荷矩阵**[a]

	组件		
	1	2	3
资产报酬率	0.854	-0.321	-0.020
总资产周转率	0.832	0.391	-0.172
净资产收益率	0.811	-0.204	0.397
流动资产周转率	0.686	0.394	-0.475
资本积累率	0.371	-0.581	0.259
资产负债率	0.091	0.646	0.741

提取方法：主成分分析法。

a. 已提取3个成分。

（6）表9-6为旋转后的因子载荷矩阵，流动资产周转率和总资产周转率在第1个因子上有较高的载荷，可解释为资产营运能力；净资产收益率、资产报酬率和资本积累率在第2个因子上有较高的载荷，可解释为财务效益状况和发展能力；资产负债率在第3个因子上有较高的载荷，可解释为偿债能力。与旋转前相比，因子含义较为清晰。

（7）表9-7显示了三因子的协方差矩阵。可以看出，两两因子没有线性相关性，实现了因子分析的设计目标。

（8）表9-8为因子得分系数矩阵。

表 9-6　　**旋转后的因子载荷矩阵**[a]

	组件		
	1	2	3
流动资产周转率	0.920	0.014	−0.066
总资产周转率	0.887	0.237	0.183
净资产收益率	0.319	0.829	0.261
资产报酬率	0.488	0.759	−0.133
资本积累率	−0.125	0.715	−0.119
资产负债率	0.034	−0.039	0.986

提取方法：主成分分析法。

旋转方法：Kaiser 标准化最大方差法。

a. 旋转在 4 次迭代后已收敛。

表 9-7　　**因子协方差矩阵**

组件	1	2	3
1	1.000	0.000	0.000
2	0.000	1.000	0.000
3	0.000	0.000	1.000

提取方法：主成分分析法。

旋转方法：Kaiser 标准化最大方差法。

组件评分。

表 9-8　　**因子得分系数矩阵**

	组件		
	1	2	3
资产报酬率	0.116	0.369	−0.149
净资产收益率	−0.037	0.464	0.226
流动资产周转率	0.561	−0.224	−0.137
总资产周转率	0.463	−0.066	0.097
资产负债率	−0.053	−0.016	0.896
资本积累率	−0.247	0.495	−0.085

提取方法：主成分分析法。

旋转方法：Kaiser 标准化最大方差法。

组件评分。

根据表 9-8 可以写出以下因子得分函数：

F_1=0.116×资产报酬率−0.037×净资产收益率+0.561×流动资产周转率+0.463×总资产周转率−0.053×资产负债率−0.247×资本积累率　　(9.6)

F_2=0.369×资产报酬率+0.464×净资产收益率−0.224×流动资产周转率−0.066×总资产周转率−

0.016×资产负债率+0.495×资本积累率 (9.7)

F_3=-0.149×资产报酬率+0.226×净资产收益率-0.137×流动资产周转率+0.097×总资产周转率+0.896×资产负债率-0.085×资本积累率 (9.8)

注意：因子得分的均值为0，标准差为1。正值表示高于平均水平，负值表示低于平均水平。

（9）表9-9是在数据编辑窗口中，以新变量的形式保存的因子得分信息。数据文件中因子分数变量的命名：FAC1_1是第1个回归因子分数变量，FAC2_1是第2个回归因子分数变量，FAC3_1是第3个回归因子分数变量。

表9-9 **表明各观测量的两个因子得分的新变量**

*未标题2 [数据集1] - IBM SPSS Statistics 数据编辑器

文件(F) 编辑(E) 视图(V) 数据(D) 转换(T) 分析(A) 直销(M) 图形(G) 实用程序(U) 窗口(W) 帮助(H)

可见：10 变量的 10

	产收益率	流动资产周转率	总资产周转率	资产负债率	资本积累率	FAC1_1	FAC2_1	FAC3_1
1	.21916	.49447	.47364	.66113	.94342	.30683	.82783	.58617
2	.16080	.29798	.23450	.67603	.17874	-.59458	.17117	.67347
3	.18520	.64848	.24404	.93340	.56108	.05599	.07602	1.77269
4	.00542	.19481	.17384	.66824	-.03716	-1.03674	-1.00452	.56072
5	.20367	.25921	.21875	.63577	1.48602	-1.22475	1.30413	.43538
6	.03364	.61735	.35996	.48697	.05723	.60834	-1.07771	-.52328
7	.18096	.32053	.17985	.39157	.90539	-.79530	1.06476	-.92247
8	.11141	.35223	.22180	.64509	.07612	-.46537	-.27125	.43495
9	.17681	.58287	.55204	.45409	.19329	1.14608	.18468	-.50940
10	.24154	.36395	.31344	.49615	.27729	-.01698	1.16738	-.31637
11	.16759	.47317	.33279	.64631	.17579	.15274	.08791	.45014

根据每个公司的因子得分，以各因子的方差贡献率（见表9-4中旋转载荷平方和列的方差百分比，或者归一化处理后）为权数，就可以对每个公司的财务绩效进行综合评价并做排序，其计算公式为：

$$F=0.33144F_1+0.30548F_2+0.18514F_3 \quad (9.9)$$

● 第二节　聚类分析

在社会生活的众多领域中都存在大量的分类问题，以前人们主要靠经验和专业知识做定性分类处理，致使许多分类带有主观性和任意性，不能很好地揭示客观事物内在的本质差别与联系。随着生产技术和科学的发展，人类的认识不断加深，分类越来越细，要求也越来越高，仅凭借经验和专业知识分类不能取得令人满意的结果。为了克服定性分类存在的不足，于是把数学方法引进分类学中，形成了数值分类学，后来随着多元分析的引进，聚类分析又逐渐从数值分类学中分离出来，形成一个相对独立的分支。在多元统计分析中，聚类分析在许多领域中都得到了广泛的应用。

一、聚类分析概述

（一）聚类分析的概念

聚类分析是一种建立分类的多元统计分析的方法，它能够将一批样本（或变量）数据根据其诸多特征，按照在性质上的亲疏程度，在没有先验知识的情况下进行自动分类，将所有的样本或变量分别聚合到不同的类别中，使同一类别中的个体有较大的相似性，使不同类别中的个体差异较大。

理解聚类分析的关键是理解“没有先验知识”和“亲疏程度”。所谓“没有先验知识”，是指没有事先指定分类标准；所谓“亲疏程度”，是指在各变量（特征）取值上的总体差异程度。聚类分析正是基于此实现数据的自动分类的。

（二）层次聚类和K-Means聚类

常用的聚类分析方法有层次聚类和K-Means聚类。

1.层次聚类

层次聚类又称分层聚类、系统聚类，是指聚类过程是按照一定层次进行的。层次聚类按照不同特征分为以下两种：

（1）按照对象类型，分为Q型聚类和R型聚类。

Q型聚类是对样本进行分类，即对观测进行分类。根据观测有关变量的特征，将特征相似的样本归为一类。Q型聚类是聚类分析中用得最多的一种，具有以下优点：①可综合利用多个变量的信息对样本进行分类；②分类结果直观，聚类谱系图非常清楚地表现分类结果；③所得结果比传统分类方法更细致、全面、合理。

R型聚类是对变量进行分类处理。一般来说，可以反映研究对象特点的变量有许多，由于对客观事物的认识有限，往往难以找出彼此独立且有代表性的变量，影响对问题进一步的认识和研究，因此往往需要先进行变量聚类，找出相互独立又有代表性的变量，而又不丢失大部分信息。R型聚类分析的主要作用：①可了解各变量之间及变量组合之间的亲疏程度；②根据变量的分类结果以及它们之间的关系，可以选择主要变量进行回归分析或Q型聚类分析。

（2）按照聚类过程，分为分解法和凝聚法。

分解法是指聚类开始把所有个体（观测量或变量）都视为一大类，然后根据距离和相似性逐层分解，直到参与聚类的每个个体自成一类为止。

凝聚法是指聚类开始把参与聚类的每个个体（观测量或变量）视为一类，根据两类之间的距离或相似性逐步合并，直到合并为一个大类为止。

无论哪种方法，其聚类原则都是近似地聚为一类，即距离最近或最相似的聚为一类。实际上以上两种方法是方向相反的两种聚类过程。

由此可见，层次聚类中度量数据之间的亲疏程度是极为关键的。那么如何衡量数据间的亲疏程度呢？这涉及两个方面的问题：一是如何度量数据间的亲疏程度；二是如何度量样本数据与小类之间、小类和小类之间的亲疏程度。

2. K-Means聚类

K-Means聚类也称快速聚类，它仍将数据看成k维度空间上的点，仍以距离作为测度个体“亲疏程度”的指标，并通过牺牲多个解为代价换得高的执行效率。如果需要聚成的类数已知，使用快速聚类过程可以很快将观测量分到各类中去，其特点是处理速度快，占用资源少。

K-Means聚类的核心步骤为：

（1）指定聚类数目k。在K-Means聚类中，应首先要求用户自行给出需要聚成多少类，最终也只能输出关于它的唯一解，这点不同于层次聚类。

（2）确定k个初始类中心。在指定了聚类数目k后，还需要指定这k个类的初始中心点。初始中心点的指定方式有两种：①研究者指定方式。研究者应事先准备好一个存有k个样本的数据文件，这k个样本将作为k个类的初始中心点。这里研究者的自主性是比较大的，应根据实际问题的分析需要及以往经验指定相对合理的初始中心点。②系统指定方式，系统会根据样本数据的具体情况选择k个有一定代表性的样本作为初始类中心点。

（3）根据距离最近原则进行分类。依次计算每个样本数据点到k个类中心点的欧氏距离，并按照距k个类中心点距离最近的原则将所有样本分类。

（4）重新确定k个类中心。中心点的确定原则是，依次计算各类中k个变量的均值，并以均值作为k个类的中心点。

（5）判断是否已满足终止聚类分析的条件。聚类分析终止的条件有两个：第一，迭代次数，当目前的迭代次数等于指定的迭代次数时终止聚类。第二，类中心点偏移程度。新确定的类中心点距上个类中心点的最大偏移量小于指定的量时终止聚类。通过适当增加迭代次数或合理调整中心点偏移量的判定标准，能够有效克服初始类中心点指定时有可能存在的偏差，提高聚类分析的准确性。上述条件中任意一个满足则结束聚类，如果均不满足，则回到第三步。

从上述分析的过程可以看出，快速聚类是一个反复迭代的分类过程。在聚类过程中，样本所属的类会不断调整，直到最终达到稳定为止。适用于大样本的聚类分析，它能快速地把各观测量分到各类中去。

（三）聚类分析的要求

1.所选择的变量应符合聚类的要求

在聚类分析中，应根据不同的目的选用不同的指标，一般来说，选择哪些变量应该具有一定的理论支持，但在实践中往往缺乏这样强有力的理论基础。因此可根据实际工作经验和所研究问题的特征人为地选择变量，这些变量应该和分析的目标密切相关，反映分类对象的特征。

2.各变量的变量值不应有数量级上的差异

指标选用的度量单位将直接影响聚类分析的结果。例如，将高度的单位由米改为英寸，或者将重量单位由千克改为磅，可能产生非常不同的聚类结构。一般来说，所用度量单位越小，变量的值域就越大，对聚类结果的影响也越大。为了避免对变量单位选择的依赖，数据应当标准化。数据量纲不同时，必须进行标准化；但如果量纲相同，可数量级相差很大，这时也应该进行标准化。

3.各变量间不应有较强的线性相关关系

聚类分析是以各种距离来度量个体间的“亲疏”程度的，所选择的每个变量都会在距离中做出“贡献”。如果所选变量之间存在较高的线性关系，能够相互替代，那么计算建立时同类变量将重复“贡献”，将在距离中有较高的权重，因而使最终的聚类结果偏向该类变量。此时有两种处理方法：①首先进行变量聚类，从每类中选一个代表性变量，再进行样本聚类；②进行主成分分析或因子分析、降维，使之成为不相关的新变量，再进行样本聚类。

二、聚类分析中亲疏程度的度量

（一）个体间亲疏程度的度量

聚类分析中，个体之间的亲疏程度是极为重要的，它将直接影响最终的聚类结果。对亲疏程度的测度一般有两个角度：第一，个体之间的相似程度；第二，个体之间的差异程度。衡量个体间的相似程度通常可采用简单相关系数或等级相关系数等；个体间的差异程度通常通过某种距离来测度。聚类时，距离较近的样本属于同一类，距离较远的样本属于不同的类。

在SPSS中，对不同度量类型的数据采用了不同的测定亲疏程度的统计量。个体间距离的定义会受k个变量类型的影响。由于变量类型一般有定距型和非定距型之分，个体间距离的定义也因此不同。

1.定距型变量个体间距离的计算方式

如果所涉及的k个变量都是定距型变量，那么个体间距离的定义通常有以下方法：

（1）欧式距离（Euclidean Distance），即两个体k个变量值之差的平方和的平方根。该技术用于Q型聚类。

（2）平方欧式距离（Squared Euclidean Distance），即两个体k个变量值之差的平方和。该技术用于Q型聚类。

（3）夹角余弦（Cosine）距离：变量矢量的余弦，这是模型相似性的度量。

（4）Pearson Correlation：相关系数距离。该技术用于R型聚类。

（5）切比雪夫距离（Chebychev Distance），即两个体k个变量值绝对差的最大值。该技术用于Q型聚类。

（6）Block距离：City-Block或Manhattan距离，即两个体k个变量值绝对差的总和。该技术适用于Q型聚类。

（7）明考斯基距离（Minkowski Distance）：两个体k个变量值绝对差p次方总和，再求p次方根。该技术用于Q型聚类。

（8）用户自定义距离（Customized Distance）：两个体k个变量值绝对差p次方总和的r次方根（p、r由研究者指定）。该技术用于Q型聚类。

2.计数变量个体间距离的计算方式

如果所涉及的k个变量都是计数（Count）的非连续型变量，对计数变量的不相似性测度方法，是根据被计算的两个观测量或两个变量总频数计算其不相似性。期望值来自观测量或变量（x、y）的独立模型。个体间距离的定量通常有以下方式：

（1）卡方距离（Chi-Square Measure）。用卡方值测度不相似性，该测度是根据两个集的频数相等的卡方检验。测度产生的值是卡方值的平方根，这是系统默认的。卡方距离较大说明个体与变量取值有显著关系，个体间变量取值差异性较大。

（2）Phi方距离（Phi-Square Measure）。用两组频数之间的Φ^2测度不相似性，该测度试图考虑减少样本量对实际测度值的实际预测频数减少的影响。该测度把Φ^2除以联合频数的平方根，使不相似性的卡方测度规范化。该测度值与被计算不相似性的两个观测量或两个变量的总频数无关。

3.二值变量个体间距离的计算方式

如果所涉及的k个变量都是二值（Binary）变量，那么个体间距离的定义通常有以下方式：

（1）简单匹配系数（Simple Matching）。简单匹配系数是建立在两个体k个变量值同时为0（或1）和不同时为0（或1）的频数表基础之上的。频数表见表9-10。

表9-10 **简单匹配系数的频数表**

		个体y	
		1	0
个体x	1	a	b
	0	c	d

简单匹配系数重点考察两个体的差异性。其数学定义为：

$$s(x, y)=\frac{b+c}{a+b+c+d} \tag{9.10}$$

简单匹配系数排除了同时拥有或同时不拥有某特征的频数，反映了两个体间的差异程度。简单匹配系数越大，差异越大。它给匹配与不匹配以相同的权重。

（2）雅科比系数（Jaccard）。雅科比系数与简单匹配系数有相似之处。其数学定义为：

$$J(x, y)=\frac{b+c}{a+b+c} \tag{9.11}$$

雅科比系数也排除了同时拥有或同时不拥有某特征的频数，反映了两个体间的差异程度，但它忽略了两个体同时为0的频数。雅科比系数越大，差异越大。它给匹配与不匹配以相同的权重。

（二）个体与小类、小类与小类间亲疏程度的度量

在度量了样本数据间的亲疏程度后，SPSS会自动将最亲密（距离最小或相关系数最大）的样本首先聚成小类，接下来的工作是如何将某个样本与已经形成的小类继续聚集，以及如何将已经形成的小类和小类继续聚集。于是就必须度量个体与小类以及小类与小类之间的亲疏程度。

SPSS提供了多种度量个体与小类、小类与小类间亲疏程度的方法：

（1）最短距离（Nearest Neighbor）法，又称最近邻居法，该方法首先合并最近的或最相似的两项，用两类间最近点间的距离代表两类间的距离。最短距离法的主要缺点是：它有链接聚合的趋势，因为类与类之间的距离为所有距离中的最短者，

两类合并以后，它与其他类的距离缩小了，这样容易形成一个比较的类，大部分的样本都聚在了一类中，在树状聚类图中，会看到一个延伸的链状结构，所以最短距离法的聚类效果并不好，实际中不提倡使用。

（2）最长距离（Furthest Neighbor）法，又称最远邻居法，是用两类之间最远点的距离代表两类之间的距离，也称之为完全连接法。最长距离法克服了最短距离法链接聚合的缺陷，两者合并以后与其他类的距离是原来两个类中的距离最大者，加大了合并后的类与其他类的距离。但最长距离法受异常值的影响较大。

（3）中间距离（Median Clustering）法，中间距离，即介于最长与最短距离之间的一种距离，当$\beta=-1/4$时，即为三角形的中线，以它作为类与类之间的距离。中间距离法应与欧氏距离平方法一起使用。

（4）组间平均链锁（Between-Groups Linkage）法，又称类间平均链锁法。合并两类的结果使所有的两两项对之间的平均距离最小，相对的两个成员分别属于不同的类。该方法中使用的是各对之间的距离，既非最大距离，也非最小距离。

（5）组内平均链锁（Within-Groups Linkage）法，又称类内平均链锁法。当两类合并为一类后，合并后的类中的所有项之间的平均距离最小。两类间的距离即合并后的类中所有可能的观测量对之间的距离平方。

（6）重心（Centroid Clustering）法，以两类重心之间的距离作为两类间的距离。重心即该类样本的均值。每合并一次类，都要重新计算新类的重心。不具单调性，图形逆转，限制了其应用，可能引起局部最优，但在处理异常值方面较稳健。应与欧氏距离平方法一起使用，像计算所有各项均值之间的距离那样计算两类之间的距离。该距离随聚类的进行不断减小。

（7）离差平方和（Ward's Method）法，又称Ward法，其基本思想是认为同类样本的离差平方和应当较小，类与类的离差平方和应当较大。首先n个样本各自成一类，然后每次缩小一类，每缩小一类离差平方和就要增大，选择使离差平方和增加最小的两类合并，直到所有样本归为一类。它分类效果较好，应用较广泛，对异常值较敏感。离差平方和法应与欧氏距离平方法一起使用。

一般情况下，用不同的方法产生的聚类结果是不会完全一致的，怎样比较各种方法的优劣至今还没有合适的衡量标准，因为不存在一种总是最优的聚类方法。对类的结构（如规模、形状、个数）、异常值、相似性测度的选择都会影响结果。在实际应用中，一般采用以下两种处理方法：①根据分类问题本身的专业知识结合实际需要来选择分类方法，并确定分类个数；②多采用几种分类方法，把结果中的共性提出来，对有争议的样本用判别分析法去归类。

在实际问题中，对样本分类常用距离，对指标分类常用相似系数；用距离时找最小的元素并类，用相似系数时找最大的元素并类。

三、层次聚类在SPSS中的实现和实例分析

（一）层次聚类在SPSS中的实现

通常情况下，在聚类进行之前，Proximitice过程先根据反映各类特性的变量对

原始数据进行预处理，即利用标准化方法对原始数据进行一次转换，并进行相似性测度或距离测度。然后，Cluster过程根据转换后的数据进行聚类分析。在SPSS中，层次聚类各方法都包含了Proximitice过程对数据的处理和Cluster过程对数据的分析，给出的统计量可以帮助用户确定最好的分类结果。

聚类（Cluster）过程可以通过绘图（Plot）选择项给出两种统计图：树形图（Dendrogram）、冰柱图（Icicle）。

1.打开主对话框

打开数据文件，按分析（Analyze）→分类（Classify）→系统聚类（Hierachical Cluster Analysis）的顺序，打开系统聚类分析对话框，如图9-8所示。

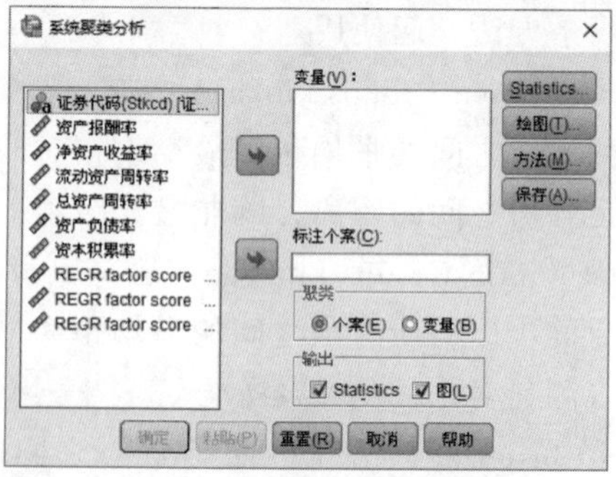

图9-8 系统聚类分析对话框

2.选择变量

把参与分析的变量选到变量（Variable）框中。

3.选择标记变量

把一个字符型变量作为标记变量选到标注个案（Label Cases）框中，它将大大增加聚类分析结果的可读性。

4.选择聚类类型

在聚类（Cluster）栏中选择聚类类型。其中，个案（Cases）复选项表示进行Q型聚类，变量（Variables）复选项表示进行R型聚类。

5.输出内容

在输出（Display）栏中选择输出内容。其中，Statistics复选项表示输出聚类分析的相关统计量，图（Plots）复选项表示输出聚类分析的相关图形。

6.打开Statistics对话框

单击Statistics按钮，选择要求输出的统计量，如图9-9所示。

（1）合并进程表（Agglomeration Schedule）选项，表示输出聚类分析的凝聚状态表。

（2）近似值矩阵（Proximity Matrix）选项，表示输出个体间的距离矩阵。产生什么类型的矩阵（相似性矩阵或不相似性矩阵）取决于在方法（Method）对话框中测量栏中的选择。如果项数（观测量数或变量数）很大，该选择项产生的输出量也很大。

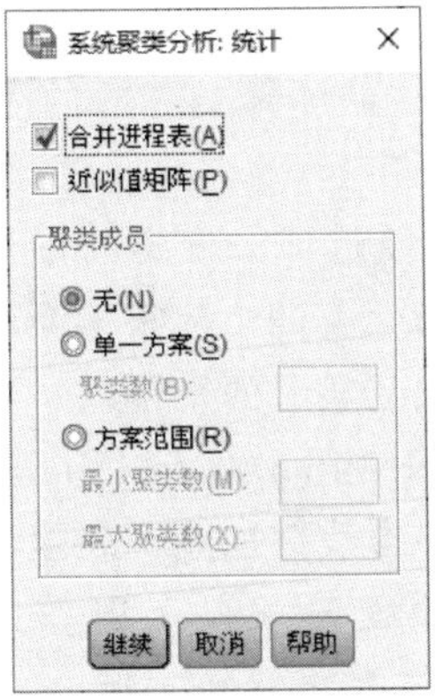

图9-9 统计对话框

(3) 聚类成员（Cluster Membership）栏，显示每个观测量被分派到的类（即分类结果，各观测量属于哪一类）或显示若干步凝聚过程。

①无（None）复选项，不显示类成员表。

②单一方案（Single Solution）复选项，要求列出聚为一定类数的各观测量所属的类。在该选择项右侧的矩形框中输入限定显示的类数。该数值必须是大于1、小于等于参与聚类的观测量或变量总数的整数。例如，指定此选择项，并且在其后的矩形框中输入了数字“3”，则会在输出窗口中显示聚为3类时每个观测量属于哪一类。

③方案范围（Range of Solutions）复选项，要求列出某个范围中每一步各观测量所属的类。在该选择项右侧的矩形框中输入限定显示的类数范围，输入一个最小类数值（左）和一个大类数值（右）。这两个数值必须是不等于1的正整数，最大类数值不能大于参与聚类的观测量数或变量总数。

7.进入图（Plots）对话框

单击绘图（Plots）按钮，选择输出统计图表，如图9-10所示。

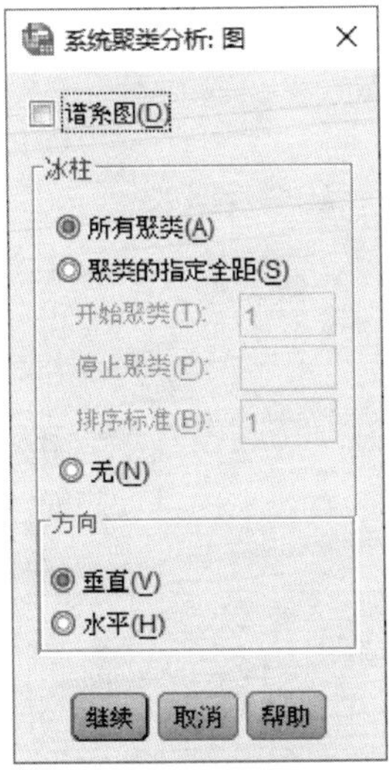

图9-10 图对话框

（1）谱系图（Dendrogram）选项，表示输出聚类分析的树形图。

（2）冰柱（Icicle）栏，表示输出聚类分析的冰柱图，对于生成什么样的冰柱图还可以进一步用以下选择项确定：

①所有聚类（All Clusters）复选项，聚类的每一步都表现在图中。可用此种图查看聚类的全过程。但如果参与聚类的个体很多会造成图过大，就没有必要选择该选项。可以使用下面一个选项限定显示的范围。

②聚类的指定全距（Specified Range of Clusters）复选项，指定显示的聚类范围。当选择此项时，该项下面的参数框加亮，表示等待输入显示范围。在开始聚类（Start Cluster）后的矩形框中输入要求显示聚类过程的起始步数，在停止聚类（Stop Cluster）后的矩形框中输入显示终止于哪一步。把显示的两步之间的增量输入到排序标准（By）后面的矩形框中。输入到矩形框中的数字必须都是正整数。

③无（None）复选项，不生成冰柱图。

（3）方向（Orientation）栏，指定如何显示冰柱图，有垂直（Vertical）复选项或者水平（Horizontal）复选项。

8.展开方法（Method）对话框

单击“方法（Method）”按钮，展开系统聚类分析中的方法对话框，如图9-11所示。在对话框中根据需要指定聚类方法、距离测度方法、对数值进行转换方法，即标准化数值的方法和对测度的转换方法。

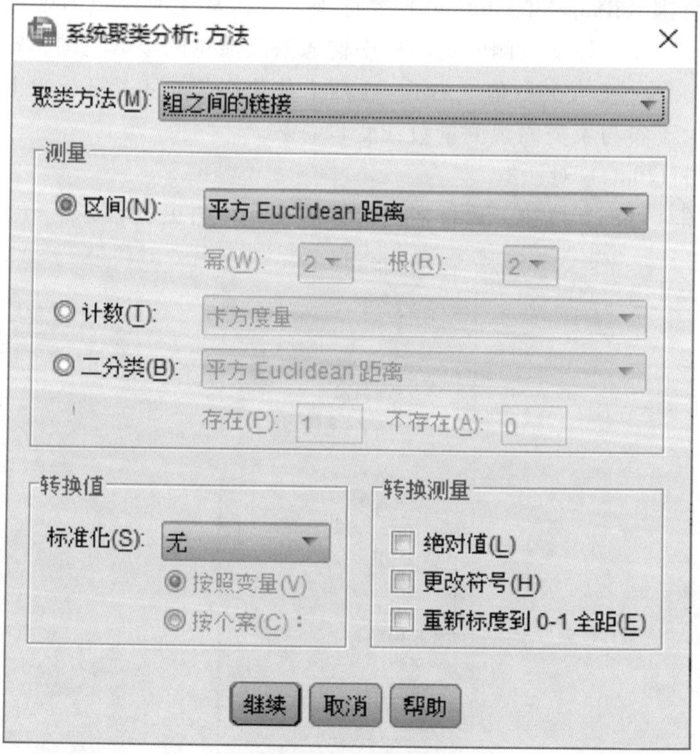

图9-11 方法对话框

（1）聚类方法（Cluster Method）下拉列表框中可以选择的聚类方法有类间平均链锁法（Between - Groups Linkage）、类内平均链锁法（Within - Groups Linkage）、最近邻居法（Nearest Neighbor）、最远邻居法（Furthest Neighbor）、重心法（Centroid Clustering）、中间距离法（Median Clustering）和离差平方和法（Ward's Method）。

（2）测量（Measure）栏中给出的是不同变量类型下的个体距离的计算方法。其中，区间（Interval）下拉列表框中的方法适用于连续型定距变量，计数（Counts）下拉列表框中的方法适用于计数型变量，二分类（Binary）下拉列表框中的方法适用于二值变量。

（3）单击转换值（Transform Values）栏中的标准化（Standardize）项，展开标准化列表框，只有选择了区间或计数后才可以进行标准化。按照变量（By Variable）复选项表示针对变量，适用于R型聚类分析；按个案（By Case）复选项表示针对样本，适用于Q型聚类分析。对数据进行标准化可选择的方法有：

①无（None）选项，不进行标准化。

②Z分数（Z Scores）选项，把数值标准化到Z分数。它将各变量值减去均值后除以标准差，标准化后变量均值为0，标准差为1。

③Range1 to 1 选项，把数值标准化到-1到+1的范围内，表示将各变量值除以全距，处理以后的变量值的范围在-1到+1之间。该方法适用于变量值中有负值的变量。

④Range 0 to 1 选项，把数值标准化到0到+1的范围内，表示将各变量值减去最小值后除以全距，处理以后的变量值的范围在0到+1之间。

⑤Maximum Magnitude of 1选项，把数值标准化到最大值1，表示将各变量值除以最大值，处理以后的变量值的最大值为1。

⑥Mean of 1 选项，把数值标准化到一个均值的范围内，表示将各变量值除以均值。

⑦Standard Deviation of 1选项，把数值标准化到单位标准差，表示将各变量值除以标准差。

（4）转换测量（Transform Measure）栏为测度的转换方法选择项。其中：

①绝对值（Absolute Values）复选项，把距离值取绝对值。当数值符号表示相关方向，且只对负相关关系感兴趣时，使用此方法进行变换。

②更改符号（Change Sign）复选项，把相似性值变为不相似性值或相反，用求反的方法使距离顺序颠倒。

③重新标度到0-1全距（Rescale to 0~1 Range）复选项，通过首先减去最小值，然后除以范围的方法使距离标准化。

9.对聚类分析结果进行保存

聚类分析的结果可以用新变量保存在工作数据文件中。单击主对话框的“保存（Save）”按钮，打开保存对话框，如图9-12所示。

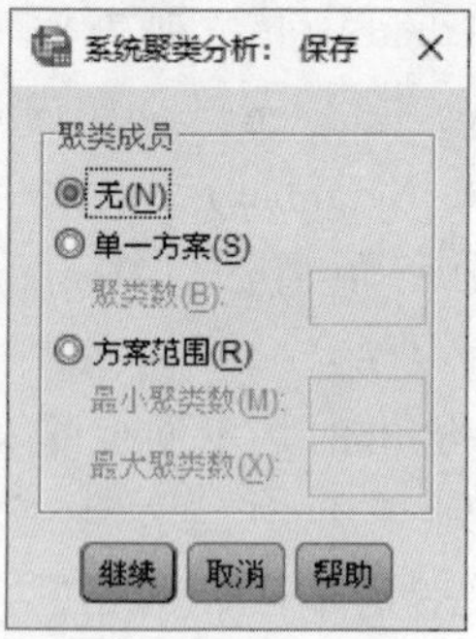

图9-12 保存对话框

（1）无（None）复选项，不建立新变量。

（2）单一方案（Single Solution）复选项，即单一结果。生成一个新变量，表明每个个体聚类最后所属的类。在该项后面的矩形框中指定类数。

（3）方案范围（Range of Solutions）复选项，即指定范围内的结果。生成若干新变量，表明聚为若干类时，每个个体聚类后所属的类。在该项后面的矩形框中指定显示范围，即表示把从第几类显示到第几类的数字，分别输入到后面的矩形框中。

（二）层次聚类分析的实例

针对数据文件data09-01，进行系统聚类。

data09-01因子分析、聚类分析数据

1.选择变量，指定选项

（1）打开数据文件data09-01，完成因子分析，保存3个因子变量，将因子变量默认名分别改为F1、F2、F3。打开系统聚类分析主对话框，指定变量F1、F2、F3为分析变量，指定证券代码作为标记变量。

（2）聚类（Cluster）栏中选择个案（Cases）复选项，要求进行观测量聚类。

（3）输出（Display）栏中选择Statistics和Plots复选项。

（4）打开Statistics对话框，要求输出合并进程表（凝聚状态表）。在聚类成员（Cluster Membership）栏中选择单一方案（Single Solution）复选项，并在其参数框中键入3，即要求聚类进行到所有观测量分为3类时，显示每一个观测量所属的类。

（5）打开“图”对话框，选择树形图，不生成冰柱图。

（6）打开“方法”对话框，在聚类方法下拉列表框中选择“组之间的链接”；在测量（Measure）栏中的区间（Interval）下拉列表框中选择“平方Euclidean距离”选项；在转换值栏中确定标准化的方法中选择默认项None。

（7）单击“保存”按钮，选择单一方案复选项，并在其参数框中键入3，即要求在工作数据文件中建立新变量，当把所有观测量分为3类时，该变量值表明每个观测量被分配到的类号。

（8）点击主对话框中的“OK”按钮运行。

2.运行结果分析

表9-11是聚类过程的输出。在Output窗口中是一个表明聚类过程的表，其中：

表9-11 **聚类的凝聚过程表**

阶段	组合的集群		系数	首次出现阶段集群		下一个阶段
	集群 1	集群 2		集群 1	集群 2	
1	4	52	0.006	0	0	15
2	48	60	0.059	0	0	21
3	57	59	0.080	0	0	24
4	12	50	0.090	0	0	32
5	10	20	0.106	0	0	42
6	6	24	0.110	0	0	17
7	2	19	0.114	0	0	28
8	14	68	0.119	0	0	27
9	42	56	0.121	0	0	13
10	33	51	0.121	0	0	31
11	22	66	0.129	0	0	60
12	16	45	0.136	0	0	33
13	7	42	0.148	0	9	45
14	35	47	0.173	0	0	29
15	4	62	0.174	1	0	24
16	8	63	0.195	0	0	28
17	6	40	0.209	6	0	41
18	5	34	0.210	0	0	54
19	25	36	0.210	0	0	39
20	39	55	0.265	0	0	38
21	43	48	0.298	0	2	37
22	9	30	0.300	0	0	46
23	27	29	0.331	0	0	32
24	4	57	0.338	15	3	48
25	18	61	0.340	0	0	30
26	31	32	0.358	0	0	40
27	14	64	0.377	8	0	41
28	2	8	0.398	7	16	35
29	3	35	0.439	0	14	53
30	18	54	0.447	25	0	38
31	33	49	0.458	10	0	43
32	12	27	0.466	4	23	57
33	16	28	0.521	12	0	44

续表

阶段	组合的集群		系数	首次出现阶段集群		下一个阶段
	集群 1	集群 2		集群 1	集群 2	
34	23	67	0.523	0	0	50
35	2	11	0.577	28	0	44
36	37	58	0.601	0	0	45
37	1	43	0.612	0	21	40
38	18	39	0.616	30	20	47
39	25	46	0.668	19	0	51
40	1	31	0.750	37	26	42
41	6	14	0.775	17	27	52
42	1	10	0.783	40	5	51
43	26	33	0.827	0	31	49
44	2	16	0.913	35	33	48
45	7	37	1.068	13	36	56
46	9	44	1.098	22	0	50
47	18	53	1.156	38	0	52
48	2	4	1.261	44	24	55
49	17	26	1.436	0	43	53
50	9	23	1.442	46	34	57
51	1	25	1.568	42	39	54
52	6	18	1.653	41	47	63
53	3	17	1.747	29	49	61
54	1	5	1.827	51	18	62
55	2	41	2.126	48	0	58
56	7	15	2.611	45	0	60
57	9	12	2.644	50	32	64
58	2	65	2.651	55	0	59
59	2	13	3.113	58	0	61
60	7	22	3.354	56	11	63
61	2	3	3.513	59	53	62
62	1	2	4.116	54	61	65
63	6	7	4.673	52	60	65
64	9	38	4.695	57	0	66
65	1	6	6.177	62	63	66
66	1	9	8.096	65	64	67
67	1	69	11.688	66	0	68
68	1	21	19.979	67	0	0

（1）阶段是指聚类步骤顺序号。

（2）“组合的集群（集群1、集群2）”是指该步被合并的两类中的观测量号。

（3）系数是指距离测度值，表明不相似性的系数。由于选择了欧氏距离平方法作为距离测度，因此从表中可以看出数值较小的两项（两个观测量、两类或观测量与一类）比数值较大的两项先合并。

（4）“首次出现阶段集群”是指合并的两项第一次出现的聚类步骤顺序号。集群1和集群2的值均为0的是两个观测量合并，其中有一个为0的是观测量与类合并；两个值均为非0值的是两个类合并。选择不同的标准化算法，距离矩阵会有所不同。选择不同的算法和对距离的测度方法，聚类过程是不同的，因而聚类结果也会有所区别。

（5）下一个阶段，此步合并结果为下一步合并时的步序号。

表9-12列示了聚类结果，表明各观测量分别分到3类中的哪一类。

表9-12　　**共聚为3类的各观测量分类结果**

个案	3个集群	个案	3个集群	个案	3个集群
1：000002	1	24：000711	1	47：600376	1
2：000006	1	25：000718	1	48：600383	1
3：000007	1	26：000836	1	49：600393	1
4：000014	1	27：000838	1	50：600463	1
5：000024	1	28：000897	1	51：600533	1
6：000029	1	29：000926	1	52：600615	1
7：000031	1	30：000965	1	53：600634	1
8：000042	1	31：002133	1	54：600638	1
9：000046	1	32：002146	1	55：600639	1
10：000150	1	33：002208	1	56：600641	1
11：000402	1	34：600048	1	57：600648	1
12：000502	1	35：600052	1	58：600663	1
13：000505	1	36：600053	1	59：600665	1
14：000511	1	37：600064	1	60：600675	1
15：000514	1	38：600082	1	61：600684	1
16：000546	1	39：600113	1	62：600732	1
17：000558	1	40：600167	1	63：600736	1
18：000573	1	41：600215	1	64：600748	1
19：000608	1	42：600240	1	65：600766	1
20：000616	1	43：600246	1	66：600767	1
21：000628	2	44：600256	1	67：600791	1
22：000656	1	45：600322	1	68：600823	1
23：000667	1	46：600325	1	69：600840	3

图9-13是反映聚类全过程的树形图。可以在此图上用一把尺子垂直方向放在图上左右移动，与尺子相交的每一根横线都是一类。每根横线左端与之联系的各观测量就是分到该类的成员。大致观察一下，决定如何分类合适。树形图仅是粗略地

展示了聚类分析的过程，如果样本量较大或小类间的距离相差较小，那么在图形上就较难分辨凝聚的每步过程，此时应借助凝聚状态表。

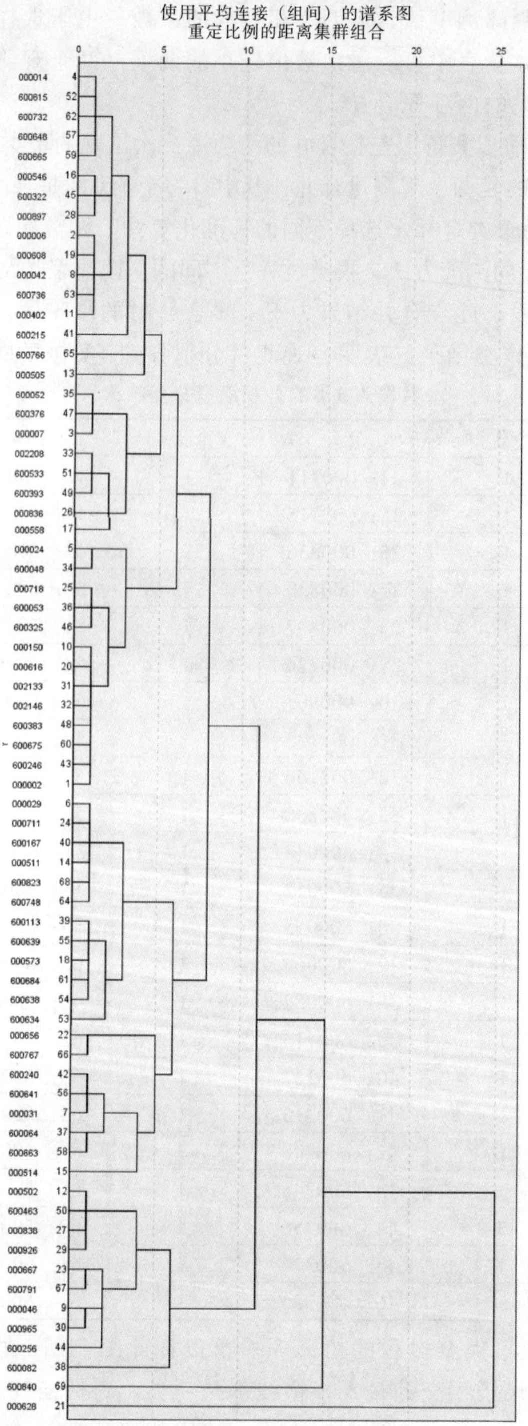

图 9-13　层次聚类分析的树形图

四、快速样本聚类（K-Means Cluster）在SPSS中的实现和实例分析

（一）快速样本聚类在SPSS中的实现

快速聚类过程适用于对大样本进行快速聚类，尤其是对形成的类的特征（各变量值范围）有了一定认识后，此方法使用起来会更加得心应手。具体操作方法分为以下几步：

1.打开对话框

打开数据文件后，按分析（Analyze）→聚类（Classify）→K平均值聚类（K-Means Cluster Analysis）的顺序，打开对话框，如图9-14所示。

图9-14　K平均值聚类分析对话框

2.指定变量

指定参与K-Means聚类的变量放入变量（Variables）框。

3.标记变量

把一个字符型变量作为标记变量选到标注个案（Label Cases）框中，它将大大增加聚类分析结果的可读性。

4.聚类数目

在聚类数（Number of Clusters）参数框中输入聚类数目，该数应小于样本数，系统默认值为2。

5.调整类中心点

在方法（Method）栏中指定聚类过程是否调整类中心点。其中，迭代与分类（Iterate and Classify）复选项表示在聚类分析的每一步都重新确定类中心点；仅分类（Classify Only）复选项表示聚类分析过程中类中心点始终为初始类中心点，此时仅进行一次迭代。

6.聚类中心（Cluster Centers）栏

（1）读取初始聚类中心（Read Initial from）复选项，要求使用指定数据文件中的观测量作为初始类中心。选择此项后，再按其后的文件（File）按钮，显示选择文件的对话框，指定文件所在位置（路径）和文件名。在选择框中的“File”按钮

后面显示文件全名（包括路径）。选择此项，需要事先建立一个数据集，其中观测量的数目与要聚成的类数相等，每个观测量都由参与聚类的变量组成。

（2）写入最终聚类中心（Write Final as）复选项，要求把聚类结果中的各类中心数据保存到指定的文件中。打开的对话框同Read Initial from类似，操作方法也相同。

7.设置迭代参数

控制聚类分析过程的选项。在对话框中单击“迭代（Iterate）”按钮，展开设置迭代参数的对话框，如图9-15所示。

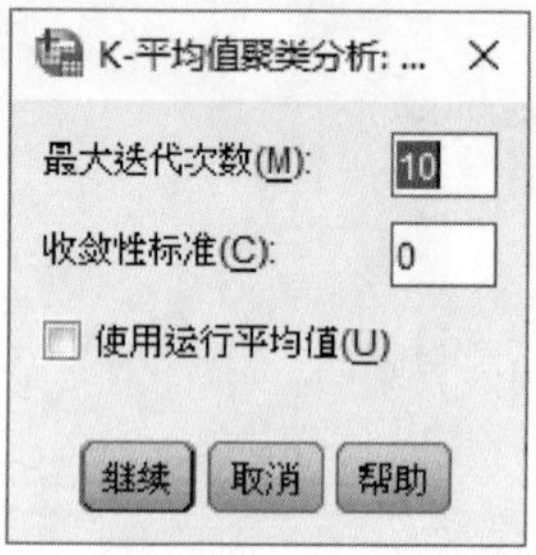

图9-15 指定迭代参数对话框

（1）最大迭代次数（Maximum Iterations）参数框：限定K-Means聚类算法的迭代次数。当达到限定的迭代次数时，即使没有满足收敛判据，迭代也停止。系统默认值为10，但可以修改，选择范围为1到999。

（2）收敛性标准（Convergence Criterion）参数框：限定K-Means聚类算法的收敛判据。其值必须大于等于0，且小于1，系统默认值为0。该项数值为N的含义为：当两次迭代计算的最小的类中心的变化距离小于初始类中心距离的N%时，迭代停止。将收敛性标准设置为0，就是要求最大迭代次数为迭代停止的判据。

如果设置了以上两个参数，只要在迭代过程中满足了一个参数，迭代就停止。

（3）使用运行平均值（Use Running Means）复选项：选中该框，限定在每个观测量被分配到一类后，即刻计算新的类中心。如果不选择此项，则在完成了所有观测量的一次分配后再计算各类的类中心，这样会节省迭代时间。

8.保存新变量

在对话框中单击“保存（Save）”按钮，展开保存新变量（Save New Variables）对话框，如图9-16所示。

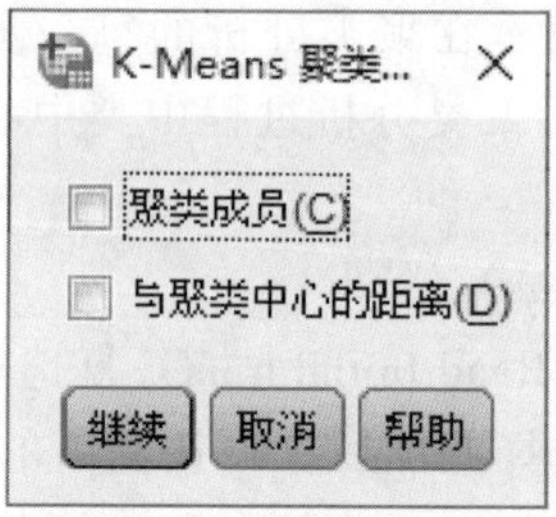

图9-16 保存新变量对话框

（1）聚类成员（Cluster Membership）复选项，要求在当前工作数据文件中（数据窗口中）建立一个新变量，系统默认变量名为qxl_1。其值表示聚类结果，为类顺序标号1，2，3，…，即表明各观测量被分配到哪一类。

（2）与聚类中心的距离（Distance from Cluster Center）复选项，要求在当前工作数据文件中（数据窗口中）建立一个新变量，系统默认变量名为qcl_2。聚类结束后，把各观测量距所属类中心之间的欧氏距离存入输入数据文件中。

9.打开选项（Options）对话框

在对话框中单击“选项（Options）”按钮，打开如图9-17所示的选项对话框。在此对话框中指定要计算的统计量和对带有缺失值的观测量的处理方式。

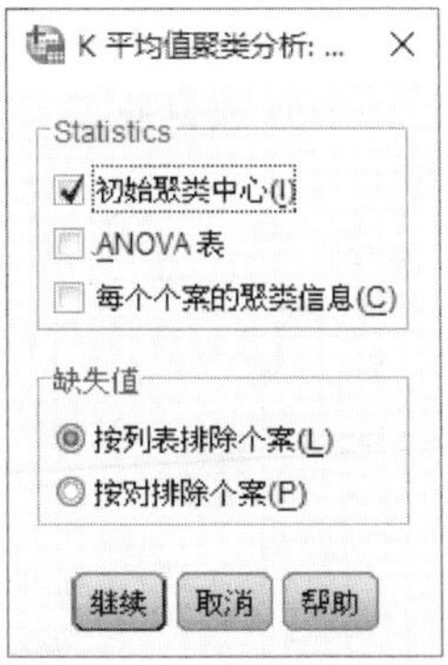

图9-17 选项对话框

（1）在Statistics栏中可以选择要求计算和输出的统计量有：初始聚类中心（Initial Cluster Centers）复选项，表示输出初始类中心；ANOVA表复选项，表示以聚类分析产生的类为控制变量，以k个变量为观测变量进行单因素分析，并输出各个变量的方差分析表；每个个案的聚类信息（Cluster Information for Each Case）复选项，表示输出每个观测量的分类信息及距所属类中心的距离。

（2）在缺失值（Missing Values）栏中选择一种处理带有缺失值观测量的方法。按列表排除个案（Exclude Cases Listwise）复选项，将出现在变量表中变量带有缺失值的观测量从分析中剔除；按对排除个案（Exclude Cases Pairwise）复选项，只有当一个观测量的全部聚类变量值均缺失时才将其从分析中剔除，否则根据所有其他非缺失变量值把它分配到最近的一类中去。

（二）快速样本聚类分析实例

数据文件见data09-01，进行K-Means聚类分析。

1.选择变量，指定选项

（1）读取数据文件data09-01，完成因子分析，生成3个因子变量，打开K-Means Cluster Analysis对话框。

（2）选择因子变量F1、F2、F3进入变量框。

（3）将公司分成3类，在聚类数参数框中输入数字3。

（4）打开选项对话框，在统计栏中选择初始聚类中心复选项和ANOVA表复选项。

data09-01因子分析、聚类分析数据

（5）其他使用系统默认参数，单击“OK”按钮提交运行。

2.运行结果分析

表9-13为初始类中心，由于用户没有指定聚类的初始类中心，此表中作为类中心的观测量是由系统确定的。

表9-13 初始类中心

	聚类		
	1	2	3
F1	-1.63178	1.42392	0.34106
F2	-0.21978	2.51849	-3.66807
F3	-2.23408	0.77992	1.77805

表9-14是迭代后类中心的变化。由于没有指定迭代次数或收敛判据，因此使用系统默认值：最大迭代次数为10，收敛判据为0。本快速聚类过程执行8次迭代后，类中心的变化为0，迭代就停止了。

表9-14 迭代后类中心的变化[a]

迭代	聚类中心的更改		
	1	2	3
1	1.993	2.144	2.487
2	0.238	0.086	0.325
3	0.234	0.095	0.297
4	0.068	0.057	0.057
5	0.052	0.000	0.057
6	0.096	0.092	0.000
7	0.000	0.055	0.061
8	0.000	0.000	0.000

a.由于聚类中心无更改或只有小的更改，因此达到了汇合。任何中心的最大绝对坐标更改为0.000。当前迭代次数为8。初始中心之间的最小距离是5.091。

表9-15展示了3个类的最终的类中心的情况。表9-16列示了方差分析结果。

表9-15 最终的类中心的变量值

	聚类		
	1	2	3
F1	-0.16287	0.33342	-0.19491
F2	-0.21788	0.85278	-0.72560
F3	-1.09746	0.45329	0.73619

表9-16 方差分析结果

	聚类		错误		F	显著性
	均方	df.	均方	df.		
F1	2.051	2	0.968	66	2.119	0.128
F2	14.825	2	0.581	66	25.513	0.000
F3	22.609	2	0.345	66	65.503	0.000

注：仅当出于描述目的时才应该使用F检验，因为已选择聚类用于将不同聚类中的个案的差异最大化。因为观察的显著性级别并未因此得到更正，所以无法将这些级别解释为“聚类方法是等同的”假设的检验。

表9-17显示的是3个类的类成员情况，第1类有24家上市公司，第2类有24家上市公司，第3类有21家上市公司。

表9-17　**聚类总结**

聚类	1	24.000
	2	24.000
	3	21.000
有效		69.000
缺失		0.000

K-Means聚类分析的结果与层次聚类分析相比有差异，这是由于两种聚类方法思路上的差异造成的。层次聚类分析中样本所属类一旦确定就不会再改变，而K-Means聚类分析中类的归属是不断调整的。

第三节　判别分析

在会计研究中，聚类和判别都是用于分类的基本方法，但它们也有很大的不同。聚类分析事先并不知道对象类别的面貌，甚至连有几个类别都不确定，是根据事物本身的特性研究个体分类的方法。判别分析事先已知对象的类别和类别数，根据表明事物特点的变量值和它们所属的类求出判别函数，根据判别函数对未知所属类别的事物进行分类。正因为如此，判别分析和聚类分析往往联合起来使用。例如，判别分析要求先知道各类的总体情况，才能判别新样本的归类，当总体分类不清楚时，可先用聚类分析对原来的一批样本进行分类，然后用判别分析建立判别式以对新样本进行判别。

一、判别分析的概念和基本步骤

（一）判别分析的概念

判别分析（Discriminant Analysis）又称"分辨法"，是在分类已经确定，并已取得各种类型的一批已知样本的观测数据的基础上，根据某些准则建立了判别函数，然后将待分类的样本实测值代入函数，从而对未知类型的样本进行判别分类的一种多变量统计分析方法。其基本原理是按照一定的判别准则，建立一个或多个判别函数，用研究对象的大量资料确定判别函数中的待定系数，并计算判别指标，据此确定某一样本属于何类。判别分析在识别一个个体所属类别的情况下有着广泛的应用，如判别一家公司是成功还是破产。在这种情况下，可以将研究对象进行分组，并且可以通过研究者选择的解释变量来预测或者解释每个对象的所属类别。判别分析能够解决两组或者更多组的情况，当包含两组时，称作两组判别分析；当包含三组或者三组以上时，称作多组判别分析。

（二）判别分析的基本步骤

1.判别分析的研究设计

（1）解释变量和被解释变量的选择。在判别分析中，被解释变量为定性变量，被解释变量的组数可以是两个或更多，但这些组必须具有相互排斥性和完全性。解释变量为定量变量，对解释变量的选择通常有两种方法：第一种方法是从以前的研究中或者从该研究问题的理论模型中确定变量；第二种方法是运用研究者的知识，直观地把以前研究或理论中没有选择但是逻辑上与被解释变量相关的变量确定出来。

（2）样本容量。在判别分析中，各组的样本个数不能相差太大。如果每组的样本个数相差很大，这可能影响到判别函数的估计和观察的分类。在分类阶段，大的组有不相称的较高的分类机会。

（3）样本的分割。在实际研究中，很多时候样本需要分割为两个子样本，一个子样本用于估计判别函数，另一个子样本用于验证判别函数，每个子样本都要有适当的样本容量来支持结论。分割样本有很多种方法，最常用的是将整个样本随机地分为两组，这种验证方法称为分割样本法或者交叉验证法。

2.判别分析的假定

（1）每一个判别变量（解释变量）不能是其他判别变量的线性组合，即不能出现多重共线性问题。因为多重共线性的判别变量不能提供新的信息，更重要的是在这种情况下无法估计判别函数。另外，有时一个判别变量与其他判别变量高度相关，或与其他判别变量的线性组合高度相关，虽然能求解，但参数估计的标准误将很大，以至于参数估计在统计上不显著。

（2）各组变量的协方差矩阵相等。判别分析最简单和最常用的形式是采用线性判别函数，它们是判别变量的简单线性组合。在各组协方差矩阵相等的假设条件下，可以使用很简单的公式来计算判别函数和进行显著性检验。

（3）各判别变量之间具有多元正态分布性，即每个变量对于所有其他变量的固定值具有正态分布性。在这种条件下可以精确计算显著性检验值和分组归属的概率。当违背该假设时，计算的概率将非常不准确。

3.估计判别模型和评估整体拟合

（1）计算方法。推导判别函数时可以使用两种计算方法：联立（直线）估计法和逐步估计法。联立估计法在计算时同时考虑所有的解释变量，这样判别函数是基于解释变量的整个集合来计算的，而不管每个解释变量的判别力。逐步估计法则以解释变量的判别力为基础，每次加入一个变量到判别函数中。逐步估计法开始是选取一个最有判别力的变量，然后这个变量与其他解释变量一一配对，那么与第一个变量一起最能够提高判别力的变量被选中。第三个及以后的用类似的方式选取。增加新的变量时，如果一些前面选中的变量所包含的关于组差异的信息，可由后面选中的变量所包含，它们将被剔除。直到既不能选进新的变量，又不能剔除已有变量为止。当研究者考虑了相对较多的解释变量时，逐步估计法是适用的。

（2）统计显著性。在计算了判别函数以后，必须评估它的显著性。有一系列不同的统计准则可用。Wilk’s Lambda、Mahalanobis Distance 和 Rao’s V 等都可以用来评估判别函数。

（3）评估整体拟合。一旦判别方程通过了显著性检验，就要评估保留的判别函数的整体拟合情况。这个评估包括三个任务：计算每个观测量的判别Z得分、检验各组在判别Z得分上的差异、评估组关系预测的精度。

①计算判别Z得分。根据保留的判别函数，可以计算判别Z得分。每个判别函数的判别Z得分可以通过如下公式计算出来：

$$Z_{jk}=a+W_1X_{1k}+W_2X_{2k}+\cdots+W_iX_{ik} \tag{9.12}$$

式（9.12）中，Z_{jk}为对象k对判别函数j的判别Z得分；a为截距；W_i为解释变量i的判别权重；X_{ik}为对象k的解释变量i。

判别函数既可用标准化的权重和值，也可用非标准化的权重和值。标准化形式更易于解释，而非标准化形式更易于计算判别Z得分。另外，判别函数不同于分类函数。分类函数又称费歇线性判别函数，可用于对观测量进行分类。在这种分类方法中，将一个观测量的解释变量的值代入分类函数中，这个观测量针对每组可以计算一个分类得分，然后这个观测量被分到分类得分最高的组中。

②检验组的差异。组差异的检验是根据判别Z得分，确定各组个体的差异大小。组差异的一种综合测量是比较组的重心，即组中所有个体的平均Z得分。重心的差异是用马氏距离来测量的，这样检验可用来确定差异是否在统计上显著。研究者应保证有显著的判别函数，组间应存在显著的差异。

③评估组关系预测的精度。判别分析中每个观测量是通过它是否被正确归类来评价的，一般通过构造分类矩阵来确定判别函数的预测能力。

4.结果的解释

这个过程主要是解释在判别分析中每个解释变量的相对重要性，主要有三种方法：

（1）标准化判别权重。解释判别函数传统的方法是，观察计算判别函数时，赋予每个变量的标准化判别权重（有时也称判别系数）的符号和大小。忽略符号时，较大权重的解释变量意味着对判别函数的判别力贡献更多，而符号只是代表哪个变量有正的还是负的贡献。

（2）判别载荷，也称结构相关系数，是每个解释变量与判别函数的简单相关系数，反映的是每个解释变量对判别函数的相对贡献。

（3）偏F值。当使用逐步估计法时，还可以使用偏F值来解释变量的相对判别能力，大的偏F值意味着更强的判别能力。

5.结果的验证

判别分析的最后一个阶段就是验证判别分析的结果，通常采用分割样本法和交叉验证法。

二、判别分析在SPSS中的实现

1.打开数据文件

按分析（Analyze）→分类（Classify）→判别（Discriminant）的顺序打开判别分析主对话框，如图9-18所示。

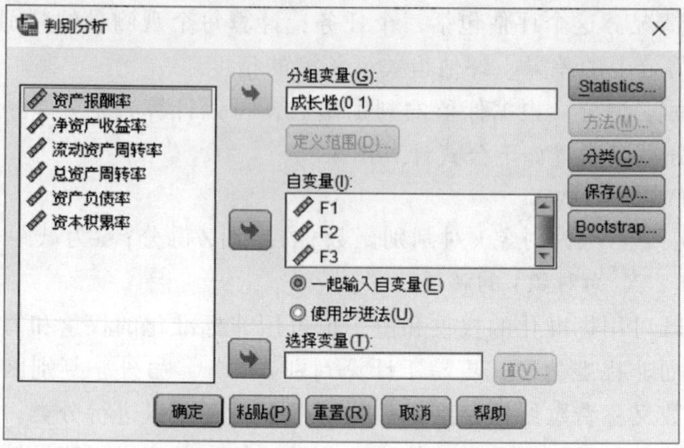

图9-18 判别分析主对话框

2.选择分组变量及其范围

在主对话框的源变量框中选择因变量（分组变量），该变量一定是离散型变量，移到右边的分组变量（Grouping Variable）框中。此时分组变量下面的“定义范围（Define Range）”按钮可用，进入定义范围对话框，如图9-19所示。在最小（Minimum）参数框中输入该分类变量的最小值；在最大（Maximum）参数框中输入该分类变量的最大值。

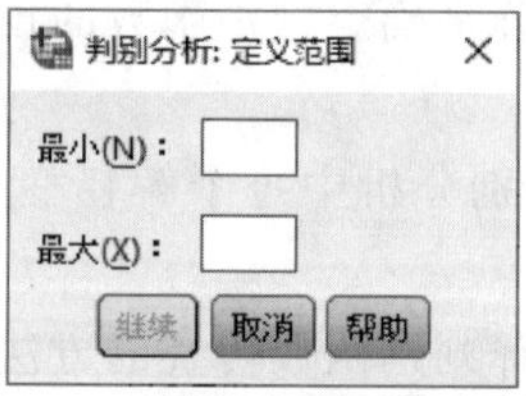

图9-19 定义范围对话框

3.指定判别分析的自变量

在源变量框中选择表明观测量特征的变量，移到自变量（Independents）框中，作为参与判别分析的变量。自变量框下面有两个选择项，用于选择判别分析方法。

（1）一起输入自变量（Enter Independent Together）复选项。当认为所有解释变量都能对观测量的特性提供丰富的信息且彼此独立时，需要使用该选择项。选择该项时，判别分析过程将不加选择地使用所有解释变量进行判别分析。建立全模型，不需要进一步进行选择。

（2）使用步进法（Use Stepwise Method）复选项。当不认为所有解释变量都能对观测量的特性提供丰富的信息时，需要使用该选择项，根据判别贡献的大小再进行选择。单击该项，“方法（Method）”按钮加亮，可以进一步选择判别分析方法。

4.选择观测量

如果希望使用一部分观测量进行判别函数的推导，而且有一个变量的某个值可以作为这些观测量的标识，则用选择变量功能进行选择。操作方法是：从变量列表框中选择变量移入选择变量（Selection Variable）框，再单击框右侧的“值

(Value)”按钮，展开设置值（Set Value）对话框，如图9-20所示，键入标识参与分析的观测量所具有的该变量值。

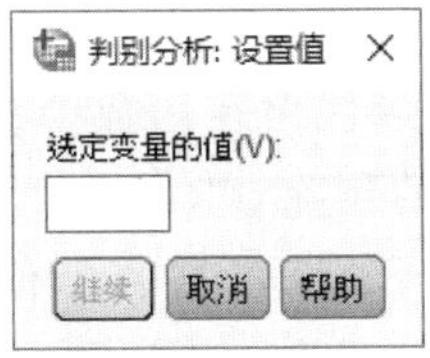

图9-20 设置值对话框

在分析中一般使用数据文件中的所有合法观测量，因此此步骤可以省略。

5.进一步选择判别分析方法

单击“方法（Method）”按钮，展开步进法（Stepwise Method）对话框，如图9-21所示。

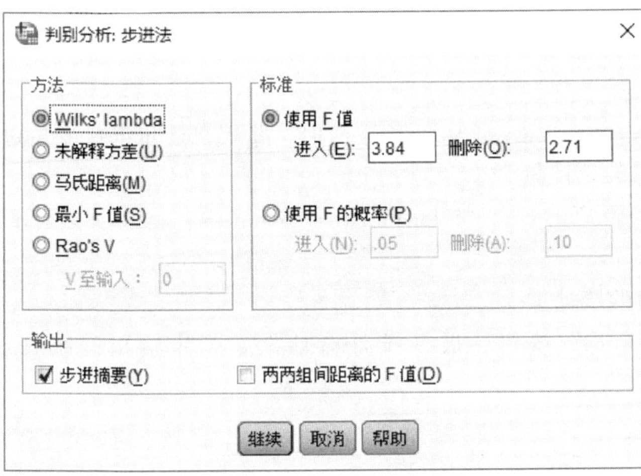

图9-21 步进法对话框

（1）方法（Method）栏，进行逐步判别分析的方法。可供选择的判别分析方法有：

①Wilk's Lambda复选项，每步都使Wilk的λ统计量最小的变量进入判别函数。

②未解释方差（Unexplained Variance）复选项，每步都使各类不可解释的方差之和最小的变量进入判别函数。

③马氏距离（Mahalanobis Distance）复选项，每步都使靠得最近的两类间的Mahalanobis距离最大的变量进入判别函数。

④最小F值（Smallest F Ratio）复选项，每步都使任何两类间的最小的F值最大的变量进入判别函数。

⑤Rao's V复选项，每步都使Rao's V统计量产生最大增量的变量进入判别函数。可以对一个要加入模型的变量的V值指定一个最小增量。选择此种方法后，应该在该项下面的V至输入（V-to-enter）后的矩形框中输入这个增量的指定值。当某变量导致的V值增量大于指定值的变量后进入判别函数。

（2）标准（Criteria）栏，选择逐步判别停止的判据。可供选择的判据有：

①使用F值（Use F Value）复选项，F值是系统默认的判据，当加入一个变量（或剔除一个变量）后，对在判别函数中的变量进行方差分析。当计算的F值大于指定的进入（Entry）值时，该变量保留在函数中，进入（Entry）的默认值为3.84；当该变量使计算的F值小于指定的删除（Removal）值时，该变量从函数中被剔除，删除（Removal）的默认值为2.71。设置这两个值时应该注意：Entry值>Removal值，否则产生的函数中没有变量的错误。

②使用F的概率（Use Probability of F）复选项，用F值检验的概率决定变量是否加入函数或被剔除。进入变量的F值概率的默认值是0.05（5%），删除变量的F值概率是0.10（10%）。Removal值（删除变量的F值概率）>Entry值（进入变量的F值概率）。

（3）输出（Display）栏显示选择的内容。

对于逐步选择变量的过程和最后结果的显示，可以通过输出栏中的两项进行选择：

①步进摘要（Summary of Steps）复选项，要求在逐步选择变量过程的每一步之后显示每个变量的统计量。

②两两组间距离的F值（F for Pairwise Distances）复选项，要求显示两两类之间的两两F值矩阵。

6.指定输出的统计量

单击“Statistics”按钮，展开统计对话框，指定输出的统计量，如图9-22所示。

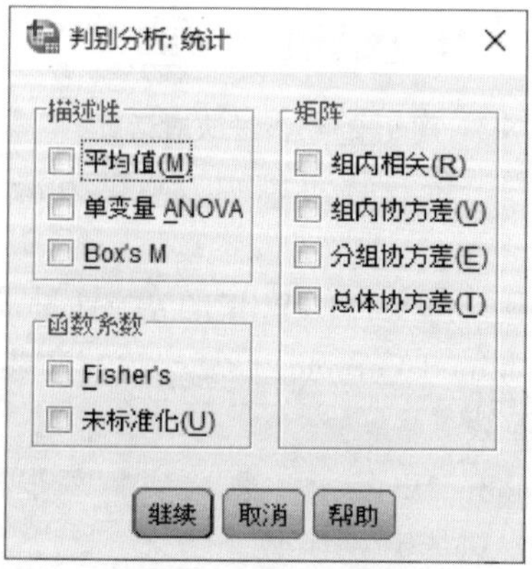

图9-22　统计对话框

可以选择的输出统计量分为以下3类：

（1）描述性（Descriptives）栏，选择对原始数据的描述性统计量的输出：

①平均值（Means）复选项，可以输出各类中各解释变量的均值（Mean）、标准差（std. Dev.）以及各解释变量总样本的均值和标准差。

②单变量ANOVA（Univariate ANOVA）复选项，要求进行假设检验，输出单

变量的方差分析结果。其原假设是：各类中的同一解释变量均值都相等。

③Box's M复选项，对各类的协方差矩阵相等的假设进行检验。如果样本足够大，表明差异不显著的p值意味着矩阵差异不明显。

（2）函数系数（Function Coefficients）栏，选择判别函数系数的输出形式。

①Fisher's复选项，要求输出可以直接用于对新样本进行判别分类的费雪系数。对每一类给出一组系数，并给出该组中判别分数最大的观测量。

②未标准化（Unstandardized）复选项，输出未经标准化处理的判别系数。

（3）矩阵（Matrices）栏，选择要求给出的解释变量的系数矩阵。

①组内相关（Within-Groups Correlation）复选项，即类内相关矩阵，它是根据计算相关矩阵之前，将各组（类）协方差矩阵平均后，计算类内相关矩阵的。

②组内协方差（Within-Groups Covariance）复选项，即计算并显示合并类内协方差矩阵，是将各组（类）协方差矩阵平均后计算的。区别于总体协方差矩阵。

③分组协方差（Separate-Groups Covariance）复选项，对每类输出显示一个协方差矩阵。

④总体协方差（Total Covariance）复选项，计算并显示总样本的协方差矩阵。

7.指定分类参数和判别结果

在主对话框中单击"分类（Classify）"按钮，展开分类（Classification）对话框，指定分类参数和判别结果，如图9-23所示。

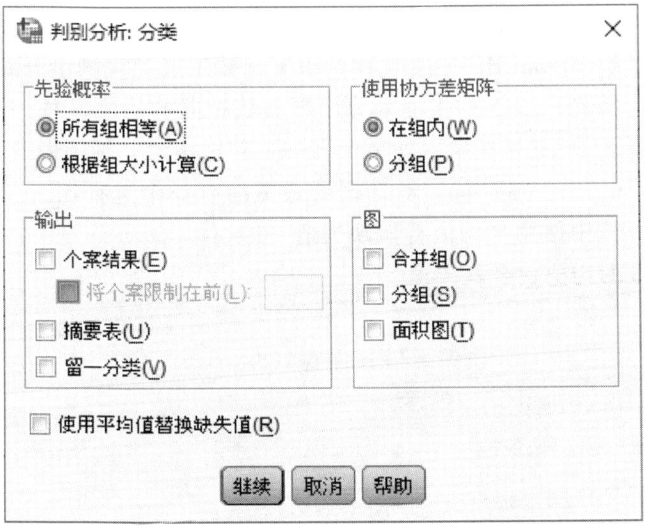

图9-23　分类对话框

（1）先验概率（Prior Probabilities）栏：选择先验概率。①所有组相等（All Groups Equal）复选项，各类的先验概率相等；②根据组大小计算（Compute from Group Sizes）复选项，由各类的样本量计算决定，即各类的先验概率与其样本量成正比。

（2）使用协方差矩阵（Use Covariance Matrix）栏：选择分类使用的协方差矩

阵。①在组内（Within-Groups）复选项，指定使用合并组内协方差矩阵进行分类；②分组（Separate-Groups）复选项，指定使用各组协方差矩阵进行分类。

（3）输出（Display）栏：选择生成到输出窗中的分类结果。

①个案结果（Casewise Results）复选项，要求输出每个观测量，包括判别分数、实际类、预测类（根据判别函数求得的分类结果）和后验概率等。选择此项时，还可以选择其附属的将个案限制在前（Limit Cases to First）复选项，并在后面的矩形框中输入观测量数n，选择此项，则仅对前n个观测量输出分类结果，观测数量大时可以选择此项。

②摘要表（Summary Table）复选项，要求输出分类的小结，给出正确分类观测量数（原始类和根据判别函数计算的预测类相同的观测量数）、错分观测量数和错分率。

③留一分类（Leave-One-Out Classification）复选项，输出对每个观测量进行分类的结果，所依据的判别函数是由除该观测量以外的其他观测量导出的，因此也称之为交互校验结果。

（4）图（Plots）栏：选择要求输出的统计图。

①合并组（Combined-Groups）复选项，生成一张包括各类的散点图。该散点图是根据前两个判别函数值做出的。如果只有一个判别函数，就输出直方图。

②分组（Separate-Groups）复选项，根据前两个判别函数值对每一类生成一张散点图，共分为几类就生成几张散点图。如果只有一个判别函数，就输出直方图。

③面积图（Territorial Map）复选项，根据函数生成把观测量分到各组中去的区域图。此种统计图把一张图的平面划分出与类数相同的区域，每一类占据一个区。各类的均值在各区中用*号标出。如果仅有一个判别函数，则不做此图。

（5）在分类（Classification）对话框的最下面有一个选择项，用以选择对缺失值的处理方法。选中使用平均值替换缺失值（Replace Missing Values with Mean）选项，即用该变量的均值代替缺失值。

8.选择保存功能

单击“保存（Save）”按钮，展开保存（Save）对话框，指定生成并保存在数据文件中的新变量，如图9-24所示。

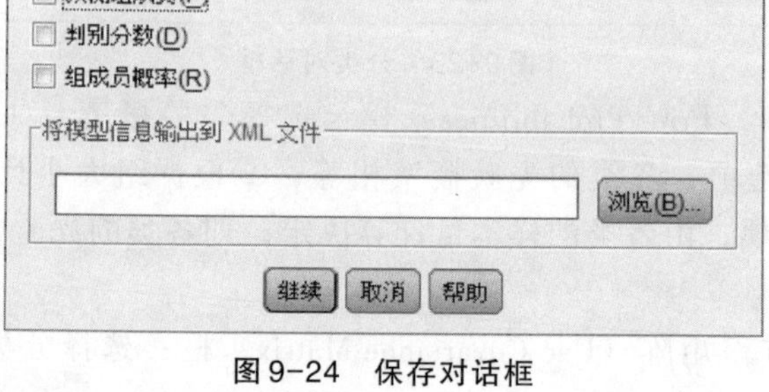

图9-24　保存对话框

（1）预测组成员（Predicted Group Membership）选项，要求建立一个新变量，其值是根据判别分数，按后验概率最大所预测的分类。每运行一次判别过程，就建立一个表明使用判别函数预测的各观测量属于哪一类的新变量。第1次运行建立新变量的变量名为dis_1，如果在工作数据文件中不把前一次建立的新变量删除，则第n次运行判别过程中建立的新变量的默认变量名为dis_n。

（2）判别分数（Discriminant Scores）选项，要求建立表明判别分数的新变量。该分数是由未标准化的判别系数乘以解释变量的值，将这些乘积求和后加上常数得来的。每次运行判别过程都给出一组表明判别分数的新变量，建立几个判别函数就有几个判别分数变量。参与分析的观测量共分为m类，则建立m-1个典则判别函数（原始自变量的线性组合，通过建立少量的典则变量可以比较方便地描述各类之间的关系），指定该选择项，就可以生成m-1个表明判别分数的新变量。

（3）组成员概率（Probabilities of Group Membership）选项，要求建立新变量，表明观测量属于某一类的概率。有m类，对一个观测量就会给出m个概率值，因此建立m个新变量。

9.提交运行

选择好各选择项之后，提交运行判别（Discriminant）过程。

三、判别分析实例

根据数据文件data09-02，判断企业的成长性。

data09-02判别分析数据

1.选择变量，指定选项

（1）打开数据文件data09-02，完成因子分析，生成3个因子得分值，判断企业成长性。

（2）打开判别分析主对话框，选择变量成长性移到分组变量框中，定义分组变量范围，在最小参数框中输入0（成长性低），在最大参数框中输入1（成长性高）。选择3个因子得分变量移到自变量框中。

（3）在主对话框中单击“分类”按钮，展开分类对话框，指定分类参数和判别结果。在“先验概率”栏中选择所有组相等复选项；在“使用协方差矩阵”栏中选择在组内复选项；在“图”栏中选择分组复选项，要求对每类做一个散点图。在“输出”栏中选择摘要表复选项，要求输出有关分类的数据。

（4）单击“Statistics”按钮，打开统计对话框。在描述性栏中，选择“平均值”和“单变量ANOVA”复选项；在函数系数栏中，选择Fisher's复选项要求输出费雪系数，选择未标准化复选项，要求输出未经标准化处理的判别系数；在矩阵栏中，选择组内相关复选项，要求显示合并类内相关矩阵，选择组内协方差复选项，要求显示合并类内协方差矩阵，选择分组协方差复选项，要求显示各类的协方差矩阵，选择总体协方差复选项，要求显示总体协方差矩阵。

（5）提交运行判别分析过程。

2.运行结果分析

（1）表9-18为各组变量的原始数据的描述性统计量，除包括基本数据信息外，还包括各变量的均值、标准差和整个样本的总均值和总标准差。

表9-18 原始数据的描述性统计量

成长性		平均值	标准偏差	有效N（成列）	
				未加权	加权
0.00000	F1	−0.2435503	0.87987416	36	36.000
	F2	−0.7182180	0.66119329	36	36.000
	F3	−0.0410557	1.06228174	36	36.000
1.00000	F1	0.2656912	1.06710500	33	33.000
	F2	0.7835106	0.65836802	33	33.000
	F3	0.0447881	0.94170117	33	33.000
总计	F1	0.0000000	1.00000000	69	69.000
	F2	0.0000000	1.00000000	69	69.000
	F3	0.0000000	1.00000000	69	69.000

（2）表9-19是单变量方差分析结果。该组统计量进行的检验假设为：各类中的变量均值相等。如果假设成立，说明根据各判别变量所做的原始分类是没有实际意义的。要么是分类错误，要么是选做判别分析的解释变量不能充分显示分类特征。无论什么原因，进一步的输出结果分析均是无意义的。如果有的变量方差分析结果表明对判别分析结果有意义，有的变量方差分析结果表明对判别分析结果无意义，则要改变判别分析方法，以便自动剔除对判别分析无意义的变量。如果拒绝假设，说明原始分类有意义。同时，可以认为判别分析的解释变量能够表明分类特征。本例的F1、F2方差分析结果Sig.值均小于0.05，说明2个判别分析的解释变量都能很好地体现分类特征。但这并不说明所有的解释变量都相互独立，出现在判别函数中。

表9-19 单变量方差分析结果

	Wilks' Lambda	F	df.1	df.2	显著性
F1	0.934	4.708	1	67	0.034
F2	0.429	89.180	1	67	0.000
F3	0.998	0.125	1	67	0.725

表9-20是合并类内相关阵（Correlation）和协方差阵（Covariance）。表9-21是各类协方差阵和总协方差阵。合并类内协方差阵各元素的值是各类协方差阵相应元素值的平均值，合并类内相关阵各元素的值是各类相关阵相应元素值的平均值。

表9-20 合并类内相关阵和协方差阵[a]

		F1	F2	F3
协方差	F1	0.948	−0.197	−0.011
	F2	−0.197	0.435	−0.033
	F3	−0.011	−0.033	1.013
相关系数	F1	1.000	−0.306	−0.011
	F2	−0.306	1.000	−0.050
	F3	−0.011	−0.050	1.000

a. 协方差矩阵具有67个自由度。

表9-21　　各类协方差阵和总协方差阵[a]

成长性		F1	F2	F3
0.00000	F1	0.774	-0.129	0.132
	F2	-0.129	0.437	-0.111
	F3	0.132	-0.111	1.128
1.00000	F1	1.139	-0.270	-0.168
	F2	-0.270	0.433	0.052
	F3	-0.168	0.052	0.887
总计	F1	1.000	3.657E-16	-1.176E-16
	F2	3.657E-16	1.000	5.682E-16
	F3	-1.176E-16	5.682E-16	1.000

a. 总协方差阵具有 68 个自由度。

表9-22为特征值表，给出的统计量有：函数（Function）下面的单元格中的数字是函数代号；特征值（Eigenvalue）是用于分析前两个典则判别函数的特征值，是组间平方和与组内平方和之比；典则相关系数（Canonical Correlation），是组间平方和与总平方和之比的平方根，被平方的是由组间差异解释的总变异的比值。

表9-22　　特征值表

函数	特征值	方差百分比	累积（%）	规范相关性
1	1.767[a]	100.0	100.0	0.799

a. 在分析中使用第一个 1 规范判别式函数。

表9-23是Wilk's Lambda统计量，该组统计量进行检验的零假设是：各组各变量均数相等。无论哪种检验方法，都是对判别函数的有效性进行检验，判断该判别函数是否能将两类很好地区分开。其中，Test of Function（s）是由检验统计量比较的函数；Wilk's Lambda为多元方差检验的显著性，有时也称U统计量。Lambda值的范围在0~1之间，Lambda值接近0，表示组均值不同，Lambda值接近1，表示组均值在统计意义上没有不同（等于1表明所有均值相等）。Chi-Square是对Wilk's Lambda的卡方变形，用于确定其显著性。如果显著性值很小（小于0.10），则组均值不同，即其差异具有统计意义。df.值是用于计算显著性水平的自由度。Sig.值是零假设被拒绝的概率，即拒绝零假设时犯第Ⅰ类错误的概率。本例中，相伴概率p值小于0.001，如果显著性水平α为0.05，则拒绝原假设，说明这两组均值具有显著差异。

表9-23　　Wilk's Lambda统计量

函数检验	Wilk's Lambda	卡方	自由度	显著性
1	0.361	66.652	3	0.000

表9-24为标准化的典则判别函数的系数（Standardized Canonical Discriminant Function Coefficients）。可以写出如下判别函数：

$Z^*=0.516x_1^*+1.03x_2^*+0.09x_3^*$

其中，x_1^*、x_2^*、x_3^*表示x_1、x_2、x_3的标准化变量，标准化变量的系数也就是判别权重。要注意的是，要想得到标准化典则判别函数值（即标准化典则判别分数），代入上述函数的解释变量数据必须是标准化以后的值。

表9-24 标准化的典则判别函数系数

	函数
	1
F1	0.516
F2	1.030
F3	0.090

表9-25为结构矩阵（Structure Matrix），即判别载荷，变量按函数内相关系数的绝对值大小排列。由判别权重和判别载荷可以看出，F2和F1两个变量对判别函数的贡献较大。

表9-25 结构矩阵

	函数
	1
F2	0.868
F1	0.199
F3	0.033

注：差异变量和标准化典则判别函数之间的共享的组内相关性是按函数内相关性绝对值大小排序的变量。

表9-26为未标准化的典则判别函数的系数（Canonical Discriminant Function Coefficients）。由于是未标准化的典则判别函数，因此有常数项，从表中可以得出判别函数为：

$Z=0.529x_1+1.561x_2+0.089x_3$

表9-26 未标准化的典则判别函数的系数

	函数
	1
F1	0.529
F2	1.561
F3	0.089
（常量）	0.000

注：非标准系数。

根据这个典则判别函数可以计算出每个样本的判别分数，根据各观测量的两个判别分数可以画出区域图或散点图。

本例中，分割点为0.5，如果Z<0，表明成长性低；如果Z>0，表明成长性高。

表9-27为给出各类中心的未标准化的典则判别函数值。从结果来看，两组符号相反，数据大小相差不大。这样就可以根据每个样本的判别Z得分将样本进行分类。

表9-27　**各类中心的未标准化的典则判别函数值**

成长性	函数
	1
0.00000	-1.254
1.00000	1.368

注：组平均值中评估的是非标准化典则判别函数。

表9-28为判别分析中各类的先验概率、观测量数和权重。对于先验概率，在Classify选项中选择的是所有组的先验概率相等。

表9-28　**判别分析中各类的先验概率、观测量数和权重**

成长性	先验概率	已在分析中使用的个案	
		未加权	加权
0.00000	0.500	36	36.000
1.00000	0.500	33	33.000
总计	1.000	69	69.000

表9-29为每组分类函数，也称费雪线性判别函数。根据系数可以计算出每个样本在各组的分类函数值，然后将样本分类到较大的分类函数值中。

表9-29　**费雪线性判别函数**

	成长性	
	0.00000	1.00000
F1	-0.664	0.724
F2	-1.958	2.136
F3	-0.112	0.122
（常量）	-1.479	-1.629

注：Fisher的线性判别式函数。

各类判别函数如下：

$y_0=-1.479-0.664x_1-1.958x_2-0.112x_3$

$y_1=-1.629+0.724x_1+2.136x_2+0.122x_3$

然后比较 y_0 和 y_1 的值，如果 $y_0 \geq y_1$，则说明成长性低；如果 $y_0 < y_1$，则说明成长性高。

表9-30为预测分类结果小结，从表中可以看出，成长性低的错判率为5.6%，成长性高的错判率为6.1%，总体来看有94.2%的判别正确。

表9-30 **预测分类结果小结**[a]

		成长性	预测组成员资格		总计
			0.00000	1.00000	
原始	计数	0.00000	34	2	36
		1.00000	2	31	33
	%	0.00000	94.4	5.6	100.0
		1.00000	6.1	93.9	100.0

a. 94.2%正确分类的原始分组个案。

图9-25和图9-26为根据前两个判别函数值对每一类生成一张散点图，因为每一类只有一个判别函数，所以输出直方图。

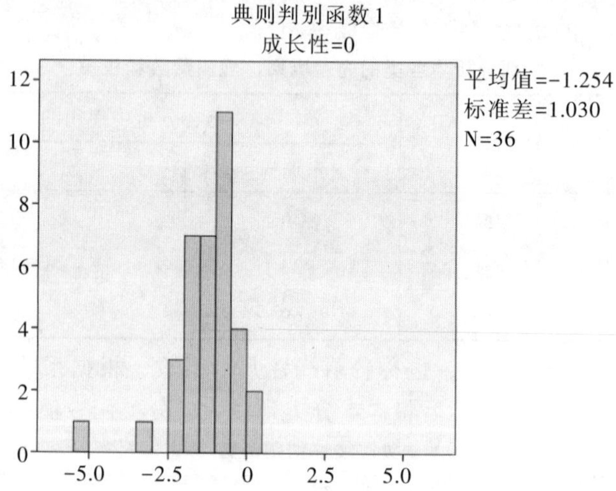

图9-25 成长性低的直方图

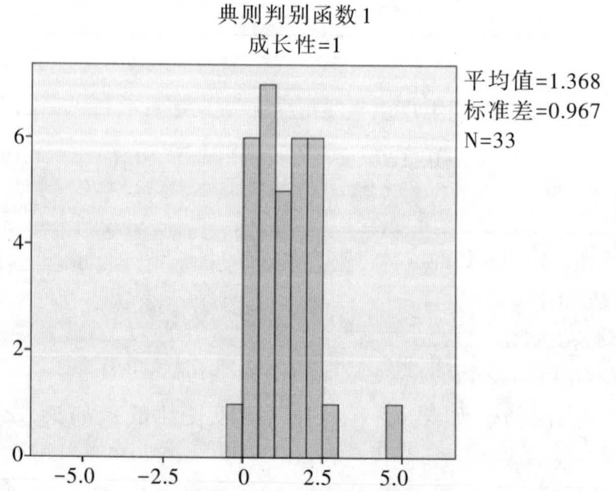

图9-26 成长性高的直方图

第十章

虚拟变量的应用

前已述及，在构建线性回归模型时，有一个前提条件是，自变量与因变量应该是数值型（连续型）变量。此时，自变量X的回归系数可以解释为：在其他自变量不变的情况下，自变量X每改变一个单位，所引起的因变量Y的平均变化量。但是在会计实证研究中，经常需要对一些取值为非数值的变量（下文统称定性变量）进行建模分析。这些定性变量有时是以自变量的形式出现的，如探讨企业高管性别对企业绩效的影响中，“企业高管性别”是一个定性变量；行业性质对企业慈善捐赠行为的影响中，“行业性质”也是一个定性变量。这些定性变量有时是以因变量的形式出现的，如研究高管是否会因为公司被ST处理而受到薪酬惩罚中，因变量为“是否受到薪酬惩罚”，是一个定性变量。

由于定性变量是无法直接参与线性回归模型建模的，因此需要将它转化为数值型变量，才能进入回归模型。如果定性变量只有两个取值，则可以将该变量类型设置为数值型，两个取值对应为数值0和1，然后就可以将该定性变量加入线性回归模型。进一步，如果该定性变量是自变量，则该变量的回归系数可以解释为：在其他自变量不变的情况下，X=1与X=0相比，所引起的因变量Y的平均变化量。如果该定性变量是因变量，则反映自变量影响该定性变量的概率。

但是，如果该定性变量为多分类变量，特别是无序多分类变量时，如民族、职业、行业等，定性变量就会存在多个取值（至少3个）。此时该定性变量的回归系数就无法解释变量多个取值变化对因变量的影响。

在研究中，为了解决这个问题，可以将一个多分类变量转化为多个虚拟变量，虚拟变量又称哑变量（Dummy Variable）、名义变量，通常取值为0或1，每个虚拟变量的系数只代表多分类变量的一个取值与参照取值间对因变量的影响。虽然将虚拟变量引入回归模型使模型变复杂了，但可以更直观地反映出该变量的不同属性对因变量的影响，可以提高模型的精度和准确度，使回归结果更容易解释，更具有实际意义。

在进行虚拟变量转换时，对于1个有n个取值的多分类变量，需要选取其中1个取值作为参照，因此总共需要设置n-1个虚拟变量。如果设置了n个虚拟变量，会使这些虚拟变量形成完全多重共线性（称为虚拟变量陷阱），导致模型没有解释力。

实际操作时，对于以下情况，通常需要将定性变量设置为虚拟变量：

（1）对于无序多分类变量，需要转化为虚拟变量。

（2）对于有序多分类变量，需要根据具体研究要求考虑。

（3）对于连续型变量，进行区间对比时，可以考虑设定为虚拟变量。

此外，在选择变量的参照取值时，无序分类变量一般选择有特定意义的值，有序分类变量选择两端值，这样便于回归系数解释。

● 第一节　自变量中的虚拟变量

在会计实证研究中，如果自变量包含定性变量，要使这些变量能够参与建模，首先应该将这些变量类型设置为数值型。进一步判断这些变量是否要转化为虚拟变量，需要的话可以先将定性变量转化为虚拟变量，然后将虚拟变量加入回归模型进行分析处理。

一、虚拟变量的建模方法

在回归分析中，根据定性变量的取值情况，具体分为两种：

1. 简单情况

简单情况是指定性变量只有两个取值的情况。例如，研究企业资本结构的影响因素问题，y为企业资本结构，x为企业规模，另外还想考虑审计意见F对资本结构的影响。假设审计意见只有两类：一类为标准无保留审计意见，另一类为非标准的审计意见。变量F值为0时，表示标准无保留审计意见；变量F值为1时，表示非标准的审计意见。需要说明的是，虽然虚拟变量取某一数值，但这一数值没有任何数量大小的意义，它仅仅用来说明变量的性质和属性。

$$\begin{cases} F_i = 1, \text{非标准的审计意见} \\ F_i = 0, \text{标准无保留审计意见} \end{cases} \tag{10.1}$$

则企业资本结构的回归模型为：

$$y=\beta_0+\beta_1 x+\beta_2 F+\varepsilon \tag{10.2}$$

这里有一个前提条件，就是认为在非标准的审计意见与标准无保留审计意见下，回归直线的斜率β_1都是相等的。也就是说，不论是非标准的审计意见还是标准无保留审计意见，企业规模x每增加（或减少）一个单位，资本结构y平均都增加（或减少）相同的数量β_1。

2. 复杂情况

某些定性变量可能取多类值，如“年度”和“行业”就是多类值的定性变量。用以下例子来说明多类值定性变量的模型构造。

假设以4个行业的上市公司为例，研究企业资本结构问题，其中y为企业资本结构，x为企业规模，F为审计意见，另外再考虑行业D。假设4个行业分别为采掘业、建筑业、房地产业和社会服务业。由于行业变量有4个取值，需要转换为3个哑变量，以社会服务业为参照值。

$$\begin{cases} D_1 = 1, \text{采掘业} \\ D_1 = 0, \text{其他} \end{cases} \quad \begin{cases} D_2 = 1, \text{建筑业} \\ D_2 = 0, \text{其他} \end{cases} \quad \begin{cases} D_3 = 1, \text{房地产业} \\ D_3 = 0, \text{其他} \end{cases} \tag{10.3}$$

则企业资本结构的回归模型为：

$$y=\beta_0+\beta_1 x+\beta_2 F+\beta_3 D_1+\beta_4 D_2+\beta_5 D_3+\varepsilon \tag{10.4}$$

二、SPSS中虚拟变量的设置

在SPSS中需要将定性变量通过重新编码的方式，转换为虚拟变量，然后加入回归模型。

下面以“行业”无序分类定性变量为例，介绍在SPSS中虚拟变量的设置方法。行业变量包括4个取值：1=采掘业、2=建筑业、3=房地产业、4=社会服务业，以社会服务业为参照值。

data10-01自变量中虚拟变量的应用数据

在SPSS中，将多分类值的实际变量设置为虚拟变量的方法有很多种，具体如下：

1.使用创建虚拟变量功能

（1）打开数据文件data10-01，执行转换（Transform）菜单中的“创建虚拟变量（Create Dummy Variables）”功能，如图10-1所示。

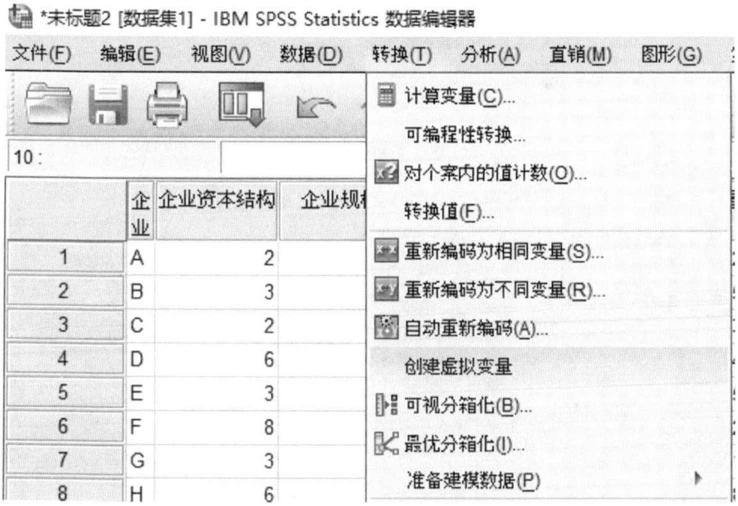

图10-1　创建虚拟变量功能

（2）从源变量框中选择需要设置为虚拟变量的变量至“创建虚拟变量以用于（Create Dummy Variables for）”框，在主效应虚拟变量（Main-Effect Dummy Variables）栏选择创建主效应虚拟变量（Create Main-Effect Dummies），在根名（Root Names）参数框中输入虚拟变量根名称，如hy，如图10-2所示。

（3）完成虚拟变量设置。该方法为实际变量的每个分类创建了一个虚拟变量，为避免多重共线性，确定参照类以后，建模时选择（n-1）个进入模型即可，如图10-3所示。

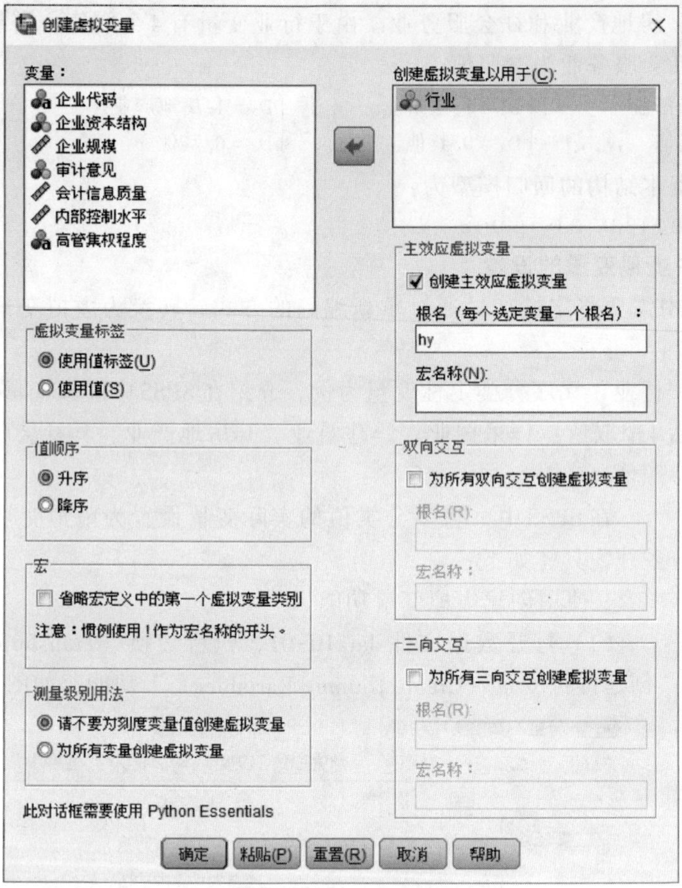

图10-2 创建虚拟变量对话框

	企业	企业资本结构	企业规模	审计意见	行业	会计信息质量	内部控制水平	高管集权程度	hy_1	hy_2	hy_3	hy_4
1	A	2	100	0	1	.20	56	H	1.00	.00	.00	.00
2	B	3	98	0	1	.55	89	H	1.00	.00	.00	.00
3	C	2	23	1	4	.34	34	L	.00	.00	.00	1.00
4	D	6	87	0	3	.45	67	H	.00	.00	1.00	.00
5	E	3	102	0	1	.56	34	L	1.00	.00	.00	.00
6	F	8	87	0	2	.23	80	L	.00	1.00	.00	.00
7	G	3	39	1	3	.11	90	L	.00	.00	1.00	.00
8	H	6	23	0	2	.87	56	H	.00	1.00	.00	.00
9	I	2	79	0	4	.65	78	L	.00	.00	.00	1.00
10	J	7	45	0	4	.45	98	H	.00	.00	.00	1.00
11	K	9	23	0	3	.34	45	L	.00	.00	1.00	.00
12	L	3	70	1	2	.67	76	H	.00	1.00	.00	.00
13	M	6	67	1	1	.89	32	H	1.00	.00	.00	.00
14	N	8	56	0	4	.23	67	H	.00	.00	.00	1.00
15	O	9	89	0	1	.11	89	L	1.00	.00	.00	.00
16	P	3	90	0	1	.54	45	L	1.00	.00	.00	.00

图10-3 完成虚拟变量设置

2.使用重新编码为不同变量功能

（1）打开数据data10-01，执行转换（Transform）菜单中的“重新编码为不同变量（Recode into Different Variables）”功能，如图10-4所示。

图10-4　转换菜单功能

（2）将需要转换为虚拟变量的“行业”变量选入“数字变量->输出变量（Numeric Variable->Output Variable）”框中，在“输出变量”栏的“名称（Name）”参数框中输入转变的第一个虚拟变量名称“行业1”，点击更改（Change）按钮进行命名，如图10-5所示。

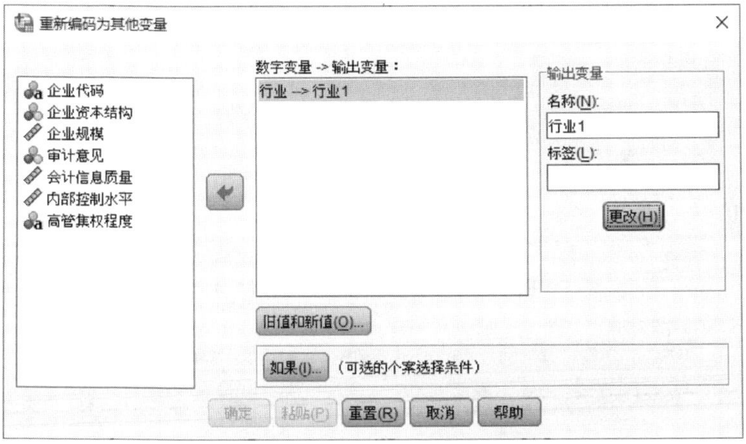

图10-5　重新编码为其他变量对话框

（3）点击“旧值和新值（Old and New Values）”按钮，进入重新编码对话框。在旧值（Old Value）栏的“值（Value）”参数框中填写1，在新值（New Value）栏的“值（Value）”参数框中填写1，点击“旧->新”框中的“添加（Add）”按钮，得到1->1，如图10-6所示。

（4）选择“旧值（Old Value）”栏中的“所有其他值（All Other Values）”复选项，在“新值（New Value）”栏中的“值（Value）”参数框中填写0，并点击“添加（Add）”按钮，得到ELSE->0，如图10-7所示。

（5）该操作的目的是将原变量“行业”转变为一个新的虚拟变量“行业1”，新变量的值只有1和0两种，其中1代表第一个行业（采掘业），0代表其他行业，如图10-8所示。

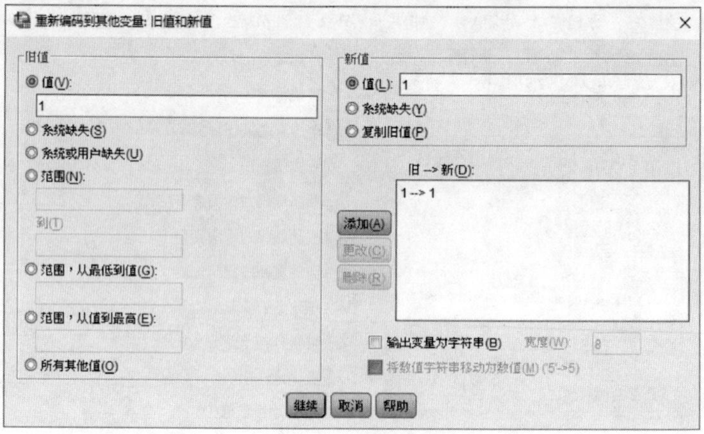

图 10-6　旧值和新值转换（一）

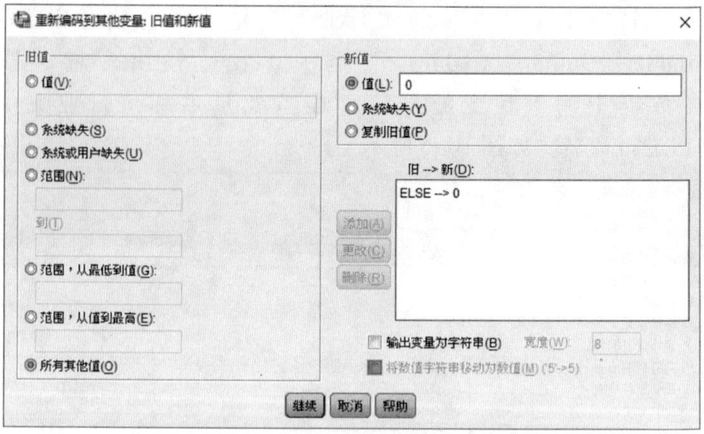

图 10-7　旧值和新值转换（二）

企业规模	审计意见	行业	会计信息质量	内部控制水平	高管集权程度	行业1
100	0	1	.20	56	H	1.00
98	0	1	.55	89	H	1.00
23	1	4	.34	34	L	.00
87	0	3	.45	67	H	.00
102	0	1	.56	34	L	1.00
87	0	2	.23	80	L	.00
39	1	3	.11	90	L	.00
23	0	2	.87	56	H	.00
79	0	4	.65	78	L	.00
45	0	4	.45	98	H	.00
23	0	3	.34	45	L	.00
70	1	2	.67	76	H	.00
67	1	1	.89	32	H	1.00

图 10-8　生成新变量

（6）按照同样的方法，可以生成行业2、行业3，共计3个虚拟变量，如图10-9所示。

	企业	企业资本结构	企业规模	审计意见	行业	会计信息质量	内部控制水平	高管集权程度	行业1	行业2	行业3
1	A	2	100	0	1	.20	56	H	1.00	.00	.00
2	B	3	98	0	1	.55	89	H	1.00	.00	.00
3	C	2	23	1	4	.34	34	L	.00	.00	.00
4	D	6	87	0	3	.45	67	H	.00	.00	1.00
5	E	3	102	0	1	.56	34	L	1.00	.00	.00
6	F	8	87	0	2	.23	80	L	.00	1.00	.00
7	G	3	39	1	3	.11	90	L	.00	.00	1.00
8	H	6	23	0	2	.87	56	H	.00	1.00	.00
9	I	2	79	0	4	.65	78	L	.00	.00	.00
10	J	7	45	0	4	.45	98	H	.00	.00	.00
11	K	9	23	0	3	.34	45	L	.00	.00	1.00
12	L	3	70	1	2	.67	76	H	.00	1.00	.00
13	M	6	67	1	1	.89	32	H	1.00	.00	.00
14	N	8	56	0	4	.23	67	H	.00	.00	.00
15	O	9	89	0	1	.11	89	L	1.00	.00	.00

图10-9 虚拟变量转换结果

3.使用Recode命令

在SPSS的命令窗口，通过执行SPSS的Recode命令来完成虚拟变量的设置。首先打开“文件（File）→新建（New）→语法（Syntax）”窗口，然后输入命令执行即可，如图10-10和图10-11所示。

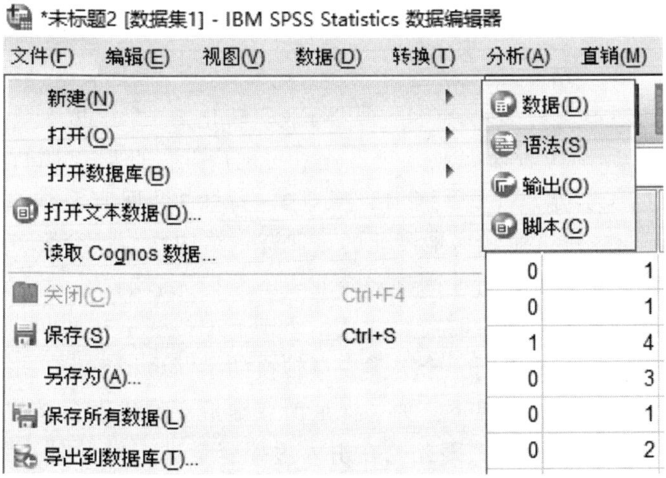

图10-10 运行语法功能

三、分析结果

虚拟变量设置完成后，加入到线性回归模型进行运算，得到结果，进行分析，见表10-1。

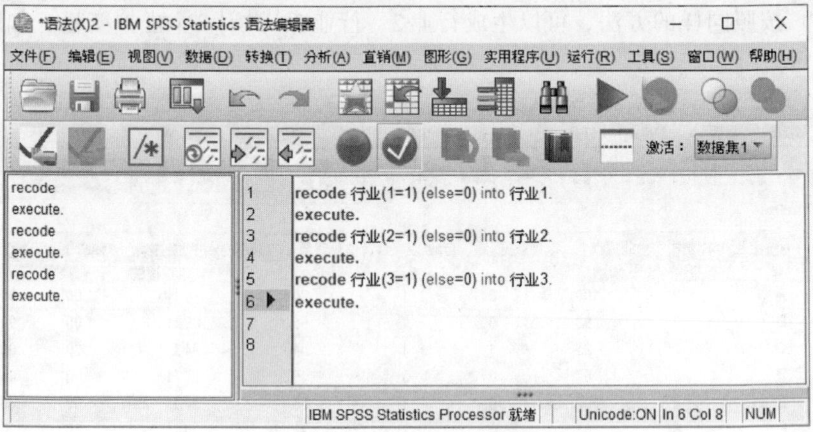

图 10-11 输入代码

表 10-1 虚拟变量线性回归系数表[a]

系数[a]

模型		非标准化系数		标准化系数	t	Sig.
		B	标准误差	试用版		
1	（常量）	6.400	1.641		3.901	0.001
	企业规模	−0.026	0.023	−0.301	−1.108	0.283
	审计意见	−2.512	1.366	−0.429	−1.840	0.082
	行业 1	1.100	1.540	0.218	0.714	0.484
	行业 2	1.338	1.488	0.228	0.899	0.380
	行业 3	0.972	1.525	0.166	0.637	0.532

a. 因变量：企业资本结构。

结果分析：通过重新编码，将变量“行业”转化为3个虚拟变量“行业1”“行业2”“行业3”，分别代表采掘业、建筑业、房地产业，此时参照行业为社会服务业，在 $\alpha=0.05$ 的检验水准下，行业1、行业2、行业3的回归系数检验p值均大于0.05，说明采掘业、建筑业、房地产业的企业资本结构均与社会服务业不存在统计学差异，即在此项研究中，行业因素对企业资本结构无影响。

综上所述，设置虚拟变量时需要注意：原则上虚拟变量在回归模型中应同进同出，即在一个模型中，如果同一个分类变量转换的不同虚拟变量，出现了在统计上部分显著、部分不显著的情况下，为了保证所有虚拟变量代表含义的正确性，应当在模型中纳入所有虚拟变量。因此，在引入虚拟变量进入模型时，要选择Enter强制进入法，以保证所有虚拟变量都能保留在最后的模型中。此外，在选择参照组时，被选为参照组的应该有一定的样本量，如果参照组样本量太少，会导致其他分类与参照组相比时，参数估计的标准误较大，可信区间较大，精度降低，出现估计参数极大或极小的现象。

第二节　因变量中的虚拟变量

因变量中包含定性变量的回归模型有很多种，如二项Logistic回归、多项Logistic回归、有序回归（等级回归）、Probit回归（概率单位回归）、最佳尺度回归等。会计实证研究中常用的是二项Logistic回归模型。

一、二项Logistic回归模型的应用背景

作为标准的统计分析工具，多元回归分析方法在诸多行业和领域的数据分析应用中发挥着极为重要的作用。尽管如此，在运用多元回归分析方法时仍不应忽略方法应用的前提条件。如果违背了某些关键假设，得到的分析结论很可能是不合理和不可信的。

利用多元回归分析方法分析变量之间的关系或进行预测时的一个基本要求是：因变量应是正态分布的连续型定距变量。然而在许多会计研究问题中，所研究的因变量往往只有"是"或"否"两个可能结果，这时就需要将因变量设置为虚拟变量。当因变量为0–1型变量时，建立一般的多元线性回归模型就会出现以下问题：

（1）残差不再满足E（ε）=0且Var（ε）=σ^2的假设条件。由于因变量只有0和1两个取值，则残差项$\varepsilon_i=y_i-(\beta_0+\beta_i x_i)$也只有两个取值，当$y_i=1$时，$\varepsilon_i=1-(\beta_0+\beta_i x_i)=1-\hat{y}_i$；当$y_i=0$时，$\varepsilon_i=0-(\beta_0+\beta_i x_i)=-\bar{y}_i$。可见，虽然残差项的E（ε）=0，但它的等方差性不再满足，此时ε_i的方差与y_i的方差是相等的，即：

$$D(\varepsilon_i)=D(y_i)=\hat{y}_i(1-\hat{y}_i)=(\beta_0+\beta_i x_i)(1-\beta_0-\beta_i x_i) \tag{10.5}$$

残差的方差随自变量取值的变化而变化。由于只有在上述前提下回归模型的最小二乘估计才是无偏和有效的，因此一旦上述条件无法满足，必然使最小二乘估计的效果下降。

（2）残差不再服从正态分布。由于被解释变量只有0和1两个取值，则残差项$\varepsilon_i=y_i-(\beta_0+\beta_i x_i)$也只有两个取值，是二值离散型分布而非正态分布。由于残差项服从正态分布，才可能保证模型的回归系数β_i服从正态分布，才可能进行回归系数的假设检验和建立执行区间。因此，当该条件无法满足时，就无法进行相应的统计推断。

（3）因变量的取值区间受限制。一般回归模型下的因变量的取值范围是$-\infty\sim+\infty$，显然不同于二值因变量的取值范围。

由此可见，当因变量是0–1型变量时，无法直接采用一般的多元线性回归模型建模。为了继续使用线性回归的思想，可以将多元线性方程右边的取值变换为［0，1］，选择Logistic函数：$y=\frac{1}{1+e^{-x}}$，即$y=\frac{e^x}{1+e^x}$，这是一个S型函数，值域为（0，1），能将任何数值映射到［0，1］，且具有无限阶可导等优良数学性质，如图10–12所示。这种回归也被称为二项Logistic回归模型，Logistic回归是多元线性回归方法不断发展的成果。

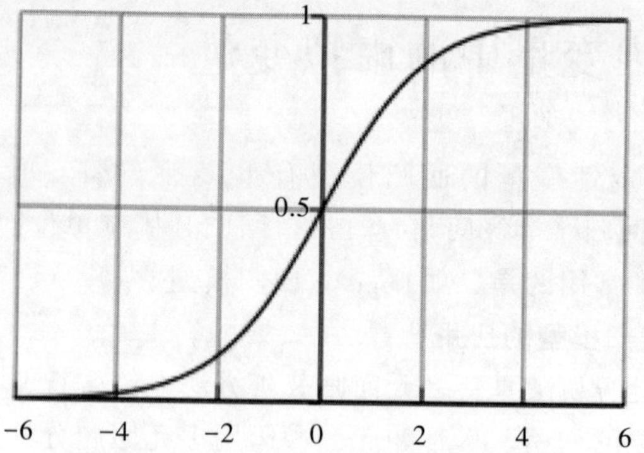

图 10-12 Logistic 函数

二、二项Logistic回归模型简介

无论是处理二项分类变量的分析还是处理多项分类变量的分析，都统称为Logistic回归模型。二项Logistic回归，是指因变量为二级计分或二类评定的回归分析，这类变量称为二项分类变量（0，1）。在Logistic回归分析中，常把自变量（Independent Variable）称为协变量（Covariates）。利用Logistic回归可以直接预测观测量相对于某一事件的发生概率。在一般的多元回归中，若以概率P为因变量，则方程为：

$$P=\beta_0+\beta_1x_1+\beta_2x_2+\cdots+\beta_kx_k \tag{10.6}$$

但用该方程计算时，常会出现P>1或P<0的不合理情形。为此，需要对P做对数单位转换，即 Logit $P=\ln\left(\frac{P}{1-P}\right)$，$\ln\left(\frac{P}{1-P}\right)$ 称为Logit变换，于是可得到Logistic回归方程如下：

$$P=\frac{e^{\beta_0+\beta_1x_1+\beta_2x_2+\cdots+\beta_kx_k}}{1+e^{\beta_0+\beta_1x_1+\beta_2x_2+\cdots+\beta_kx_k}} \tag{10.7}$$

其中，β_0、β_1为常数和自变量的系数，e为自然数，其曲线为S型。

$$\ln\left(\frac{P}{1-P}\right)=\beta_0+\beta_1x_1+\beta_2x_2+\cdots+\beta_kx_k \tag{10.8}$$

上式可理解为某一事件发生的概率与不发生的概率之比取对数，再将y视为y取值为1的概率P（y=1），因此（1-y）就是y取值为0的概率P（y=0），上式可被改写为：

$$P(y=1)=\frac{e^z}{1+e^z},\ P(y=0)=\frac{1}{1+e^z} \tag{10.9}$$

其中，$z=\beta_0+\beta_1x_1+\beta_2x_2+\beta_3x_3+\cdots+\beta_nx_n$，接下来就可以使用极大似然法估计出各个系数β。

综上所述，Logistic回归是一种广义线性回归模型（Generalized Linear Model），因此与多重线性回归分析有很多相同之处。它们的模型形式基本上相同，都具有（a+bx），其中a和b是待求参数，其区别在于它们的因变量不同。多重线性回归模型直接将（a+bx）作为因变量，即y=a+bx，而Logistic回归模型则通过函数L将（a+bx）对应一个隐状态P，P=L（a+bx），然后根据P与1-P的大小决定因变量的值。如果L是Logistic函数，就是Logistic回归，如果L是多项式函数，就是多项式回归。

三、二项Logistic回归模型中回归系数的含义

由于Logistic回归模型的残差不再服从正态分布，而是二值离散型分布，于是采用极大似然估计法对模型的参数进行估计。在各种统计检验通过以后，需要对模型参数的含义给予合理的解释。从形式上来看，由于Logistic回归模型与一般线性回归模型的形式相同，因此可以类似的方法理解和解释Logistic回归模型中回归系数的含义，即当其他自变量保持不变时，自变量x_i每增加一个单位，将引起Logit P增加（或减少）β_i个单位。但由于Logit P无法直观观察或测量，单位也无法确定，因此通常以Logistic分布函数的标准差（1.8138）作为Logit P的测度单位。然而重要的是，在模型的实际应用中，人们关心的是解释变量变化引起事件发生概率P的增加（或减少），但这种增加（或减少）的幅度是非线性的，取决于解释变量的取值范围以及解释变量间的共同作用等。正是如此，在应用中人们通常更关心的是自变量给发生比Ω带来的变化。

当Logistic回归模型的回归系数确定后，将其代入发生比Ω的函数，即：

$$\Omega=\exp(\beta_0+\beta_i x_i) \tag{10.10}$$

当其他解释变量保持不变而研究x_i变化一个单位对Ω的影响时，可将新的发生比设为Ω^*，则有：

$$\Omega^*=\exp(\beta_i+\beta_0+\beta_i x_i)=\Omega\exp(\beta_i) \tag{10.11}$$

于是有：

$$\frac{\Omega^*}{\Omega}=\exp(\beta_i) \tag{10.12}$$

由此可知，当x_i增加一个单位时，将引起发生比扩大$\exp(\beta_i)$倍。一般化则为：

$$\frac{\Omega^*}{\Omega}=\exp(\beta_i) \tag{10.13}$$

式（10.13）表明，当第i个自变量发生一个单位的变化时，概率的变化值为$\exp(\beta_i)$。自变量的系数为正值，意味着事件发生的概率会增加，$\exp(\beta_i)$的值大于1；自变量的系数为负值，意味着事件发生的概率会减少，$\exp(\beta_i)$的值小于1；当β_i为0时，此值等于1。

Odds，又称概率、比值、比数，是指某事件发生的可能性（概率）与不发生的可能性（概率）之比。用p表示事件发生的概率，则：$odds=\frac{p}{1-p}$。

OR，即比值比，为实验组的事件发生概率（odds1）/对照组的事件发生概率（odds2）。它等于exp（B），即e的B次方（e^B），B为回归系数。例如，某变量的回归系数B为0.918，则exp（B）$=2.71828182^{0.918}=2.504$。

四、二项Logistic回归模型的检验

进行Logistic回归模型的检验应首先了解模型参数估计的原则和方法。二项

Logistic回归模型的参数求解采用极大似然估计法。极大似然估计法是一种在总体分布密度函数和样本信息的基础上，求解模型中未知参数估计值的方法。它基于总体的分布密度函数构造一个包含未知参数的似然函数，并求解在似然函数值最大情况下的未知参数的估计值。在该原则下得到的模型，其产生的样本数据的分布与总体分布相近的可能性最大。因此，似然函数的函数值实际也是一种概率值，反映了在所确定的拟合模型为真时，该模型能够较好地拟合样本数据的可能性，所以似然函数值在0至1之间。

在回归分析中为方便数学上的处理，通常将似然函数值取自然对数，得到对数似然函数（函数值最大为0）。因此，追求似然函数最大的过程也就是追求对数似然函数最大的过程。似然函数值为1时，对数似然函数值为0，对数似然函数值越大，意味着模型较好地拟合样本数据的可能性越大，所得模型的拟合优度越高；相反，对数似然函数值越小，意味着模型较好地拟合样本数据的可能性越小，所得模型的拟合优度越低。

1.回归模型的显著性检验

Logistic回归模型显著性检验的目的是，检验自变量全体与Logit P的线性关系是否显著，是否可以用线性模型拟合。其零假设是：各回归系数同时为0，自变量全体与Logit P的线性关系不显著。

回归模型显著性检验的基本思路是，如果方程中的诸多解释变量对于Logit P的线性解释有显著意义，那么必然会使回归模型对样本的拟合得到显著提高。可采用对数似然比测度拟合程度是否有了提高？如果设解释变量x_i未引入回归模型前的对数似然函数值为L_{x_i}，引入回归方程后的对数似然函数值为L，则对数似然比为$\frac{L_{x_i}}{L}$。显而易见，如果对数似然比与1无显著差异，则说明解释变量x_i对Logit P的线性解释无显著贡献；如果对数似然比远远大于1，与1有显著差异，则说明解释变量x_i对Logit P的线性解释有显著贡献。依照统计推断的思想，此时应关注对数似然比的分布。虽然对数似然比的分布是未知的，但它的函数$\log(\frac{L_{x_i}}{L})^2$的分布是可知的，且近似服从卡方分布，通常称此为似然比卡方，于是有：

$$-\log(\frac{L_{x_i}}{L})^2=-2\log\left(\frac{L_{x_i}}{L}\right)=-2\log\left(L_{x_i}\right)-\left(-2\log\left(L\right)\right)=-2ll \tag{10.14}$$

好的模型的似然比值较高，其-2ll值相对较小（如果模型100%完美，似然比值等于1，-2ll值为0）。似然比值的变化说明，当变量进入与被剔出模型对数据拟合度方面的变化的影响。常用的3种卡方统计量分别为Model、Block、Step。

（1）Model统计量检验除常数项以外，模型中所有变量系数为零的假设。Model卡方值为当前模型的-2ll与模型中只包含常数项的-2ll之差。对不包含常数项的模型，使用不包含变量的模型的-2ll与之进行比较。

（2）Block卡方值为当前-2ll值与后一组变量进入模型后的-2ll值之差。如果选择了多组变量，那么Block卡方值用来对最后一组变量系数为0的零假设进行检验。

（3）Step卡方值是在建立模型的过程中，当前与下一步-2ll之间的差值。它用来对最后一个加入模型的变量系数为0的零假设进行检验。

SPSS将自动计算似然比卡方的观测值和相伴概率p值。如果相伴概率p值小于给定的显著性水平α，则应拒绝零假设，认为目前方程中的所有回归系数不同时为零，解释变量全体与Logit P之间的线性关系显著；反之，如果相伴概率p值大于给定的显著性水平α，则不应拒绝零假设，可以认为目前方程中的所有回归系数同时为零，解释变量全体与Logit P之间的线性关系不显著。

2.回归系数的显著性检验

Logit P回归系数显著性检验的目的是逐个检验模型中各自变量是否与Logit P有显著的线性关系，是否对解释Logit P有重要贡献。其零假设是$\beta_i=0$，即某回归系数与零无显著差异，相应的解释变量与Logit P之间的线性关系不显著。

回归系数显著性检验采用的检验统计量是Wald统计量，数学定义为：

$$Wald_i=\left(\frac{\beta_i}{S_{\beta_1}}\right)^2 \tag{10.15}$$

式（10.15）中，β_i是回归系数，S_{β_1}是回归系数的标准误。Wald统计量服从自由度为1的卡方分布。SPSS将自动计算各解释变量的$Wald_i$的观测值和相伴概率p值。如果相伴概率p值小于给定的显著性水平α，则应拒绝零假设，认为某解释变量的回归系数与零有显著差异，该解释变量与Logit P之间的线性关系显著，应保留在模型中；反之，如果相伴概率p值大于给定的显著性水平α，则不应拒绝零假设，可以认为某解释变量的回归系数与零无显著差异，该解释变量与Logit P之间的线性关系不显著，不应保留在模型中。

应注意的是，如果解释变量存在多重共线性会对Wald统计量产生影响。在回归系数的绝对值较大时，Wald统计量的标准误有扩大的现象，会造成Wald统计量的观测值减小，不易拒绝零假设，进而使那些本对Logit P有解释意义的变量没能保留在方程中。因此，在确定解释变量自动筛选策略时，应考虑到这个问题。另外，此时可借助上述回归方程显著性检验的卡方检验方法，对相应回归系数进行检验。

3.回归模型的拟合优度检验

在Logistic回归分析中，拟合优度可以从两个方面考察：第一，回归模型能够解释被解释变量变差的程度。如果模型可以解释被解释变量的较大部分变差，则说明拟合优度高；反之，则说明拟合优度低。这一点与一般线性回归分析是相同的。第二，回归模型计算出的预测值与实际值之间吻合的程度，即模型的总体错判率是低还是高。如果错判率低，则说明拟合优度高；反之，则说明拟合优度低。常用的指标有：

（1）Cox & Snell R^2统计量。

Cox & Snell R^2统计量与一般线性回归分析中的R^2统计量有相似之处，也是模型对被解释变量变差解释程度的反映。Cox & Snell R^2统计量的数学定义为：

$$\text{Cox \& Snell } R^2=1-\left(\frac{L_0}{L}\right)^{\frac{2}{n}} \tag{10.16}$$

式（10.16）中，L_0为模型中只包含常数项时的对数似然函数值，L为当前模型的对数似然函数值，n为样本数。由于Cox & Snell R^2统计量的取值范围不易确定，因此使用时不方便。

（2）Nagelkerke R^2统计量。

Nagelkerke R^2统计量是修正的Cox & Snell R^2，也反映了模型对被解释变量变差解释的程度。Nagelkerke R^2统计量的数学定义为：

$$\text{Nagelkerke } R^2=\frac{\text{Cox \& Snell}R^2}{1-(L_0)^{\frac{2}{n}}} \tag{10.17}$$

Nagelkerke R^2统计量的取值范围在0至1之间。Nagelkerke R^2的值越接近1，说明方程的拟合优度越高；反之，Nagelkerke R^2的值越接近0，说明方程的拟合优度越低。

（3）错判矩阵。

错判矩阵是一种直观的评价模型优劣的方法，它通过矩阵表格的形式展现预测值与实际观测值的吻合程度。错判矩阵的一般形式见表10-2。

表10-2 **错判矩阵**

		预测值		
		0	1	正确率
观测值	0	f_{11}	f_{12}	$\frac{f_{11}}{f_{11}+f_{12}}$
	1	f_{21}	f_{22}	$\frac{f_{22}}{f_{21}+f_{22}}$
总体正确率		$f_{11}+f_{22}$		

在表10-2中，f_{11}是实际值为0、预测值也为0的个数，f_{12}是实际值为0、预测值为1的个数，f_{21}是实际值为1、预测值为0的个数，f_{22}是实际值为1、预测值也为1的个数。通过各栏中的正确率可以评价模型的好坏，当然正确率越高意味着模型越好。

（4）Hosmer-Lemeshow统计量。

当自变量较多且多是定距型变量时，常使用Hosmer-Lemeshow统计量，检验因变量的实际值与预测值的分布是否有显著差异。其原假设为：因变量实际值与预测值的分布没有显著差异。该统计量的设计思想是：通过Logistic回归模型可以计算出自变量取一定值时因变量为1的预测概率值。当然希望赋予实际值为1的样本以高的预测概率值，实际值为0的样本以低的预测概率值。SPSS根据预测概率值的大小将所有样本分为n组（通常为10组或近似10组），并生成交叉列联表。然后计算该列联表各单元格中的期望频数，并计算该列联表的卡方统计量，该卡方统计量便是Hosmer-Lemeshow统计量，并服从（n-2）个自由度的卡方分布。如果Hosmer-

Lemeshow统计量的相伴概率p值小于给定的显著性水平α，则应拒绝原假设，即被解释变量中实际值与预测值的分布有显著差异，各组的划分与被解释变量的实际取值无关，意味着模型的拟合优度较低；反之，如果Hosmer-Lemeshow统计量的相伴概率p值大于给定的显著性水平α，则不应拒绝原假设，即各组的划分与被解释变量的实际取值没有显著差异，意味着模型的拟合优度较高。

应注意的是，在Hosmer-Lemeshow检验中，组的划分对检验结果是有重要影响的。应尽量保证表中每个单元格中的期望频数不小于5，或只有较少的单元格中的期望频数小于5，否则Hosmer-Lemeshow统计量有扩大的趋势，易得到拒绝零假设，认为模型拟合度较高的结论。

4.残差分析

Logistic回归可以利用残差指标进行残差分析，主要包括非标准化残差、标准化残差、Logit残差等。非标准化残差定义为：

$$e_i=y_i-p_i\ (y=1\mid x_i) \tag{10.18}$$

标准化残差定义为：

$$Standardei=\frac{y_i-n_ip_i}{\sqrt{n_ip_i(1-p_i)}} \tag{10.19}$$

其中，n_i表示解释变量取特定值的样本个数。

Logit残差定义为：

$$Logit\ ei=\frac{e_i}{p_i(1-p_i)} \tag{10.20}$$

五、二项Logistic回归分析在SPSS中的实现

（1）建立或打开数据文件后，进入“分析（Analyze）”→“回归（Regression）”→“二项Logistic回归（Binary Logistic）”，二项Logistic回归分析主对话框，如图10-13所示。

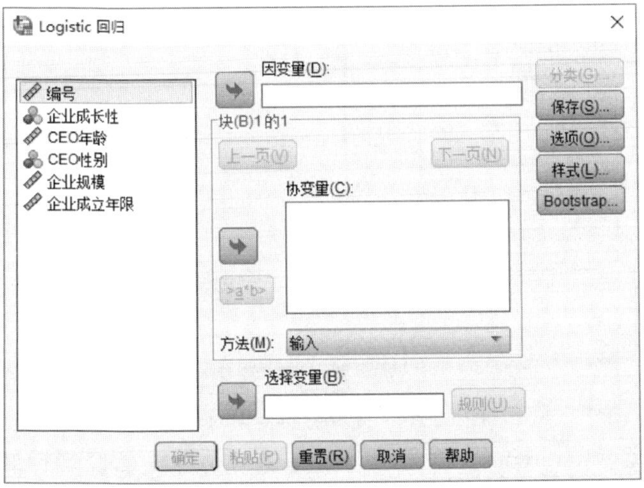

图10-13　Logistic回归分析主对话框

（2）选择因变量放入因变量（Dependent）框，选择一个或多个解释变量放入

协变量（Covariates）框，也可以将不同自变量组放在不同的块（Block）中，进而分析不同自变量组对因变量的贡献。

（3）在方法（Method）下拉列表框后选择自变量的筛选策略，其中：

①输入（Enter）选项：所有自变量强制输入回归方程。

②向前：有条件的（Forward：Conditional）选项：以假定参数为基础做似然比概率检验，向前逐步选择解释变量。

③向前：LR（Forward：LR）选项：以最大局部似然为基础做似然比概率检验，向前逐步选择解释变量。

④向前：Wald（Forward：Wald）选项：做Wald概率统计法，向前逐步选择解释变量。

⑤向后：有条件的（Backward：Conditional）选项：以假定参数为基础做似然比概率检验，向后逐步选择解释变量。

⑥向后：LR（Backward：LR）选项：以最大局部似然为基础做似然比概率检验，向后逐步选择解释变量。

⑦向后：Wald（Backward：Wald）选项：做Wald概率统计法，向后逐步选择解释变量。

（4）选择变量（Selection Variable）框，根据指定变量的取值范围，选择参与分析的观察量。在源变量框中选择一个变量，送入选择变量（Selection Variable）框。单击"规则（Rule）"按钮，激活建立规则（Set Rule）对话框，设定选择观察量的标准。只有条件变量值满足给定条件的样本数据才能参与回归分析。

（5）点击"分类"按钮，进入定义分类（Categorical）变量对话框进行分类变量设置，如图10-14所示。

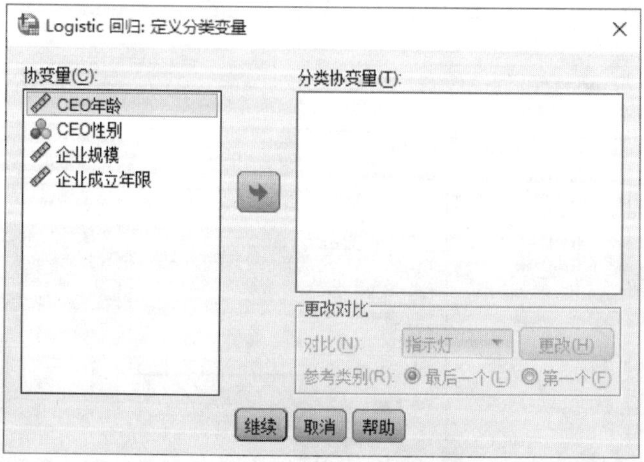

图10-14　定义分类变量对话框

①在协变量（Covariates）框中包含了在主对话框中已经选择好的全部协变量及交互项，其中的字符串变量或者分类变量，只能用作分类协变量。

②分类协变量（Categorical Covariates）框中列出了所选择的分类变量，其后面

的括号中显示的是各组间的对比方案。

③更改对比（Change Contrast）栏，设置分类协变量中各类水平的对比方式。

a. Indicator（指示对比）：用于指定某一分类为参照，指定的参照取决于Reference Category中选择Last还是First，即只能以该变量的第一类或者最后一类作为参照。Indicator为默认方法，也是最常用的设置参照类的方法。

b. Simple（简单对比）：虽然Simple和Indicator两种方法的参数编码不同，但其实质是一样的，均为各分类分别与参照进行相比。

c. Difference（差异对比）：该分类变量的某个分类，与前面所有分类的平均值进行比较，此法与Helmert法相反，因此也称反Helmert法。此选项常用于有序分类变量。

d. Helmert（赫尔默特对比）：该分类变量的某个分类，与其后面所有分类的平均值进行比较，同样适用于有序分类变量。

e. Repeated（重复对比）：该分类变量的各个分类，均与前面相邻的一个分类进行比较，此时前一分类为参照。

f. Polynomial（多项式对比）：它假设各个分类间隔是等距的，只能用于数值型的变量。（注意：如果此时原始变量为字符型，如A、B、C、D，在SPSS中使用该方法时它会提示Polynomial contrasts may not be specified for string variables，而对于其他6种方法是允许原始变量是字符型的，SPSS可以将其自动转化为0或1形式的哑变量）。

g. Deviation（偏差对比）：除参照外，其余每一个分类都与总体水平相比，此时每个分类的回归系数都是相对于总体水平而言的改变量。

④参考类别（Reference Category）复选项，如果选择了Deviation、Simple、Indicator对比方式，可选择第一个（First）或最后一个（Last），指定分类变量的第一类或最后一类作为参考类。

⑤如果改变了更改对比的设置，单击“更改（Change）”按钮以示对选项的确定。

（6）点击“保存”按钮，进入保存（Save）对话框，选择在数据文件中保存的新变量，如图10-15所示。

①预测值（Predicted Values）栏。其中，概率（Probability）复选项，表示每个观测量发生特定事件的预测概率；组成员（Group Membership）复选项，表示依据预测概率得到的每个观测量的预测分组。

②残差（Residuals）栏，保存残差，包括未标准化残差（Unstandardized）、Logit残差、学生化残差（Studentized）、标准化残差（Standardized）和偏差（Deviance）复选项。

③影响（Influence）栏，保存每一个观测量的影响力指标，包括Cook距离、杠杆值（Leverage Values）和DfBeta复选项。

（7）点击“选项”按钮，进入选项（Options）对话框，如图10-16所示。

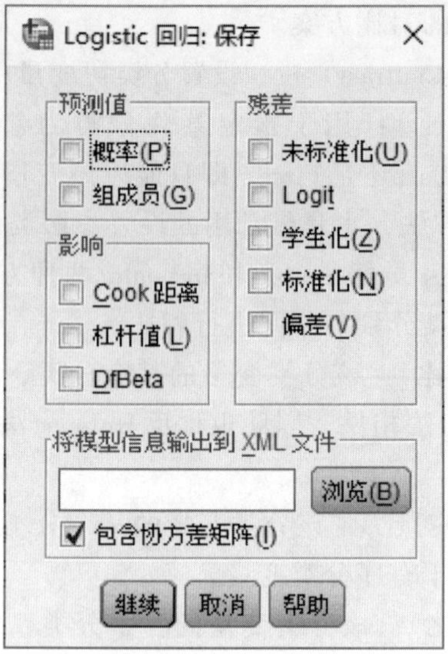

图 10-15　保存对话框

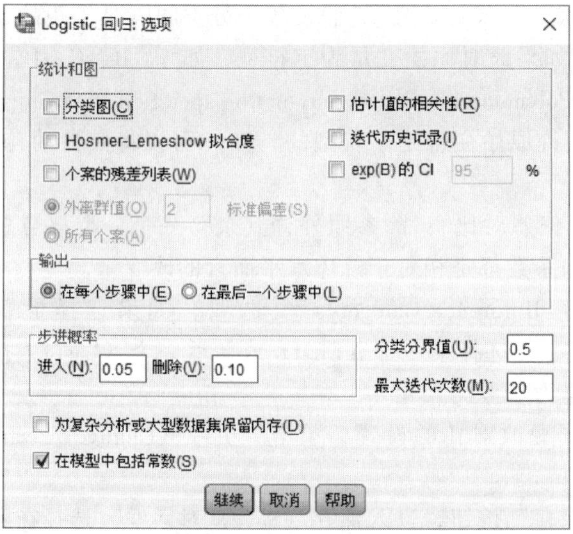

图 10-16　选项对话框

①统计和图（Statistics and Plot）栏，输出统计量和图形。

a.分类图（Classification Plots）复选项：显示有关被解释变量观察值与预测值的分类直方图。

b.估计值的相关性（Correlations of Esti）复选项：显示模型中参数估计的相关矩阵。

c.Hosmer-Lemeshow 拟合度（Hosmer-Lemeshow Goodness-of-Fit）复选项：估计模型拟合优度，特别是在较多协变量或协变量是连续型变量时。

d.迭代历史记录（Iteration History）复选项：在参数估计过程中显示每次迭代的系数和对数似然比统计量。

e.个案的残差列表（Casewise Listing of Residuals）复选项：显示未标准化残差、预测概率、观察和预测组关系。其中，外离群值（Outliers Outside），显示某个标准差以外的异常值，默认值是2个标准偏差。所有个案（All Cases）显示所有变量的残差。

f. exp（B）的CI（CI for exp（B））复选项。其中：OR值的95%置信区间。

②输出（Display）栏。其中，在每个步骤中（at Each Step）复选项，表示对每一步计算过程输出表、统计量和图形。在最后一个步骤中（at Last Step）复选项，表示只输出最终方程的表、统计量和图形。

③步进概率（Probability for Stepwise）栏，设置变量进入模型及从模型中删除的判据。进入（Entry）参数框，引入解释变量标准，默认值为0.05。删除（Removal）参数框，删除解释变量标准，系统默认值为0.10。此处的值用户可以自己设置，但Entry值必须小于Removal值。

④分类分界值（Classification）参数框，被解释变量的分类界限，系统默认值为0.5。

⑤最大（Maximum）迭代次数参数框，设定最大迭代次数，系统默认值为20。

⑥在模型中包括常数（Include Constant in Model）选项：模型包含常数项，系统默认值。

六、二项Logistic回归分析实例

data10-02因变量中虚拟变量的应用数据

数据文件data10-02，建立因变量企业成长性与自变量的Logistic回归模型。

1.选择变量，指定选项

（1）打开数据文件data10-02，打开Logistic回归过程对话框。

（2）将变量成长性选入因变量（Dependent）框，将CEO年龄、CEO性别、企业规模、企业成立年限作为自变量选入协变量（Covariates）框。

（3）方法（Method）下拉列表框中选择输入（Enter）。

（4）打开选项对话框，选择分类图（Classification Plots）、Hosmer-Lemeshow Goodness-of-Fit和CI for exp（B）复选项，在输出（Display）栏中选择at Last Step复选项。

（5）其他选项为默认选项，提交运算。

2.输出结果分析

表10-3显示了Logistic回归分析初始阶段（第0步）方程中只有常数项时的错判矩阵。可以看到，在以概率值0.5作为成长性低与成长性高分界线得出的预测值与实际数据的比较表中，43家高成长性企业未被正确预测，准确率为0，57家低成长性企业被正确预测，正确率为100%。模型总的预测正确率为57%。

表10-4显示了方程中只有常数项时回归系数方面的指标，各数据项的含义依次为回归系数、回归系数标准误、Wald检验统计量的观测值、自由度、Wald检验统计量的相伴概率p值、发生比。由于此时模型中未包含任何解释变量，因此该表没有实际意义。

表 10-3 **因变量分类表**[a, b]

观测值			预测值：企业成长性 低	预测值：企业成长性 高	预测值：百分比正确
步骤 0	企业成长性	低	57	0	100.0
		高	43	0	0
	总体百分比				57.0

a. 模型中包括常量。

b. 分界值为 0 .500。

表 10-4 **初始模型统计量表**

		B	S.E.	Wald	自由度	显著性	exp（B）
步骤 0	常量	-0.282	0.202	1.947	1	0.163	0.754

表 10-5 **方程式中没有的变量**

			得分	自由度	显著性
步骤 0	变量	CEO 年龄	14.148	1	0.000
		CEO 性别	2.761	1	0.097
		企业规模	12.112	1	0.001
		企业成立年限	7.465	1	0.006
	整体统计信息		32.230	4	0.000

表 10-5 显示了待进入方程的各个变量的情况，各数据项的含义依次为得分、自由度和相伴概率 p 值。

表 10-6 显示了 Logistic 回归分析第一步时回归方程显著性检验的总体情况，各数据项的含义依次为似然比卡方的观测值、自由度和相伴概率 p 值。分别输出了三行似然比卡方值，其中，步长（Step）行是本步与前一步相比的似然比卡方，块（Block）行是本块与前一块相比的似然比卡方，模型（Model）行是本模型与前一模型相比的似然比卡方。在本例中，由于没有设置解释变量块，且解释变量是一次性强制进入模型的，因此三行结果都相同，似然比卡方检验的观测值为 37.023，相伴概率 p 值<0.001。如果显著性水平 α 为 0.05，由于相伴概率 p 值小于显著性水平 α，应拒绝原假设，认为所有回归系数不同时为零，解释变量的全体与 Logistic P 之间的线性关系显著，采用该模型是合理的。

表 10-7 显示了当前模型拟合优度方面的指标，其中-2 对数似然（-2 Log Likelihood）值为 99.640，此值越小，说明模型对数据的拟合度越好。Cox & Snell R^2 和 Nagelkerke R^2 统计量分别为 0.309 和 0.415，数值越大，说明能由方程解释的回归变异越多，模型拟合度越好。但这三个变量值只是一种刻画性的描述，不涉及对解释变量和被解释变量总体关系的推断。

表 10-6　　模型系数的 Omnibus 检验

		卡方	自由度	显著性
步骤 1	步长（T）	37.023	4	0.000
	块	37.023	4	0.000
	模型	37.023	4	0.000

表 10-7　　最终模型的拟合优度检验

步长（T）	-2 对数似然	Cox & Snell R^2	Nagelkerke R^2
1	99.640[a]	0.309	0.415

a. 估算在迭代号 5 终止，因为参数估算更改小于 0.001。

表 10-8 为 Hosmer-Lemeshow 检验的结果。结果显示，Hosmer-Lemeshow 统计量的观测值为 11.954，相伴概率 p 值为 0.153。如果显著性水平 α 为 0.05，由于相伴概率 p 值大于显著性水平 α，因此不能拒绝原假设，可以认为实际值与预测值的分布没有显著差异，方程对数据的拟合度良好。

表 10-8　　Hosmer-Lemeshow 检验

步长（T）	卡方	自由度	显著性
1	11.954	8	0.153

表 10-9 为 Hosmer-Lemeshow 检验的列联表。它们被分为大致相等的 10 个组。总计栏是每组观测量数。由于将具有相同值的观测量组合在一起，因此每组的观测量数量并非精确地相等。第 2、3 栏为观测到的和预测的低成长性企业数，第 4、5 栏为观测到的和预测的高成长性企业数。

表 10-9　　Hosmer-Lemeshow 检验的列联表

		企业成长性 = 低		企业成长性 = 高		总计
		观测值	期望值（E）	观测值	期望值（E）	
步骤 1	1	10	9.341	0	0.659	10
	2	8	8.841	2	1.159	10
	3	9	8.522	1	1.478	10
	4	10	7.814	0	2.186	10
	5	6	6.829	4	3.171	10
	6	4	5.386	6	4.614	10
	7	2	4.006	8	5.994	10
	8	2	3.025	8	6.975	10
	9	3	2.167	7	7.833	10
	10	3	1.069	7	8.931	10

表10-10显示了当前所得模型的错判矩阵，是包含常数项与变量的模型，以概率值0.5作为分界值，得出的预测值与实际数据的比较表。分界值0.5意味着，如果预测概率值大于0.5，则认为被解释变量的分类预测值为1（高成长性企业）；如果预测概率值小于0.5，则认为被解释变量的分类预测值为0（低成长性企业）。可以看到47家低成长性企业被正确预测，正确预测率为82.5%；32家高成长性企业被正确预测，正确预测率为74.4%；总的正确预测率为79%。

表10-10 最终观测量分类表[a]

	观测值		预测值		
			企业成长性		百分比正确
			低	高	
步骤1	企业成长性	低	47	10	82.5
		高	11	32	74.4
	总体百分比				79.0

a. 分界值为0 .500。

表10-11显示了当前所得模型中各个回归系数方面的指标，可以看出，如果显著性水平α为0.05，由于CEO性别检验的相伴概率p值大于显著性水平α，因此不应拒绝原假设，它与Logistic P的线性关系是不显著的，不应保留在方程中。

表10-11 最终模型统计量

		B	S.E.	Wald	自由度	显著性	exp（B）	95% C.I.用于exp（B）	
								下限	上限
步骤1[a]	CEO年龄	0.109	0.030	13.066	1	0.000	1.115	1.051	1.184
	CEO性别	-0.063	0.582	0.012	1	0.913	0.939	0.300	2.935
	企业规模	0.204	0.066	9.541	1	0.002	1.226	1.077	1.395
	企业成立年限	0.918	0.343	7.157	1	0.007	2.505	1.278	4.908
	常量	-14.950	3.167	22.277	1	0.000	0.000		

a. 步骤1：[%1:，1:]。

去除CEO性别变量以后，重新建模，最终模型统计量见表10-12。

图10-17为依据预测概率的观测量分组，是各项观测值的估计概率值，纵坐标为观测量的频数，横坐标为预测概率值，符号用来指示观测量实际应该归属的类别。如果模型成功地区分了两组观测量，属于实际发生的观测量应该位于概率值的0.5的右侧；反之，则应位于0.5的左侧。两组中的观测量越是分布在两端，说明分组效果越好。

从上面的分析结果来看，模型拟合效果较好。最终的回归方程为：

表 10-12　　　　　　　　**方程式中的变量**

		B	S.E.	Wald	自由度	显著性	exp（B）	95% C.I.用于 exp（B）	
								下限	上限
步骤 1[a]	CEO 年龄	0.109	0.030	13.089	1	0.000	1.116	1.051	1.184
	企业规模	0.201	0.059	11.410	1	0.001	1.222	1.088	1.373
	企业成立年限	0.908	0.329	7.599	1	0.006	2.479	1.300	4.726
	常量	-14.855	3.035	23.950	1	0.000	0.000		

a. 步骤 1：[%1:, 1:]。

```
     Step number: 1

     Observed Groups and Predicted Probabilities

    8 +                                                        +
      I                                                        I
      I                                                        I
F     I                                                        I
R   6 +       1                                                +
E     I      1                                                 I
Q     I      0                                                 I
U     I      0                                                 I
E   4 +      100   0                                           +
N     I     100   0                                            I
C     I     0 000   0                   11     11              I
Y     I     0 000   0                   11     11              I
    2 +   0 0 01000 0  00 0 0  0 1 1     1       0   11  1  1 01    1  1  1   +
      I   0 0 01000 0  00 0 0  0 1 1     1       0   11  1  1 01    1  1  1   I
      I0  0000 00000 00 0000 00 10  0 0010   0 110 101 1  1111011 1  10  011111 00  1 100 0 11  1   I
      I0  0000 00000 00 0000 00 10  0 0010   0 110 101 1  1111011 1  10  011111 00  1 100 0 11  1   I
Predicted ---------+---------+---------+---------+---------+---------+---------+---------+---------+----------
  Prob:  0     .1     .2     .3     .4     .5     .6     .7     .8     .9     1
  Group:  000000000000000000000000000000000000000000000000001111111111111111111111111111111111111111111111111

      Predicted Probability is of Membership for 高
      The Cut Value is .50
      Symbols: 0 - 低
               1 - 高
      Each Symbol Represents .5 Cases.
```

图 10-17　依据预测概率的观测量分组

企业成长性 = -14.855+0.109CEO 年龄+0.201 企业规模+0.908 企业成立年限

$$P=\frac{e^{-14.855+0.109\text{CEO年龄}+0.201\text{企业规模}+0.908\text{企业成立年限}}}{1+e^{-14.855+0.109\text{CEO年龄}+0.201\text{企业规模}+0.908\text{企业成立年限}}}$$

在大多数情况下，如果此值小于0.5，则为低成长性企业；如果此值大于0.5，则为高成长性企业。

推荐阅读，了解虚拟变量的应用：

1. 王燕妮．高管激励对研发投入的影响研究——基于我国制造业上市公司的实证检验［J］．科学学研究，2011（7）：1071-1078.

2. 宋理升．上市公司董事会特征对会计信息质量的影响［J］．山东经济，2009，150（1）：129-132.

3. 刘立国．公司治理与会计信息质量关系的实证研究［J］．会计研究，2003（2）：28-36.

第十一章

中介效应及调节效应分析

第一节 中介效应分析

在会计实证研究中，如果探索出了自变量 X 对因变量 Y 产生的影响，得到 X 和 Y 在实际或理论上的关系，进一步试图探索 X 和 Y 两者之间关系的内部机制、路径或原理，通常需要进行中介效应分析。

通俗来说，分析自变量 X 对因变量 Y 产生的影响，如果变量 X 是通过影响变量 M 来影响变量 Y 的，那么这个变量 M 就是中介变量。实际生活中各种中介机构扮演的就是中介变量的角色，中介变量发挥的作用就称为中介效应或者中介作用。

研究中介效应的目的是在已知 X 和 Y 关系的基础上，探索产生这个关系的内部作用机制。在这个过程中可以把原有的关于同一现象的研究联系在一起，把原来用来解释相似现象的理论整合起来，使已有的理论更具系统性。中介变量的研究不仅可以解释关系背后的作用机制，还能整合已有的研究或理论，具有显著的理论和实践意义。

中介效应分析是检验某一变量是否成为中介变量，发挥何种程度中介作用的统计分析。

假设所有变量都已经中心化（即均值为零），可用图 11-1 和图 11-2 来描述变量之间的关系。图 11-1 是自变量 X 作用于因变量 Y，路径系数为 c，由于不涉及第三个变量，所以系数 c 代表了自变量作用于因变量的总效应。图 11-2 是在控制中介变量 M 以后，自变量 X 和因变量 Y 之间的关系，其中系数 a 代表自变量作用于中介变量的效应，系数 b 表示中介变量作用于因变量的效应，两者构成图中变量间关系的间接效应，系数 c′代表考虑在控制中介变量后，自变量作用于因变量的效应，也就是自变量和因变量之间的直接效应。那么，图 11-1 中的变量间总效应就应该等于直接效应加上间接效应，即总效应 $c=ab+c'$。c 为总效应，c′为直接效应，ab 为中介效应，也称间接效应。中介效应分析就是要检验 ab 效应是否存在，以及它在总效应中的占比，体现中介效应的作用程度。

图 11-1　直接效应模型

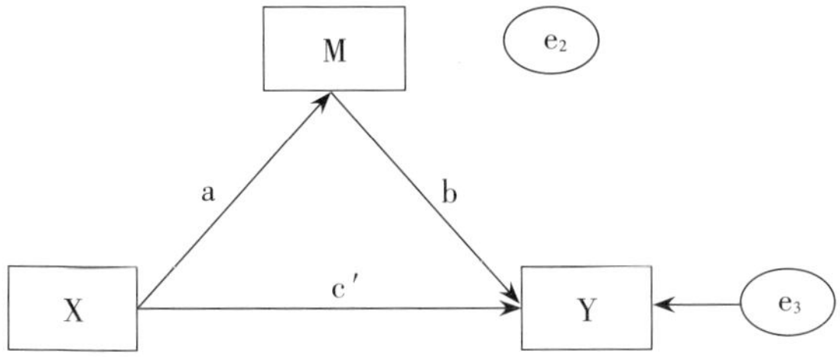

图 11-2　中介效应模型

进行中介效应分析有如下几种方法：

一、逐步检验回归系数法

根据以上分析，可以得到如下变量关系：

$$Y=cX+e_1 \tag{11.1}$$

$$M=aX+e_2 \tag{11.2}$$

$$Y=c'X+bM+e_3 \tag{11.3}$$

逐步检验回归系数方法的运用分为三步：第一步检验方程（11.1）的系数 c，也就是自变量 X 对因变量 Y 的总效应；第二步检验方程（11.2）的系数 a，也就是自变量 X 和中介变量 M 的关系；第三步控制中介变量 M 后，检验方程（11.3）的系数 c′和系数 b。

中介效应显著的判定依据是同时满足两个条件：①系数 c 显著；②系数 a 显著，且系数 b 也显著。如果在满足以上两个条件的同时，系数 c′不显著，则称为完全中介。

逐步检验回归系数法是检验中介效应最常用的方法。但是，逐步检验的检验力度在各种方法中是最低的。这就导致当中介效应较弱的时候，逐步检验回归系数法很难检验出中介效应显著。实际上，如果研究者用依次检验已经得到显著的结果，检验力低的问题就不再是问题了。

逐步检验时，系数 c 显著是逐步检验回归系数法的基础，但是这一点也受到后来研究的挑战，因为在有些情况下，系数 c 不显著恰恰是受到了中介效应的影响。

例如，在一个研究中发现，工人的智力（X）按理说应该和工人在生产中犯的错误数量（Y）负相关，但是实际数据呈现两者之间并不相关，也就是系数 c 不显著。经过分析，发现是工人在工作中的无聊程度（M）在起作用。在所有其他条件相同的情况下，越聪明的工人会表现出越高的无聊程度，X 和 M 正相关，系数 a 的符号为正；而无聊与错误的数量成正相关，M 和 Y 正相关，系数 b 的符号为正，越聪明的工人将犯越少的错误，即 X 和 Y 负相关，系数 c′的符号为负。虽然中介变量在发挥作用，但总效应 c（ab + c′）却因为直接效应 c′和间接效应 ab 的相互抵消而不再显著，即所谓的抑制 / 遮掩模型（Suppression Model）。在实践中直接效应和间接效应完全抵消的情况并不常见，但是直接效应和间接效应大小相似或符号相反的情况是必然存在的，甚至会影响因变量和自变量之间的整体关系，所以逐步检验回归系数法可能会错过一些实际存在的中介效应。

二、系数乘积检验法

检验系数乘积是直接针对假设H0：ab=0提出的检验方法，有多种计算公式，下面介绍两种常用的方法。

1. Sobel检验

Sobel检验的检验统计量为$Z=\hat{a}\hat{b}/s_{ab}$，其中$\hat{a}$和$\hat{b}$分别是a和b的估计值，s_{ab}是$\hat{a}\hat{b}$的标准误。模拟研究发现，Sobel检验方法的检验力高于逐步检验回归系数法，可以检验出更多的中介效应，但是如果两种方法检验的结果都显著，逐步检验结果要强于Sobel检验结果。检验系数的统计量推导需要假设$\hat{a}\hat{b}$服从正态分布，这一点是很难保证的，因为即使$\hat{a}$和$\hat{b}$服从正态分布，也无法保证两者的乘积服从正态分布，所以标准误s_{ab}的计算只是近似的，可能很不准确。因此，Sobel检验也存在一定的局限性。

2. Bootstrap 检验

Bootstrap 检验的检验统计量为ab=0，它根据标准误的理论概念，将样本容量很大的样本当作总体，进行有放回抽样（抽样次数可以自己定），从而得到更为准确的标准误。例如，将一个容量为500的样本当作Bootstrap总体，从中有放回地重复取样，可以得到一个Bootstrap样本（容量还是500）。对这500个Bootstrap样本，可以得到500个系数乘积的估计值，其全体记为$\{\hat{a}\hat{b}\}$，将它们按数值从小到大排序，其中第2.5百分位点和第97.5百分位点就构成ab的一个置信度为95%的置信区间，如果这个置信区间不包含0，则说明拒绝原假设H0：ab=0，系数乘积显著。

Bootstrap检验的前提条件是样本能够代表总体。模拟研究发现，与其他中介效应检验方法相比，Bootstrap检验具有较高的统计效力，Bootstrap检验方法是公认的可以取代Sobel检验而直接检验系数乘积的方法。

三、系数差异检验法

系数差异检验的检验统计量为c−c′=0，因为通常情况下，ab=c−c′，所以乘积系数检验法和系数差异检验法的检验效力基本上是相同的，区别在于两者的标准误不同。系数差异检验法犯错的概率要高于系数乘积检验法。

四、中介效应检验在SPSS中的实现

使用数据文件data11-01，检验经营规范性（M）在ERP应用（X）与企业绩效（Y）关系的中介效应。

data11-01
中介效应分析数据

1. 打开数据文件data11-01，检验X对Y的影响，结果见表11-1，可见，X对Y有显著影响。

2. 检验X对M的影响，结果见表11-2，可见，X对M有显著影响。

3. 检验X对M和Y的影响，结果见表11-3，可见，X对Y影响显著，可以判断M起完全中介作用。

表 11-1　　**系数**[a]

模型		非标准化系数		标准化系数	t	显著性
		B	标准错误	贝塔		
1	（常量）	2.701	0.280		9.637	0.000
	ERP应用	0.313	0.069	0.510	4.513	0.000

a. 因变量：企业绩效。

表 11-2　　**系数**[a]

模型		非标准化系数		标准化系数	t	显著性
		B	标准错误	贝塔		
1	（常量）	1.670	0.267		6.247	0.000
	ERP应用	0.587	0.066	0.758	8.856	0.000

a. 因变量：经营规范性。

表 11-3　　**系数**[a]

模型		非标准化系数		标准化系数	t	显著性
		B	标准错误	贝塔		
1	（常量）	1.933	0.329		5.883	0.000
	ERP应用	0.044	0.097	0.071	0.454	0.652
	经营规范性	0.459	0.125	0.578	3.681	0.001

a. 因变量：企业绩效。

第二节　调节效应分析

两个变量关系的方向或者强弱受到第三个变量的影响，称为调节效应。研究调节效应有两个作用：一是构建相应的理论模型；二是提供理论边界。在模型中，引入调节变量会给原本的理论模型带来情境因素，提高模型应用的价值。

调节效应是交互效应的一种，是有因果指向的交互效应，而单纯的交互效应可以互为因果关系。调节效应中的自变量和调节变量的含义不同，位置不可以互换。交互效应中两个变量的位置是等同的，可以互换。

在统计回归分析中，调节效应与交互效应的数学模型和检验方法都是一样的，均是看交互项的系数是否显著。检验变量的调节效应意味着检验调节变量和自变量的交互效应是否显著。

一、调节效应检验的思路

以最简单的回归方程为例，调节效应检验回归方程包括：

$$Y=a+bX+cM+e \tag{11.4}$$

$$Y=a+bX+cM+c'XM+e \tag{11.5}$$

在上述方程中，M为调节变量，XM为调节效应，调节效应是否显著就是分析c′是否显著。

调节效应检验的思路，就是用层次回归分析法，具体步骤如下：

（1）Y为因变量，放入所有控制变量，形成M_0。

（2）在M_0的基础上，放入自变量和调节变量，形成M_1。就检验调节效应来说，这里的自变量和调节变量的系数不显著的话也没关系。

（3）在M_1的基础上，放入交互项（自变量×调节变量），形成M_2。看交互项的系数是否显著，如果交互项的系数显著，则说明存在调节效应。

从M_1到M_2还会有一个R^2，这表示M_2相较于M_1，方差解释量的提高值，因此这也是一个判定调节效应存在的指标。如果交互项回归系数和R^2只有一个显著，那么说明调节作用是不稳定的。

二、调节效应分析的类型

根据调节效应回归方程中自变量（X）和调节变量（M）的不同类型组合，分析调节效应的方法和操作是有区别的，具体如下：

1.分类自变量+分类调节变量

如果自变量和调节变量都是分类变量，实际上就是多因素方差分析中的交互作用显著性分析。

2.分类自变量+连续调节变量

这种类型调节效应分析需要对分类自变量进行虚拟变量转换，将自变量和调节变量进行中心化处理，然后做层次回归分析。检验两个回归方程的复相关系数R_1^2和R_2^2是否有显著区别，若R_1^2和R_2^2显著不同，则说明交互作用显著，即表明调节效应显著。

3.连续自变量+分类调节变量

这种类型的调节效应需要采用分组回归分析，分组回归分析可以根据调节变量的分类水平，建立分组回归方程（方程中不包含调节变量）进行分析，是否有调节作用的判断可分两步进行：第一步针对整体进行分析；第二步针对不同组别的回归结果进行分析。分析时可能出现以下情况：

①当出现整体模型中X对Y没有影响，那么第二步基本无意义。

②当整体模型通过F检验，X对Y有影响。第二步出现部分组别下X对Y有显著影响，那么可以直接以某组别时X对Y有影响，某组别时X对Y无影响，作为研究结论（即有调节作用）。

③当整体模型通过F检验，X对Y有影响。第二步检验每个组别下都有显著的影响，需要进一步针对回归系数的差异进行检验。如果回归系数具有显著差异，则有调节效应；反之，则无调节效应。

4.连续自变量+连续调节变量

这种类型只需要把所有变量中心化之后进行层次回归分析。

三、调节效应在SPSS中的实现

data11-02
调节效应分析数据

通过数据文件data11-02，检验CFO性别在CFO年龄对内部控制质量的影响中的调节作用。

（1）打开数据文件data11-02，检验CFO年龄对内部控制质量的影响，回归结果见表11-4。从整体来看，CFO年龄对内部控制质量具有显著影响。

表11-4 系数[a]

模型		非标准化系数		标准化系数	t	显著性
		B	标准错误	贝塔		
1	（常量）	86.466	7.333		11.791	0.000
	CFO年龄	−0.315	0.077	−0.346	−4.083	0.000
	企业规模	−0.189	0.052	−0.311	−3.670	0.000
	企业成长性	−0.122	0.043	−0.240	−2.858	0.005

a. 因变量：内部控制质量。

（2）由于调节变量CFO性别是分类变量，因此采用分组回归法来检验调节效应。分组回归可以采用两种方式：一是通过“数据”菜单中的“拆分文件”功能拆分文件后进行回归，结果见表11-5。

表11-5 系数[a]

CFO性别	模型		非标准化系数		标准化系数	t	显著性
			B	标准错误	贝塔		
女	1	（常量）	79.765	10.402		7.668	0.000
		CFO年龄	−0.248	0.100	−0.346	−2.473	0.018
		企业规模	−0.256	0.101	−0.357	−2.536	0.016
		企业成长性	−0.084	0.057	−0.204	−1.472	0.150
男	1	（常量）	98.120	8.473		11.580	0.000
		CFO年龄	−0.140	0.106	−0.136	−1.323	0.191
		企业规模	−0.317	0.056	−0.563	−5.675	0.000
		企业成长性	−0.148	0.053	−0.279	−2.812	0.007

a. 因变量：内部控制质量。

二是通过回归中的“选择变量”操作（如图11-3所示），对满足条件的个案进行回归。

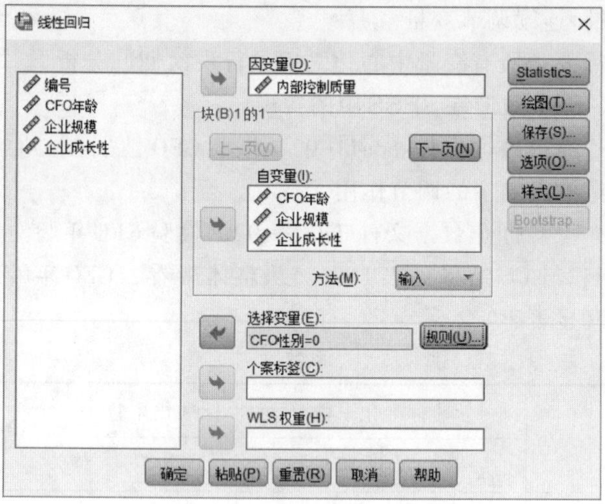

图 11-3 线性回归对话框

分别针对不同性别进行回归，结果见表 11-6 和表 11-7。

表 11-6 系数[a、b]

模型		非标准化系数		标准化系数	t	显著性
		B	标准错误	贝塔		
1	（常量）	79.765	10.402		7.668	0.000
	CFO 年龄	−0.248	0.100	−0.346	−2.473	0.018
	企业规模	−0.256	0.101	−0.357	−2.536	0.016
	企业成长性	−0.084	0.057	−0.204	−1.472	0.150

a. 因变量：内部控制质量。

b. 仅选择 CFO 性别 = 女性的个案。

表 11-7 系数[a、b]

模型		非标准化系数		标准化系数	t	显著性
		B	标准错误	贝塔		
1	（常量）	98.120	8.473		11.580	0.000
	CFO 年龄	−0.140	0.106	−0.136	−1.323	0.191
	企业规模	−0.317	0.056	−0.563	−5.675	0.000
	企业成长性	−0.148	0.053	−0.279	−2.812	0.007

a. 因变量：内部控制质量。

b. 仅选择 CFO 性别 = 男性的个案。

根据以上分析可知，女性 CFO 对 CFO 年龄和内部控制质量有影响，男性 CFO 对CFO 年龄和内部控制质量无影响，该变量存在调节作用。

推荐阅读，了解中介效应和调节效应：

1. 刘启亮. 高管集权——内部控制与会计信息质量［J］. 南开管理评论，2013（1）：15-23.

2. 吴增源. 信息技术能力对企业绩效影响机制的实证研究［J］. 科学学与科学技术管理，2009（8）：151-156.

3. 李继学. 信息技术投资与企业绩效的关系研究——制度理论与社会网络视角［J］. 科学学与科学技术管理，2013（8）：111-119.

4. 彭晓洁. 内部控制——企业社会责任与真实盈余管理［J］. 会计之友，2019（16）：35-40.

第十二章

会计实证研究的其他方法

前已述及，会计实证研究方法除了最常见的档案式研究方法以外，还有案例研究、实地研究、实验研究等方法。下面分别对其他方法进行简要介绍。

第一节　案例研究

公司和资本市场公开信息以及资本市场数据的日益增加，使得以大样本公开数据为对象的档案式实证研究方法在财务、会计研究中流行，并占据主流地位。虽然大样本实证研究可以验证普遍存在的公司财务、会计现象，但在公司财务、会计领域，仅仅依靠大样本实证检验方法很难深入理解公司财务、会计现象，这是因为公司的一些行为形成的原因往往是某些深层次原因引发的，这些原因作用于大样本中不同个体的途径往往不同。由于个体差异性和其他因素干扰，在大样本统计研究中，这些影响被严重削弱或平均化了，甚至被视为噪声而被忽略。在某些特殊的情况下，其他因素的干扰甚至可使统计结果与原来这些因素的实际影响背道而驰。

因此，在公司财务、会计领域的很多问题上，尽管统计模型复杂，但由于样本、数据和考察时段选择的不同，大样本实证研究提供的统计检验结果往往相互矛盾，或者不完整、存在大量的疑问。大样本计量方法依赖专门的数据库提供标准和公开的数据来源，但公司财务、会计领域公开可得的数据有限，且公开数据只是公司实际决策信息的一部分，许多作用因素和现象仅靠公开数据难以清晰描述。对那些难以量化的现象和内部非公开信息，大样本统计检验方法对公司财务、会计现象形成原因以及深层次的分析不够深入，难以发现相关关系的逻辑传导机制。所以，对所研究问题知之甚少或试图从一个全新角度切入时，案例研究将是非常有用的方法。

一、案例研究概述

1.案例研究的定义

案例研究是指一种对发生在自然场景中的某类现象进行探索、描述或解释，并试图从中推导出新的理论或结论的研究方法。案例研究是学者们常常用来进行会计研究的一种实证方法，涉及的研究领域也很广，在企业财务会计、财务管理与管理会计、政府与非营利组织会计、环境会计等各个方面都有案例研究的先例。

案例研究的特点为：①案例研究是一种经验性的研究，而不是一种纯理论性的研究。案例研究的意义在于回答“为什么”和“怎么样”的问题（Yin，1994；Stake，2000），而不是回答“应该是什么”的问题。②案例研究的对象是现实社会经济现象中的事例证据及变量之间的相互关系。③案例研究对整体性的要求（Holistic Inquiry），只有在保证案例研究整体性这一前提下，案例研究的结论——案例本身作为一个完全的、被准确界定的个体样本所揭示出来的规律及相关研究结论，才有可能被推广应用到更广泛的、具有相似性的群体中。

2. 案例研究的作用

Robert K.Yin（2003）认为，当研究的问题类型是“怎么样”和“为什么”等解释性的问题，研究对象是目前正在发生的事件，研究者对于当前正在发生的事件不能控制或只能极少控制时，最适宜采用案例研究方法。因此，在被研究的现象本身难以从其背景中抽象、分离出来的研究情境中，案例研究是一种行之有效的研究方法。它可以获得其他研究手段所不能获得的数据、经验知识，并以此为基础来分析不同变量之间的逻辑关系，进而检验和发展已有的理论体系。案例研究不仅可以用于分析受多种因素影响的复杂现象，还可以满足那些开创性的研究，尤其是以构建新理论，或精炼已有理论中的特定概念为目的的研究的需要。

依据采用案例研究的适用性条件，案例研究在会计领域有广泛的用途，尤其是在处于经济转轨时期的中国，大量的会计实务和鲜活个案可以为案例研究提供很好的素材。在这些特定的情境下，案例研究适合描述会计实务、探索新会计实务的应用，并解释现存会计实务的决定因素。

二、案例研究的分类

根据不同的划分标准，可以区分出不同的案例研究类型，有一些案例研究方法只适用于特定的案例研究类型，也有一些案例研究可以综合应用多种案例研究方法。

（一）根据研究任务的不同分类

根据研究任务的不同，案例研究方法可以分为描述性、例证性、实验性、探索性和解释性案例研究。

1.描述性案例研究

描述性案例研究是指根据所采用的步骤描述目前的行为，侧重于对现实条件下的研究对象进行完整描述。例如，描述会计系统以及会计实务中使用的程序和技术，挑选很多公司描述不同的会计实务，从中发现相似性，可能的话可以归纳出最优会计实务。在已有理论框架下，当研究者希望对企业实践活动做出详尽的描述时，可以采用描述性案例研究。

2.例证性案例研究

例证性案例研究是指研究人员对与创造性行为有关的执行情况与结果所进行的探索。当研究者希望阐述企业组织的创造性实践活动，或企业实践的新趋势时，可以采用例证性案例研究。

3.实验性案例研究

实验性案例研究是指研究与在实地中执行实验有关。当研究者希望检验一家企业中新实践、新流程、新技术的执行情况并评价其收益时，可以采用实验性案例研究。

4.探索性案例研究

探索性案例研究是指研究人员初步调查应怎样以及为什么要运用特殊的实验。探索性案例研究往往会超越已有的理论体系，运用新的视角、假设、观点解析社会经济现象。这类研究视为新理论的形成作铺垫为己任，其特点是缺乏系统的理论体系的支撑，相关研究成果非常不完善。探索性案例研究侧重于提出假设，其任务是寻找（新）理论。探索性案例研究是形成假设的一种手段，研究的核心是在随后的统计研究中对提出的假设用经验方法进行检验。

5.解释性案例研究

解释性案例研究是指研究尽量提供令人信服的解释，以证明行为选择合理并有利于理论的发展。解释性案例研究适用于运用已有的理论假设，理解和解释现实中企业实践活动的研究任务，用于解释事件是如何发生的，提供事件因果关系的信息，如解释某企业对某种经济业务采用某种会计处理程序的原因，可以集中考察某个特定个案，用现有的理论对当前实务进行解释，进而修正原有理论或发展新的理论。

（二）根据实际研究中运用案例数量的不同分类

根据实际研究中运用案例数量的不同，案例研究可以分为单案例研究和多案例研究。

1.单案例研究

单案例研究主要用于证实或证伪已有理论假设的某一个方面的问题，它也可以用作分析一个极端的、独特的和罕见的管理情境。偏好单案例研究的学者认为，单案例研究能够深入地揭示案例所对应的经济现象的背景，以保证案例研究的可信度。单案例研究适用于以下方面：①极端个案分析；②对现有理论的批驳或者检验；③代表性或典型个案分析；④对他人未曾研究过的个案进行分析以启发更深入的研究；⑤对同一个案进行不同时间段的纵向分析。

2.多案例研究

多案例研究又分为案例内分析和跨案例分析。案例内分析是指在多案例研究中，研究者将每一个案例及其主题，作为独立的整体进行深入的分析；跨案例研究是指研究者依托于同一研究主旨，在彼此独立的案例内分析的基础上，对所有案例进行归纳、总结，并得出抽象的、精辟的研究结论。以Kathleen M.Eisenhardt为代表的学者偏好于多案例研究，其观点是，多案例研究能够更好、更全面地反映案例背景的不同方面，尤其是在多个案例同时指向同一结论的时候，案例研究的有效性将显著提高。由于多案例研究的说服力比单案例研究强，因此适用性更广。Robert K.Yin（2003）多次强调，多案例研究遵循复制法则，而不是统计调查中遵循的抽样法则，对于多案例研究，选择的案例要么能够逐项复制，各案例产生相同的结果；要么能够差别复制，归纳出与前案例不同的结果。

进行会计案例研究时，可以根据研究对象的情况、资料来源状况、研究目的及要解决的问题等，决定进行单案例研究还是多案例研究。例如，对大型国有企业在改制上市前后的内部控制进行研究，可以挑选某一具有代表性的国有企业，分析其内部控制的历史沿革，从中归纳出带有规律性和普遍性的结论，此时可以进行单案例研究；若要分析企业购并过程中的会计处理，可以挑选符合条件的企业，研究其对购并业务的实务处理程序和方法，此时可以进行多案例研究。案例的数量可以根据研究者与研究对象的沟通情况，以及资料收集状况合理确定。

对应于上述各种方法的不同，就形成了多种多样的案例研究类型。一般情况下，研究者可以在同一个案例研究中同时运用两种以上的分析方法。

三、案例研究的主要步骤

案例研究包括案例研究前的准备、资料收集、资料分析和撰写报告四个步骤。

（一）案例研究前的准备

案例研究准备阶段要明确三个问题：

（1）要有明确的研究目的。进行案例研究首先要明确研究的目的，提出要研究的问题，当符合案例研究的适用条件时再决定挑选个案。

（2）清楚界定要研究的问题。要在阅读大量的研究文献的基础上，构建与将要进行的案例研究相关的理论，理论的构建可以为接下来的资料收集和分析提供一个框架。

（3）具备必备的素质和技能。适于采用案例研究的情况是，研究者对于当前正在发生的事件不能控制或只能极少控制，这就对研究者所必备的素质和技能提出了要求，主要有以下几点：①提出好的问题，并对答案进行解释；②做一个好的倾听者，理解和激发受访者以获得大量信息；③具有灵活性，能够随机应变；④能抓住研究问题的本质，剔除无关信息；⑤摒除偏见，不被自己的思维模式和先入之见所束缚。

（二）资料收集

根据研究目的和要研究的问题，研究者在确定进行何种案例研究之后进行个案选择。个案的选择除了考虑研究目的外，还应当考虑相关资料的收集情况，要与调查对象进行充分沟通，对资料的保密情况及研究中可能遇到的问题考虑周全。

案例研究资料的来源可以有以下形式：①档案文件，如某公司正式的报告或声明、会议记录、非正式记录、议事日程、便条、备忘录，以及报纸、杂志对相关事项的报道评论等；②调查问卷，研究者针对要研究的问题对相关的调查对象进行问卷调查；③访谈，与调查对象就研究问题进行面对面的交流，对研究者素质的高要求在访谈中会集中体现出来；④直接观察，研究者亲临现场（如列席会议等）观察各种相关的行为和活动；⑤参与式观察，研究者成为主动的参与者，与调查对象进行互动，这种机会一般比较难得。

Robert K.Yin（2003）总结了三大资料收集原则：一是使用多种证据来源，构成证据三角形相互印证，增强说服力；二是分门别类地建立案例研究的数据库；三是构成一系列的证据链，使读者能从最初要研究的问题到最终研究结论之间，找到每一项证据的各种推论。

（三）资料分析

资料分析是案例研究中的关键环节。研究者对该项案例研究基础理论的把握，以及从事案例研究的经验等，都直接影响到资料分析的进程和质量。资料分析与资料收集可以同时进行，形成互动。资料收集奠定资料分析的基础，资料分析又为下一步的资料收集提供指导和方向。

在对描述性、解释性及探索性的案例研究进行资料分析时应当遵循案例研究准备阶段构建的理论。以规范会计研究中的解释性案例研究为例，收集到的资料可能会支持先前构建的理论，或者与其他案例有相同的发现，也可能与现有的理论相冲突，这时需要考虑如何解释这些发现。归纳起来，大体上有五种解释：①属于研究误差、偶发因素，或是由案例研究实施过程中的因素造成的；②用主要因素和其他因素一起解释；③用主要影响因素之外的其他因素（如时间因素）来解释；④用先前构建理论的上一层级理论来解释；⑤发展新理论来解释。

各种计算机软件的开发和应用为资料分析提供了很大的便利，研究者在熟练掌握这些研究工具之后，可以大量节省研究的时间。

（四）撰写报告

案例研究的最后一步是撰写案例研究报告，将案例研究的结论（如对理论的修正或提出的新理论）展现出来。Robert K.Yin（2003）总结了六种写作框架：

（1）线性分析式。线性分析式，即按照研究的问题或项目的顺序，安排研究报告的各个标题（或子题目），各标题下以相关文献的综述开头，然后概述研究方法，阐述资料分析结果以及研究结论的意义等。

（2）比较式。比较式可以是对单个案例从不同的角度重复叙述，也可以是多案例研究中各个案之间的相互比较。

（3）时间顺序式。时间顺序式，即依据时间顺序对案例资料进行描述，为避免研究者对后期事项关注不足，可以采用倒叙式起草研究报告，再按时间顺序撰写终稿。

这三种写作框架适用于各种案例研究类型。

（4）理论构建式。理论构建式，即按照准备阶段构建的理论撰写案例研究报告，适用于解释性和探索性案例研究。

（5）悬念式。先展示研究结论继而设置种种悬念吸引读者阅读的悬念式写作格式，只适用于解释性案例研究。

（6）无序式。这种写作只适用于描述性案例研究。

多案例研究报告既可以按照单个个案依次行文，再用一个章节作综合分析，也可以每个章节讨论某一个跨案例分析问题，不对单个个案进行单独叙述。撰写研究报告切忌烦冗拖沓，某些相对不太重要的资料可以以附录的形式顺次编号放在正文之后。

● 第二节　实地研究

一、实地研究概述

（一）实地研究的定义

实地研究是在周详严密的架构之下，由调查人员直接向被调查者收集第一手资料的相互往来过程。广义的实地研究有观察法、实验法和问卷法；狭义的实地研究即观察法，是指研究者深入企业组织现场针对实际作业或过程，通过直接观察或访谈等方法获取研究数据，从而取得真实和精确的研究结果的一种实证研究方法。

本节的实地研究指的是狭义的实地研究，它最初为社会人类学家采用，英国著名社会人类学家马林诺夫斯基（B.K.Malinowski）曾于1914—1921年在太平洋美拉尼西亚的特罗布里恩群岛上与土著居民共同生活，研究他们的文化和生活方式，写下了著名的《西太平洋的淘金者》（1922）。此后，社会学家也较普遍地采用实地研究从事社区研究和群体研究等。

目前，实地研究已广泛应用于会计实证研究。倡导使用实地研究的会计学家认为，只有以实地为基础的研究，才能把握和了解时代不断革新的脉搏；只有通过实地观察与调查，才能真正了解企业组织的管理决策者所关心的实际问题，在此基础上提出的解决问题的方案和进行的理论概括，才具有真正的价值。

（二）实地研究的特点和局限性

同其他研究方法相比较，实地研究的特点有：①能搜集到第一手资料，研究正在发生的现象或行为，以及这些现象或行为发生时的特殊环境和气氛；②它是在一个自然的环境里研究人们的行为，较少受到人为因素的影响，而且对于非语言行为的研究有着特殊的作用；③采用参与观察的方法，研究者更能理解研究对象的真实情感、价值观念和思维方式，比较准确地分析和解释他们的行为；④有利于对研究对象进行全面、细致、纵深的考察，从而发现隐藏在现象背后的事物本质和规律。

实地研究的局限性主要在于：由于实地研究发生在自然环境中，和收集自然发生的数据一样，很多潜在可以影响研究结果的因素不能得到很好的控制，内部效度往往比较差。内部效度是指在多大程度上能够确认被解释变量的变化确实是由解释变量的变化引起的。影响实地研究内部效度的因素主要有：①因参与程度较高，研究者易受同化，所获资料不免带有主观成分；②对于可能影响资料的外部因素难以控制；③难以进行定量研究。实地研究所获得的资料多且杂，很难系统地进行编码和分类，无法有效地综合利用，以验证与假设有关的结论。不过，一个精心安排的实地研究通常会尽量去除那些研究者能够预见的干扰因素。科学地应用扎根理论研究方法可以解决编码和分类问题。

二、实地研究的基本步骤

实地研究的基本步骤包括项目选择、进入研究现场、进行现场研究、实地研究数据的表达和研究结果的评估。

（一）项目选择

总的来说，一个好的项目或选题必须要对实践和理论有显著意义。具体来说，在选择项目或选题时应遵循现实性、理论性、创造性的原则。

（二）进入研究现场

进入研究现场需要勤劳和耐心，研究者在接近和进入某个研究现场时，要先评估和了解研究者自己和现场的关系、现场的性质、现场人们的属性。在确定进入研究现场时，有三个基本的参考原则：一是要坚持、持续地寻求进入现场，研究者需要和现场的人们磋商以进入现场，逐渐获得他们的信任和合作，并且慢慢地收集适合其研究兴趣的资料；二是有弹性，如果进入某个现场遇到困难，研究者可以试着继续和现场的人们磋商，但如果最初的想法行不通，也应该尝试不同的计划或新的方式；三是要有创意，要取得现场的人们的好感。

进入研究现场有两种基本的策略：

（1）暗中策略，即当研究者无法通过商议进入现场，或该场所是对局外人封闭的场所时，研究者即在暗中进行。有学者认为，实地研究在某种方式和程度上常常是暗中的、秘密的（Lofland，1984）。其原因是：①许多研究者通常是因个人的兴趣先进入某个现场看看，而后才决定正式进行观察研究。在这种情况下，除非研究者预先告知现场的人们他可能在这里进行研究，否则在进入现场的初期，不可能完全避免某些无意的欺骗。而且，研究者最初使用暗中进入的策略，常常只是为了无干扰地进入某个现场，等到他与研究对象建立了信任的关系，即可告知其研究的意图和兴趣。②在很多社会经济行为的研究中，研究者不希望研究对象知道他正在进行研究或他所感兴趣的行为是什么，以免研究对象呈现的行为受到影响。③虽然有的研究者使用公开进入现场的策略，但并非明白地告知现场每个人其研究的目的，研究对象并不一定能同样了解研究者所使用的所有名词，因此研究者和研究对象对于研究目的的概念可能是不同的。

（2）公开策略，即获得进入现场观察的允许。这种方式较少产生研究伦理上的问题，大多数定性研究者倾向于采用公开策略。进入公众的场所研究时，对于那些只随意接触的人们，研究者不需要对他们介绍自己是研究人员和解释研究目的，而对于那些将有持续关系的人们，研究者应该对他们介绍自己，尤其在人们开始怀疑其研究的意图之前要表明自己的身份。

虽然实地研究常含有某种程度的秘密性，但在基本的研究取向上，多数实地研究者还是倾向于采用公开策略。

（三）进行现场研究

在进入现场以后，要从以下方面开展现场研究：

（1）做实地札记。实地札记应是描述性的，要标明日期，而且要记录下列基本信息：观察进行的地点、在场的人员、自然环境、产生了何种互动，以及进行了什么活动。

（2）从不同的维度观察、访谈、记录文件、录音以及拍照等，来收集各种不同的信息，通过多种不同资料进行交叉验证。

（3）选择主要的信息提供员，从他们所提供的观点中提炼出研究问题所需要的精华部分，但是同时应当切记他们的观点取向是有限的。

（4）尽可能完全参与研究的全方案，对过程有一个完整的体验，而且注意实地工作的各个不同的阶段。在进入研究现场阶段，要与参与者建立信任和密切的关系。在实地工作成为例行常规的中间阶段，要保持清醒，训练有素。当实地工作接近尾声时，重点放在总结出有用的综合描述。在实地工作的各个阶段中都要认真做好详细的实地札记。

（5）随时记录自己的体验、想法。实地札记也要包括观察者自己的感受、对体验的反应。感受和反应应当在体验之时，也就是研究者在实地之时就记录下来，这些感受的性质和强烈程度也应被加以记录。在自然式研究中，观察者自己的体验是资料中至关重要的一部分。

（四）实地研究数据的表达和研究结果的评估

实地研究数据的表达是指，在利用获得的实地数据对研究变量进行分析研究时，以什么方式来表示数据和控制变量及变量之间的相互关系；对控制分析的有效手段和过程进行详细的解释和说明；对最终研究报告的贡献进行解释和说明。

研究结果的评估主要是对研究结果有用性的评价，一般而言，研究结果的有用性是通过它对会计实践和理论发展两个方面的潜在影响来评价的。一项成功的实地研究对会计实践的潜在意义会很快地通过会计实践活动反映出来。相应地，实地研究结果对会计理论发展的潜在影响，需要一个相对长期的过程才能表现出来。

三、实地研究的形式和方式

（一）实地研究的形式

按照研究者参与程度不同，实地研究有以下三种形式：

（1）完全参与者。这种研究有两种形式：①作为研究者的参与者；②作为参与者的研究者。

（2）完全研究者。这种研究即研究者与所调查的研究对象无关。

（3）参与者—研究者。这是最常用的研究形式。研究人员与组织成员在合作项目上互相影响，双方通常都积极参与。合作项目本身不仅是咨询项目，而且也是公司内部解决问题的行为。在检查变化的过程中，研究是受理论指导的，它允许预测研究的结果。这一过程应具备外部效度，因为它可推广至其他组织。

（二）实地研究的方式

实地研究较大地依赖研究者本身的观察技能。从观察的角度来看，实地研究可以分为以下两种基本方式：

（1）全面观察，是指研究者在观察活动时并没有特定的焦点，而是全面注意场所中的研究对象的活动。他们往往参照下列三种问题的取向，进一步观察发现某些较特定的资料：①什么……（如地方、行动、事件、感情等）；②你可不可以仔细地描述……（如物体、时间、目标等）；③你可不可以告诉我有关所有的……（如人们、活动等）。全面观察往往是观察初期的一种方式。

（2）焦点观察，是指研究者在现场逐渐找到观察的焦点后，增加对焦点的观察。研究者在现场可以从以下几个方面选择观察焦点：①研究者个人的兴趣。通过初步分析观察资料所呈现的各个领域，研究者根据自己的个人兴趣进行焦点观察。②被研究者个人的建议。有时被研究者也会提出他们觉得重要的事情，研究者可参照他们的建议，选择进一步观察的焦点；有时注意听人们经常重复的话题，也可能是观察的焦点。如果研究者已经和现场的人们建立了密切的关系，也可直接问他们："你认为什么是最重要的部分？"③理论的兴趣。观察资料所呈现的某个领域，有些会涉及研究者的理论背景，从而引起研究者的兴趣。④符合实际的需要。初步分析观察资料所呈现的某个领域，如果是现行会计理论和实务中人们关心的主要问题，也可能是观察的焦点。

全面观察的过程就像一个漏斗上部，要将看到的所有事物容纳进去，而焦点观察是逐渐缩小观察的范围，选择的观察更集中于某些特定的焦点。这时，研究者开始在现场寻找特定类别之间的不同，经常问自己一个对照式的问题："这一类和那一类之间有什么不同？"如发现了一两处不同，可以试着继续去寻找更多的不同。

● 第三节　实验研究

一、实验研究概述

实验研究是人们根据一定的研究目的，在人为的严格控制的条件下，运用一定的实验手段来确定条件（解释变量）与结果（被解释变量）之间关系的研究方法。实验研究是从自然科学那里借鉴来的，在社会科学各领域得到广泛应用，如社会学、教育学、犯罪学、会计学等领域。

其优势有：①实验研究能够保证解释变量发生变化和被解释变量发生变化在时间上的先后顺序，确保所验证的因果关系。②实验研究可以在实验中设计一些现实中并不存在的情况来调查变量间的因果关系。③实验研究可以很好地控制一些其他变量，排除其对被解释变量的潜在影响，保证解释变量与被解释变量之间更加纯粹、干净的因果关系，因而具有很强的内部效度。

不过，实验研究也有明显的缺点，因为在实验研究中研究人员营造了特殊的实验环境和条件，使实验过程处于一个非自然状态下，而且受实验规模和经费等条件的限制，测试样本难以完备，所以外部效度比较低。外部效度是指在多大程度上一个实验的结果能从它自身的被试和实验环境中被扩展到其他的被试和实验环境中。如果一个实验结果只对某一家企业的员工有效，这样的研究结果必然不具备理论上的可重复性，即不代表一个普通的现象。总的来说，实验研究除了需要经济学、管理学、会计学、金融学等专业知识外，还需要心理学的理论指导，要求大的实验参与者群体，以及实验经费和计算机联网的实验室环境。

采用实验研究方法对会计行为进行研究，所涉及的选题非常广泛。

二、实验研究的过程

从研究过程的大体步骤来看，实验研究与其他实证研究相类似，通常有以下步骤：

（1）确定需要研究的问题。在对现实经济生活中各种现象做观察思考，并在对有关文献进行回顾分析的基础上，确定研究问题。

（2）根据理论，做出合乎逻辑的推测，提出假设命题。将假设命题具体化为可以检验的模型，与实验设计有直接关系，研究者在对研究结果做出理论预期（即假设）时，必须考虑实验的可实施性；在建立可证伪的检验模型时，必须考虑变量的值可以通过实验取得。

（3）设计研究程序和方法。实验的设计是实验研究的核心，实验研究用以检验假设的数据是对实验现象观察得到的，因此实验的设计好坏直接关系研究成败。

（4）搜集有关数据资料。该步骤在实验研究中，就是实施实验并记录实验情况。实验研究中用于假设检验的数据来自研究者自己设计的实验，为了保证数据的完整性，实验者有时会事先请少数被试做一些测试性研究，看看是不是有一些意料之外的问题。为了更好地达到测试的目的，在测试性实验结束后，参加测试性实验的被试通常需要回答一些和实验的被解释变量无关但和实验设计有关的问题，如“你是否觉得我们的实验介绍得清楚而且容易理解”“你在实验过程中是否有理解的困难”等，同时实验者也会征求被试的意见，从而知道哪里需要改动。

（5）运用实验数据资料对提出的假设命题进行检验，并解释数据分析的结果，提出研究结论的现实或理论意义以及可以进一步研究或改进的余地。做完了实验，收集好了数据，就需要对数据加以分析。如果数据的分析结果和假设不一致，则需要回过头去看看提出的假设是否正确，当然这并不是唯一的解释；另一种可能性是实验设计是否妥当，如被试没能很好地理解研究者的指示，或者被试在实验后期比较疲劳，没有认真回答研究者的问题。此外，还需要分析的是，本来应该控制不变的变量是不是得到了应有的控制，有没有其他可能的变量应该得到控制但当时没有注意到，样本量的大小是不是保证随机分配消除了随机差异，真正操作实验的人员是不是对每个被试都公平且没有倾向性。

在实验研究中特别需要关注的是实验设计和效度控制，下面对这两个部分重点介绍。

三、实验设计

（一）行为的影响因素设计

有关行为研究的实验设计通常需要考虑行为的影响因素设计、行为设计和变量控制设计等方面的内容，其中行为的影响因素设计是实验设计的基础。这是因为通过实验研究行为问题，目的是研究行为的原因与结果，特别是研究影响行为的激励因素，以便制定适当的制度与政策来预测和控制行为。实验的设计应该努力在简化的环境中体现行为主体受到的影响，并且使对行为的影响因素及其影响的结果容易被观察与测量。

心理学家认为，行为是个人（内在心理因素）与环境（自然、社会）的函数，有关行为的实验需要反映个人与环境的交互作用对行为的影响，要巧妙地在实验中（即在模拟现实的场景中），把特定的环境与个人性质表现出来，因此实验场景设计包括外部环境设计和行为者内因设计两个方面。根据研究问题的不同和研究者的认识，不同实验的场景设计可能会侧重于两者之一。

1.外部环境设计

根据研究目标的不同，人们关注的行为可能发生在市场交易过程中，也可能发生在审计活动或纳税过程中；影响行为的外部环境可能是一种客观存在的实体，也可能是概念化的法规或制度，实验中再现外部环境的设计方法各不相同。一般而言，主要包括市场交易规则设计、市场有效性环境设计、企业特征设计、法规环境设计（如报税规则、检查与处罚规则）及其他实验场景设计。

2.行为者内因设计

除了外部环境会影响行为之外，在相同的环境下也可能由于行为者内因差异而产生不同的行为，实验中常常需要通过控制行为者内因的变化来观察其对行为结果的影响。

在不同的研究问题中，研究者希望控制的行为者内因各不相同，所采用的方法也有所不同。常见的控制行为者内因的方法可归纳为：①通过实验参与者的选择，控制其影响行为的内因；②通过指定参与者在实验中的角色或工作条件，改变其影响行为的内因；③通过对实验参与者的调查与测定，判断影响其在实验中行为的内因。

此外，实验参与者表现的行为常常是被观察问题中的因变量。如何表现在特定场景下实验参与者的选择与判断，使之能反映行为受到内外因素的影响，并便于假设检验和统计分析，还需考虑博弈性行为、操作性行为和判断性行为等。

（二）行为影响因素的控制方法

实验研究的假设检验过程，就是对实验过程中观察到的行为变量（因变量）与实验设置的影响行为的内外因素（自变量）之间的关系做定量分析，因此行为影响因素（自变量）的变化必须能够控制，即能够掌握行为影响因素的变化状况。

1.组间控制和组内控制

根据行为影响因素变化的特性不同，行为影响因素的控制方法可区分为组间控制和组内控制。组间控制方法通常用于影响行为的自变量变化是定性的情况，通过分组的方法，使同一组内的自变量取值相同，不同组间自变量取值不同。这样，研究者可以根据不同组间实验参与者的行为有无明显差异来判断该自变量对行为的影响程度。通常采用方差分析或非参数检验分析验证假设命题的真伪。组内控制方法通常用于影响行为的自变量变化可以定量确定的情况，一般采用回归分析进行假设检验。

2.实验前控制和实验中控制

根据实验设计中确定自变量变化的时间不同，行为影响因素的控制方法可区分为实验前控制和实验中控制。实验前控制是在实验设计时就确定了自变量的变化范围和取值情况，实验在自变量变化已知的情况下观察实验参与者的行为。实验中控制则需要根据实验的进行不断收集自变量变化的情况。大部分组间控制的自变量是实验前控制的，即根据实验对内外环境的安排，参与者居于哪一类分组，在实验开始之前就可以确定。也有一些组间控制的自变量是实验中控制的。例如，在研究模拟市场的博弈性行为时，若影响因素来自市场反应（如买方报价对卖方的影响），则只能在实验中控制；若影响因素来自市场规则（如卖方有没有报告选择权、是否存在信息成本等），则可能在实验前控制。

3.影响因素的变动控制和不变控制

影响因素的变动控制，是指观察当某因素变化时行为是否相应变化以及相应变化的幅度和规律。这是定量分析中常见的控制影响的方法。影响因素的不变控制，是指控制某因素不变，观察在这种条件下的行为规律。许多情况下为了实验环境的简化，让主要因素对行为的影响能够充分表现，在控制一部分影响因素变动的同时必须控制另一部分因素不变。

总之，运用实验研究方法的难度是相当大的，尤其是实验的设计，不仅有赖于研究者本人的知识、经验，甚至灵感，而且实验的设计也不可能一拍脑袋就完成，要有一个不断实验改进、相互借鉴、逐步完善的过程。

四、效度控制

在实验研究中，有些因素直接影响内部效度，有些则直接影响外部效度。

（一）影响内部效度的因素

在实地研究中谈到了内部效度的定义。一个实验的内部效度取决于该研究中可得到控制的程度强弱，即控制的程度越强，内部效度就越高。当一项研究被描述为具有较高的内部效度时，其内涵为被解释变量的变动主要是由解释变量变动所引起的，而不是由其他混淆因素所引起的。在设计一个研究项目时，研究目标应该是最大化该研究的内部效度。影响内部效度的因素主要有：

（1）被试选择偏差。被试受主观意愿左右，进入不同的实验组，而这种主动性背后隐藏的某些因素可能会影响测试效果，这就产生了被试选择偏差。被试的选择又分为两种：一是自选择，即被试主动参与某测试；二是区别选择，即研究人员以自己的感觉选择被试。所以，选择被试时，要特别注意自选择问题，对被试进行随机分配可以解决这个问题。

（2）实验者偏差。实验者偏差是指由于实验者本身的行为导致的偏差。比方说，如果实验操作者事先知道所要检验的假设，在进行实验的过程中，就可能有意或无意地做出某些行为，影响不同实验情况下的被试的反应。另外，在对一些主观数据进行编码的时候，实验编码者也有可能由于了解所要检验的假设，使这些主观数据的编码存在某种偏向性。这些都会影响实验的最终结果。为了去除实验者偏差，通常不能让执行实验的人了解实验所要检验的假设，而且通常提出假设的研究者本人不能担当执行操作实验的角色。

（3）测量手段。在实验中用到的各种手段、工具会影响测试结果。一个典型例子就是实验介绍。如果某一实验组使用一种介绍方式，介绍得清晰明白，而其他实验组使用另一种有歧义的介绍方式，那么测试结果显然会受此影响。所以，要注意尽量让所有的实验组使用相同的实验介绍；还要注意实验介绍写得是否清楚易懂，实验情景是否合情合理并且人性化，问题措辞是否可能产生歧义等。

（4）成熟程度。被试在实验期间，不论是生理还是心理均会发生变化，如被试因年龄增长，在认识能力方面的自然发展和成熟都可能干扰实验处理的效果，进而对实验产生影响。一般只有实验周期很长时，才需要考虑这种影响。

（5）被试的流失。在实验中，一些被试可能会退出实验，从而影响测试结果。因为不知道这个被试与其他完成实验的被试有什么区别，所以很难解释这会对实验结果造成什么影响。随机选择在某些情况下会有一定的帮助。

（6）测试关联。在实验前进行相关度比较高的测前实验，可能会使被试对实验更加熟悉和敏感，从而提高测试成绩。这时应该加入对照组。

（7）统计回归。典型情况是在研究极端组时，测试值的变化会比研究一般群体时大得多，属于极端组的被试很可能会在下一次测试中向均值靠近。例如，研究者选择一些测验分数较低的学生做实验，经过一段时间的实验后，再以相同或相似的测验题测试他们，这些被试的分数会有升高的倾向。避免研究这种极端组是一种选择，否则就应该对被试随机分配，增加对照组。

（8）多重因素作用。两种或两种以上的效度威胁因素会同时起作用，称之为多重因素。比如，实验者因为知道实验目的而自己对被试进行实验分组，那就属于被试选择偏差和实验者偏差的多重因素作用。

（二）影响外部效度的因素

前面讲到，外部效度是指研究结果对其他环境和样本同样适用的程度，又称其为研究结果的可推论性。当研究结果的可推论对象或范围越大越广时，表明外部效度越高；若推论能力较小，则表示外部效度较低。影响外部效度的因素主要有：

（1）实验环境的人为性。实验是在严格的控制条件下进行的，实验环境的人为性可能使某些实验结果难以被用来解释日常生活中的行为现象。在特定的实验情境中，被试通常知道自己正处于被观察的地位，因此其行为可能会受到影响，表现为与他们不知道自己正在被观察或不参加实验时有很大的不同。而且实验室中的仪器设备也会影响被试的典型行为。此外，被试参与实验时都存在一定的动机和对实验的预期，这些因素都会影响其行为表现。

（2）被试样本缺乏代表性。从理论上讲，参与实验的被试必须具有代表性，必须从将来预期推论、解释同类行为现象的总体中进行随机取样。实际上这很难做到，因为如果总体很大，即使能够随机取样，但由于实验中被试通常是自愿的，所以也很难把被随机选上的人全部请来做实验。同样，如果研究者选择一些具有独特心理特质的被试进行实验，因为这些独特的心理特质有利于对实验处理造成较佳的反应，就很难将得出的结果推广至其他特质的被试。

（3）测量工具的局限性。实验者对解释变量和被解释变量的操作性定义，往往以所使用的测量工具的测量结果来加以考虑。例如，把成就动机作为一个被解释变量，实验者常以某种成就动机量表所测得的分数来界定并评价其强度。但成就动机的测量工具有各种不同的形式，所测量出的分数并不代表同一种成就动机及其强度。如果在实验时采用的是某一种成就动机量表，那么所得出的实验结果便不能推论到采用其他成就动机量表的情况中去。

（4）时间效应。某项研究的时间效应与该研究的成果被推广到其他时段的程度有关。例如，随着实验的进行，被试会随时间发生变化，进而影响测试结果。比如，实验时间过长后，被试可能会感到疲惫、厌倦。这种变化也有可能是学习能力带来的，如大学生的学习能力很强，在实验进程中对实验越来越熟悉，表现也越来越好，而同为被试的老人的进步可能就不明显了。

推荐阅读，了解会计实证研究的其他方法：

1. 陈信元，陈冬华，时旭．公司治理与现金股利：基于佛山照明的案例研究［J］．会计研究，2003（8）：118-126.

2. 高晨，汤谷良．交互预算：应对战略不确定性契合管理控制的新机制——基于天津一汽丰田公司的案例研究［J］．会计研究，2011（9）：51-58.

3. 南京大学会计与财务研究院课题组．论中国企业内部控制评价制度的现实模式——基于112个企业案例的研究［J］．会计研究，2010（6）：51-61.

4. 陈正林．企业物流成本生成机理及其控制途径——神龙公司物流成本控制案例研究［J］．会计研究，2011（2）：66-71.

5. 吉利．任务不确定性对管理控制系统的影响及其作用机理——基于在中国国有大型铁路施工企业的实地研究［J］．会计研究，2011（4）：52-60.

6. 姚宏．信息结构、风险偏好与盈余操纵行为——一次实验研究的结论［J］．会计研究，2006（5）：58-65.

7. 熊焰韧，邱冠华．管理会计决策中的框架效应初探——以转移定价决策为例［J］．会计研究，2007（5）：67-72.

8. 程新生．参与式预算行为实验研究［J］．会计研究，2008（5）：53-60.

9. 郑石桥，王建军. 信息不对称和报酬方案对预算松弛的影响研究［J］. 会计研究，2008（5）：61-68.

10. 彭桃英，李良师，李岚. 审计判断中的时近效应和肯定性倾向——基于持续经营能力判断的实验研究［J］. 会计研究，2009（11）：66-72.

11. 刘俊勇，孟焰，卢闯. 平衡计分卡的有用性：一项实验研究［J］. 会计研究，2011（5）：36-43.

12. 刘峰，贺建刚，魏明海. 控制权、业绩与利益输送——基于五粮液的案例研究［J］. 管理世界，2004（8）：102-110.

13. 贺建刚，魏明海，刘峰. 利益输送、媒体监督与公司治理：五粮液案例研究［J］. 管理世界，2008（10）：141-150.

第十三章

学位论文写作及伦理

第一节　学位论文概述

一、学位论文的定义

学位论文，是表明作者从事科学研究取得创造性的结果或有了新的见解，并以此为内容撰写而成、作为提出申请授予相应的学位时评审用的学术论文。它是高等学校在学人员按照学校要求攻读一定学位而完成的论文，学位论文是检验学生完成学业成果、掌握与运用知识能力和科研能力的一份综合性答卷，如学士学位论文、硕士学位论文和博士学位论文。撰写学位论文是检验学生在校学习成果的重要措施，也是提高教学质量的重要环节。1981年全国实行学位制度，规定凡申请学位者，都要提交学位论文。因此，任何一个希望获得学位的学生，不论是全日制大学生、研究生还是在职大学生、研究生，都非常希望能够顺利完成学位论文并通过答辩。很多学位论文也因选题能够接触到学科前沿知识，所反映的创新见解和成果被企业所采纳，而具有较大的学术价值、情报价值和实用价值。

学位论文是学位授予制度的产物。目前，我国和世界上大多数国家一样，实行三级学位制度，即学士学位、硕士学位、博士学位，由此也就相应地有了三个级别的学位论文。我国目前对学位论文进行规范的法律性文件是1980年2月第五届全国人民代表大会常务委员会第十三次会议审议通过的《中华人民共和国学位条例》（于1981年1月1日起实施）和1981年5月颁布的《中华人民共和国学位条例暂行实施办法》。学位论文具有两大功能：一是考核；二是成果。作为考核手段，学位论文应达到一定水平，反映与学位相称的学识和能力；作为成果，学位论文是向社会提供的知识产品，应当有一定价值。学士学位论文应能表明作者确已较好地掌握了本门学科的基础理论、专门知识和基本技能，并具有从事科学研究工作或担负专门技术工作的初步能力。硕士学位论文应能表明作者确已在本门学科上，掌握了坚实的基础理论和系统的专门知识，并对所研究课题有新的见解，具有从事科学研究工作或独立担负专门技术工作的能力。博士学位论文应能表明作者确已在本学科上，掌握了坚实宽广的基础理论和系统深入的专门知识，并具有独立从事科学研究工作的能力，在科学或专门技术上做出了创造性的成果。

学位论文不同于教科书、文献综述、调查报告和计划文件，它们之间除了写法上有区别外，在内容上也有明显的区别：

（1）教科书与学位论文。教科书中有理论，也有提供信息、传播知识的功能，因此容易与论文混淆。但教科书既不提供新理论，也不提供原有理论的新应用，而学位论文则二者必居其一。

（2）文献综述与学位论文。学位论文中最常见的“赝品”就是文献综述类文章，文献综述的内容新颖，具有传播知识的功能，但文献综述再精彩，也只是介绍别人的成果，而学位论文必须要有自己的观点、自己的创作。

（3）调查报告与学位论文。调查报告具有很强的提供信息的功能，一般有作者的分析和结论，甚至上升到对规律的认识。但是调查报告以提供事实为主，而学位论文却以提出思想为主，学位论文中的调查材料是为提出思想提供依据的。

（4）计划文件与学位论文。来自政府部门或企事业单位管理部门的在职研究生，很容易将学位论文写成工作报告或计划文件一类的作品。他们常常大段引用领导人的讲话或政策文件，接着就是一系列统计数字，最后是他们构思的解决问题的措施，操作性很强，但缺乏理论逻辑，显得很“干”。学位论文与工作报告或计划文件的区别在于，虽然学位论文也常常引用他人的观点，但主要引用理论权威的观点，在面向实践时必须有解决问题的策略措施，同时必须以相应理论作为指导和注释。

二、撰写学位论文的意义

撰写学位论文具有以下意义：

1.培养科研能力

通过撰写学位论文，学生能了解科学研究的过程，掌握进行科学研究的基本程序和方法，综合运用所学知识独立地提出问题、分析问题和解决问题，并将结果以学位论文的形式反映出来。在撰写学位论文的过程中，可以学习和掌握很多研究方法，如检索、收集和阅读文献的方法，整理和分析数据资料的方法，选定研究题目、拟定初稿、修改定稿的方法。撰写论文是在学习文献知识的基础上进行创造性的研究活动，是创造性地运用所学的理论与方法体验创新的实践活动，从中培养创新精神和创新能力。创新能力是科学研究能力的核心，在科研中不断提高创新能力也就是不断提高科学研究能力。

2.扩展知识领域

撰写论文的过程不仅能够加深和巩固在课堂上所学的知识，根据研究的需要运用这些知识，还能够学习到在课堂上未涉及的其他学科的知识。在撰写学位论文的过程中学习知识有以下特点：①学得广。需要学习与研究项目相关的各种知识，有本专业的专业知识，还有其他学科知识、各种法规和政策等。②学得深。要深入学习与研究项目相关的本学科专业知识，对密切相关的主要专业文献进行反复的精读和研读，掌握其精华。③学得新。在文献综述过程中，重点是学习与研究近期的相关文献资料，掌握该研究项目的理论前沿和发展趋势。

3.提高写作水平

写作是以语言文字为工具和载体，以篇章化的表达形式，反映对客观事物认知结果的过程。撰写学位论文，以语言文字为信号，收集信息、整理信息、储存信息、传播信息等，可以提高写作水平。

4.检验学习成果

撰写学位论文是对学生在学校学习阶段知识的综合检验，着重考查学生运用所学知识对某一问题进行探讨和研究的能力。这种综合检验是对学生所学公共课、基础课、专业课以及选修课知识的总检验，也是对学生所学基本知识、基本理论和基本技能掌握与提高程度的总检验，还是对学生逻辑思维能力和写作能力的总检验。学习刻苦认真、勤于钻研的学生，都能够写好一篇学位论文，表明他们能系统地掌握和运用专业知识和相关知识。

三、学位论文的要求

学位论文的一般要求包括选题、内容、结构、文字、篇幅、完成时限、答辩等方面。根据我国有关规定，对博士、硕士和学士论文在这几个方面，特别是在内容要求方面有明显区别。

1.选题

学位论文选题应符合所学专业和培养方向。由于培养目标不同，因此论文选题方向也应有所不同。对本科生来说，基本要求是能正确、灵活地运用所学理论，解释或解决现实问题，因此选题倾向于当时的热点问题；对硕士研究生来说，要求培养科学研究的能力，必然要求引导他们去关注和研究当前理论和实践方面难以解决的问题；对博士研究生来说，培养目标是各方面的学术或业务带头人，他们应当站到学科或社会实践的前沿进行观察和思考，去开拓新的知识领域，因此论文选题就具有填补空白的性质。当然，以上分类也不是绝对的，学士论文可以涉及难点问题，硕士论文也可以触及有关领域的空白点。

2.内容

论文的质量主要体现在内容方面，选题好只能说明问题找得准，问题解决到什么程度就要看论文内容。学位论文的内容要符合以下要求：第一，学位论文要求概念清楚、观点正确；第二，学位论文要求有新意，但与传统观念不同的新观点必须能自圆其说；第三，理论依据必须充实，不能从主观出发武断臆测。

3.结构

论文结构必须相对完整，基本内容应包括论文提要、目录、引言、正文、参考文献五个部分，缺一不可，每一部分还有结构方面的要求。

4.文字

学位论文语言应通顺简练、书写要规范工整。

5.篇幅

论文篇幅是根据论文内容要求决定的，也是对学生掌握知识的广博性的一个检验。例如，对本科生，只要求运用所学理论，解释或解决某些现实问题，论文涉及的问题一般比较浅或比较窄，有一万字的篇幅就可以了。对博士论文有填补理论或实践空白的要求，作者必须有足够大的思维空间。作者要追溯历史，分析现有理论或实践的缺陷；要回顾前人的探求情况，找出有益成分；更需做出假设，并给予有说服力的论证；还要对提出的理论和策略应用前景提出展望，论文篇幅必然要长一些，篇幅短说不清楚。另外，对博士生要求其专业知识广博，也必须通过论文考核，因而要求对论题充分展开。实际上，博士论文具有建立新的理论体系的要求，十万字的篇幅也不算多。硕士论文则要求在五万字左右。

6.完成时限

学生必须在规定时间内完成论文并参加答辩。这是由完成相应水平和篇幅论文所需的研究和写作周期、学籍管理的需要决定的。论文所需水平越高、篇幅越长，完成的时限也应当越长。例如，完成博士论文所需查阅的文献、所需调查研究和思考的问题、所要完成的文字工作量都远远超过学士论文和硕士论文，因此允许的完成时限达到2年或更长。不过完成论文的允许时限也不能太长，否则会给学籍管理带来困难，因此博士修业年限，包括完成博士论文，不管是否脱产学习，没有超过8年的，一般设为6年。

7.答辩

学生必须在由规定资格专家组成的答辩委员会会议上，简练而有重点地介绍自己的论文，独立而准确地正面回答答辩委员当场提出的与论文有关的问题。答辩委员资格方面：博士论文的答辩委员必须是教授级专家，因为博士论文涉及的都是学科前沿课题，学术造诣达不到一定水平，就无法就论文提出值得讨论的问题，更无法客观公正地对论文做出评价；硕士论文研究的是理论或实践中的一些难点，往往争议比较多，对论文进行评价也有一定难度，因此答辩委员必须是具有高级职称的专家；对学士论文的评价相对容易一些，答辩委员只要具有扎实的理论功底即可。

四、学位论文写作时应注意的问题

学位论文的写作计划应从研究设计开始，直到参加和完成论文答辩。为了保证学位论文质量，应注意以下五点：

1.充分认识写好学位论文的意义

对学生来讲，完成学位论文是极富挑战性的任务，对于提高学生知识水平，特别是解决问题的能力具有显著作用，因此学生应为此付出较多的时间和精力。同时，要想提高学生对写好学位论文意义的认识，学校应当坚持标准、严格的要求。

2.及时启动论文的写作

学位论文总是随着研究的深入而不断修改的，不可能在短期内一蹴而就。一般来说，最优秀的硕士研究生完成学位论文也要写三稿才能基本达到要求，每稿三到五万字，要求科学、规范，工作量之大可想而知。

3.边构思、边研究、边写作

学位论文是科学研究成果的表现形式，必然有一个逐步提高完善的过程。在写作过程中必然还会发现新的问题，在已经取得初步成果的基础上需要进一步调查研究。因此，学位论文的撰写往往是开始构思，起草论文，先粗后细，分阶段完成的。

4.掌握好写作的阶段目标和进度

假定学位论文写三遍就可完成，建议这样安排阶段目标：第一遍，重点是理出总体思路，展示现有材料，不要求文字上精雕细刻，也不要写前言、后记；第二遍，摆好总体框架，充实内容，包括理论及论证材料，写出前言初稿；第三遍，框架、结构内容定型，进行文字加工、图表编号，标示资料出处，完成前言、后记和附录。如果安排第四遍进行润色，则效果会更好一些。

5.处理好论文写作与就业的关系

全日制学生撰写学位论文的时间恰好与求职时间交叉，为了找到一个比较理想的职位，学生往往把撰写论文放在“业余”的地位，这也是学位论文质量难以保证的重要原因。因此，要克服这两者之间的矛盾，最好尽快启动学位论文的写作。

● 第二节　学位论文的结构和撰写步骤

一、学位论文的结构

一般来说，学位论文包括前置部分、主体部分和后置部分三大块，下面分别进行介绍。

（一）前置部分

前置部分包括题目、署名、正文目录、图表目录、摘要、关键词。

1.题目

论文题目应该单独放在一页上，是论文的“眼睛”，是窥视论文的“窗口”，具有画龙点睛、指引内容、启迪读者兴趣的作用。因此，论文的题目必须用心斟酌确定。具体而言，设计学位论文题目要注意以下几点：

（1）题目含义确切，与内容对称。论文题目应能够准确地表达论文的主题内容，恰当地反映论文研究的范围和深度，使人看了题目能知晓论文的大体范围、主题内容和作者的写作意图。题目一般不要使用省略词、字符、代号、符号、公式、简称、缩写以及商品名称等。

（2）题目不宜过大。这是由学位论文的篇幅决定的。学位论文不同于专著，后者篇幅较少限制，前者则篇幅有限。题目过大，就会造成内容空泛或严重的“结构畸形”，不同部分内容畸轻畸重。

（3）题目要吸引人。题目会给读者留下“第一印象”，决定着读者阅读的兴趣，因此要精心设计，最好令读者为之一振，或者让读者产生好奇心。

（4）题目用词要简练。论文题目力求字数适当、用词精简、表达明确，要用最恰当、最简明的词语。题目文字不宜过长，一般不要超过20个字，不能过于抽象、空洞，不要涉及面过宽、过深。

另外，虽然论文的各级标题没有论文题目重要，但它们是论文一部分内容的集中反映。因此，学生也要注意恰当地运用各级标题：一要注意标题的层次；二要注意标题用语，标题用语要简洁，切忌冗长烦琐。

2.署名

署名是在自己的学位论文上注明自己的名字和学校名称。署名表明作者文责自负和已取得的科研成果，便于读者与作者联系和按文献作者索引查找。学位论文不要用化名和笔名，要用真名，以便确定考核。对于涉及论文的咨询、给予某种帮助、参与一般工作的人员不宜按作者署名，但是应该在论文的答谢部分对他们的工作加以说明和表示谢意。

3.正文目录

学位论文篇幅较长，层次较多，因此需要编写正文目录。正文目录是导读图，读者通过阅读目录，大体了解全文，以便确定是阅读全文或重点阅读其中某一部分。目录的编写要准确，目录中的标题、页码应与正文中的标题、页码完全一致；目录的编写要完整，论文中各项内容都应在目录中得到全面反映。

4.图表目录

学位论文中如果图表较多，可以编写图表目录。图表目录分图目录和表目录列出。图的目录应有序号、图题和页码；表的目录应有序号、表题和页码。例如，第三章有图和表，则编写为：图3-1×××（图的名称），页码；表3-1×××（表的名称），页码。图表目录要准确，要与正文中的完全一致，以便阅读。此外，考虑到人类阅读表格和图片的方式是不一样的，为了方便人们更舒服地阅读论文，表名通常放在表上面，而图名放在图下面。

5.摘要

摘要是学位论文极为重要的、不可缺少的组成部分，频繁用于国内外资料交流、情报检索、二次文献编辑等。摘要是论文要点的摘录，是论文要点不加注释和评论的一篇完整的陈述性短文，含有学位论文全文的主要信息。摘要具有自含性和独立性，能独立于论文使用和被引用。

学位论文的摘要一般应说明目的、内容、方法、结果和最终结论等信息，而重点是研究结果和结论。摘要的编写要求为：第一，结构严谨，提要内容完整。第二，重点突出，着重反映研究成果（或中心论点）。第三，文字简练，语义确切，表述简明。除了实在无变通办法可用以外，摘要中不用图、表、化学结构式、非公知公用的符号和术语。第四，陈述客观，实事求是。行文可用第三人称，被动语态。

为了国际交流，还应有外文（多用英文）摘要，外文摘要应与中文摘要基本相对应。在顺序上要先中文摘要后外文摘要。

6.关键词

关键词是直接从论文中抽取出来的表征论文的未经规范化处理的自然语言词语，用作标识的检索语言。在对论文的题目、前言、正文、结论进行审读及主题分析的基础上，抽取能反映论文特征的内容，通用性比较强的关键词。关键词应有3

至5个，另起一行置于摘要下方；涉及的内容、领域从大到小排列，便于文献编目与查询。

有外文摘要的论文，应在外文摘要的下方著录与中文关键词相对应的外文关键词。

（二）主体部分

学位论文的主体部分又称正文，一般包括引言、正文、结论三部分，俗称“三段式”。它是论文的核心，体现创造性成果或新的研究结果，占据论文的最大篇幅。因此，要求这一部分主题明确、内容充实，观点鲜明、论据充分、论证有力。

1.引言

引言又称前言、绪论等，是作者对本论文基本特征的简介。引言是引导读者理解论文的部分，地位十分重要，它能发挥引导阅读、勾画轮廓、显示价值的作用。从心理学的角度来看，这部分内容位于论文之首，最容易引起读者注意；从学位论文评审的角度来看，这是专家一定要看的部分，其他内容可能挑着看（视专家的时间、风格和水平而定）。

引言部分应当包括：

（1）问题的提出。为什么要选此论题，研究该问题有何学术价值和实际意义，一般还要简要介绍前人研究的状况。

（2）研究方法。论文主要应用了哪些主要理论，采用了哪种或哪些研究方法，调查样本的情况怎样？这表明论文的可信程度。

（3）论文结构。论文正文包括哪些部分，每一部分的主要内容及各部分的逻辑关系如何？可以给读者形成一个整体印象。

（4）论文的贡献。论文的特色和创新是什么，这是非常关键的部分，也是读者最感兴趣的，实际上一篇论文真正属于创新的内容，多数情况只占少部分，因此有必要特别指出，以引起读者格外的重视。

（5）致谢。表达作者对在完成论文过程中给予自己帮助的人的谢意，不过它也可放在论文的后记中。

引言要起到提纲挈领的作用，文字要“少而精”，一般占全文字数的5%~10%为宜。因此编写引言的基本要求是：开门见山，一开头就能让读者了解论文的基本内容是什么；引人入胜，一开头就能抓住读者，使其对论文产生阅读的兴趣；文字精练，一开头的文字言简意赅。写好引言，是论文的关键之举，切不可草率从事。

引言应言简意赅，但不要等同于摘要，成为摘要的注释。一般教科书中有的知识，在引言中不必赘述。学位论文为了反映出作者确已掌握了坚实的基础理论和系统的专门知识，具有开阔的科学视野，对研究方案做了充分论证，因此，有关历史回顾和前人工作的综合评述以及理论分析等，可以单独成章，用足够的文字叙述。

2.正文

正文是论文的主体部分。按照论文的主题，论文内容主要包括对引言提出的问题展开分析、提出论点、运用理论与实践基础进行论证、揭示主题所反映客观事物的本质及规律。正文是分析问题、论证观点的主要部分，也是反映作者逻辑思维能力和语言表达能力，体现作者研究成果和学术水平的重要部分。

正文占据论文的主要篇幅，要写好正文需要把握好以下内容：

（1）正文的内容和结构。

①论题集中，重点突出。一是整篇论文应围绕论题展开，不能写散，要珍惜“篇幅资源”，在有限的篇幅内把主题写深写透。学位论文不是教科书，更不是科普文章，因此要有水平，要上档次，要考虑什么内容往上摆，什么内容不往上摆。二是每一部分内容也要集中，各有侧重，不能来回交叉、重复。

②贴近前沿，理论联系实际。既然学位论文的价值在于提供新知识，作者就必须贴近学科和实践的前沿，用新的理论、新的方法、新的资料支持自己的观点。正文应以创新为灵魂，在分析问题和解决问题的过程中，充分阐明论文的原理、观点和方法，以反映论文具有的创新性。

③思路顺畅、符合逻辑。学位论文是科学论文，不是散文，不能想写什么就写什么。论文的各个部分之间，每个部分内容之间应该存在清楚的逻辑联系，不能搞成内容的机械堆砌。

（2）论点、论据与论证。

正文部分的内容，最重要的要求是论点明确、论据充分、论证严密、揭示论点和论据的必然联系。只有论点和论据（材料）相统一，以论点统帅材料，以材料证明论点，论文富有逻辑性，才能有很强的说服力和生命力，才能收到很好的效果。

①论点的提出要鲜明、科学和准确。简单说来，论文就是围绕论点展开的，因此论点的提出与论证是决定论文质量的关键因素。作者在提出自己的论点时，应特别注意以下三个方面：第一，观点要鲜明，不能含糊其词，同时观点要辩证，不能走极端；第二，观点要科学正确，要有理论依据和实践依据，不能与常理和事实相背离；第三，观点要准确，要经过深思熟虑，不要夸大其词，防止失之偏颇。

②论据要充分。论文的主题和观点需要有充分、翔实的论据材料作为支持。旁征博引、多方佐证是论文的明显特点。论据充分，是要求支持作者观点的论据材料，既有多方面的主证材料，又有多方面的旁证材料；对他人的观点持不同的意见或反对意见，也需要有支持作者观点的主证和旁证材料。论据充分除了占有大量的材料外还需要正确运用材料。论据为论点服务，要从材料中选用具有重要性、权威性、新颖性、典型性、代表性的材料，用以阐述自己的观点。论据的材料必须正确可靠。作者运用的材料必须经过反复证实：第一手材料要反复核实，是原始资料或经自己整理的材料，要保证材料客观、真实、正确；第二手材料要查明原始出处，核对无误，并知其真意，不能断章取义，要做到合理使用。

③论证要严密。论证是运用论据证明论点的过程。论证严密包含以下几点：第一，论证过程要符合认识程序，作者在论文中提出问题、分析问题和解决问题，要符合客观事物的规律，符合人们对客观事物认识的程序，要从感性认识上升到理性认识，使人们的认识过程与客观事物的规律统一起来；第二，论证过程要符合逻辑

要求，论证要概念清楚，判断合理，推理正确；第三，论证要理论联系实际，以论为纲，虚实结合，实事求是；第四，论证要运用辩证法，正确地分析各种问题；第五，论证要有层次性、条理性地阐明对客观事物的认识。

论证一个论点常用的方法包括演绎法、实证法和权威支持法。演绎法是通过逻辑推理、分析和归纳得出自己的结论。实证法就是通过客观现实，包括大量数据证明或否定某个观点。权威支持法就是引用本领域权威人士的观点支持自己的观点。在上述论证方法中，实证法说服力最强，因此应用也最普遍。

（3）注释。

注释是在论文的行文中，对引文和某些内容的说明。注释的内容有两种：第一种是与行文有关的内容，如概念、规定、事项、公式、方法、人名、地名、观点等，不便加入正文中详细说明而需要注释。与此相关的注释方式有脚注、尾注或行中注。其中，脚注即页下注，置于每页底端（编写序号），便于阅读；尾注即文末注，置于通篇文末注释（编写序号），集中便于核查；还有行中注，即在行文中引文之后，用括号的形式注明引文的相关内容，由于行中注会影响读者阅读，一般不采用。第二种是注明引文的资料出处，表示对他人的知识的尊重。与此相关的注释方式是在文中引文需要标明出处的地方，在括号内写出作者与著作出版年份，再于文末罗列出参考书目。

（4）文体格式。

文体格式是以一定的编码和文字反映论文结构的形式。论文一般分整体结构和章节结构，整体结构是论文整体内容的逻辑性安排，章节结构是一章内容的逻辑性安排。论文结构有中式文体格式和西式文体格式两种。撰写学位论文可以选中式文体格式，也可以选西式文体格式。

3.结论

论文的结论是最终的、总体的结论，结论要与引言相呼应，体现全文的整体性，既可以给读者一种结构上浑然一体的感觉，又可以收到概括全文、突出中心、加深读者印象的效果。结论不是正文中各种论点、论据和论证的简单重复，而是主要回答论文中所提出的问题，已研究出什么，已解决了哪些问题。另外，结论可方便读者了解作者通过研究所取得的成果，在论文中的主要观点、论据和方法，以及今后需要继续研究的方向和问题。

结论的内容一般包括：本文研究结果的主要论点，如对已有理论与方法的认识、修正、补充、发展、证实或否定。结论还要说明论文涉及但未来得及深入研究的问题，或提出下一步的研究方向。这一方面反映了作者的视野，也反映了作者严谨的学风，论文的观点并非最后的结论。撰写结论的基本要求是：①认真撰写，发挥结论的作用，不要提出新的观点或材料，不要画蛇添足，不要草率结尾，不要妄下结论；②结论的语言要精练，简明扼要，表达准确，逻辑严谨，条理清楚。

（三）后置部分

1.参考文献

参考文献又称参考资料、参考目录，是作者在撰写论文过程中所查阅参考过的各种文献。作者在自己所撰写的论文后面，附上有关参考文献的作用有：①有利于反映论文的起点和深度，也可以反映作者严谨的学术态度。附上有关参考文献的目录，表明自己的成果是在研究相关文献的基础上获得的。一般来说，作者写作论文时参考的文献越多，说明作者的学术态度越认真。②便于同行考证、比较和做进一步研究。例如，有些在论文中引用的理论观点已经被作者加工，是否准确反映原作者的观点，有时需要研究原著。③从一定程度上反映成果的科学性和前沿性。论文所引用的文献越新，说明该研究的前沿性越强。

参考文献要依据全面性、重要性、权威性、专业性、代表性、准确性、公开性和时效性等原则。参考文献著录要规范，条目要清楚，内容要准确，以便查找。文后附参考文献的篇数，与作者引用文献和参考文献相衔接，且要适当，不能太少，也不能过多。参考文献的标注方法，按中华人民共和国国家标准《文后参考文献著录规则》（GB/T7714—2015）实行。表13-1为文献类型和标志代码。

表13-1 文献类型和标志代码

文献类型	普通图书	会议录	汇编	报纸	期刊	学位论文	报告	标准	专利	数据库	计算机程序	电子公告
标志代码	M	CC	G	N	J	D	R	S	P	DB	CP	EB

2.附录

附录是正文主体的补充说明，不是论文的必要组成部分。下列内容可以作为附录编排于学位论文中：①原始数据附表、统计表、数学推导、公式推演、证明等；②编写程序、计算程序、框图、结构图、程序软件等；③照片、罕见珍贵资料等；④注释、解释、说明等；⑤研究方法、调查问卷等。附录的篇幅一般不宜超过正文。

3.科研活动

作者撰写的论文与其科学研究方向有一定的联系，有的论文是作者科学研究方向的有机组成内容，是其研究的开始或深入研究的继续。在撰写学位论文期间，需要围绕研究主题对一些重要论点或相关内容进行深入研究，并撰写和发表相应的论文；为提高科学研究能力，还需要参加其他一些科研活动；为了反映作者科研能力，附录中需要列出参加科研活动的情况。科研活动的情况包括学习期间发表的论文和出版的书籍，参加的课题研究、学术研讨会，获得的科研奖励和其他科研活动等，其中要注明与撰写论文相关的内容。

4.致谢

学位论文最后的致谢不可缺少。作者对论文写作过程中提供帮助的人和单位表示感谢。致谢的范围包括：对论文的选题、构思或撰写给予指导、咨询的人员；在研究工作中提出建议和提供帮助的人员；合同单位、资助或支持和提供研究条件的企业、组织和个人；提供资料、图片、文献、研究思想和设想的人员；国家科学基金、资助研究工作的专项基金和其他资金支持单位；其他应感谢的组织和人员。致谢的词语要诚恳、简洁、恰当。

二、学位论文撰写和答辩准备

学位论文的写作可分为拟定提纲、撰写初稿、修改定稿以及答辩准备四个阶段。

（一）拟定提纲

1.拟定论文提纲的必要性

论文提纲是由序码和文字组成的一种逻辑图表，是帮助作者考虑文章全篇逻辑构成的写作设计图。从写作程序上讲，它是作者动笔行文前的必要准备；从提纲本身来讲，它是作者组织设计学位论文篇章结构的具体体现。因为学位论文的写作要用到大量的资料、较多的层次、严密的推理来展开论述，要从各个方面来阐述理由、论证自己的观点，因此论文提纲的拟定就显得尤为必要。具体来讲，拟定提纲有如下四个方面的作用：

（1）有利于建立完整的框架体系。通过拟定提纲，使作者易于掌握论文结构的全局，层次清楚，重点明确，简明扼要，一目了然。通过拟定提纲，构思谋篇，从全篇论文的基本框架出发，确定全篇论文中的重点、热点和难点，并确定论文中的创新点，安排这些内容在论文中的结构及各部分之间的逻辑关系，使论文的结构完整统一。

（2）有利于论文前后呼应。有了一个提纲，可以帮助作者树立全局观念，从整体出发，使总论点和分论点有机地统一起来。拟定提纲可以通过以下方面的检验，使论文成为一个有机的整体：①每一个部分所起的作用是否明确，所占的篇幅与其在全局中的地位和作用是否相称；②各个部分之间是否有逻辑联系，比例是否恰当；③每一字、每一句、每一段、每一部分是否都为全局所需要，是否都丝丝入扣、相互配合，成为整体的有机组成部分。经过这样的考虑和编写，论文的结构才能统一而完整，很好地为表达论文的内容服务。

（3）有利于及时调整内容。在学位论文的研究和写作过程中，作者的思维非常活跃，一些从表面看来不起眼或不相关的材料，经过深思熟虑，常常会产生新的联想或新的观点。如果不认真编写提纲，动起笔来就会被这种现象所干扰，不得不停下笔来重新思考，甚至推翻已写的从头来过。这样不仅增加了工作量，也会极大地影响写作情绪。只有动笔前把提纲考虑得周到严谨，才能形成一个层次清楚、逻辑严密的论文框架，从而避免许多不必要的返工。另外，在拟定提纲之后，根据对文献资料的深入研究，在有新的认识和新的论据时，或有新的文献资料可以利用时，或发现思路不清晰、论点不明确时，都可以及时调整论文提纲，使之更趋于合理和完善。

（4）有利于充分合理地利用资料。通过拟定提纲，才能按照提纲的框架，对搜集的资料进行加工整理，利用资料提供理论的、事实的和法律的论据，提供定量的数据和定性的论据，提供历史的和现实的论据，提供中国的和外国的论据等，能够按照各部分的要求安排、组织、利用资料，决定取舍，最大限度地发挥资料的作用。

2.拟定论文提纲的原则

拟定学位论文提纲时，首先要把握拟定论文提纲的原则，为此要掌握以下四个方面内容：

（1）树立全局观念，以论文主题（中心论点）为纲对论文进行全面安排。具体体现在：第一，从“提出问题→分析问题→解决问题”的逻辑出发，确定论文的研究思路；第二，在结构安排上，突出重点、难点和创新点，篇幅长短要合适，每一部分都要为中心论点服务；第三，利用文献资料，形成论点和论据；第四，做好研究设计，包括研究方法、研究程序和时间安排等。

（2）从中心论点出发，决定材料的取舍。要把与主题无关或关系不大的材料舍弃，尽管这些材料是煞费苦心搜集来的。必须时刻牢记材料只是为形成自己论文的论点服务的，离开了这一点，无论是多少好的材料都必须舍得抛弃。

（3）逻辑严明，层次清晰。其主要体现为四点：①论文结构内容具有逻辑性，反映事物的必然联系；②各部分之间形成有机的逻辑关系，相互联系、相互制约，形成有机整体；③概念准确，论点清楚，判断合理，推理正确，论点与论据密切结合；④论证过程有严密的逻辑性，正确运用逻辑规律。

（4）重点突出。学位论文的基本结构由绪论、本论、结论三大部分组成，绪论、结论这两部分在提纲中比较简略，本论则是全文的重点，应集中笔墨写深写透，因此在提纲上也要列得较为详细。本论部分至少要层层深入，层层推理，以便体现总论点和分论点的有机结合。

3.论文提纲的种类

论文提纲按照详略程度可分为简单提纲和详细提纲两种。

（1）简单提纲。简单提纲是高度概括性的，只提示论文的要点，如何展开则不涉及。简单提纲只有大标题一个层次，体现论文题目的中心论点。它是在对收集的资料进行深入研究的基础上形成的，往往要经过多次思考才能确定。在单一层次章结构的基础上，深化为多层结构。虽然这种提纲简单，但由于它是经过深思熟虑构成的，写作时能顺利进行。没有这种准备，边想边写则很难顺利地写下去。

（2）详细提纲。详细提纲是把论文的主要论点和展开部分较为详细地列出来，是简单提纲的细化，大论点中有小论点，层次分明，便于写作。详细提纲用主题句形式或段落形式，列出全文的基本论点，以明确论文中心，统领全纲。如果在写作之前准备了详细提纲，那么执笔时就能更顺利。

上面所说的简单提纲和详细提纲都是论文的骨架和要点，选择哪一种，要根据作者的需要。如果考虑周到，调查详细，用简单提纲问题不是很大；但如果考虑粗疏，调查不周，则必须用详细提纲，否则，很难写出合格的学位论文。

4.拟定论文提纲的步骤

拟定论文提纲包括草拟提纲和修订提纲两步。

（1）草拟提纲。草拟提纲主要从三个方面进行：第一，拟定标题。论文题目是一篇论文的总题目（总标题），必要时可以有副题目（副标题）。总题目是论文的中心思想，即主题，是论文的纲，一定要认真确定。拟定标题时，力求醒目、简短、明确、生动、新颖。编写提纲的标题一般是最后确定的标题。第二，选择论文结构。根据论文的主题、完成论文的时间、条件、篇幅和要求，确定总体结构。同时要安排章节的结构，可以先编写简单提纲。第三，依次考虑各段的安排，把准备使用的材料按顺序编码，以便写作时使用。

（2）修订提纲。提纲写好后，还有一项很重要的工作不可疏忽，这就是对提纲的推敲和修改。这种推敲和修改要把握如下几点：一是推敲题目是否恰当，是否能涵盖提纲的全部内容；二是推敲提纲的结构，先围绕所要阐述的中心论点或者说明的主要议题，检查划分的部分、层次和段落是否可以充分说明问题，是否合乎道理，各层次、段落之间的联系是否紧密，过渡是否自然；三是提纲各层次内容的论点、论据与论证是否能做到论点明确、论据充分、论证严密，论点和论据相统一。经过以上检查，对不相适应的内容需要进行修订，即增加、删除和调整等，经多次修订后的提纲就可据以撰写初稿了。

（二）撰写初稿

1.撰写初稿的意义

撰写初稿在整个学位论文写作过程中，具有重要的意义：

（1）撰写初稿是构思的实现。撰写初稿是作者把自己的设计构思草拟成文，将无形的思想变为有形的文章的重要步骤。不管作者的选题如何恰当，立意如何深刻，收集的材料如何丰富，若不经过撰写阶段，这一切都还停留在“构思”阶段，至多不过是“腹稿”而已。撰写初稿，是将作者的思想形诸文字、将作者设计的“蓝图”付诸实施的过程。

（2）撰写初稿是再创造过程。撰写初稿是作者按照论文提纲，对文献资料进行系统研究、深入思考、严密论证的过程。而在编写中还会遇到更深层次的问题，需要对这些问题及其相关方面查阅有关资料进行再学习，并对原有文献资料进行系统的再学习。在行文过程中，作者运用语言文字，将原来的命题、创意、构思、布局不断地加以调整、补充、修正，使之条理化、规范化、文字化。所以，撰写初稿不是机械地将写作提纲具体化，它自始至终充满创造性思维，是一个再创造过程。

（3）撰写初稿是论文写作中最艰苦的脑力劳动。撰写初稿是一个复杂艰苦的写作实践过程，它要求作者持续地积极思考，深入研究，手脑并用，从内容到形式不断进行琢磨。撰写初稿的过程是思想最活跃、注意力最集中，以及作者的知识、阅历、才能、精力得到最充分调动的时期。认真撰写初稿，既是一种良好的写作训练，也是思想方法和思维能力的有力锻炼。

2.撰写初稿的要求

（1）紧扣主题。主题是论文的中心论点，是文章的灵魂，是文章内容的核心。中心论点的证明与表达，是文章写作所要完成的主要任务。学位论文写作的诸多环节，无不围绕中心论点而展开，以使论文的中心论点能够确立和令人信服为原则。中心论点一经确定，就要以它为中心，不但结构的安排、材料的取舍要以中心论点的表达为依据，就连句式的选择、词语的遣用，均要以中心论点为标的。只有紧紧抓住中心论点，牢牢把握中心论点，写出来的文章才能浑然一体，有一气呵成之感。

（2）结构严谨。严谨的结构主要表现在以下方面：第一，论文应以主题（中心论点）为纲，形成各层次的从属论点，并成为主题（中心论点）或上一层次论点的论据。第二，写好过渡句、过渡段，承上启下，说明前后内容之间的关系，使之前后衔接。每段内容要单一而不杂乱，转折自然，全文一体。第三，论点与论据要统一。论点是论文的灵魂，是论文内容的核心。论文要选择真实、准确、典型和新颖的各种材料为论据，充分论证观点的科学性和正确性。

（3）表达准确，语言简练。学位论文所使用的是科学语体，科学语体的特征应是准确、简明、通俗、质朴。准确是一切学术论文语言表达的第一要求，包括事实准确、数字准确、引文准确，还要做到用词恰当，语义明确，句意严密，格式规范等。论文的内容该详则详，该略则略。该详则详，要求作者在写作时，该说的一定要说清楚，不惜笔墨。例如，一篇文章的有关背景，一段事情的来龙去脉，一种事物的性质特征等，一定要交代清楚。该略则略，就是说，不该写的，一字也不可多写，要惜墨如金。

（4）引用适当。论文写作需要借鉴他人研究的成果，而引文就是借鉴他人研究成果的一种方法，用引文来说明论文的观点并当作论据。引文分为引用关键词、引用原文和引用原意等。①引用关键词，以加强表达效果，引用的关键词要用引号。②引用原文，以充实论文的内容，或强化主题思想，引用原文的内容必须加上引号。③引用原意，当需要引用的原文文字较多时，可采用引用原意的方式，不用引号，只用冒号，有时也可以用逗号。引文要求精确、完整、融会贯通和适当。

3.撰写初稿的方法

在撰写初稿的过程中，一般是按照提纲顺序写的，有时也可以打破顺序分段写，两种方法，各有优点。

（1）按照提纲顺序写。论文提纲的排列顺序，是经过作者反复思考、精心安排的，反映了作者认识事物的过程，也反映了事物本身的内在逻辑。因此，按照提纲的顺序写，先提出问题，再分析问题，最后解决问题，顺理成章，十分自然。这种方法，符合一般人的写作习惯。其好处是全文贯通，一气呵成。如果对全文各部分的内容都已酝酿成熟，各种材料的准备也均已到位，就可以采用这种写法。

（2）打破顺序分段写。由于学位论文的篇幅较长，各部分内容的成熟程度有先有后，要一口气全部写好不大可能，可以打破提纲顺序，分段完成，即哪一部分成熟先写哪一部分，最后连接起来，就组成了一篇完整的论文。这种写法的好处是，能够集中精力写好每一部分，有利于保证论文质量。对初学者来说，这种写法可以分散难点，逐个击破，更容易把握。采取分段分块写法，要根据实际情况，制订出分阶段写作计划，既要保持各部分内容的相对独立性，又要保证全文的完整统一性。在写作过程中，要注意掌握进度，以免将写作时间拉得过长，影响整个学位论文写作任务的完成。

（三）修改定稿

1.论文修改的意义

“玉不琢，不成器”，写论文也是如此。曹雪芹写《红楼梦》，批阅十载，增删五次。因此，写完初稿后，都需要对论文进行修改。初稿的修改有重要的意义：

（1）修改论文是保证论文质量的重要步骤。论文是对研究对象的客观认识，而客观事物是丰富多彩、曲折复杂的，对它的认识往往要反复多次，对初稿的修改就是再一次对它的深刻认识。对论文的论点、论据和论证，以及结构、文字、用语等进行修改，能够更准确地揭示其本质和规律，从而保证和提高论文的质量。

（2）修改论文是提高写作水平的重要途径。修改要对论文初稿的结构安排、层次划分、段落衔接、句式选择、词汇运用、论点表达、文体规范、标点符号应用、材料取舍等，逐字逐句、逐层逐段地审读，进行斟酌、推敲和琢磨。要提高写作能力，既要多写，又要多改。

（3）修改论文是培养严谨的治学态度和良好学风的需要。作者必须抱着高度负责的态度，认真修改论文，对读者、对社会负责。认真修改论文，保证和提高论文质量，也是满足培养作者严谨的治学态度和良好的学风的需要。保尔·拉法格在《忆马克思》一书中说：“马克思‘绝不出版一本没有经过他仔细加工和认真琢磨的作品。他不能忍受他未完成的东西公之于众的这种思想。要把他没有做最后校正的手稿给别人看，对他来说是最痛苦的事情……有一天他对我说，他宁可把自己的手稿烧掉，也不愿半生不熟地遗留于身后’”。

2.论文修改的内容

（1）斟酌主题。主题是文章的价值所在，主题如果有问题，就非改不可。主题要正确、鲜明、深刻、新颖。对主题的检查主要包括：①论文的标题是否醒目、简短、明确、生动、新颖，题目是否过长或太笼统；②中心论点是否正确、鲜明、深刻，提法是否全面、准确，是否有错误；③中心论点是否具有创新性，是否落后于形势的发展，缺乏新意；④中心论点的从属论点与中心论点是否一致，是否存在主观、片面、空泛的问题；⑤文题是否相符，是否存在文不对题、题目不能概括地表达论文的中心论点和讨论范围的问题。

（2）评估材料。初稿写成后，需要对论文应用的材料重新估价，加以必要的增删。对材料的评估内容包括：①材料是否必要，是否确凿有力，是否能相互配合说明论点。②材料是否翔实，是否太多或太少。材料翔实，论据充分，论文才有说服力。材料太少，就会使论文显得内容空洞；材料太多，则淹没观点，理论性不足。

③论文应用的材料是否真实，所用的材料是否符合实际，是否准确、可靠。④论文应用的材料是否有出处。⑤论文引用经典作家的材料是否核对过原文。

（3）检查文章结构是否合理。论文结构不合理，主要表现在头绪繁多而杂乱，层次不清晰，首尾缺乏照应等方面。论文要通过调整，使其层次清楚，结构严谨，浑然一体。对结构的检查包括：①论文在内容上是否符合“提出问题，分析问题，解决问题”的逻辑联系。②全文的布局、层次和段落的安排是否有条理，论文的绪论、本论、结论是否协调一致，层次的脉络是否分明、顺畅。③每一个层次内的各个段落之间的关系是否合理，各段的分论点是否明确、协调。④论文的论点与论据、大论点与小论点之间是否具有严密的逻辑关系；是否存在前后颠倒、主次不分明、重点不突出、前后论点有矛盾、中心论点与分论点有矛盾的情况。⑤论文各部分的过渡和照应、结构的衔接、语气的连贯是否具有严密的逻辑关系。⑥论文结构是否平衡，是否存在该详细的不详细，该简略的却过于冗长的现象。

（4）锤炼语言。论文的语言和标点符号要求准确、简练、通顺。对语言和标点符号的修改内容包括：①语言是否准确，论文的内容是否正确地反映客观事物，是否有生造词语、词类误用、词义混乱、用词不当、词不达意等问题；②语言是否鲜明，论文的内容是否观点明确、态度明朗，是否存在似是而非的话语；③语言是否生动，论文的内容是否具有活力、清晰、具体、可读，使人感动，是否存在语言的平淡、刻板、隐晦、含混、笼统，孤立地雕琢文辞，追求华丽等现象；④语言是否规范，是否按标准汉字书写，不要写繁体字、错别字和不规范的简化字等；⑤语言表达是否清楚、通顺、简练，上下贯通，语气一致，是否存在啰唆、重复，句子结构残缺、混乱、搭配不当等现象；⑥标点符号的使用是否正确，图表、符号、公式的应用等是否规范。

3.论文修改的方法

（1）自查法。自查法包括“冷却处理”法、“趁热打铁”法、朗读修改法三种。

①“冷却处理”法，是指作者写完论文后间隔一段时间再修改的方法。这种方法的优点是：作者在间断的时间内，头脑比较冷静、清醒，便于发现初稿中需要修改的内容；能够获得有关论文的一些新的信息和资料，有利于对论文的修改。

②“趁热打铁”法，是指作者写完初稿后立即进行修改的方法。这种方法的优点是：作者对论文的主题、结构、论点、论据和论证仍印象深刻，记忆犹新，可避免遗忘，便于修改；利用的文献资料比较集中、熟悉，便于使用。这种方法的缺点是：由于作者处于写作的正常状态，对写作的内容已形成固定模式，难于发现需要修改的内容，影响了论文的质量。

③朗读修改法，是指作者对写完的论文初稿，通过诵读发现问题然后进行修改的方法。通读时，边通读边记下需要修改内容的记号和文字，然后据以修改。论文初稿可以通读多遍，每通读一遍可以根据不同要求相应修改不同内容，如依次对主题、结构、论点、论据、论证、逻辑性、语言、文字和标点符号进行修改，最后达

到全面修改。

（2）求教修改法。求教修改法又可分为指导法、征询法和讨论法三种。

①指导法，是指在指导老师的指导下对论文初稿进行修改的方法。当作者写完论文初稿后，应送交导师审阅。由于导师对撰写论文的要求比较清楚，对论文的主题、结构、论点和论据比较了解，能从论文的总体上审视，居高临下地审读，推敲中心论点、创新点的表达是否突出，各层次、段落的安排是否符合逻辑要求，论点、论据与论证是否衔接一致，在肯定优点的同时，指出全文需要修改的内容和具体修改建议。作者可参考导师的修改建议和自己的认识对论文初稿进行修改，以提高论文的质量。

②征询法，是指作者虚心征求他人关于论文初稿的修改意见从而据以进行修改的方法。作者在写完论文初稿后，征询有较高水平的人员提出修改意见是一种较好的方法。旁观者站在客观的立场，比较超脱，容易发现论文初稿中的问题，能中肯地提出修改意见。作者在听取他人对论文初稿提出的修改意见后，要综合众人的真知灼见和修改意见，集思广益，进一步分析、取长补短，对论文进行全面修改，升华论文的水平。

③讨论法，是指作者将论文初稿通过一定形式的讨论征求他人修改意见从而据以进行修改论文的方法。对论文初稿进行讨论有两种形式：一种形式是由导师组织有关人员对论文初稿进行讨论，与会人员对论文初稿提出修改意见，作者整理修改意见并据以修改；另一种形式是课题组进行讨论，由于论文是承担科研课题而完成的初稿，因此由课题负责人组织课题组成员对论文初稿进行讨论，按照课题研究的任务和要求，对论文初稿进行全面分析并提出修改意见，作者整理修改意见并按照课题研究的任务和要求对论文初稿进行修改，这样既能提高论文的质量，又能更好地完成课题研究任务。

4.论文定稿

论文初稿按照一定要求经过反复修改后可以由作者定稿。作者根据学校学位论文的要求，确定论文定稿。作者判断定稿的一般标准是论文的论点（中心论点和具体论点）正确，论据（理论和实践的依据）合理，结构（论文体系）严谨，写作规范，文字通顺，资料真实。

论文定稿后，还要按照论文全部要素进行打印。有单独封面（首页）时，其内容包括学校名称、学位论文类别、论文题目（中、英文）、作者姓名、学院、学科专业、研究方向、指导教师等。

论文的有关部分全部整理、打印好后，即可将它装订成册。装订的份数，一般应根据学校的要求来决定，同时自己要留一份。

（四）答辩准备

1.论文答辩的作用

论文答辩是评定学位论文成绩的一个重要方面，其功能主要有：

（1）检验作者创作的真实性。学位论文是学生通过较长时间单独完成的，这就具备了抄袭剽窃或捉刀代笔的客观可能性。与论文有关的文献资料不可胜数，任何人包括专家都不可能篇篇过目；至于请人代笔，更难以从论文本身看出。通过答辩，就可以发现论文的主要部分是否属于学生自己的创作。例如，通过以下问题容易检验创作的真实性：你的结论是如何得出的？有什么依据？你采用了哪些研究方法？有没有详细的调查资料？某专家对此问题有不同观点，你如何看待的？

（2）了解作者基本理论和专业知识的掌握情况。通过答辩，考查学生对自己在论文中引用的理论和方法的理解程度如何，便于对学生理论功底做出评价。论文答辩也为学生就观点的进一步陈述和发挥提供机会。当提交论文后学生发现概念、观点、方法的论述存在明显的缺陷或不足，或答辩时出现比较大的分歧意见时，学生可以利用答辩的机会补充材料，或做进一步的陈述和发挥，以取得答辩组专家们的理解和认同。

（3）锻炼和考查大学生、研究生的口头表达能力及应变能力。作为学生，论文答辩也是弥补论文不足或直接与专家们沟通的一个机会。有的学生写作能力不错，但口头表达能力及应变能力未必合格，需要在答辩时加以考核。

2.论文答辩需要准备的材料

为了顺利通过答辩，学生应认真做好准备，包括：

（1）准备好论文介绍材料，注意分配好介绍论文的时间，最好事先写成书面材料，如果导论写得好，也可以导论为基础做介绍，应重点介绍研究的意义、研究的内容和论文的价值。

（2）准备好展示的材料，如挂图、幻灯片等。用多媒体手段介绍论文，既可以节省时间，增加信息密度，又可以加深听众的印象。

（3）准备好应对专家可能提出的问题。虽然在答辩会上专家们可以提各种各样的问题，但都是围绕论题展开的。因此，在准备论文答辩时，可先回答以下问题：①我的研究中最重要的内容是什么？他人对该领域的研究做了什么工作？本研究对该领域的贡献如何？②支持我的研究的主要问题是什么？提出这些研究问题的理论支持是什么？③论文应用了什么方法论？应用了哪些具体的研究方法？所采用的方法论和具体方法在研究中是如何运用的？④对研究发现是如何分析的？⑤研究时遇到什么问题？我是如果处理这些问题的？研究有哪些不足之处？⑥本次研究的主要发现是什么？⑦本次研究中最典型的问题是什么？⑧论文中有哪些会引起争论的内容？此外，如果知道谁将会担任答辩评委，可以考虑这样的问题：他们的专业研究领域是什么？可能对什么问题感兴趣，可能会问什么问题？

（4）准备一个简明的笔记，在笔记中做一些对问题的注释；或者在可能被提问的地方，或者重要的地方做上记号，以便答辩时查询。如果时间允许，可以准备好与论文有关的参考材料，如专著、报纸杂志等，以便在回答专家提问时查阅。

3.论文答辩中需要注意的一些技巧

（1）坐下来，把论文拿在手上，不要打开；并感谢评委们能与会探讨论文的得失。

（2）介绍自己的研究工作时，要阐述论文的分析思路、研究主题、研究方法、研究发现及结论，特别要介绍研究中的重要发现及研究对该领域的影响。不要介绍论文中没有讨论的问题。

（3）回答问题要简单扼要。①用论文中的观点和例子来回答问题；②假如评委指出了一些论文中没有讨论的问题，答辩者可以说这些问题超过了论文所讨论的范围，将会在今后的研究中进一步研究这些问题；③不要回答不理解的问题，答辩者可以要求评委把问题提得更清楚一些；④确保在回答中照顾到了每一位评委的提问，和评委要有目光交流；⑤如果评委没有提到论文的关键部分，可以主动询问他们对这些问题的看法。

（4）答辩终了时要对评委的提问表示感谢。

答辩结束，多数答辩者都会被要求对论文做或多或少的修改。答辩者不必为此而感到沮丧，应当认真对待这些要求，并着手去做。

第三节　学位论文写作的伦理问题

一、学位论文写作中注意伦理问题的必要性

“做研究不但要讲科学，也要讲伦理。不讲伦理的研究者，到最后连研究的科学性都会失去。”（黄关雄等，1991）有伦理引导和规范的研究，才能确保研究对社会的积极意义，避免发生道德上的争议和弊端。因此，“符合伦理的研究才是最好的研究”（Barnbaun等，2001）。

学术伦理是指学术共同体成员应当遵守的基本学术道德规范和在从事学术活动中必须承担的社会责任和义务，以及对这些道德规范进行理论探讨后得出的理性认识。由于学位论文的写作是一个非常艰苦的过程，也是学术不端行为的第一次诱发期与躁动期，如果不能从学位论文写作环节注意学术伦理，遏制学术不端行为，大批带有不端治学态度的学生毕业后，不断涌入各级研究机构，就不能从根本上扭转不端行为不断恶化的事态。

从世界范围来看，为保证学术活动的顺利开展，各国都采用了相应的学术规范来规范学术活动，并成为评价学术成果的依据、处理学术失范的准则、衡量学术道德的准绳。自20世纪80年代以来，美国逐步建立了遏制学术道德失范行为的系统机制。加拿大的每一所高等学校都设有学术伦理审查办公室（Ethic Review Office，ERO），专门负责审查教师在科研活动中是否有违背学术伦理的行为。2006年10月3日，日本学术会议公布了“科学工作者行为规范”。行为规范共11条，要求科学工作者个人应正直、诚实、自律，在学术研究中不造假，为营造一个良好的学术环境而努力。

我国有关部门为了清除学术腐败现象，净化学术环境，保证学术研究健康发展，很早就开始制定相应的法规准则，遏制不良学风的蔓延。例如，2001年教育部在《全国普通高等学校人文社会科学研究“十五”规划纲要》中，作为政府文件

第一次正式提出了“遵守学术规范”的要求；2002年1月，教育部发布了《关于加强学术道德建设的若干意见》，根据教育部的“若干意见”，北京大学、清华大学等一批大学相继制定了加强教师科研道德建设，自觉遵守学术规范的具体规定；2002年8月，中国社会科学院审议通过并发表了《中国社会科学院关于加强学风建设的决定》；2003年5月，科学技术部、教育部、中国社会科学院、中国工程院和国家自然科学基金委员会联合发布《关于改进科学技术评价工作的决定》；2004年8月26日，教育部举行新闻发布会，发布了中华人民共和国成立以来的第一部学术“宪章”《高等学校哲学社会科学研究学术规范（试行）》，旨在从管理层面建立一种规范机制，杜绝学术腐败；2006年5月24日，为了在我国科技工作者群体中形成良好学风和职业道德，中国科学技术协会主席周光召在中国科学技术协会“七大”的工作报告中指出，中国科学技术协会组织开展了专门的调研活动，并起草了《科学家行为准则》草案；2006年5月25日，教育部宣布成立学风建设委员会；为严肃查处科技计划实施中的科研不端行为，科技部于2007年1月1日起施行《国家科技计划实施中科研不端行为处理办法（试行）》，同时成立了科研诚信建设办公室，接受科研不端行为的举报和组织开展调查工作；2009年3月19日，教育部发布《关于严肃处理高等学校学术不端行为的通知》；2009年6月，由教育部学风建设委员会组织编写的《高校人文社会科学学术规范指南》（以下简称《指南》）在全国出版发行，这是继2004年教育部社会科学委员会出台《高等学校哲学社会科学研究学术规范（试行）》之后，又一关于人文社会科学研究学术规范建设的重要举措；2016年，教育部发布《高等学校预防与处理学术不端行为办法》，进一步明确了学术不端的行为和学术伦理。

二、学位论文写作中要注意的伦理问题

学位论文的写作中涉及的伦理问题主要包括选题、资料、引用与注释。《指南》对其做了严格的规定，现介绍如下。

（一）选题的基本要求

1.充分酝酿

选题指的是确定研究范围、对象和主题的过程，有时选题还包括拟定一个能够准确表达研究内容的标题。在人文社会科学研究中，选题是研究活动正式展开之前非常重要的环节。它对研究活动的学术价值和社会价值有着直接的影响。因此，选题一定要经过充分酝酿。

在选题阶段，研究者应当对相关领域的研究现状、社会发展和学科本身发展的需要等进行充分了解，并根据这些背景对准备选定课题的学术价值和社会价值，包括其可行性等进行评判，做出深入细致的论证。

在选题论证过程中，研究者应该以满足社会发展需要，促进学科进步为宗旨，选取那些真正有学术价值和社会价值的课题，避免选取形式翻新而内容空泛的虚假命题。同时，一定要尊重已有的研究成果，避免选题低水平重复。

选题还要考虑研究活动本身的目的和研究者的学力和专业层次。在高等学校中，有些研究活动是为了发现新知，这类研究的选题要注重前沿性和创新性；还有

些研究活动是为了对学生进行相关的学术训练，这类研究活动的选题除了适当地注意前沿性和创新性外，还应在适合学生学术水平和研究能力的前提下，更加注重学生能否通过该课题的研究学会对某些科学原理、研究方法和研究手段的运用，有利于其学术水平和研究能力的提高。

2.注重学术价值和社会价值

选题要注重学术价值和社会价值。判定选题的学术价值，要看该选题是否针对前人研究没有解决的问题，是否可能在前人的基础上推进科学的发展；判定选题的社会价值，要看该选题是否能够解决人们在社会实践中面临的实际问题，或对社会发展做出前瞻性的预测，以满足社会需要。

人文社会科学研究的选题要特别注意避免主观臆断和闭门造车，而应充分了解相关领域已有的研究成果和前沿问题，了解现实社会中的实际问题，更应注重发现对科学发展或社会进步起到一定促进作用的研究课题。

3.了解和尊重既有研究成果

对研究状况的了解是学术研究活动过程中极为重要的一环。任何学术研究、学术创新都是在前人的基础上向前推进的，不了解前人的研究成果，就不可能找到自己研究的起点和方向，也无从判断自己研究的价值。

要运用一切检索手段，尽可能全面地了解与研究课题有关的一切研究成果。诸如在已选定的课题上，已经有了哪些相关研究，既有的研究达到什么样的广度和深度，提出了什么样的学术观点；以什么样的理论为指导，使用了什么样的研究方法；占有了哪些研究资料，在研究资料的挖掘上是否全面，在材料的甄别方面做了哪些工作；还存在哪些问题，理论上是否正确，方法是否适合，结论是否可靠，还有哪些需要研究的方面没有引起重视和注意，哪些结论还需要有新的论证或深化等。所有这些问题都应作为选题的基础。

在充分了解既有的研究成果后，不仅应据此为自己的研究定位，找到可靠的起点，而且应尊重既有的研究成果。从选题阶段开始就要避免忽视、曲解或篡改既有的研究成果。

4.避免低水平重复

学术研究就是要在前人研究成果的基础上发现新知，以满足社会需要，促进学科发展。因此，选题应当避免低水平重复前人的研究，即便是研究相同的问题，也当务求有新的发现。

充分了解以后研究成果的目的之一是力图避免低水平重复前人的学术研究，以保障研究成果的创新性。这不仅是尊重已有研究成果的需要，也是尊重成果应用者和学术同行的必然要求。

避免选题低水平重复的关键在于要确有可能得出新的发现，或确有可能解决实践中的新问题。即使是与前人研究同样的问题，只要发现了前人未发现的新知，或者能够解决实践中出现的新问题，就不能说是低水平重复。那些看似新问题、新方法、新手段的研究，如果其成果只是以新的形式表述或综合前人的发现，或者运用前人的成果解决实践中的老问题，其自身并无实质性的发现和创新，那它也只能是低水平重复。

为了避免低水平重复，确保选题的学术价值和社会价值，还应该通过各种数据库与信息的检索和查重来核实本课题是否已有研究，别人研究到了什么水平，进而确定本课题是否值得进一步去做以及朝什么方向努力。一些与社会现实问题密切相关的课题，还可以通过开展初步的社会调查，了解社会的实际需求，增强选题的针对性，对选题的社会价值进行核证。

5.注重立意与主题的择定

选题的内涵不只包括一个简单的范围和一般性的问题，还应包括立意和主题。立意是指在研究题目下提出自己论证的主要方向，主题指在研究题目下择定问题的焦点。

研究者切忌在粗略浏览材料甚至没有认真准备第一手材料的情况下，只选定了一个范围就急于定题，以致选题空泛。应该在收集参考文献、开展前期调查或前期研讨等过程中，逐步明确所要研究的问题，确定主要的研究方向和研究重点。在确定立意和主题时，要注意在研究条件、研究规模和研究力量等方面的可行性。有些选题适合大型集体攻关，有些选题适合少数研究者合作研究，有些则适合研究者个人独自研究。要根据这些方面的实际情况来确定选题，确定该项研究的主要方向和研究重点。

（二）收集资料的基本要求

1.充分占有资料

收集资料要充分。为了充分占有资料，研究者应当根据选题需要注意收集以下几类与选题相关的资料：第一手文献、研究性著作、重要研究论文、统计资料和数据库等。

资料目录的制定要尽可能全面，避免遗漏重要的文献或实务资料。获得资料之后，还要根据需要对资料进行阅读，充分了解重要信息。只有把握了资料中的重要信息，才能说是占有了该资料，获得了研究的基础。

2.审慎选取资料

选取材料是收集资料的重要环节。对研究资料进行区分和甄别是研究者的重要责任，研究者不应对所有资料都不加区分地予以运用，也不应只选取那些能够证明自己的先验假设的资料，而有意忽视那些不利于证明自己的先验假设的资料。

3.综合和诠释资料

对相关资料进行综合和诠释，是在选取和累积了大量资料之后的一项重要工作，对保障研究结论的科学性有着十分重要的意义，研究者应当避免在综合和诠释过程中随意采用资料或对资料做出主观臆断。

在综合和诠释资料的过程中，研究者要注意运用科学的理论和分析方法，准确地归纳相关资料的理论论点与论据，分辨不同观点的差异，从资料总体和全部事实及相互联系出发掌握资料，在不同文献资料和事实资料的相互印证中掌握资料，防止在综合和诠释过程中因为自己的疏忽、误读、主观想象等造成资料的遗漏和误解，从而尽量保障资料综合和诠释的科学性。

4.不断补充和及时甄选资料

在选题过程中，研究者一般都会对所要研究的问题形成一定的假设。研究者应当注意，这种假设有可能对确定立意和主题、研究方法设计、资料收集和数据采集等造成一定的预设性影响。因此，研究过程应不断补充与研究相关的资料，如影响研究主题的最新国家政策，并根据补充资料的实际情况对可能存在的偏差加以修正。

（三）引用规范

1.学术引用的作用

（1）学术引用有利于将成果放在相关学术史的适当位置。学术的发展是一个漫长的过程，学术问题的展开是一个前后相继的过程。每一个时代都在倡导创造性，但每个人在实际的写作中都难免直接或间接、有意或无意地采用前人的成果。对科学来说，"新"的事物总是在"旧"的事物中发展出来的，所以，在学术研究中，引用是不可缺少的。对每一代的学术工作者而言，判断每一项研究成果的创作价值是正确地分配荣誉乃至利益的重要前提。学术引用有助于人们判断这项成果的创新程度和学术价值，确立这项成果在学术史上的位置和意义。

（2）学术引用是学术评价的重要标志。从学术史上观察，一项成果是否具有原创价值，它在学术史上的价值如何，与它后来被引用的频率有密切关系。因此，在世界范围内，人们普遍把一个学者作品被正面引用的频率作为衡量该学者地位与价值的一个重要尺度。尽管在某些特定时代，影响引用率的还有学术之外的一些因素，但从长时期的历史观察来看，一般能够通过引用率的统计得到对于学者及思想家价值的较为公允的评价。

（3）学术引用的伦理状况是学术职业化程度的衡量尺度。学术职业化的重要标志之一，是在学术界能否形成多数人认可和自觉执行的学者职业伦理，引用伦理正是这种职业伦理的有机组成部分。合理的学术引用体现了学术界对于前人和同时代人研究成果的尊重，将有效地减少自我作古、无视前贤的无知霸气，形成严谨与谦逊的学术风气。

2.学术引用的规则

（1）引用应尊重原意，不可断章取义。无论是作为正面立论的依据还是作为反面批评的对象，引用都应当是能够说明作者原意的全部语句与段落，不可以逞己意而曲解引文，移的就箭，断章取义。为了节省篇幅或使意思明确，引用者可以对引文做一定限度的增删。增加的内容可以夹注的方式注明，或加括号表示；删节处通常使用省略号。被省略号连接的部分一般应在同一段落中，超过同一段落应分两段引用。增加和删节均不能影响对作者思想的正确了解。

（2）引用应以论证自己观点的必要性为限。引用是为了论证自己的观点，因此，他人文字与作者本人文字之间应当保持合理的平衡，要避免过度引用，尤其是避免过度引用某一个特定作者的论著。过度引用指的是引用他人文字超过自己的论证，或主要观点和论据以引用为主。

（3）引注观点应尽可能追溯到相关论点的原创者。建立在前人研究基础上的新作，需要对此前研究尤其是一些主要观点的发轫、重述或修正过程有清晰的把握。除非万不得已，一般不要采用转引，尽量不要引用非原创的第二手材料，引用译文和古籍应当核对原文。这样做，一方面避免歪曲学术史的本来面目，另一方面也避免相关思想学说在辗转引用中受到歪曲。对思想或学术体系的认真梳理，清楚地区别原创与转述，是一个研究者应具备的基本功。

（4）引用未发表作品应征得作者同意并保障作者权益。学术研究中经常需要引用尚未公开发表的手稿、学位论文、书信等。除非只是提供相关文献的标题、作者等技术信息，否则对于正文文字的引用，需征得作者或著作权人的同意，尊重作者对于某些不希望披露信息的保留权利，引用书信、日记应保证不侵犯他人的隐私权。引用未发表作品更要防止过度引用或大量引用，防止损害被引用作品发表的价值。

（5）引用未成文的口语实录应将整理稿交作者审核并征得同意。引用未成文的口语实录，包括口头演讲、课堂教学实录、采访记录等，应将整理稿交作者审核、修订。整理稿不能将不同时间多次的口语实录自行综合，避免因理解有误在综合时出错，同一作者不同时间、场合的口头发言应分别注明出处。

（6）学生采用导师未完成著作的思想应集中阐释并明确说明。导师在课堂教学、个别辅导以及作业批改时，会阐发自己尚未写成著作的有系统的学术理念和独特方法，学生在论文中采用这些内容时，应选择合适的章节，如“绪论”或相关章节，对导师的思想客观地集中复述。复述应不加入学生本人的任何个人意见，并通过注释说明来源。学生不能把导师的口语实录和思想未加集中说明而淹没在自己论文各处随意使用，引起知识产权归属的混乱，也不宜将导师在课堂上的只言片语断章取义割裂引述。

（7）引用应伴以明显的标识，以避免读者误会。通常的引用有直接引用与间接引用。直接引用需使用引号，间接引用应当在正文或注释行文时明确向读者显示其为引用。引用多人观点时，应避免笼统，使读者清楚区分不同作者之间的异同。直接引文如果超过一定数量，应当在排版时通过技术方式（如另起一段、改换字体等）更为清晰地加以显示。

（8）凡引用均须表明真实出处，提供与引文相关的准确信息。不少文献存在着不同版本，不同版本之间在页码标注甚至卷册划分上并不一致。因此，引用者必须将所引文字或观点的出处给出清晰的标示，便于读者核对原文。在标注引文出处时，不得作伪。掩盖转引，将转引标注为直接引用，引用译著中文版却标注原文版，均属伪注。伪注属于学术不端行为，不仅是对被转引作品作者以及译者劳动的不尊重，而且也是学术态度不诚实的表现。

（四）引文注释的内容与格式

1.中文引文注释的必要内容

（1）著作需注明：作者、著作名、出版者、出版时间、章节及页码。

（2）文集析出文献需注明：作者、析出篇名、文集题名、文集编者、出版者、出版年月、页码。

（3）古籍需注明：原作者、署名、部类名、卷次或篇名、版本。

（4）期刊需注明：作者、篇名、期刊名、年期。

（5）报纸需按顺序标注：作者、篇名、报纸名称、出版年月日。

（6）未刊文献需注明：文献标题（双引号，引用者自拟标题不用引号）、时间、藏所、编号。

（7）网络文献需按顺序标注：作者、文献名、网址、网上发布时间、访问时间。

2.外文引文注释的必要内容

（1）引用外文文献专著、编著需注明：作者、书名、出版地点及出版机构、出版时间、页码。

（2）外文引文译著需注明：作者、译者、原著书名、译著书名、出版地点及出版机构、出版时间、页码。

（3）引用外文文献期刊中的析出文献需注明：作者、文章名、刊物名、卷期号、出版时间、页码。

（4）引用外文文集中的析出文献需按顺序注明：作者、文章名、编者、文集名（要求特殊字体）、出版地点、出版机构、出版时间、页码。

（五）参考文献

1.著录项目俱全

附在论文和专著后面的参考文献是论著写作时确实参考过的文献目录，这些文献应包括在文内注释中引用过和未引用过的。其规范的要点是：论文应包含作者名、题名、期刊名、出版年、期次、起止页码；专著应包含作者名、书名、出版地、出版者、出版年、版次；网络文献应含作者名、文献名、网址、网上发布时间、访问时间。

2.编排符合规范

编排格式原则上按照国家标准局指定的《文后参考文献著录规范》实行，人文学科可从汉语的特点出发，根据论文的性质选择两种编排方法：

（1）将同一作者集中在一起，再按作品发表年代编排；不同作者按姓氏汉语拼音顺序或以汉字笔画多少为序排列。

（2）分类并按年代编排。需要注意的是，按年代编排有利于看出文献产生的时间先后，以便整理作品的渊源递承关系，突出最早的原创者。这对于现代发表的论文和出版的书籍比较合适。对于古籍，必须考虑作品产生的朝代而不是今天整理出版的年代。

社会科学需要与国际对话的，可采用国际惯例编排。期刊投稿可按编者要求实行。

3.避免多杂和遗漏

参考文献应收集广泛，但没有必要凡是论著都列入，而是要列入确实有参考价值又在不同程度上参考过的文献，对不符合学术规范或公认品质低下的论著，除非出于批评的目的，一般不应引用，但不能遗漏重要的流派的代表作和影响深远的力作。

4.不可故意回避

也有些学风不正的人明明采用了他人的观点或资料，为了掩盖事实，冒充首创，故意把最应当列入参考资料的文献删除，对应当作为直接引文或间接引文的文献有意回避，不做标志，也不出现注释，只列在附后的文献目录中，这属于有意遗漏。如果故意回避的资料数量较大，或是涉及论文的主要观点、方法、证据，则实际上已经形成抄袭，构成侵权。

三、学术不端行为检测系统介绍

学术伦理中存在的最大问题是学术不端。学术不端行为是指高等学校及其教学科研人员、管理人员和学生，在科学研究及相关活动中发生的违反公认的学术准则、违背学术诚信的行为。

2016年教育部发布的《高等学校预防与处理学术不端行为办法》中第二十七条规定，经调查，确认被举报人在科学研究及相关活动中有下列行为之一的，应当认定为构成学术不端行为：剽窃、抄袭、侵占他人学术成果；篡改他人研究成果；伪造科研数据、资料、文献、注释，或者捏造事实、编造虚假研究成果；未参加研究或创作而在研究成果、学术论文上署名，未经他人许可而不当使用他人署名，虚构合作者共同署名，或者多人共同完成研究而在成果中未注明他人工作、贡献；在申报课题、成果、奖励和职务评审评定、申请学位等过程中提供虚假学术信息；买卖论文、由他人代写或者为他人代写论文；其他根据高等学校或者有关学术组织、相关科研管理机构制定的规则，属于学术不端的行为。

第二十八条规定，有学术不端行为且有下列情形之一的，应当认定为情节严重：造成恶劣影响的；存在利益输送或者利益交换的；对举报人进行打击报复的；有组织实施学术不端行为的；多次实施学术不端行为的；其他造成严重后果或者恶劣影响的。

为了减少学术不端行为，目前在高校和期刊社广泛推行学术不端行为检测系统（TMLC），现在对这一系统做简单介绍。

（一）学术不端行为检测系统简介

“学术不端行为检测系统”采用资源对比总库，在组织结构上不仅突出知识的内在关联，更形成了以文献库、概念知识元库、学术趋势库、学者成果库和专家评价库为主题的特色资源库，不仅针对不同的文档类型和内容特征，支持从词、句子到段落的数字指纹定义，并可对图、表等特殊检测对象进行基于标题、上下文、图表内容结合的相似性检测处理，还可根据特定的概念、观点、结论等内容进行智能信息分类处理，实现语义级别内容的检测，可用于抄袭、伪造、一稿多投、篡改、不正当署名、一个成果多篇发表等多种学术不端行为的检测。

该系统在高校学位论文审查方面的功能主要包括：已发表文献检测、论文实时在线检测、问题库查询以及自建比对数据库功能。该系统不仅可以为研究生培养机构提供论文审查技术支持、学位论文质量评估，还可以对已经发生学术不端行为的学位论文进行后期跟踪处理，实现了高校学位论文学术不端行为的预防和治理两重功效，在一定程度上针对学术不端行为可能带来的严重后果和恶劣影响，形成了天然的科技屏蔽作用。

（二）学术不端行为检测系统采用的指标体系

学术不端行为检测系统采用的指标体系分为总检测指标和子检测指标两个部分。

1.总检测指标

（1）总重合字数（CCA）。学位论文一般篇幅大，少则三五万字，多则十多万字，若以文字复制比来衡量一篇论文的文字重合情况，则不太合适。因为对一篇十几万字的博士论文来说，10%就已达到一万多字，文字复制情况已经非常严重。因此，对于博硕士论文检测，检测系统使用绝对字数，即检测文献与对比资源库总重合字数作为检测结果的核心指标。

（2）总文字复制比（TTR）。总文字复制比是指学位论文中总重合字数在总的论文字数中所占的比例。通过该指标，可以直观了解到总重合字数在该检测学位论文中所占的比例情况。

（3）总文字数（TCA）。总文字数是指检测的学位论文所有包含的字数，总文字复制比与总文字数的乘积，即总重合字数。

（4）疑似章节数（QCA）、总章节数（TCA）。疑似章节数是检测论文疑似存在学术不端行为的章节的数量。总章节数则是指学位论文总的章节数（对于不按章节显示，而是按照固定长度切分的论文，每一段落为一章节）。

（5）首部重合文字数（HCCA）、尾部重合文字数（ECCA）。首部重合文字数是指学位论文前一万字中重合的文字数量。尾部重合文字数是指除去前一万字，剩下的部分中重合的文字数量。对于学位论文，一般开头部分均是综述性的报告介绍，其重要性远低于论文尾部。

2.子检测指标

（1）文字复制比（TR）。因为学位论文一般文字数量较多，为了便于用户快速浏览检测结果。系统会自动对学位论文进行切分处理。具体的切分方式有以下两种：若用户提交的论文是Word格式，且按照Word格式生成文档目录，检测系统会自动识别论文章节，按论文实际章节信息显示论文内容。若学位论文不存在明显的章节信息，或者不是Word格式论文，则系统会自动按照每段一万余字符切分学位论文，按照切分后的结果显示。文字复制比是指学位论文切分后的某一章节与比对文献比较，重合文字部分在该章节中所占的比例。文字复制比越高，反映该章节越多的文字来自其他已发表文献。文字复制比反映了文章“抄袭”的文字数量比例。一般来说，文字复制比越高，存在学术不端行为的可能性越大。

（2）重合字数（CNW）。重合字数是指学位论文的章节与比对文献比较后，重合部分的字数。一般来说，不管文字复制比如何，重合字数越多，存在学术不端行为的可能性越大。

（3）最大段长（LPL）、平均段长（APL）、段落数（PN）。在学位论文检测中，当连续文字超过一定比例时，称之为段。与比对文献重合的最大段长度，即最大段长，最大段长反映了成段抄袭特征。连续的文字越长，抄袭的可能性越大。在学位论文中，所有段的长度的平均值，即平均段长，所有段的数量为段落数。平均段长和段落数反映了重合文字在学位论文中的分布情况。一般来说，这些指标参数越高，存在学术不端行为的可能性越大。

（4）段文字比（PR）。在学位论文的某一章节中，所有该章节文字重合段的字数之和占该章节文字数的比例为段文字比，段文字比反映了抄袭连续特征。一般来说，连续文字出现的越多，比文字分散出现的情况更可能存在学术不端行为。

（5）首部复制比（HR）。学位论文某一章节的前20%称为章节首部，首部的文字复制比为首部复制比。就中文文献来说，一般每一章节正文开头部分出现的是综述性语言，重要性相对偏低。

（6）尾部复制比（ER）。每一章节的后80%称为章节尾部，尾部的文字复制比为尾部复制比。通常情况下，就尾部文字内容的重要性来说，比首部文字内容要高。

（7）引用复制比（RR）。引用复制比是指与存在引证关系的文献的文字重合部分的比例。对学位论文来说，应区别对待存在引证关系与不存在引证关系的复制部分，复制了他文内容，而不注明引用，性质要更加严重。同时要注意，不是所有注明了引用的学位论文，就不存在抄袭，引用也应有一个度和范围的限制。

参考文献

［1］于玉林. 会计系统研究方法［M］. 大连：大连出版社，2011.

［2］教育部社会科学委员会学风建设委员会. 高校人文社会科学学术规范指南［M］. 北京：高等教育出版社，2009.

［3］薛薇. SPSS统计分析方法及应用［M］. 4版. 北京：电子工业大学出版社，2017.

［4］陈晓萍，沈伟. 组织与管理研究的实证方法［M］. 3版. 北京：北京大学出版社，2018.

［5］吴建南. 公共管理研究方法导论［M］. 北京：科学出版社，2006.

［6］李怀祖. 管理研究方法论［M］. 3版. 西安：西安交通大学出版社，2017.

［7］贾怀勤. 管理研究方法［M］. 北京：机械工业出版社，2006.

［8］瑞安，斯卡彭斯，西奥博尔德. 财务与会计研究：方法与方法论［M］. 阎达五，戴德明，何广涛，等译. 北京：机械工业出版社，2004.

［9］何晓群. 多元统计分析［M］. 5版. 北京：中国人民大学出版社，2019.

［10］张朝宓，苏文兵. 当代会计实证研究方法［M］. 大连：东北财经大学出版社，2001.

［11］瓦茨，齐默尔曼. 实证会计理论［M］. 陈少华，黄世忠，陈光，等译. 大连：东北财经大学出版社，1999.

［12］温忠麟，张雷，侯杰泰，等. 中介效应检验程序及其应用［J］. 心理学报，2004，36（5）：614-620.

［13］温忠麟，叶宝娟. 中介效应分析：方法和模型发展［J］. 心理科学进展，2014，22（5）：731-745.

［14］教育部. 高等学校预防与处理学术不端行为办法［S］. 中华人民共和国教育部令第40号，2016.